Norbert Schlüter (Hrsg.)

Fortschritte im Frühen Fremdsprachenlernen

Ausgewählte Tagungsbeiträge
Weingarten 2004

Cornelsen

Norbert Schlüter (Hrsg.)

Fortschritte im Frühen Fremdsprachenlernen
Ausgewählte Tagungsbeiträge der Konferenz
zum frühen Fremdsprachenlernen
vom 06. bis 08. Oktober 2004 an der Pädagogischen Hochschule Weingarten

www.cornelsen.de

1. Auflage, 1. Druck 2006

© 2006 Cornelsen Verlag, Berlin

Das Werk und seine Teile sind urheberrechtlich geschützt.
Jede Nutzung in anderen als den gesetzlich zugelassenen Fällen
bedarf der vorherigen schriftlichen Einwilligung des Verlages.
Hinweis zu § 52 a UrhG: Weder das Werk noch seine Teile dürfen ohne eine solche
Einwilligung eingescannt und in ein Netzwerk eingestellt werden.
Dies gilt auch für Intranets von Schulen und sonstigen Bildungseinrichtungen.

Druck: Offizin Andersen Nexö Leipzig

ISBN-13: 978-3-06-031152-1
ISBN-10:   3-06-031152-8

Inhalt gedruckt auf säurefreiem Papier,
umweltschonend hergestellt aus chlorfrei gebleichten Faserstoffen.

Inhaltsverzeichnis

Vorwort		5
Einleitung		7

Leistungsfeststellung im frühen Fremdsprachenlernen — **9**

Bärbel Diehr	Fünf Thesen zur Beurteilung der Sprechleistung im ergebnisorientierten Englischunterricht in der Grundschule	10
Karin Vogt	Instrumente zur Leistungsbeurteilung der mündlichen Sprachproduktion	19
Karin Drese	Das Portfolio im Fremdsprachenunterricht der Grundschule – Erfahrungen mit „Mein Sprachenportfolio"	27
Annika Kolb	„Nachdenken muss man öfters als fernsehgucken" – zur Reflexion des eigenen Lernens im Rahmen von Portfolioarbeit in der Grundschule	34
Erika Werlen, Christine Bleutge und Stephanie Manz	Grundlagen für eine Didaktik des frühen Fremdsprachenunterrichts – Zwischenergebnisse der Wissenschaftlichen Begleitung der Pilotphase *Fremdsprache in der Grundschule in Baden-Württemberg*	42

Bewusstmachung im frühen Fremdsprachenlernen — **61**

Kristine Teubner	Bewusstmachende Verfahren: Fortschritt oder Behinderung?	62
Dieter Mindt	Von der Imitation zur bewussten Verwendung von Sprachmitteln: Ein neues Unterrichtsmodell	68
Jelena Dudek	Von der Imitation zur bewussten Verwendung von Sprachmitteln: Unterrichtseinheit zum Modalverb *can*	75
Sonja Möglich	Von der Imitation zur bewussten Verwendung von Sprachmitteln: Unterrichtseinheit zum Wortschatzthema *weather*	82

Spracherwerb im frühen Fremdsprachenlernen — **89**

Werner Bleyhl	„Weshalb Lehrer und Didaktiker mehr als eine Ahnung vom Spracherwerb haben sollten" oder „Vom Sinn und Unsinn einer Übergangsdidaktik"	90
Jörg-Ulrich Keßler	Frühbeginn und Lernersprache: Englischerwerb in der Primarstufe	101
Jana Roos	Spracherwerb und Sprachproduktion im Englischunterricht der Grundschule	109
Tatjana Kuhn	Der Konstruktivismus als Grundlage für den frühbeginnenden Fremdsprachenunterricht?	117

Inhaltliche Ausgestaltung des frühen Fremdsprachenlernens — 123

Janice Bland	Staging English, CLIL in Action	124
Anton Prochazka	Cross-curricular Language Teaching is like a "Starry Night"	133
Uta von Reinersdorff	Bild- und Textarbeit in der Grundschule am Beispiel von *Picture Books*	144
Helmut Reisener	*Performance* als Prinzip	152

Weitere Aspekte des frühen Fremdsprachenlernens — 161

Rosemarie Beck	Fremdsprachenunterricht ab Jahrgangsstufe 1 – Möglichkeiten und Grenzen curricularer Vorgaben	162
Otfried Börner	KESS – Eine flächendeckende Untersuchung mündlicher Sprachleistungen im Englischunterricht der Hamburger Grundschulen	169
Heiner Böttger	Ausspracheschulung im Englischunterricht der Grundschule – Aspekte eines didaktisch-methodischen Designs	173
Markus Kötter	Überlegungen zur Erhebung und Auswertung von Unterrichtsdaten zum frühen schulischen Fremdsprachenerwerb	180
Andreas Marschollek	Der Stellenwert des Schülerinteresses im Fremdsprachenunterricht der Grundschule – exemplarisch dargestellt an einem Konzept zur Einführung der Lautschrift	188
Jürgen Mertens	„Denn sie sollen wissen, was sie tun ..." – Berufsfeldorientierung als Leitgedanke einer wissenschaftlichen Fremdsprachenlehrerausbildung	196
Thorsten Piske	Zur Entwicklung der Englischkenntnisse bei deutschsprachigen Immersionsschülerinnen und -schülern im Grundschulalter	206

Frühbeginnender Französischunterricht — 213

Gudrun Ziegler und Judith Dauster	Eine Fremdsprache früh *lehren*! – Eine Fremdsprache früh *lernen*? Anmerkungen zu ganz alltäglichen Situationen im Frühunterricht	214
Isabelle Mordellet-Roggenbuck	Vorschläge für eine Didaktik der Ausspracheschulung in der Grundschule	223
Joachim Utech	Bilinguale deutsch-französische Klassen an Grundschulen in Rheinland-Pfalz	231

Adressen der Autor/innen — 239

Dieter Mindt
in Dankbarkeit gewidmet

Vorwort

Vom 6. bis 8. Oktober 2004 fand an der Pädagogischen Hochschule Weingarten die Konferenz „FFF – Fortschritte im Frühen Fremdsprachenlernen" statt. Kooperationspartner waren die Freie Universität Berlin, der Cornelsen Verlag und die Cornelsen Stiftung Lehren und Lernen im Stifterverband für die Deutsche Wissenschaft.

Diese erste bundesweite Konferenz zum Fremdsprachenlernen an der Grundschule hatte das Ziel, eine Bilanz der erreichten Fortschritte zu ziehen sowie zukünftigen Handlungs- und Forschungsbedarf auf dem Gebiet des frühen Fremdsprachenlernens aufzuzeigen.

Die Konferenz umfasste insgesamt 48 Vorträge, die in parallelen Sektionen von über 250 Teilnehmern gehört wurden. Um dem Wunsch der Beteiligten nachzukommen, die gehaltenen Vorträge schriftlich zu dokumentieren und sie allen am frühen Fremdsprachenlernen Beteiligten zugänglich zu machen, enthält der vorliegende Konferenzband mehr als die Hälfte der Vorträge zu vielen zentralen Themenbereichen des frühen Fremdsprachenlernens.

Wichtigen Anteil am Zustandekommen der Konferenz hatte Dieter Mindt (Freie Universität Berlin), dem ich aufrichtig für seine hilfreichen Ratschläge bei der Konferenzvorbereitung danken möchte.

Mein Dank gilt weiterhin dem Cornelsen Verlag und der Cornelsen Stiftung Lehren und Lernen im Stifterverband für die Deutsche Wissenschaft für die umfangreiche Unterstützung bei der Organisation und Durchführung der Konferenz. Ohne eine frühzeitige Kooperationszusage wäre die Verwirklichung der Konferenz nicht möglich gewesen.

Herzlich bedanken möchte ich mich auch bei der Leitung der Pädagogischen Hochschule Weingarten sowie den beteiligten Mitarbeitern der Verwaltung, der informationstechnischen Abteilung und ganz besonders meinem Konferenzteam für die zuverlässige Unterstützung bei der Vorbereitung und Durchführung der Konferenz.

Abschließend möchte ich allen meinen Dank aussprechen, die mich in vielfältiger Weise bei der redaktionellen Arbeit am vorliegenden Band unterstützt haben. Insbesondere danke ich Evi Siessegger für die sorgfältige Endkontrolle der einzelnen Beiträge und Benjamin Duhs für die Hilfe bei technischen Fragen. Für alle verbleibenden Fehler bin ich allein verantwortlich.

Norbert Schlüter						Weingarten im Januar 2006

Einleitung

Die Einführung des Fremdsprachenunterrichts an der Grundschule stellt einen der größten Einschnitte in der Geschichte des modernen Fremdsprachenunterrichts in Deutschland dar. Diese Entwicklung hat die fachdidaktische Diskussion um Inhalte, Methoden und Konzepte in einem Maße belebt, wie es ohne diesen Einschnitt nicht denkbar gewesen wäre und bedeutet für alle am frühen Fremdsprachenlernen Beteiligten eine enorme Herausforderung. Der vorliegende Band enthält ausgewählte Tagungsbeiträge der Konferenz zum frühen Fremdsprachenlernen, die im Oktober 2004 an der Pädagogischen Hochschule in Weingarten stattgefunden hat. An der großen Bandbreite der erörterten Themen wird deutlich, dass noch in vielen Bereichen des frühen Fremdsprachenlernens Diskussions- und Handlungsbedarf besteht.

Die Hinwendung des frühen Fremdsprachenlernens zur Ergebnisorientierung geht einher mit der geforderten Bewertung der erbrachten Leistung zumeist ab der dritten Klasse. Im ersten Beitrag zum Thema **Leistungsfeststellung im frühen Fremdsprachenlernen** stellt BÄRBEL DIEHR ein speziell für die Grundschule entwickeltes Konzept zur mündlichen Leistungsbeurteilung vor. Der von Diehr entwickelte differenzierte Beobachtungsbogen zur Evaluation mündlicher Sprechleistungen wurde von KARIN VOGT zusammen mit anderen Instrumenten der mündlichen Leistungsfeststellung in Lehrerfortbildungen erprobt. Eine Möglichkeit zur Selbstevaluation ist der Einsatz eines Portfolios. KARIN DRESE berichtet von Erfahrungen mit „Mein Sprachenportfolio" in Hessen, während ANNIKA KOLB ein Forschungsprojekt vorstellt, das der Frage nachgeht, wie Portfolios zur Reflexion des eigenen Lernprozesses im Fremdsprachenunterricht der Grundschule eingesetzt werden können. Der Beitrag von ERIKA WERLEN, STEPHANIE MANZ und CHRISTINE BLEUTGE enthält Zwischenergebnisse der wissenschaftlichen Begleituntersuchung (WiBe) bei der Einführung des frühen Fremdsprachenunterrichts in Baden-Württemberg.

Das Thema **Bewusstmachung im frühen Fremdsprachenlernen** wird mit einem Beitrag von KRISTINE TEUBNER eingeleitet, die zu dem Schluss kommt, dass es keinen Grund gibt, den Schüler/innen in der Grundschule bewusstmachende Verfahren vorzuenthalten. DIETER MINDT stellt ein für das frühe Fremdsprachenlernen geeignetes Modell vor, das in vier Stufen von der Imitation zum bewussten Sprachhandeln führt. Die Umsetzbarkeit dieses Modells wird von JELENA DUDEK und SONJA MÖGLICH anhand von Unterrichtsentwürfen zum Modalverb *can* und zum Wortschatzthema *weather* aufgezeigt.

Die Einführung des Fremdsprachenunterrichts an Grundschulen hat die Diskussion um die „richtige" Vorgehensweise im Fremdsprachenlernen wieder neu aufleben lassen. Zum Thema **Spracherwerb im frühen Fremdsprachenlernen** empfiehlt WERNER BLEYHL, neueste Erkenntnisse der Forschung zu berücksichtigen, die den Weg zu einem funktionalen, ganzheitlichen Spracherwerbsansatz weisen. Im folgenden Beitrag plädiert JÖRG-ULRICH KEßLER für die Berücksichtigung von empirischen Untersuchungen der Lernersprache als Grundlage für weitere Aussagen zum Spracherwerbsprozess in der Grundschule. JANA ROOS stellt eine empirische Untersuchung zum Spracherwerb und zur Sprachproduktion in der dritten Klasse der Grundschule vor. Schließlich untersucht TATJANA KUHN, inwiefern der Konstruktivismus als Grundlage für das Fremdsprachenlernen in der Grundschule geeignet ist.

Im ersten Beitrag zum Themenbereich **Inhaltliche Ausgestaltung des frühen Fremdsprachenlernens** unterstreicht JANICE BLAND die Effektivität von *drama activities* und *scripted drama* im Fremdsprachenunterricht der Grundschule anhand von selbst entwickelten Materialien. ANTON PROCHAZKA wirbt für einen fächerübergreifenden, integrativen Unterricht in der Fremdsprache und unterbreitet dazu inhaltliche Vorschläge aus einem fächerübergreifenden Lehrwerk. Am Beispiel von *Picture Books* zeigt UTA VON REINERSDORFF auf, welche Möglichkeiten sich dem Fremdsprachenunterricht in der Grundschule durch die Arbeit mit Bildern und Texten eröffnen. Abschließend stellt HELMUT REISENER einen *performance*-orientierten Unterrichtsansatz vor, der Inhalte bevorzugt, die in natürlicher Weise Anlässe zur Rede und Bewegung in vielen Facetten bieten.

Im folgenden Abschnitt wird eine Reihe von **weiteren Aspekten des frühen Fremdsprachenlernens** zusammengefasst. ROSEMARIE BECK berichtet über die Erstellung des an Standards für einen ergebnisorientierten Unterricht ausgerichteten Rahmenlehrplans für Fremdsprachen in Brandenburg. OTFRIED BÖRNER stellt Ergebnisse der Untersuchung KESS (Kompetenzen und Einstellungen von Schülerinnen und Schülern) vor, in der die mündlichen Sprachleistungen sämtlicher Hamburger Viertklässler erhoben wurden. HEINER BÖTTGER beschäftigt sich mit dem Thema Ausspracheschulung im Englischunterricht der Grundschule und zeigt auf, wie effizient eine speziell für die Grundschule entwickelte didaktisch-methodische Ausspracheschulung sein kann. Um das frühe Fremdsprachenlernen langfristig auf eine empirische Grundlage zu stellen, plädiert MARKUS KÖTTER in seinem Beitrag für die Erhebung und Auswertung von transkribierten Stundenmitschnitten und diskutiert die Kriterien eines geeigneten Annotationssystems. Ein zentraler Faktor im Fremdsprachenunterricht der Grundschule ist das Schülerinteresse. ANDREAS MARSCHOLLEK legt in seinem Beitrag anhand der Einführung der Lautschrift dar, wie das Schülerinteresse auch über die Anfänge hinaus bewahrt werden kann. Ein innovatives Ausbildungskonzept für zukünftige Fremdsprachenlehrer/innen stellt JÜRGEN MERTENS vor, das die Berufsfeldorientierung in den Mittelpunkt des Ausbildungsprozesses rückt und dabei besonders den Theorie-Praxis-Bezug bei der Ausbildung von Lehrkompetenzen berücksichtigt. Abschließend berichtet THORSTEN PISKE über die Erfahrungen mit dem Immersionsansatz an einer Grundschule in der Nähe von Kiel, bei dem die Fremdsprache bereits ab der ersten Klasse zur Vermittlung von Sachfachwissen eingesetzt wird.

Der letzte Abschnitt des vorliegenden Konferenzbands enthält drei Beiträge, die sich speziell mit dem **frühbeginnenden Französischunterricht** befassen. Anhand von Beispielen aus der Unterrichtsinteraktion, die im Rahmen der wissenschaftlichen Begleitung des Modellversuchs „Frühfranzösisch ab Klassenstufe 1" im Saarland gewonnen wurden, zeigen GUDRUN ZIEGLER und JUDITH DAUSTER Problemfelder des frühen Französischunterrichts. Um vier sich ergänzende Kategorien für eine Ausspracheschulung an der Grundschule geht es im Beitrag von ISABELLE MORDELLET-ROGGENBUCK, wobei insbesondere auf die didaktisch-methodische Umsetzung dieser Sequenzen für das Französische eingegangen wird. JOACHIM UTECH berichtet über ein bilinguales Projekt in Rheinland-Pfalz, in dem an fünf Schulen in zehn Klassen Französischunterricht ab Klasse 1 angeboten wird. Das Ziel des Projektes ist es, ungefähr die Hälfte aller Stunden auf Französisch zu unterrichten.

Leistungsfeststellung im frühen Fremdsprachenlernen

Bärbel Diehr

Fünf Thesen zur Beurteilung der Sprechleistung im ergebnisorientierten
Englischunterricht in der Grundschule   10

Karin Vogt

Instrumente zur Leistungsbeuteilung der mündlichen Sprachproduktion   19

Karin Drese

Das Portfolio im Fremdsprachenunterricht der Grundschule – Erfahrungen
mit „Mein Sprachenportfolio"   27

Annika Kolb

„Nachdenken muss man öfters als fernsehgucken" – zur Reflexion des
eigenen Lernens im Rahmen von Portfolioarbeit in der Grundschule   34

Erika Werlen, Stephanie Manz und Christine Bleutge

Grundlagen für eine Didaktik des frühen Fremdsprachenunterrichts –
Zwischenergebnisse der Wissenschaftlichen Begleitung der Pilotphase
Fremdsprache in der Grundschule in Baden-Württemberg   42

Bärbel Diehr

Fünf Thesen zur Beurteilung der Sprechleistung im ergebnisorientierten Englischunterricht in der Grundschule

1. Auf der Suche nach einem Konzept zur Leistungsbeurteilung

Die fachdidaktische Forschung ist verstärkt auf der Suche nach geeigneten Formen der Leistungsbeurteilung für den Englischunterricht in der Grundschule. Diese Suche wird erstens dadurch erschwert, dass die Leistungsbeurteilung im Grundschulenglisch zwar eine Geschichte, aber noch keine Tradition besitzt und wir uns auf weitgehend unbekanntem Terrain bewegen.[1] Sie wird zweitens dadurch verkompliziert, dass im Grundschulenglisch die Sprechleistungen im Mittelpunkt stehen, die mit den herkömmlichen *pen-and-paper tests* nicht erfasst werden können und die sehr aufwändig in der Erhebung und schwierig zu beurteilen sind.

Die Bildungs- und Lehrpläne vieler Bundesländer schreiben inzwischen die Benotung der Leistung im Fach Englisch in der dritten und vierten Klasse vor. Die Lehrkräfte in den Schulen erwarten nun von der Fachdidaktik Auskunft darüber, was sie im Einzelnen beurteilen sollen, wie sie die Sprechleistung von bis zu 30 Kindern gleichzeitig erheben können und wie sie zu gerechten Noten kommen können. Vor diesem Hintergrund wurde im Frühjahr 2003 das *TAPS*-Konzept entwickelt: *Testing and Assessing Spoken English in Primary School*.

2. *TAPS* – ein Konzept für Schule, Ausbildung und Forschung

Das *TAPS*-Konzept kam zunächst in der Fortbildung amtierender Englischlehrkräfte und in der Ausbildung zukünftiger Lehrkräfte zum Einsatz. Seit 2003 liegt es einem Forschungsprojekt zugrunde, in dem es die Forschungsfragen bündelt und die Forschungstätigkeit systematisiert.[2]

2.1 Zielperspektiven für Theorie und Praxis

Hinter dem *TAPS*-Projekt steht nicht nur ein forschendes Erkenntnisinteresse, sondern auch eine praxisbezogene und bildungspolitische Intention. Wenn es gelingt, in die Fremdsprachenlehrerausbildung ein theoriegeleitetes und forschungsgestütztes Modul zu diesem wichtigen Thema zu integrieren, trägt das nicht nur zur Diagnosekompetenz bei (Edelenbos/Kubanek-German 2004a), sondern auch zur Beurteilungsautorität und -hoheit der Lehrerinnen und Lehrer und damit zum Ansehen des Lehrberufes. Wenn wir uns von der angelsächsischen Tradition des geradezu obsessiven Testens durch externe Prüfungskommissionen oder gar kommerzielle Unternehmen abgrenzen wollen, werden kompetente Lehrkräfte benötigt, die nicht nur guten Unterricht erteilen, sondern auch fachkundig Leistungen beurteilen und benoten. Dazu leistet das fünfstufige *TAPS*-Konzept (Darstellung 1) einen Beitrag. Es stellt einen theoretischen Rahmen für Forschung und Lehre bereit und es hilft in der Praxis, die

---

1 Hinweise auf Formen der systematischen Leistungsbeurteilung im Grundschulenglisch finden sich bereits in den 70er Jahren bei Doyé/Lüttge (1977). Diese Ansätze aus den Braunschweiger Untersuchungen wurden jedoch lange Zeit von der Grundschuldidaktik wenig beachtet und zunächst nicht weiter verfolgt.
2 Das *TAPS*-Forschungsprojekt wird seit April 2005 von der Pädagogischen Hochschule Heidelberg gefördert.

verschiedenen Entscheidungen, die in komplexen Beurteilungsprozessen zutreffend sind, systematisch anzugehen und bewusst zu fällen.

Darstellung 1: Das fünfstufige *TAPS*-Konzept in der Theorie

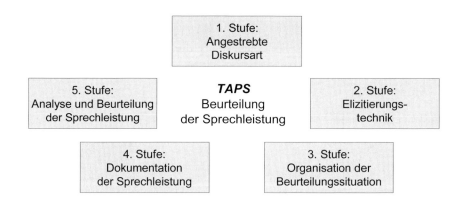

Am Anfang einer Leistungsbeurteilung steht die Entscheidung für ein Ziel, im Falle des Fremdsprachenlernens für eine Diskursart. In einem ergebnisorientierten Englischunterricht muss sie allen weiteren Überlegungen vorangehen, da sich die nachfolgenden Entscheidungen an dieser Perspektive ausrichten. Erst wenn klar ist, welche Sprechleistung überprüft werden soll, können geeignete Elizitierungstechniken ausgewählt werden, also die Fragen, Stimuli und Impulse, mit denen die Lernenden zum Sprechen veranlasst werden. Die Entscheidung für eine Sprechaufgabe beeinflusst sodann die Organisation der Beurteilungssituation, also die Entscheidung über Einzel-, Partner- oder Gruppenarbeit bzw. Arbeit im Plenum. Diese Entscheidung wiederum ist eng mit der Art und Weise verknüpft, wie die Lernleistung registriert und dokumentiert wird: Beobachtet die Lehrperson die Kinder einzeln im Klassenraum, macht sie Notizen während einer Gruppenarbeitsphase oder zeichnet sie die Textproduktion durch Audio- oder Videomitschnitt auf? Die fremdsprachigen Äußerungen der Kinder werden schließlich einer Analyse und Beurteilung unterzogen und in eine Note übersetzt.

2.2 Die Grundlagen des *TAPS*-Konzeptes in fünf Thesen

Die angestrebte Diskursart
Zu den Zielen des Englischunterrichts in der Grundschule liegen in den Lehr- und Bildungsplänen der Länder unterschiedlich konkrete curriculare Vorgaben – zumeist in den charakteristisch vagen und häufig illusionären Formulierungen der Kultusbürokraten – vor. Eine repräsentative Untersuchung zu dem, was Grundschulkinder im Fach Englisch tatsächlich nach zwei oder vier Lernjahren können, was also realistische Ziele für den Regelunterricht sein können, kann es verständlicherweise noch nicht geben, da der Regelunterricht gerade erst flächendeckend eingeführt wurde. Viele Anzeichen sprechen dafür, dass bisher die Verstehensziele dominieren, die durch Maldiktate, TPR (*Total Physical Response*) -Übungen, Ankreuz- oder Linientests, eben durch nicht-sprachliches Tun, überprüft werden. Vorschläge für Sprechleistungen hingegen liegen in weitaus geringerer Zahl vor und konzentrieren sich

zum einen auf Kurzantworten (*yes/no*, Benennen und Identifizieren) und zum anderen auf das gebundene Sprechen, also das Aufsagen von Reimen, das Vortragen von Gedichten oder das Singen von Liedern.

Schon früh hat Mindt darauf hingewiesen, dass es sich bei Grundschülern nicht um Klein- oder Vorschulkinder handelt, sondern um Neun- bis Elfjährige, die sich differenziert verständigen möchten und über Sprache reflektieren können (Mindt 2000). Sie benötigen Anleitung zur verbalen Interaktion und zum andauernden, kohärenten Sprechen.[3] Lernfortschritte sollten daher durch eine gestaffelte Progression von Diskursformen angestrebt und drei- bis viermal pro Schuljahr überprüft werden.

Darstellung 2: Gestaffelte Progression von Diskursformen

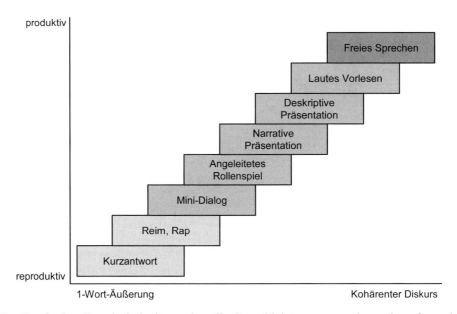

Im Laufe der Grundschulzeit werden die Sprechleistungen zunehmend umfangreicher und kohärenter. Die Lernenden sprechen zunächst Einzelwörter, dann Zwei- und Dreiwortsätze und schließlich mehrere verbundene Sätze. Gleichzeitig werden die Äußerungen der Lernenden zunehmend produktiver und selbstständiger. Der Bezugspunkt des kommunikativen Englischunterrichts ist das freie, zusammenhängende Sprechen. Von der zeitlichen Ausdehnung her betrachtet steht das freie Sprechen sicherlich nicht an erster Stelle, da es sich in der Grundschule nicht häufig realisieren lässt. Von der Bedeutung her steht es aber an oberster Stelle, da es die Richtung vorgibt und behutsam eingefordert werden sollte – auch in der Grundschule. Am unteren Ende der treppenförmigen Darstellung liegen die Kurzantworten und das gebundene Sprechen. Sie gehören eher in den Vorschulbereich oder das erste und zweite Schuljahr. Dazwischen liegen die wichtigsten Diskursformen des Fremdsprachenunterrichts in der Grundschule.

---

3   Bei Cameron ist von *extended talk* die Rede (Cameron 2001:51ff.). Auf diesen Terminus wird hier mit den Bezeichnungen ‚kohärentes Sprechen' und ‚kohärenter Diskurs' Bezug genommen.

Diese Veranschaulichung erhebt keinen Anspruch auf Vollständigkeit. Was sie aber leistet, ist eine komprimierte Darstellung der zentralen Diskursformen im Grundschulenglisch. Im Mittelpunkt der Leistungsbeurteilung stehen hier die zunehmend freier und umfangreicher werdenden Sprechbeiträge: Zunächst der Minidialog, dann das länger werdende angeleitete Rollenspiel, die monologische Präsentation, zunächst narrativer Art, wie das Nacherzählen einer Episode oder einer kleinen Geschichte, dann deskriptiver Art, wie die Bild-, Personen- und Gegenstandsbeschreibung, und schließlich das laute, das sinngebende Vorlesen, das in seiner Bedeutung bisher möglicherweise unterschätzt wurde. Diese Diskursformen sind mit altersgemäßen Redemitteln und mit Themen, die Neun- bis Elfjährige interessieren, durchaus realisierbar.[4]

Somit lautet die **erste These**: Die wichtigsten Diskursarten, die bei der Leistungsbeurteilung im Mittelpunkt stehen, sind die zunehmend produktiveren Formen der dialogischen Interaktion und der monologischen Präsentation. Insgesamt herrscht in diesem Bereich großer Forschungsbedarf, da es zwar Kompetenzbeschreibungen und Niveaukonkretisierungen gibt, aber die Erreichbarkeit der curricular postulierten Ziele noch nicht überprüft wurde.

Die Elizitierungstechniken
Erfahrungsgemäß stellen sich im Laufe der Lehrerausbildung gerade im Bereich der Elizitierungstechniken die größten unerwarteten Probleme ein. Es wird oft irrtümlich angenommen, dass man die Lernenden am besten mit einem weiten Impuls, etwa "*Holidays!*", oder einem bunten Bildimpuls, wie den so genannten Wimmelbildern voller kleiner Details, zum Sprechen bewegen kann. Nach misslungenen Stunden von Praktikanten und Referendaren ist dann oft zu hören: „Aber die Schüler hätten doch sagen können, was sie wollen." Genau hier liegt das Problem, denn mit dem „Sagen-was-sie-wollen" sind die Lernenden überfordert. Elizitierungstechniken dienen dazu, vertraute Redemittel zu reaktivieren, um eine sprachliche Überforderung in der Beurteilungssituation auszuschließen. Mindestens genauso wichtig ist es jedoch, eine intellektuelle Unterforderung zu vermeiden. Aufgaben mit der richtigen Balance, die sowohl dem Sprachniveau als auch den kognitiven Fähigkeiten der Grundschulkinder angemessen sind, lassen sich bisher in der Literatur nur schwer finden. Die gebräuchlichsten Elizitierungstechniken, die von den Klassikern des mündlichen Testens propagiert werden, orientieren sich an Jugendlichen und Erwachsenen (z.B. Fulcher 2003, Hughes 2000, Underhill 1987). Sie setzen gut entwickelte Lese- und teilweise auch Schreibfertigkeiten voraus, weil Aufgaben oft in schriftlicher Form erteilt werden und häufig auch das Anfertigen von Notizen erfordern. Inzwischen liegen auch einige Vorschläge für die sogenannten *young learners* vor (z.B. Ioannou-Georgiou/ Pavlou 2003, UCLES 2001). Sie hingegen unterfordern die Lernenden oft, wenn z.B. die Aufgaben lediglich darin bestehen, benannte Objekte auf Bildkarten zu finden oder gezeigte Objekte zu benennen (vgl. UCLES 2001:47f.). Diese Form der Leistungsbeurteilung erscheint wenig nachahmenswert, weil sie die Lernenden als Persönlichkeiten nicht ernst nimmt.

Daher lautet die **zweite These**: Geeignete Sprechaufgaben sind kontextualisiert, d.h. sie betten die angestrebte Sprechleistung in einen Zusammenhang ein, z.B. eine spannende Geschichte oder eine für Kinder interessante Situation. In der Praxis

---

4 Eine sehr hilfreiche Übersicht altersgerechter Redemittel für den ergebnisorientierten Englischunterricht findet sich in Mindt/Schlüter 2003:100ff.

macht das eine langfristige Planung von mehreren Stunden notwendig. Wenn dabei visuelle Impulse zum Einsatz kommen, wie bei den beliebten Bildbeschreibungen, hat der intellektuelle Aufforderungscharakter größere Bedeutung als die Vielfalt der Details. Die Aufgaben sind so zu wählen, dass die zuvor gelernten Redemittel gezielt aufgerufen werden, dass die Sprecher idiomatische *chunks* verwenden können und dennoch Spielraum für individuelle Ausgestaltung haben. Auch hier stellen sich zahlreiche Forschungsaufgaben, da es noch keine Untersuchungen zur Rezeption unterschiedlicher Impulse durch die Lernenden oder zur Effektivität bestimmter Stimuli im Hinblick auf die angestrebten Diskursformen und damit auch die Validität der Beurteilungsform gibt.

Die Organisation der Beurteilungssituation
Dieser dritte Entscheidungskomplex wird in seiner Bedeutung für die Praktikabilität einer Leistungsbeurteilung oft unterschätzt. Bei der Lektüre so mancher Vorschläge gewinnt man den Eindruck, dass die Grundschullehrkräfte kleine Klassen und viel Unterrichtszeit haben und obendrein einen *classroom assistant* mit der Beaufsichtigung und Beobachtung von kleinen Schülergruppen betrauen können. Anders sind die Vorschläge für die *one-to-one interviews*, bei denen jeweils ein Schüler ein entspanntes Einzelgespräch mit der Lehrerin führt, nicht realisierbar. Diese Organisationsform ist jedoch schon allein mit der Aufsichtspflicht nur schwer vereinbar und kann nur in Ausnahmefällen zum Einsatz kommen. Es werden aus Gründen der Handhabbarkeit andere Formen benötigt, bei denen mehrere Kinder gemeinsam in Aktion treten. Für diese Art der Leistungsbeurteilung während des Unterrichts benötigen die Lehrkräfte jedoch Anleitung zum Umgang mit Beobachtungsbögen und zur Auswertung, weil sie unter Umständen auf bis zu vier, fünf oder sechs Sprecher gleichzeitig achten müssen.

Diese Beobachtungen aus der Praxis münden in die **dritte These**: Um die Leistung einer gesamten Klasse in regelmäßigen Zeitabständen erheben zu können, müssen mündliche Klassenarbeiten als Standardverfahren institutionalisiert werden.

Die Dokumentation der Sprechleistung
Die Forderung, mündliche Klassenarbeiten einzuführen, ist eng mit der **vierten These** verknüpft: Um die einzelne Sprechleistung sowie die Progression des Lernzuwachses zu dokumentieren, sind regelmäßig Audioaufnahmen anzufertigen.

Die Kinder selbst können Audiokassetten besprechen – beim Vortragen kleiner Geschichten oder bei Dialogen, bei gegenseitigen Interviews und Rollenspielen, gegebenenfalls sogar zu Hause in einem *take-home test*. Die Gefahr, dass ein Elternteil oder Geschwister die Kassette bespricht, entfällt aufgrund der einzigartigen Stimmqualität eines jeden Kindes. Auch die Vorteile für die Lehrkraft liegen auf der Hand: Sie kann eine Sprachaufnahme sowohl in häuslicher Korrektur wie eine Klassenarbeit korrigieren als auch zur Stärkung der Selbsteinschätzung zusammen mit den Lernenden anhören und besprechen. Außerdem erlauben die Aufnahmen den Nachvollzug hörbarer Lernfortschritte, was für die Kinder sehr motivierend wirkt. Bei den Aufnahmen zur Vorbereitung des *TAPS*-Forschungsprojekts wurde allerdings deutlich, dass Kinder Zeit für eine Schulung im Umgang mit Aufnahmegeräten benötigen.

Eine wichtige Forschungsaufgabe in diesem Bereich liegt in der Untersuchung der Auswirkungen, die unterschiedliche Dokumentationsformen auf die Lernenden sowie auf die Beurteilenden haben können. Hemmt oder fördert die Benutzung eines Aufnahmegerätes die Kinder? Welche Unterschiede sind in der Einschätzung der Sprechleistung durch die Lehrkräfte zu beobachten, wenn die Beurteilung sofort im Klassenraum oder später mit Hilfe einer Audioaufnahme oder einer Videoaufnahme erfolgt (Edelenbos/Kubanek-German 2004b:35f.)?

Analyse und Beurteilung der Sprechleistung
Die Analyse und Beurteilung der Sprechleistung rundet schließlich den Beurteilungsprozess mit einer Note ab. Das pädagogische Leistungsprinzip verpflichtet Lehrkräfte zu Recht darauf, die individuelle Anstrengungsbereitschaft zu würdigen und die Fortschritte des einzelnen Kindes zu berücksichtigen. Das entbindet sie jedoch nicht von der Pflicht, transparente Maßstäbe anzulegen und kriteriengeleitete Entscheidungen zu treffen, wobei die zentralen Kriterien sprachbezogener Art sein müssen. Deshalb lautet die **fünfte These:** Durch den Einsatz sprachwissenschaftlich ausgerichteter Beurteilungsbögen können die Lehrkräfte die Sprechleistung analytisch auswerten, transparent beurteilen und nachvollziehbar benoten. Zudem erlaubt das analytische Vorgehen eine genauere Diagnose der Stärken und Schwächen des einzelnen Kindes und damit auch eine individualisierte Lernberatung bei gleichzeitiger Beibehaltung der ganzheitlichen Beurteilungssituation. Es zeichnet sich ab, dass je nach angestrebter Diskursart unterschiedliche Bögen benötigt werden, bei einer monologischen Präsentation ein anderer als bei freien Dialogen oder angeleiteten Rollenspielen. Für welche Diskursart welche Analysekriterien die geeigneten sind – auch das ist eine Frage an die zukünftige Forschung.

3. *Rover in the snow* – Ein Beispiel für die Anwendung des *TAPS*-Konzeptes

3.1 Die Unterrichtsreihe *Rover in the snow*[5]

Das nachfolgende Beispiel illustriert, wie das *TAPS*-Konzept in der Praxis umgesetzt werden kann, um geeignete Instrumente zur Leistungsbeurteilung zu entwickeln. Dazu wurde für eine vierte Klasse die vierstündige Sequenz *Rover in the snow* konzipiert, in der es um die Jahreszeit Winter, um Snowboardfahren, Gefahr und Abenteuer geht. In der ersten Stunde werden mit einem Winterlied und großen Fotos aus Skigebieten die neuen Lexeme eingeführt, die für das Verständnis der nachfolgenden Abenteuergeschichte benötigt werden. In dieser Geschichte, die in enger Zusammenarbeit mit der Englischlehrerin der vierten Klasse erfunden wurde, geht es um einen Jungen, der während des Winterurlaubs beim Snowboardfahren von einer Lawine verschüttet wird, aber am Ende von dem Spürhund Rover gefunden und gerettet wird. Die Geschichte wird bildgestützt erzählt, wobei gegen Ende auch dasjenige Foto gezeigt wird, das später für die Leistungsüberprüfung verwendet wird. Es handelt sich um eine Aufnahme, die den dramatischen Moment der Rettung des verschütteten Kindes aus der Perspektive genau dieses Kindes eingefangen hat. Die zweite Stunde dient dazu, die Geschichte zu wiederholen und den Schülern durch das Lehrervorbild zu zeigen, wie sie das Foto beschreiben können. Sie tragen in der dritten Stunde in Gruppen von ca. vier bis sechs Kindern einander ihre eigenen Bildbeschreibungen vor, üben sie ein und sprechen diese auf Audiokassette. In der vierten

---

5   Für eine ausführliche Darstellung der Unterrichtsreihe *Rover in the snow* siehe Diehr 2005.

Stunde bleibt dann genügend Zeit, um alle Aufnahmen anzuhören und die Schönste zu prämieren.

Wie die konkreten Entscheidungen im Prozess der Leistungsbeurteilung zu *Rover in the snow* aussehen, veranschaulicht die Darstellung 3.

Darstellung 3: Das fünfstufige *TAPS*-Konzept in der Praxis

Zur Motivation trägt bei dieser Aufgabe sicherlich der ungewöhnliche Bildimpuls bei, der in einen spannenden narrativen Kontext eingebettet ist. Das Einüben in den Kleingruppen und die Audioaufnahmen der Einzelvorträge haben sich als das erwiesen, was im Englischen als *non-threatening assessment situation* bezeichnet wird, also als eine nicht-bedrohliche Beurteilungssituation. Die Audioaufnahmen wurden zunächst von der Englischlehrerin zur Leistungsbeurteilung herangezogen. Sie dienten weiterhin in einem Beurteilungstraining mit Grundschullehrerinnen dazu, verschiedene Analyse- und Beurteilungsbögen zu erproben. Bei dieser Bildbeschreibung hat sich ein halbstandardisierter Beurteilungsbogen als nützlich erwiesen, mit dem die beteiligten Lehrkräfte zu einer differenzierten und begründbaren Note für jedes einzelne Kind fanden.[6]

3.2 Ein beispielhafter Schülertext zu *Rover in the snow*

Die Tragfähigkeit der oben skizzierten Entscheidungen ergibt sich aus den Ergebnissen der aufgezeichneten Textproduktion. An den Schülertexten, die im Rahmen der Sequenz *Rover in the snow* entstanden sind, lässt sich nämlich ablesen, dass Viertklässler durchaus zu kohärentem Diskurs – hier in Form einer deskriptiven monologischen Bildbeschreibung – in der Fremdsprache fähig sind. Die durchschnittliche Länge der Schülertexte liegt bei 37 Wörtern. Die leistungsschwächste Schülerin produzierte acht Wörter in zwei kurzen, aber syntaktisch vollständigen Sätzen, die leistungsstärkste Schülerin sprach einen flüssigen Text von 117 Wörtern. Es bleibt noch anzumerken, dass alle Kinder vollständige Sätze bildeten und nicht bloß Objekte benannten.

Das nachfolgend abgedruckte Transkript gibt die Sprechleistung einer Schülerin von durchschnittlicher bis guter Leistungsfähigkeit wieder, die in der dritten Stunde der oben skizzierten Unterrichtsreihe einen Text von 52 Wörtern frei vortrug:

---

6 Vgl. dazu den Beitrag von Karin Vogt (S. 19-26) in diesem Band.

My name is Sophie (Fiktiver Name. BD). *I can see a... rescuer. Her name is... Dave.* (Im Hintergrund flüstert eine Mitschülerin: *His name is Dave.*) *And the track dog. His name is, a, Rover. He is black and light-brown. Dave has a shovel in his hands, and... a jacket that is blue, green, red and silver. I can see a ski-boot on Andrew's leg.*

Es fällt auf, dass die Sprecherin systematisch vorgeht, und zwar vom Bildhintergrund zum Bildvordergrund. Bemerkenswerterweise verwendet sie das differenzierende Farbadjektiv *light-brown* und nicht bloß *brown*. Sie benutzt die Bezeichnung für Körperteile korrekt mit einem Possessivpronomen, wahrscheinlich als *chunk* gelernt: *in his hands*. Sie wendet den sächsischen Genitiv korrekt an und spricht von *Andrew's leg* – eine Leistung, zu der so mancher Oberstufenschüler nicht in der Lage ist, der immer noch meint, es hieße *the leg of Andrew*. Auch bei der Verwendung des Relativsatzes handelt es sich um eine beeindruckende Leistung für eine Zehnjährige: *a jacket that is blue and green*. Diese Besonderheiten sind deshalb beachtenswert, weil die Kinder ihre Bildbeschreibungen nicht auswendig gelernt haben und weil es sich nicht um eine Form des Nachsprechens handelt.

4. Fazit: In Erwartung eines positiven *washback*-Effektes

Zu den Fortschritten im frühen Fremdsprachenlernen lässt sich derzeit ein optimistisches Fazit ziehen. Die Forschungsbemühungen der Fachdidaktik haben bisher zu Erfolg versprechenden (Zwischen-)Ergebnissen geführt und werden an vielen Stellen weitergeführt (vgl. z.B. Drese 2004, Edelenbos/Kubanek-German 2004b, Hasselgren 2000). Allerdings sind noch arbeitsintensive Herausforderungen zu bewältigen. Es müssen weitere Aufgaben entwickelt werden, die die geforderte Balance aufweisen und sowohl die sprachliche Überforderung als auch die intellektuelle Unterforderung vermeiden. Die Schulung der Lehrenden, der amtierenden wie der zukünftigen, ist weiter voran zu treiben, und schließlich ist der Nutzen für die Lernenden zu erforschen. Von der Anwendung des *TAPS*-Konzeptes in der Praxis bleibt zu hoffen, dass es die Wirkung hervorbringt, die in der Testtheorie *positive washback* genannt wird: Wenn die Beurteilungsaufgaben auf anspruchsvollen Diskursformen und interessanten Sprechaufgaben beruhen, werden sie den Unterricht dadurch positiv beeinflussen, dass der kommunikative Gebrauch der Fremdsprache im vorangehenden Unterricht auch schon in der Grundschule in den Mittelpunkt gestellt wird.

5. Literaturangaben

Cameron, L. (2001) *Teaching Languages to Young Learners*. Cambridge: Cambridge University Press.

Diehr, B. (2005) „Leistung im Englischunterricht kindgemäß beurteilen. Kann das überhaupt gelingen?" In: *Primary English* 1, 10-13.

Doyé, P. und D. Lüttge (1977) *Untersuchungen zum Englischunterricht in der Grundschule*. Braunschweig: Westermann.

Drese, K. (2004) „Lernstandsfeststellungen in der Grundschule und ihre Konsequenzen für die Lehrkräfte der Sekundarstufe I." In: *Der Fremdsprachliche Unterricht Englisch* 69, 22-29.

Edelenbos, P. und A. Kubanek-German (2004a) "Teacher assessment: the concept of 'diagnostic competence'." In: *Language Testing* 21/3, 259-283.

Edelenbos, P. und A. Kubanek-German (2004b) „Sprachkompetenzen bewerten." In: *Primary English* 1, 35-36.

Fulcher, G. (2003) *Testing Second Language Speaking*. London: Longman.

Hasselgren, A. (2000) "The assessment of the English ability of young learners in Norwegian schools: an innovative approach." In: *Language Testing* 17/2, 261-277.

Hughes, A. (2000) *Testing for Language Teachers*. Cambridge: Cambridge University Press.

Ioannou-Georgiou, S. and P. Pavlou (2003) *Assessing Young Learners*. Oxford: Oxford University Press.

Mindt, D. (2000) „Die Hauptsünden des frühbeginnenden Englischunterrichts". Vortrag auf der Expolingua Berlin am 18. November 2000. http://www.fu-berlin.de/engdid/primary/documents/expo.pdf [08.01.05].

Mindt, D. und N. Schlüter (2003) *Englisch in den Klassen 3 und 4*. Berlin: Cornelsen.

University of Cambridge Local Examinations Syndicate (2001) *Cambridge Young Learners English Tests. Cambridge Starters 2*. Cambridge: Cambridge University Press.

Underhill, N. (1987) *Testing Spoken Language*. Seventeenth printing 2003. Cambridge: Cambridge University Press.

Karin Vogt

Instrumente zur Leistungsbeurteilung der mündlichen Sprachproduktion

1. Leistungsbeurteilung im frühbeginnenden Fremdsprachenunterricht

Die flächendeckende Einführung des Fremdsprachenunterrichts in der Grundschule, in den meisten Fällen mit Englisch als erste Fremdsprache, fällt zeitlich zusammen mit einer Hinwendung zum ergebnisorientierten Fremdsprachenunterricht (Mindt/ Schlüter 2003, Schlüter 2004). Dabei ergibt sich – teils als politische Vorgabe, teils als fachdidaktische Konsequenz – die Notwendigkeit, die Leistungen von Schülerinnen und Schülern im fremdsprachlichen Bereich zu beurteilen bzw. zu bewerten. Die Formen der Leistungsbeurteilung müssen die Prinzipien und Ziele des frühbeginnenden Fremdsprachenunterrichts reflektieren (Primat des Mündlichen, Berücksichtigung des *spiral curriculum* etc., siehe auch Börner 2001, Drese 2004, Diehr 2005). Rea-Dickins/Rixon (1997) fassen in ihrem Überblicksartikel Forschungsergebnisse zusammen, die bestätigen, dass *pencil-and-paper tests* die Bandbreite von Aktivitäten im frühbeginnenden Fremdsprachenunterricht nicht erfassen können. Damit werden alternative Formen der Leistungsbeurteilung notwendig, die eher auf formative als auf summative Beurteilung abzielen. Formative Beurteilung ist in diesem Zusammenhang prozessorientiert, während summative Beurteilung eine Leistung am Ende eines Programms, eines Kurses etc. produktorientiert, beispielsweise durch eine externe Prüfung, bewertet.

Weskamp (2001) plädiert für schülerorientierte Formen der Leistungsbeurteilung, die schülerorientierte Unterrichtsformen ergänzen müssen. In besonderem Maße gilt dies für den Fremdsprachenunterricht in der Grundschule.

2. Methoden und Instrumente der Leistungsbeurteilung

Methoden der Leistungsbeurteilung umfassen unter anderem Tests, Portfolios oder Beobachtungen. Hedge (2000) merkt im Zusammenhang mit Beobachtungen zum Zweck der Leistungsbeurteilung an, dass diese Methode noch nicht im Fremdsprachenunterricht etabliert sei. Sie hält Beobachtungen jedoch für sehr geeignet, um Informationen über die Entwicklung von solchen Aspekten kommunikativer Sprachkompetenz und -performanz zu erhalten, die man mit anderen Testformaten nicht erfassen kann.

Cameron (2001) betrachtet Beobachtungen als wichtige Beurteilungsmethode für junge Lerner, weil sie bei regulären Lernaktivitäten im Unterricht zum Einsatz kommen können. Hughes (2003) stellt fest, dass gesprochene Sprache in frühen Lernphasen nicht mit formalen Tests beurteilt werden dürfe, sondern informelle Beobachtung zur Anwendung kommen solle, die diagnostische Informationen liefert. Dabei sei der Einsatz angemessener Skalen wichtig.

Genesee/Upshur (1996) systematisieren mögliche Formen der Aufzeichnung von Beobachtungen. Sie unterscheiden zwischen *anecdotal records*, *checklists* und *rating scales*. Bei den *anecdotal records* handelt es sich um informelle Aufzeichnungen mit offenen Kategorien ohne Systematik; sie kommen insbesondere bei ungeplanten Beobachtungen oder für interne Zwecke zum Einsatz. Checklisten bestehen aus einer Liste von Kategorien, die bestimmte Aspekte des Lernens und Lehrens beschreiben. Sie erfordern im Vorfeld formulierte präzise Kategorien und Kriterien für die Beobachtung und Bewertung von Schülerleistung, wobei nur zwei Ausprägungen (ja oder nein) zur Bewertung möglich sind. Sie können auch zur Information von Eltern oder Kollegen dienen. Skalen bestehen ebenfalls aus einer Liste von Kategorien und Kriterien, allerdings stehen mehrere Möglichkeiten der abstufenden Beurteilung zur Verfügung. Die Leistung kann auf einer Bandbreite eingeordnet werden, beispielsweise für das Kriterium der Komplexität von syntaktischen Strukturen von sehr komplexen Satzkonstruktionen bis zu einfachsten Strukturen, die ein Lerner zur Bewältigung einer fremdsprachlichen Aufgabe verwendet.

Skalen wie Checklisten können sich auf beobachtetes Verhalten beziehen, z.B. auf bestimmte Aspekte des Sprachgebrauchs. Sie sind besonders vorteilhaft, wenn alle Lerner dieselbe Aufgabe erledigen (ebd.). Vorschläge zur Vorgehensweise bei der Erstellung von Skalen und Checklisten finden sich z.B. bei Genesee/Upshur (1996:94) und Hughes (2003:105).

Bei Skalen wird außerdem eine Unterscheidung zwischen holistischen und analytischen Skalen (siehe z.B. Alderson et al. 1995) gemacht. Holistische Skalen geben ein Urteil über die sprachliche Leistung als Ganzes ab, z.B. die allgemeine Kompetenz in der Fremdsprache, während bei analytischen Skalen eine bestimmte Anzahl von Kriterien mit Deskriptoren auf den unterschiedlichen Niveaus der Skala zur Anwendung kommen. Unterschiedliche Komponenten einer Schülerleistung werden also separat bewertet. Luoma (2004) nennt als eine weitere Skalenart die *behavioural rating scale*, die Aspekte der Lernersprache in bestimmten Verwendungssituationen beschreibt.

Bei dem Versuch, Möglichkeiten der Leistungsbewertung für Lehrkräfte an baden-württembergischen Grundschulen zu generieren und zu evaluieren, hat sich eine Kooperation zwischen der Pädagogischen Hochschule Heidelberg (Lehrstuhl Diehr) und dem Schulamt Heidelberg ergeben. Im Rahmen dieser Kooperation fand eine Fortbildungsreihe von Multiplikatorinnen mit der Möglichkeit der Erprobung von Verfahren und Instrumenten zur mündlichen produktiven Leistungsbeurteilung an Grundschulen statt. In der skizzierten Lehrerfortbildung sind unterschiedliche Beobachtungsbögen von den Lehrkräften evaluiert worden. Es handelt sich hier um erste Versuche, die weiteren Untersuchungen unterzogen werden sollen.

3. Lehrerfortbildung

Die Schülerprodukte, die aus der in Diehr (in diesem Band) skizzierten Unterrichtsreihe *Rover in the snow* hervorgegangen sind, wurden für eine Lehrerfortbildung verwendet. Während der Fortbildung erprobten Lehrkräfte unterschiedliche Beobachtungsbögen zur Beurteilung der mündlichen Sprachproduktion.

Leistungsbeurteilung mittels Beobachtungsbögen
Im Rahmen der Lehrerfortbildung wurden vier unterschiedliche Beobachtungsbögen für die mündliche Sprachproduktion in Gruppen erprobt und evaluiert. Aus den Schüleraufnahmen der Bildbeschreibung zu *Rover in the snow* beurteilten die Lehrkräfte jeweils exemplarisch vier Schülerleistungen, wobei weniger die Leistung der Schüler/innen als das Beurteilungsinstrument selbst im Vordergrund stand. Eine Gruppe hatte keine Vorgaben in Form eines Beobachtungsbogens, einigte sich jedoch auf Beurteilungskriterien, bevor die Schülerleistungen beurteilt wurden.

Bei den Beurteilungsinstrumenten handelte es sich im Einzelnen um die Niveaukonkretisierungen der baden-württembergischen Bildungsstandards Englisch für die Grundschule (Ministerium für Kultus, Jugend und Sport Baden-Württemberg

2003), um einen Beobachtungsbogen für Sprechleistungen aus einem Handbuch für die Beurteilung von jungen Lernern (Ioannou-Georgiou/Pavlou 2003:181) und um zwei unterschiedliche von Diehr erarbeitete vorläufige Beobachtungsbögen.

Die Niveaukonkretisierungen als Anlage zu den neuen Bildungsstandards des Landes Baden-Württemberg lagen zum Zeitpunkt der Fortbildung in der Erprobungsfassung vor (Mai 2003). Daraus wurden die Niveaukonkretisierungen für die Bildbeschreibung in der Klasse 2 ausgewählt, da die Textsorte Bildbeschreibung in der Klasse 4 nicht mehr explizit erwähnt wird. Die Niveaubeschreibung umfasst die Niveaustufen A, B und C, auf denen die Schülerleistung eingeordnet werden kann. Jede Stufe umfasst Deskriptoren zu den Bereichen lexikalische Kompetenz, Flüssigkeit und Artikulation sowie grammatische und pragmatische Kompetenz.

Darstellung 1: Niveaukonkretisierung für die Bildbeschreibung; Klasse 2 (Ministerium für Kultus, Jugend und Sport Baden-Württemberg 2003)

Niveaustufe A
Lexikalische Kompetenz: Das Kind kann einzelne Wörter reaktivieren. Die deutsche Sprache hat eine stark stützende Funktion.
Flüssigkeit und Artikulation: Das Kind hat eine verständliche Aussprache.
Grammatische und pragmatische Kompetenz: Das Kind reiht einzelne Wörter aneinander. Das Kind verwendet kaum grammatische Strukturen. Es antwortet in Ein-Wort-Sätzen.

Niveaustufe B
Lexikalische Kompetenz: Das Kind kann Wörter reaktivieren. Das Kind kann sich teilweise verständlich machen, u.a. weil ansatzweise Versuche unternommen werden, nicht vorhandene sprachliche Mittel auszugleichen. Die deutsche Sprache wird eingesetzt, um die Aussageabsicht abzusichern.
Flüssigkeit und Artikulation: Das Kind hat eine verständliche Aussprache.
Grammatische und pragmatische Kompetenz: Das Kind zählt auf, was dargestellt ist. In der Aufzählung ist eine Gliederung zu erkennen (zuerst alle Farben, dann alle Tiere; von rechts nach links usw.). Das Kind verwendet einfachste grammatische Strukturen wie *this is a*, *there is*.

Niveaustufe C
Lexikalische Kompetenz: Das Kind kann Wörter und Wendungen reaktivieren. Das Kind kann sich verständlich machen, u.a. weil nicht vorhandene sprachliche Mittel sinnvoll ausgeglichen werden können und die Aussageabsicht deutlich wird. Die englische Sprache überwiegt.
Flüssigkeit und Artikulation: Das Kind hat eine verständliche Aussprache. Das Kind passt die Intonation der Äußerungsabsicht an, was ihm teilweise auch gelingt.
Grammatische und pragmatische Kompetenz: Das Kind kann in Form einer Aufzählung berichten. Es gliedert seine Äußerung so, dass der Verlauf des Gesagten nachvollziehbar ist. Das Kind verbindet Wörter mit einfachen Konnektoren wie *and*. Es kann sprachlich auf Objekte hinweisen (*this*). Es bildet einfache Sätze nach dem Satzmuster *this is a*.

Der *Speaking Task Report* stammt aus dem Handbuch *Assessing Young Learners* (Ioannou-Georgiou/Pavlou 2003:181). Der Beobachtungsbogen ist nicht auf eine bestimmte Diskursform abgestimmt und kann als analytische Skala bezeichnet werden, wobei allerdings keine Quantifizierung erfolgt. Er ist unterteilt in die Beurteilungskriterien *fluency*, *task achievement* und *pronunciation* mit je drei in Stichwörtern abgefassten Abstufungen in Form von Deskriptoren mit Platz für eigene Kommentare und mögliche zu ergreifende Fördermaßnahmen.

Darstellung 2: *Speaking Task Report* aus Ioannou-Georgiou/Pavlou (2003:181)

WORKSHEET 10.9a SPEAKING TASK REPORT

Name _____ Date _____ Class _____ Task _____

Focus	Level	✓	Comments
Fluency	Frequent and long pauses cause difficulties in communicating.		
	Communicates even though there are some long pauses.		
	Communicates effectively without long pauses.		
Task achievement	Had difficulties in carrying out the task.		
	Carried out the task but with some difficulty.		
	Carried out the task successfully and with relative ease.		
Pronunciation	Pronunciation makes comprehension difficult.		
	Acceptable easily comprehensible pronunciation.		
	Very good pronunciation.		

Overall comments

Action suggested

Teacher's signature

Der von Diehr entwickelte Beobachtungsbogen für monologisches Sprechen bietet ein siebenstufiges Punktesystem zur Einordnung der Schülerleistung, wobei die zu vergebenden Punkte 0-7 mit einer globalen Beschreibung der Sprechleistung verbunden sind, die sich auf die Kategorien „fremdsprachliche Äußerung" (gemeint ist der fremdsprachige Anteil der Äußerung), „Flüssigkeit" und „sprachliche Angemessenheit der Äußerung" beziehen. In diesem Sinne handelt es sich um eine analytische Skala mit allgemeinen Kategorien. Darüber hinaus findet sich Platz für das Notieren konkreter Schüleräußerungen.

Darstellung 3: Diehrs siebenstufiger Beobachtungs- und Beurteilungsbogen

Beobachtungs- und Beurteilungsbogen für monologisches Sprechen
(z.B. Bildbeschreibung, *presenting a picture*)

Name:
Klasse:
Datum:
Thema:
Konkrete Schüleräußerungen

P.	Beschreibung u. Einschätzung der Schülerleistung
0	Keine Beteiligung; Sprachverstehen nicht erkennbar
1	Nur muttersprachliche (mspr.) Äußerungen
2	Vorwiegend mspr. Äußerungen; fremdspr. Einzelworte
3	Überwiegend fremdspr. Äußerungen (stockend, fehlerhaft)
4	Überw. fremdspr. Äußerungen (kleine Pausen, vereinzelte Fehler)
5	Nur fremdspr. Äußerungen (kleine Pausen, vereinzelte Fehler)
6	Nur fremdspr. Äußerungen (flüssig und fehlerfrei)

Der sogenannte differenzierte Beobachtungsbogen von Diehr besteht aus einer Beurteilungsskala für Sprechleistungen allgemein. Die Kriterien der Beurteilung umfassen die Qualität der Aussprache, die Flüssigkeit, die Qualität der Wortwahl, die Qualität der grammatischen Strukturen sowie Sonstiges. Es handelt sich also um eine analytische Skala. Die Sprechleistungen werden auf einer Skala eingestuft, die von „nicht vorhanden" (entspricht 0 Punkten) über „mittelmäßig" (2 Punkte) bis „hoch" (4 Punkte) reicht.

Darstellung 4: Diehrs differenzierter Beobachtungsbogen

Beurteilungsskala für Sprechleistungen

Name:					
Datum:					
Thema und Textart:					
Kriterium	Hoch (4 Punkte)	Angemessen (3 Punkte)	Mittelmäßig (2 Punkte)	Niedrig (1 Punkt)	Nicht vorhanden (0 Punkte)
Qualität der Aussprache					
Flüssigkeit					
Qualität der Wortwahl					
Qualität der grammatischen Strukturen					
Sonstiges					

Zusammenfassung der Ergebnisse
Die baden-württembergischen Niveaukonkretisierungen mit ihren Kann-Deskriptoren wurden von den Lehrkräften als wenig hilfreich empfunden, um zu einem befriedigenden Ergebnis zu kommen. Die einzelnen Niveaustufen würden zu viele Informationen enthalten und seien daher in der Beurteilungssituation nicht gut anwendbar. Darüber hinaus wurde kritisiert, dass es nur drei Niveaustufen gäbe, was eine differenzierte Leistungsbeurteilung erschwere. Möglicherweise wird damit auch die mangelnde „Übersetzbarkeit" in Noten angedeutet, was für die Lehrkräfte zwar eine unmittelbare Relevanz hat, aber m.E. als Kritikpunkt nicht greift, da es sich zunächst um Niveaustufen handelt, die im nächsten Schritt differenziert und ggf. in ein Notensystem transferiert werden können.
    Der *Speaking Task Report* von Ioannou-Georgiou/Pavlou (2003), der bei einer weiteren Gruppe zur Anwendung kam, wurde in unterschiedlicher Hinsicht kritisiert. Zum einen wurden die drei vorgegebenen Kategorien *fluency*, *task achievement* und *pronunciation* als nicht ausreichend für eine umfassende Leistungsbeurteilung empfunden. Insbesondere der Bereich *task achievement* sei zu allgemein und müsse für die jeweilige Unterrichtssituation angemessen adaptiert werden. In diesem Zusammenhang müsse das Nichtvermögen des Kindes, die Aufgabe zu lösen (also fehlendes *task achievement*), ebenso berücksichtigt werden. Zum anderen wurde angemerkt, dass fünf Kategorien auf dem Bogen nicht notwendig seien. Insgesamt wurde die Handhabbarkeit des Instrumentes als gut eingestuft.

Die Angaben des siebenstufigen Beobachtungsbogens von Diehr wurden von den Lehrkräften als zu allgemein bezeichnet, da es sich nur um mutter- bzw. fremdsprachliche Äußerungen handle, die in Umfang und Komplexität, zum Beispiel im Hinblick auf Satzkonstruktionen, nicht weiter differenziert werden würden. Ebenso würden wichtige Kriterien wie die Qualität des Inhalts der Äußerung, Komplexität und Aussprache fehlen, so dass zusätzliche Notizen notwendig seien. Hier stellte sich für die Lehrkräfte die Frage nach der Art der Notizen, etwa ob ganze Äußerungen oder nur Fehler oder Unstimmigkeiten notiert werden sollten. Damit wird die Frage aufgeworfen, ob der Beobachtungsbogen in einer konkreten Bewertungssituation praktikabel ist, wenn er umfangreiche Notizen erforderlich macht. Die Lehrkräfte waren sich einig, dass bei einer Beurteilungssituation, in der aufgezeichnete Sprache bewertet wird, der Platz für Notizen sinnvoll ist, da mehr Zeit für die Anfertigung der Notizen zur Verfügung steht als in einer Beurteilungssituation, die im Unterricht stattfindet und nicht aufgezeichnet wird. Die Allgemeinheit der Angaben in dem Bewertungsinstrument biete durch ihre Offenheit zugleich die Möglichkeit, Schwerpunkte bei der Beurteilung zu setzen, was positiv angemerkt wurde.

Die Lehrkräfte, die Diehrs differenzierten Beobachtungsbogen erprobten, stellten die Möglichkeiten der inhaltlichen Schwerpunktsetzung bei der Beurteilung positiv heraus. Dieses Instrument ermögliche es, die Kategorie „Sonstiges" für solche Schwerpunkte zu verwenden, ohne andere Kriterien zu vernachlässigen. Die Anzahl der Kriterien wurde als umfassend aber angemessen beurteilt, weil sie die Lehrkraft flexibel in der individuellen Beurteilungssituation agieren lasse, aber andererseits ein breites Spektrum an wichtigen Kriterien abgedeckt werde. Die Bandbreite der Beurteilungskriterien wurde positiv hervorgehoben.

Zusammenfassend ist zu sagen, dass der differenzierte Beobachtungsbogen von Dichr für am besten handhabbar befunden wurde, wobei einige Verbesserungsvorschläge – wie z.B. mehr Platz für individuelle Notizen – geäußert und bereits umgesetzt wurden.

Um das eigene Bewertungsverhalten zu überprüfen und transparenter zu machen, schlugen die Lehrkräfte die konsequente Begründung der Bewertung vor. Das Problem der Subjektivität, das in diesem Zusammenhang aufgeworfen wird und von Clapham (2000) aus testtheoretischer Sicht als Validitätsproblem benannt wird, kann man für den konkreten Schulalltag nur durch präzise Beobachtung und genau definierte Kriterien zu minimieren versuchen, ausschließen kann man es m.E. nicht.

4. Ausblick

Die Lehrerfortbildung im Rahmen des *TAPS*-Programms[1] ist ein Beispiel für die Kooperation zwischen Lehrkräften und Hochschulen, die sich besonders im Bereich von Themen, die wichtig für die Praxis und relatives Neuland für die Forschung sind, zu intensivieren lohnt. Im gemeinsamen Bestreben, theoretisch fundierte, in der Praxis handhabbare Instrumente zur Leistungsbeurteilung zu entwickeln und zu evaluieren, ist eine Kooperation sinnvoll und gewinnbringend für beide Seiten.

Im Zusammenhang mit der Lehrerfortbildung hat sich außerdem gezeigt, dass die Ausbildung von Diagnosekompetenz für Lehrkräfte sowohl in der Ausbildung als auch in der Fortbildung eine wichtige Rolle spielt. Hier kann die Fachdidaktik in Kooperation mit praktizierenden Lehrkräften wichtige Impulse für die Praxis geben.

---

1 Siehe dazu auch den Beitrag von Bärbel Diehr (S. 10-18) in diesem Band.

5. Literaturangaben

Alderson, C., C. Clapham und D. Wall (1995) *Language Test Construction and Evaluation*. Cambridge: Cambridge University Press.

Börner, O. (2001) „Früher Fremdsprachenunterricht: Übergang in die Klasse 5." In: Edelhoff, C. (Hrsg.) (2001) *Neue Wege im Fremdsprachenunterricht: Qualitätsentwicklung, Erfahrungsebene, Praxis*. Hannover: Schroedel, 23-29.

Cameron, L. (2001) *Teaching Languages to Young Learners*. Cambridge: Cambridge University Press.

Clapham, C. (2000) "Assessment and Testing." In: Byram, M. (Eds.) (2000) *The Routledge Encyclopedia of Language Learning and Teaching*. London und New York: Routledge, 48-53.

Diehr, B. (2005) „Leistung im Englischunterricht kindgemäß beurteilen. Kann das überhaupt gelingen?" In: *Primary English* 3/1, 10-13.

Drese, K. (2004) „Lernstandsfeststellungen in der Grundschule und ihre Konsequenzen für die Lehrkräfte der Sekundarstufe I." In: *Der fremdsprachliche Unterricht Englisch* 38/3, 22-29.

Genesee, F. and J. A. Upshur (1996) *Classroom-based Evaluation in Second Language Education*. Cambridge: Cambridge University Press.

Hedge, T. (2000) *Teaching and Learning in the Language Classroom*. Oxford: Oxford University Press.

Hughes, A. (2003) *Testing for Language Teachers*. Zweite Auflage. Cambridge: Cambridge University Press.

Ioannou-Georgiou, S. and P. Pavlou (2003) *Assessing Young Learners*. Oxford: Oxford University Press.

Luoma, S. (2004) *Assessing Speaking*. Cambridge: Cambridge University Press.

Mindt, D. und N. Schlüter (2003) *Englisch in den Klassen 3 und 4*. Berlin: Cornelsen.

Ministerium für Kultus, Jugend und Sport Baden-Württemberg (2003) *Bildungsstandards für Englisch. Grundschule Klasse 2: Niveaukonkretisierung*. Anhörungsentwurf vom 12.05.03.

Rea-Dickins, P. and S. Rixon (1997) "The Assessment of Young Learners of English as a Foreign Language." In: Clapham, C. and D. Corson (Eds.) (1997) *Encyclopedia of Language and Education. Volume 7: Language Testing and Assessment*. Dordrecht: Kluwer, 161.

Schlüter, N. (2004) „Die Beschreibung von Könnensprofilen für den Fremdsprachenunterricht der Grundschule unter Berücksichtigung des Gemeinsamen europäischen Referenzrahmens für Sprachen." In: Kierepka, A., R. Krüger, J. Mertens und M. Reinfried (Hrsg.) (2004) *Frühes Fremdsprachenlernen im Blickpunkt. Status Quo und Perspektiven*. Gießener Beiträge zur Fremdsprachendidaktik. Tübingen: Narr, 119-224.

Weskamp, R. (2001) „Leistungsbeurteilung für einen schülerorientierten Fremdsprachenunterricht." In: *Praxis des neusprachlichen Unterrichts* 48/3, 227-238.

Karin Drese

Das Portfolio im Fremdsprachenunterricht der Grundschule – Erfahrungen mit „Mein Sprachenportfolio"

1. Vom Portfolio zum Sprachenportfolio

Hört man den Begriff Portfolio, denkt man zunächst einmal an einen Künstler, Architekten oder Designer, der eine große, flache Mappe, sein Portfolio, unter dem Arm trägt. In dieser Mappe hat er eine ausgewählte Sammlung von fertigen oder noch nicht fertigen Arbeiten, die Auskunft über sein Schaffen, sein Können und seinen Werdegang geben. Die Auswahl der Arbeiten erfolgt in Hinblick auf den Personenkreis, denen er das Portfolio präsentieren möchte und ist verknüpft mit gewissen Absichten und Überlegungen (Wilson 2002:268f).

Fremdsprachendidaktiker haben diesen Portfoliogedanken aufgegriffen und auf das Lernen und Lehren von Sprachen übertragen. Auf eine Initiative des Europarats hin wurde das Konzept eines Europäischen Portfolios der Sprachen entwickelt. Dieses Konzept wurde 1991 erstmals vorgestellt und später in 15 Mitgliedstaaten erprobt (Kohonen 2002:78). Abschließend wurden einige Merkmale formuliert, die ein europäisches Sprachenportfolio auszeichnen:

- Das Europäische Sprachenportfolio schafft Anreize zum Sprachenlernen und zur Mehrsprachigkeit.
- Es fördert die Lernerautonomie durch die Selbsteinschätzung der Lerner.
- Alle Sprachen, die ein Lerner in und außerhalb des schulischen Kontextes erworben hat, werden wertgeschätzt.
- Das Portfolio gehört dem Lerner.
- Es ist prozess- und produktorientiert.
- Es nimmt explizit Bezug auf den Gemeinsamen europäischen Referenzrahmen (Common European Framework) und ist der Transparenz verpflichtet.
- Das europäische Sprachenportfolio besteht aus drei Teilen: Sprachenpass, Sprachenbiographie und Dossier.

(vgl. Council for Cultural Cooperation: Education Committee 2000:2f)

2. Das Sprachenportfolio in der Grundschule

Im Zuge der Initiative des Europarats sind europaweit viele Sprachenportfolios, vor allem für die Sekundarstufe, entwickelt und teilweise akkreditiert worden. Inzwischen boomt auch der Portfolio-Markt im Grundschulbereich. Es gibt Portfolios, die zusammen mit Grundschullehrwerken genutzt werden können, und es wurden in einigen Bundesländern von ministerieller Seite Grundschul-Portfolios entwickelt (für eine Übersicht: www.uni-giessen.de/anglistik/blkprojekt). Auch sind inzwischen, vor allem in den USA und Kanada, aber auch zunehmend in Europa, elektronische Portfolios auf dem Markt, die jedoch gegenwärtig kaum in der Grundschule eingesetzt werden.

Hessen gehörte in Deutschland zu den Vorreitern bei der Entwicklung eines Sprachenportfolios für die Grundschule. In Zusammenarbeit mit acht Grundschulen entstand in einer zweijährigen Entwicklungsphase unter der Leitung von Prof. Dr. Legutke und Frau Ministerialrätin Lortz vom Hessischen Kultusministerium „Mein Sprachenportfolio". Dies wurde 2002 veröffentlicht und im Internet, zusammen mit einer Handreichung und Praxisbeispielen, einer breiten Öffentlichkeit zugänglich gemacht (http://www.pestalozzischule-weilburg.de/sprachenportfolio/index.html). Damit war „der erste Versuch einer Konkretisierung" (Legutke 2002a:111) geschaffen, durch den nun Grenzen und Möglichkeiten der Portfolioarbeit in der Grundschule erprobt und diskutiert werden konnten.

Im Jahr 2002 fand sich im Auftrag des hessischen Kultusministeriums eine Gruppe von Grundschullehrkräften aus den hessischen Europaschulen in einer mehrtägigen Tagung zusammen, um a) ihre Portfolio-Erfahrungen aus dem frühen Englisch- und Französischunterricht auszutauschen und b) Möglichkeiten zum Umgang mit dem Sprachenportfolio sowie c) Ideen für eine Neugestaltung zu formulieren. An diesem Treffen nahmen auch einige Lehrkräfte teil, die bereits an der Portfolioentwicklung mitgewirkt hatten. Diese Tagungen wurden in den folgenden Jahren fortgeführt und finden mittlerweile mehrmals jährlich statt. Die dort gesammelten Ergebnisse sind Grundlage der folgenden Ausführungen und leisten einen wichtigen Beitrag bei der bundesländübergreifenden Entwicklung eines Portfolio-Prototyps zur Überwindung der Schnittstellen im Rahmen eines BLK[1]-Projektes.

3. Funktionen des Sprachenportfolios

Das Sprachenportfolio in der Grundschule hat drei Funktionen: Erstens gibt es Auskunft über die Leistungen und Kompetenzen, die die Schüler und Schülerinnen innerhalb und außerhalb der Schule in der Fremdsprache erworben haben sowie über ihre Interessen und Talente. Es hat eine Bericht- bzw. Vorzeigefunktion, ist also ein *showcase portfolio* (Kohonen 2002:81).

Zweitens werden die Kinder angeleitet, ihre Sprachlernbiographie zu reflektieren und sich Gedanken über ihr Sprachenlernen, ihre Lernwege und Erfolge, ihre Einstellungen, Stärken und Schwächen und ihre Ziele zu machen. Es hat daher gleichzeitig eine pädagogische Funktion, ist dynamisch und somit ein *working portfolio* (Kohonen 2002:81).

Drittens wird die Unterstützung des Übergangs in die weiterführende Schule und die Vorbereitung auf die Arbeit mit dem Europäischen Portfolio der Sprachen angestrebt (Legutke 2002b:2).

4. Struktur des Portfolios

„Mein Sprachenportfolio" ist nach den Vorgaben des Europarats in drei Teile gegliedert. Bei allen Teilen wurde sowohl in der Gestaltung als auch in der Formulierung darauf geachtet, dass es kindgemäß und handhabbar ist, damit die Grundschüler weitestgehend selbstständig mit dem Sprachenportfolio arbeiten können.

4.1 Der Sprachenpass

Der erste Teil ist der Sprachenpass, der die ersten drei Seiten des Portfolios umfasst und zu Beginn der Klasse 3 eingesetzt werden kann. Hier halten die Kinder fest, welche Sprachen sie sprechen können, welche Sprachen sie lernen und welche sie schon einmal gehört haben, z.B. im Urlaub, in der Eisdiele usw. All diese Erfahrungen mit verschiedenen Sprachen fassen sie auf Seite 2 des Sprachenpasses in einem Sprachenporträt zusammen, das auf einer Idee von Krumm und Jenkins fußt (Krumm 2002) und mit entsprechender Anleitung bereits in der Grundschule eingesetzt wer-

---

[1] BLK = Bund-Länder-Kommission

den kann: „Kinder entwickeln ein solches Sprachbewusstsein früh, wachsen sie doch von Anfang an in eine vielsprachige Welt hinein. [...] Die Anfertigung von Sprachenporträts [...] erlaubt es schon im Grundschulalter, dass Kinder ein solches Sprachbewusstsein entwickeln und sich ihres vorhandenen Sprachenreichtums bewusst werden." (Krumm 2002:36). Diese Annahme hat sich inzwischen auch in vielen Klassenzimmern bei der praktischen Portfolioarbeit bestätigt, wie die Beschreibungen von Kindern einer vierten Klasse zeigen. Die Aufgabe der Schüler war es, ihre Sprachen in den Umriss eines Körpers zu malen und für jede Sprache eine andere Farbe zu wählen. Durch die Farbe und die Zuordnung im Körper wird deutlich, welche Bedeutungen die einzelnen Sprachen für die Kinder haben und welche Gefühle mit ihnen verbunden sind:

- „Mein Herz ist rot, weil wenn ich Türkisch höre, dann wird es mir warm. Meine Hose und meine Schuhe sind orange für Französisch, weil wenn ich irgendjemand Französisch höre, dann höre ich auf zu laufen und höre zu." (Mädchen mit türkischen Eltern)
- „Im Kopf und in den Händen habe ich Deutsch. Es ist bunt, weil es mir sehr gut gefällt. Am Bauch habe ich Italienisch. Es ist blau, weil ich es gerne esse (Pizza, Spaghetti). In den Beinen habe ich Spanisch und Englisch, denn wenn ich die beiden Sprachen höre, denke ich an Fußball. In den Armen habe ich Kisuaheli, weil ich es nicht sprechen kann." (Junge mit deutscher Mutter und nigerianischem Vater)

4.2 Die Sprachenbiographie
Der zweite Teil des Portfolios ist die Sprachenbiographie. Hier haben die Kinder die Möglichkeit, ihr Sprachenkönnen und -wissen selbst einzuschätzen und zu dokumentieren. Sie reflektieren über ihre Leistungen, Fortschritte und Ziele sowie darüber, wie sie ihre Sprachen lernen.

Diese Seiten werden am Ende der Klasse 3 bzw. erneut am Ende der Klasse 4 eingesetzt. Auf diese Weise können die Kinder eine Entwicklung in ihrem Lernprozess wahrnehmen. Die Selbsteinschätzung bezieht sich nur auf das Hörverstehen und Sprechen, also die primären Fertigkeiten in der Grundschule. Einerseits schätzen die Kinder ihr Wissen und ihr Können anhand aufgelisteter Sprachfunktionen mit „Ich kann"-Aussagen (S. 4-7) ein. Dazu dient eine Viererskala („Das kann ich gut.", „Das kann ich normalerweise.", „Das fällt mir noch schwer." und „Das kann ich noch nicht."). Andererseits gibt es auch eine offene Form (S. 8-9), bei der die Kinder u.a. Wörter, die sie zu gewissen Themenbereichen kennen, notieren können. Auf allen Seiten geht es darum, dass die Kinder zeigen dürfen, was sie können und nicht darum, was sie (noch) nicht können. Damit wird der Schritt von der auf Defizite orientierten Pädagogik hin zu einer positiven, auf Können ausgerichteten Sichtweise vollzogen.

Auf den folgenden Seiten „Wie ich meine Sprachen lerne" (S. 10-11) reflektieren Kinder über ihr Sprachenlernen. Dadurch dass hier, abweichend von einigen anderen Grundschulportfolios, keine Listen zum Abhaken gegeben werden, kommen äußerst interessante und kreative Ergebnisse zustande. Teilweise spiegeln diese den Unterricht wider. So schrieben beispielsweise Viertklässler zur Rubrik „So merke ich mir Wörter": „Indem ich mir ein Bild dazu denke." „Ich merke mir die Bewegungen dazu." „Ich rede die Wörter nach." „Wir machen Spiele mit den Wörtern." „Ich sage sie mir im Kopf auf, bis ich sie richtig weiß." „Indem ich mich an andere Wörter erinnern kann, die so ähnlich sind."

Nach den Seiten zur Reflexion des Lernens folgt das Zeugnis, das sich die Kinder selbst erstellen können. Die Schüler und Schülerinnen schreiben zum einen, was sie gelernt und besonders gern gemacht haben, und zum anderen, welche Ziele sie sich setzen. Dabei reichen ihre Äußerungen von einzelnen Wörtern über Themenbereiche bis hin zu kommunikativen Absichten und Aktivitäten, wie die Beispiele aus einer vierten Klasse zeigen:

- Das kann ich besonders gut: Zahlen aufsagen, jemanden beschreiben, Tierrätsel, Kleidung, jemanden begrüßen.
- Das kann ich nicht so gut: ein Buch nacherzählen, die Uhr, Gabel, Löffel, Motorrad, ganz schwierige Sätze auswendig sprechen.
- Das möchte ich im nächsten Jahr lernen: Geschichten schreiben, einen ganz schwierigen Text übersetzen, mehr Tiere, geometrische Dinge.

Auf der letzten Seite der Sprachenbiographie kann die Lehrkraft eintragen, wie sie die Kompetenzen der Schüler einschätzt. Diese Seite wird von vielen Lehrkräften als fragwürdig empfunden. Zum einen ist die Verortung der Fremdbewertung in der Sprachenbiographie – statt wie in anderen Portfolios im Sprachenpass – nicht nachvollziehbar und entspricht nicht den Prinzipien des Europäischen Portfolios der Sprachen (Council for Cultural Cooperation: Educational Committee 2000:3). Zum anderen bieten die Formulierungen keine differenzierten Bewertungsmöglichkeiten und sind für Kinder weitgehend unverständlich geschrieben (z.B. „kann nach dem Hören eines Textes visuelle Vorlagen entsprechend der Aufgabenstellung ordnen" Legutke/ Lortz 2002:13).

4.3 Die Schatztruhe

Der dritte Teil des Portfolios ist das Dossier bzw. die Schatztruhe. Hier sammeln die Kinder ausgewählte Arbeiten, ihre Schätze, die sie im Laufe der zwei Schuljahre zusammengetragen haben. Diese sollen Auskunft über ihre Leistungen und ihre Fortschritte geben und können z.B. Briefe von Brieffreundschaften, eine Liste mit den gelernten Liedern und Reimen, eine besprochene Kassette, Postkarten aus dem Ausland, selbst gebastelte Bücher oder andere Bastelarbeiten und besondere Arbeitsblätter enthalten (vgl. Legutke 2002b:12).

Die Organisation der Schatztruhe wird in den verschiedenen Klassen recht unterschiedlich gehandhabt und reicht von einem Heft mit integrierter Klarsichtfolie bis hin zu Eckspannersammelmappen und Ordnern. Unabhängig von der Organisation ist allen Schatztruhen gemeinsam, dass Kinder ermutigt und bestärkt werden, inhaltlich aussagekräftige Dokumente über ihre Arbeit und den Leistungsstand auszuwählen. Dabei sollte der Umfang der Schätze limitiert sein: *"Portfolios that are constantly expanding and never cleaned out become difficult to store and, more important, difficult to review and assess."* (Rea-Dickins 2000:398). Deswegen sollten die Schätze regelmäßig gesichtet und teilweise aussortiert werden. Außerdem ist es ratsam, die jeweiligen Werke mit einem Datum zu versehen, damit die Entwicklung nachvollzogen werden kann.

5. Ansätze autonomen Lernens durch das Sprachenportfolio

Die Erfahrungen, die mit „Mein Sprachenportfolio" gemacht wurden, sind insgesamt sehr positiv. Die Kinder sind begeistert von der Arbeit mit dem Portfolio und sehr stolz darauf. Sie beginnen zu lernen, sich ihrer Stärken und Schwächen sowie ihrer Verantwortung für das eigene Lernen bewusst zu werden. Zugleich haben die Lehrkräfte die Möglichkeit, ihre Sicht der Schüler und des Unterrichts durch die Perspektive der Lerner zu ergänzen und dadurch ihren Unterricht sowie ihre Einschätzung der Schüler zu verbessern (vgl. Legutke 2002a:106). Das Portfolio "[...] *helps us to identify the individual learner types in the classroom and to modify our methodology accordingly. The advanced portfolio provides evidence as to whether goals have been attained and also makes it possible to adjust instruction if necessary. Furthermore, it helps us to advise children on how to improve their linguistic competence. It provides a body of evidence we can use for the reflection of the children's progress and linguistic competence with parents, other teachers, school authorities, and the children themselves.*" (Becker 2004:13).

Ein nur scheinbarer Widerspruch bei der Portfolioarbeit ist die geforderte Autonomie der Lerner und die Rolle der Lehrkraft: Ein Portfolio soll die Selbsteinschätzung der Schüler unterstützen und ihr kontinuierliches, autonomes Lernen fördern. Gleichzeitig zeigt die praktische Arbeit, dass die Kinder Unterstützung bei der Arbeit mit dem Portfolio benötigen. Sie brauchen jemanden

- mit dem sie ihre Gedanken und Überlegungen austauschen können,
- der sie dazu anleitet, ihre Stärken und Schwächen, sowie ihre Ziele klar zu erkennen,
- der ihnen hilft, einige Aufgaben oder Sätze zu verstehen, die vielleicht nicht (für jedes Kind) verständlich sind,
- der ihren Lernfortschritt beobachtet und ihnen Feedback gibt.

Einige dieser Aufgaben können von Mitschülern übernommen werden, andere von der Lehrkraft. So entfaltet die Portfolioarbeit, die ein sehr persönlicher Prozess und ein sehr individuelles Produkt hervorbringt, ihr volles Potential nur im Dialog, also im Austausch von Ideen, Gedanken und Wahrnehmungen. „Ein solcher Dialog, der Können und Lernen bewusst macht, ist wiederum nur als Teil eines ergebnisorientierten, sprachlich lebendigen und handlungsorientierten Unterrichts denkbar." (Legutke 2003:5).

6. Reflexiver Dialog als Grundsatz der Portfolioarbeit

Der reflexive Dialog über Lernen, Lehren, Fortschritte und Erfolge ist ein kontinuierlicher Prozess, der den ganzen Unterricht umfasst und nicht nur die einzelnen Stunden, in denen am Portfolio gearbeitet wird. Es kann von den Kindern nicht erwartet werden, dass sie sich selbst einschätzen können, wenn sie nie dazu angeleitet wurden und sie nicht regelmäßig darüber nachdenken (vgl. Becker 2004:11, Legutke 2002a:113): „Indem gemeinsam Kriterien diskutiert und die eigene Einschätzung begründet wird, bildet sich bei den Kindern eine immer differenziertere Beurteilungskompetenz heraus." (Kolb 2004:3). Das Gespräch über Lernen, über verschiedene Lernwege, Fortschritte und Ziele wird durch die Portfolioarbeit integraler Bestandteil des Unterrichts einer Portfolio-orientierten Pädagogik, die auf Offenheit und Austausch ausgerichtet ist. Dadurch können die Schüler auch lernen, sich für ihr Lernen und ihre Selbsteinschätzung verantwortlich zu fühlen: *"This does not happen automatically, however, simply by having students keep portfolios of their work. Rather, it depends critically on teachers' conscientious efforts to use portfolios as a collaborative assessment process. They must be used actively and interactively, and they must be an integral part of instruction and instructional planning."* (Genesee/Upshur 1996:99).

Außerdem wird bei der Portfolioarbeit deutlich, wie wichtig Feedback ist. Es gibt Kinder, die dazu neigen, sich generell zu gut einzuschätzen oder – insbesondere leistungsstarke Schüler – generell zu schlecht. Wenn sie nie ein Feedback dazu erhalten, werden sie eine angemessene Selbsteinschätzung nicht erlernen können. Deswegen ist es bei der Portfolioarbeit wichtig, dass, zusätzlich zur Rückmeldung durch die Mitschüler, die Lehrkraft die Portfolios regelmäßig durchsieht und – wenn nötig – den Schülern Feedback gibt. Dies kann in einzelnen Fällen in der Zeit geschehen, in der die Kinder an ihren Portfolios arbeiten oder aber auch durch Vermerke in dem Portfolio. Es versteht sich von selbst, dass es sich hier nicht um Vermerke im Sinne von Korrekturen handelt und auch nicht um Eintragungen, die beständig im Portfolio bleiben. Stattdessen geht es um Impulse, die die Kinder zum Nachdenken anregen. Zum Notieren solcher Anregungen haben sich Post-Its als sehr hilfreich erwiesen, denn sie können auf die jeweilige Seite geklebt werden und von den Kindern später wieder entfernt werden.

7. Erfahrungen und Ausblick

Die praktische Portfolioarbeit der letzten Jahre hat gezeigt, dass das Sprachenportfolio ein angemessenes Instrumentarium ist, um „Spracherfahrungen und Entwicklungen von Sprachkompetenzen in [...] transparenter Weise zu dokumentieren" (Legutke 2003:3) und zu reflektieren sowie um interkulturelle Erfahrungen aufzugreifen. Damit sind zwei wichtige Funktionen des Grundschulportfolios erfüllt. Jedoch wird der dritte Aspekt, nämlich die Erleichterung des Übergangs in weiterführende Schulen, vielerorts nicht zufrieden stellend realisiert. Aus Sicht der Grundschullehrkräfte fehlt es an vielen weiterführenden Schulen an Akzeptanz und Interesse am Grundschulportfolio. Auf Grund dessen wird derzeit, wie eingangs beschrieben, im Rahmen des BLK-Projektes „Lehren und Lernen als Kontinuum" ein Portfolio-Prototyp erarbeitet und erprobt, der helfen soll, die Schnittstellen zwischen Grundschule und Sekundarstufe zu überwinden: (http://modelle.bildung.hessen.de/uebergang, http://www.uni-giessen.de/anglistik/blkprojekt).

Doch auch neben dieser zweifellos sehr wichtigen Frage nach der Überbrückung der genannten Schnittstelle, gilt es, viele weitere Forschungsfragen zu beantworten und Entwicklungsarbeit zu leisten:

- Welchen Einfluss hat die inzwischen in Hessen und anderen Bundesländern eingeführte Notengebung auf die Arbeit mit dem Portfolio und auf dessen Akzeptanz?
- Kann der neue „Prototyp zur Überbrückung der Schnittstellen" den Übergang von Grundschule zur Sekundarstufe erleichtern?
- Welche Veränderungen sind nötig, damit das Portfolio für Herkunftssprachen oder für den bilingualen Unterricht eingesetzt werden kann?
- Wie können Könnensbeschreibungen – vor dem Hintergrund des selbständigen Umgangs der Kinder mit dem Portfolio – so formuliert werden, dass sie einen konkreten Bezug zum erlebten Unterricht und seinen Inhalten haben und gleichzeitig vergleichend und aussagekräftig über das individuelle Klassenzimmer hinaus sind?
- Wie können sich Fremdeinschätzung, die eine sehr wichtige diagnostische Funktion hat und daher integraler Bestandteil jedes frühen Fremdsprachenunterrichts sein sollte, und Eigeneinschätzung sinnvoll ergänzen?

- Durch welche Maßnahmen können Lehrkräfte bei der Implementierung des Portfolios und der Portfolioarbeit unterstützt werden?
- Ist das Portfolio auch ein geeignetes Instrumentarium für andere Fächer?

Obwohl es noch viele offene oder nur teils geklärte Fragen gibt, beweist die praktische Portfolioarbeit schon jetzt, dass das Sprachenportfolio ein viel versprechender Weg zu mehr Lernerautonomie und einer neuen Kultur des Lernens, Lehrens und Beurteilens ist.

8. Literaturangaben

Becker, C. (2004) "Implementing a Junior Portfolio Model for Self Assessment." In: British Council Germany (Hrsg.) (2004) *Standards in language learning and the Common European Framework. Berlin 5-6 March 2004: Conference Report.* In: http://www.britishcouncil.de/pdf/report.pdf, 7-13.

Council for Cultural Cooperation: Education Committee (Hrsg.) (2000) *Language Policies for a multilingual and multicultural Europe: European Language Portfolio (ELP): Principles and Guidelines.* DGIV/EDU/LANG 33.

Europarat (2001) *Gemeinsamer europäischer Referenzrahmen für Sprachen: lernen, lehren, beurteilen.* München: Langenscheidt.

Genesee, F. and J. Upshur (1996) *Classroom-based evaluation in second language education.* Cambridge: Cambridge University Press.

Kohonen, V. (2002) "The European Language Portfolio: from portfolio assessment to portfolio-oriented language learning." In: Kohonen, V. und P. Kaikkonen (Hrsg.) (2002) *Quo vadis foreign language learning?* Tampere: University of Tampere, 77-96.

Kolb, A. (2004) "First Steps in Self-assessment." In: *First Steps: Der Newsletter für den früh beginnenden Englischunterricht*, 2+3.

Krumm, H. (2002) „‚Mein Bauch ist italienisch...' Kinder sprechen über Sprachen." In: *Grundschule Sprachen* 7, 36-39.

Legutke, M. und W. Lortz (Hrsg.) (2002) *Mein Sprachenportfolio.* Diesterweg: Frankfurt am Main.

Legutke, M. (2002a) „Das Junior-Portfolio als didaktische Herausforderung: Anmerkungen zur Selbst- und Fremdbewertung im Fremdsprachenunterricht der Grundschule." In: Barkowski, H. und R. Faistauer (Hrsg.) (2002) *... in Sachen Deutsch als Fremdsprache. Festschrift für Hans-Jürgen Krumm zum 60. Geburtstag.* Hohengehren: Schneider-Verlag, 104-120.

Legutke, M. (2002b) *Mein Sprachenportfolio. Handreichungen für Lehrerinnen und Lehrer.* Frankfurt: Diesterweg.

Legutke, M. (2003) „Portfolio der Sprachen – eine erfolgversprechende Form der Leistungsermittlung?" In: *Primary Englisch* 1, 4-6.

Rea-Dickins, P. (2000) "Classroom Assessment." In: Hedge, T. (Hrsg.) (2000) *Teaching and Learning in the Language Classroom.* Oxford: Oxford University Press, 375-401.

Wilson, S. (2002) „Das Portfolio in Schule und Lehrerbildung (II)." In: *Fremdsprachenunterricht* 4, 267-271.

Annika Kolb

„Nachdenken muss man öfters als fernsehgucken" – zur Reflexion des eigenen Lernens im Rahmen von Portfolioarbeit in der Grundschule

1. Portfolioarbeit in der Grundschule – Stärkung des Anteils der Lernreflexion

Nachdem sich die Entwicklung von Sprachenportfolios zunächst auf die Sekundarstufe konzentrierte, wird das Portfolio inzwischen auch in der Didaktik des Sprachenunterrichts in der Grundschule diskutiert. Dem ursprünglich in den USA entwickelten Ansatz zur Dokumentation des Lernweges und von Lernergebnissen (vgl. z.B. Barton/Collins 1997) wird dabei in erster Linie das Element der Selbsteinschätzung entnommen. So erscheinen unter der Überschrift „Portfolio" inzwischen auch in Schulbüchern Sammlungen von Selbsteinschätzungsbögen, die es den Kindern erlauben, mehr oder minder detailliert ihren Sprachlernerfolg zu überprüfen.

Aus didaktischer Sicht werden mit Portfolioarbeit jedoch Intentionen und Ziele verknüpft, die über die Beurteilung der eigenen sprachlichen Kompetenz hinausgehen. Ich möchte zeigen, dass das Potential des Portfolios mit der Selbsteinschätzung nicht erschöpft ist, und dazu Ergebnisse einer Studie vorstellen, welche eine reflexive Dimension in die Portfolioarbeit integriert.

Ein Blick in die didaktische Programmatik zum Portfolioeinsatz unterstützt diese Stoßrichtung. So schreibt der Europarat dem Europäischen Sprachenportfolio zwei Funktionen zu: Neben die Dokumentation der sprachlichen Qualifikation (*reporting/ information function*) tritt die Dokumentation einer pädagogischen:

> *Helping learners to reflect on their significant cultural and linguistic experience on an ongoing basis (pedagogic function).*
>
> (Council of Europe 1997:2)

In diesem Verweis auf Sprachlernerfahrung (*linguistic and cultural experience*) manifestiert sich ein umfassenderes Verständnis von Portfolioarbeit, das nicht nur auf ein ergebnisorientiertes Überprüfen von Sprachkenntnissen abzielt.

Auch der Begründungszusammenhang der Lernerautonomie, in den die Portfolioarbeit häufig gestellt wird, deutet auf die Stärkung der Reflexion des eigenen Lernens hin. So spricht Kohonen – einer der Gründungsväter des Europäischen Sprachenportfolios – von einem *tool for self-organised learning*. Er schreibt weiter:

> *Learners are taught to track their learning history through personal learning logs and reflective diaries. They learn to discover their learning strategies and thus develop their metacognitive skills.*
>
> (Kohonen 1997:8)

Schließlich birgt die Spezifik des Primarstufenkontexts ein besonderes Potential für Lernreflexion. Dem Grundschulunterricht wird die Funktion der Initiation in die Portfolioarbeit zugeschrieben, hinter welche die Dokumentation von Sprachkenntnissen nach außen zurücktritt (vgl. z.B. Legutke 2002).

Zusammenfassend lässt sich demnach konstatieren: Obwohl die Lernreflexion im Zusammenhang mit der Portfolioarbeit immer wieder genannt wird, wie ich anhand von drei Beispielen gezeigt habe, steht bei der Umsetzung des Portfoliogedankens in der Grundschule meist die Selbsteinschätzung im Vordergrund.

Im vorliegenden Beitrag soll nun die produktorientierte Fokussierung auf Lernstände zu bestimmten Zeitpunkten durch eine prozessorientierte reflexive Dimension ergänzt werden, die den Lernprozess selbst in den Blick nimmt. Wie sieht eine solche „reflexive Dimension" aus? Ich gehe davon aus, dass die Portfolioarbeit die Chance bietet, bei den Kindern Sprachlernbewusstheit zu fördern. Darunter verstehe ich mit Edmondson (1997:93):

> Kenntnisse über das Fremdsprachenlernen allgemein und/oder über das eigene Fremdsprachenlernen, die u.a. aus Erfahrungen und Introspektion gewonnen werden, die nach Auffassung des Subjekts Einfluss auf das Fremdsprachenlernen hatten, haben oder haben können und bei Bedarf artikuliert werden können [...] Entscheidend ist, ob bzw. inwieweit [...] Kenntnisse mit den eigenen Lerngewohnheiten und Lernerfahrungen in Verbindung gesetzt werden können.

Elemente einer solchen Sprachlernbewusstheit sind die Kenntnis des eigenen Lernzugangs und Lernstils, das Wissen um bevorzugte und vielversprechende Lernerstrategien (vgl. Rampillon 1997), der Austausch von subjektiven Lernkonzepten (vgl. Knapp-Potthoff 1997) und die Thematisierung von Einstellungen und Gefühlen in Bezug auf das Sprachenlernen.

Ziel dieser Bewusstmachung ist zum einen die Erweiterung des eigenen Strategienrepertoires und deren gezielterer Einsatz, eine bessere Lernplanung und die Kategorisierung, Einordnung und Sinnzuschreibung eigener Lernerfahrungen. All dies sind Schritte auf dem Weg zur Übernahme von mehr Verantwortung für das eigene Lernen im Sinne von Lernerautonomie. Dass eine so verstandene Portfolioarbeit auch für die Lehrenden eine wichtige Rückmeldefunktion erfüllen kann, sei hier nur am Rande bemerkt.

2. Portfolioarbeit als Gegenstand von Schulbegleitforschung

Die Integration der Dimension *Reflexion des eigenen Lernens* mit dem Ziel der Entstehung und Förderung von Sprachlernbewusstheit in die Portfolioarbeit wurde in einem Forschungsprojekt umgesetzt, das im Sinne der Schulbegleitforschung konzipiert wurde.

In enger Kooperation mit den beiden beteiligten Lehrerinnen wurden Portfoliomaterialien entwickelt und zwei dritte Klassen über den Zeitraum eines Schuljahres bei der Implementation von Portfolioarbeit im Sprachenunterricht, schwerpunktmäßig im Fach Englisch, begleitet. Dabei sollte untersucht werden, wie das Instrument von den Lernenden gedeutet wird und wie sie damit umgehen. Des Weiteren stand im Mittelpunkt des Interesses, was sowohl Forschende als auch Lehrende aus der Portfolioarbeit über die Lernprozesse der Kinder erfahren können. Als Erhebungsmethoden wurden Unterrichtsmitschnitte, Reflexionsgespräche mit den Kindern nach der Portfolioarbeit und die Auswertung der Portfolios gewählt.

3. Materialentwicklung

Bei der Entwicklung der Materialien zur Portfolioarbeit stand das Forscherteam vor der Schwierigkeit, ein recht abstraktes Thema für die Kinder so aufzubereiten, dass eine Verständigung darüber möglich wurde. In vorliegenden Studien zur Lernerperspektive (z.B. De Leeuw 1997) wurde deutlich, dass es ohne einen konkreten Gesprächs„gegenstand" – im Sinne eines Arbeitsmaterials – schwirig ist, mit den Kindern über konzeptionelle Aspekte zu sprechen. Aus diesem Grund wurde visuellen und verbalen Hilfen ein großer Stellenwert eingeräumt. Zwei dieser Materialien möchte ich im Folgenden vorstellen (vgl. Darstellungen 1 und 2).

- Portfoliovorlage *Tätigkeiten beim Sprachenlernen*

Bei dieser Aufgabe werden die Kinder aufgefordert, einer Auswahl von abgebildeten Unterrichtstätigkeiten Zahlen zuzuordnen, die ihr subjektives Verständnis der Relevanz der einzelnen Tätigkeiten für den Sprachlernprozess darstellen sollen. Die neun Tätigkeitsbilder zeigen Situationen, die den Kindern aus ihrem Unterricht bekannt sind. Es wird zum einen darauf abgezielt, ein Bewusstsein für den eigenen Lernstil zu schaffen, wenn die Kinder sich überlegen, was für sie beim Lernen wichtig ist. Eine zweite Intention besteht darin, zum Nachdenken darüber anzuregen, wie Sprachenlernen abläuft. Diese subjektiven Konzeptualisierungen des Sprachlernprozesses der Schülerinnen und Schüler sollen vor allem in der sich anschließenden Begründung der eigenen Anordnung – die als solche weniger von Interesse ist – in den Reflexionsgesprächen deutlich werden.

Darstellung 1: Portfoliovorlage *Tätigkeiten beim Sprachenlernen*

- Portfoliovorlage *Lernhilfen*

Statt unterstützender Visualisierung enthält diese Vorlage konkrete Verbalisierungsangebote, welche die Artikulation von Erfahrungen befördern soll. Unter der Fragestellung „Was hilft mir beim Lernen?" sollen die aufgeführten Lernhilfen einer oder mehrerer der vier Fertigkeiten zugeordnet werden. Es wurde darauf geachtet, die Individualität des Lernens zu betonen. Die Lernenden sollen hier – so die Intention – weitere Erkenntnisse über den eigenen Lernstil gewinnen, sich bevorzugte Lernerstrategien bewusst machen und sich anschließend darüber austauschen.

Darstellung 2: Portfoliovorlage *Lernhilfen*

Lies dir die Sätze durch. Überlege dann, was dir beim Sprechen, Hören, Lesen und Schreiben auf Englisch hilft. Ziehe einen Pfeil zum entsprechenden Bild.

Das hilft mir ...

beim Sprechen   beim Hören

Ich sehe mir passende Bilder an.

Ich frage eine/n Mitschüler/in.

Ich spreche das Wort oder den Satz leise vor mich hin.

Ich übersetze ins Deutsche
oder in eine andere Sprache: _____

Ich versuche, bekannte Wörter wieder zu erkennen.

Ich vergleiche mit Deutsch
oder mit einer anderen Sprache: _____

Ich erinnere mich an Situationen, in denen das Wort oder der Satz vorkam (zum Beispiel Lieder, Geschichten, ...).

Wenn jemand spricht, achte ich auf sein Gesicht und seine Bewegungen.

_____

_____

beim Lesen   beim Schreiben

---

4. Verschiedene Dimensionen von Sprachlernbewusstheit

Als ein Ergebnis der Untersuchung lässt sich zunächst feststellen, dass die Kinder die vorgestellten Materialien gut annehmen und mit der recht schwierigen und abstrakten Anforderung produktiv umgingen. Es gelang ihnen, Bezüge herzustellen zwischen den Vorlagen und den eigenen Sprachlernerfahrungen. Dass sie die Vorgaben ergänzten, uminterpretierten und mit eigenen Begründungen versahen, spricht dafür, dass sie die Hilfen zwar annahmen, sich aber nicht vollständig auf die Vorgaben zurückzogen. Eine Eigenleistung ist deutlich zu erkennen. Bei der Interpretation der Schüleraussagen wurden dann auch diese als besonders valide erachtet, die einen Bezug zu eigenen Erfahrungen erkennen lassen und von den Kindern näher erläutert bzw. begründet werden.

Die Schülerinnen und Schüler erweisen sich als erstaunlich gut in der Lage, ihr Sprachenlernen zu reflektieren und konzeptionell zu erklären. Als Beispiel für diese hohe Reflexionskompetenz mag dieses Schülerzitat aus einem Auswertungsgespräch dienen:

Lehrerin: Und wenn ihr da so ein Lied singt, wie merkt ihr euch das?
Tom: Wir haben's einfach automatisch im Kopf.

> *Janina:* Ja.
> *Robin:* Dann sagen wir uns das paar Mal vor und dann haben wir das einmal im Kopf.
> *Janina:* Das haben wir einfach / das sagen wir uns dann einfach so / unser Kopf sagt uns das vor und dann, und dann geht das irgendwie so ganz schnell da rein und dann bleibt das auch da drinne, das vergisst man einfach nicht mehr.

Die Kinder haben offensichtlich eine schon recht genaue Vorstellung von mentalen Prozessen, die beim Lernen ablaufen, und können diese differenziert beschreiben. Gleichzeitig sind sie sich der aktiven Rolle, die sie beim Lernen spielen, bewusst und können planvoll an die Lernaufgabe herangehen.

Diese Reflexionskompetenz lässt sich näher charakterisieren. Unterschiedliche Dimensionen dieser entstehenden Sprachlernbewusstheit möchte ich im Folgenden exemplarisch darstellen und am Beispiel der Lernerstrategien auch die inhaltliche Bandbreite der Schüleraussagen verdeutlichen.

Sprachlernbewusstheit zeigt sich erstens darin, dass die Kinder zur **Explikation subjektiver Lernkonzepte** in der Lage sind. Auf die Frage der Handpuppe[1] „Und wie macht man das – Lernen?" entsteht ein Dialog zwischen Aydin und Robert:

> *Aydin:* Da, da muss man richtig zuhören, da muss man Englisch üben, zum Beispiel hier jetzt so einen Satz versteht man, dann musst du des lesen, bis du's auswendig kannst.
> *Robert:* Und mal versuchen zu sprechen und mal versuchen, des zu sprechen, nicht nur zu hören, was die andern sagen, sondern auch mal versuchen, was zu sprechen.

In dieser kurzen Szene werden zwei unterschiedliche Konzepte vom Sprachenlernen deutlich. Während für Aydin die Rezeption wichtiger zu sein scheint, betont Robert die Rolle der Sprachproduktion.

In diesem Beispiel sind des Weiteren erste Anzeichen eines **Bewusstseins für die Individualität des Lernens** zu erkennen, wenn Robert seine Auffassung von der Aydins abgrenzt. Noch deutlicher wird es an der Stelle, an der Michael – im Gegensatz zu den meisten anderen Kindern – verteidigt, warum die Benutzung des Wörterbuchs an der letzten Stelle seiner Prioritätenliste auftaucht:

> *Weil ich's / weil ich es nicht mag, einfach nur welche Wörter zu lesen, aber keine Sätze.*

Gleichermaßen wird deutlich, dass es den Kindern gelingt, eigene Sprachlernerfahrungen in die Bearbeitung der Aufgabe einzubringen. So argumentiert Robert für die Bedeutung von Spielen und Reden im Unterricht:

> *Spielen, weil man des ja immer wieder spielt und dann sich auch merkt, und danach Reden, weil dann hat das nämlich auch schon im Kopf, was man gesagt hat, und so und merkt sich's dann auch, mehr.*

---

1   Die sich an die Portfolioarbeit anschließenden Reflexionsgespräche in Kleingruppen wurden mit Hilfe einer Handpuppe geführt, die helfen sollte, den wahrgenommenen Erfahrungsvorsprung zwischen der Interviewerin und den Kindern ein Stück weit abzubauen.

Ihm gelingt es hier, Anschlussfähigkeit herzustellen zwischen dem eigenen Erleben und dem unterrichtlichen Geschehen, es findet eine **produktive Bearbeitung eigener Lernerfahrungen** statt, die mit Sinn aufgeladen werden.

Schließlich sind die Kinder auch in der Lage, **individuelle Lernerstrategien** zu **verbalisieren**. Dieses Element von Sprachlernbewusstheit soll im Folgenden inhaltlich ausgeführt werden. Dabei fokussiert die Untersuchung darauf, welche Strategien die Kinder quasi „natürlich" anwenden, da sie schon aus dem Erstspracherwerb mitgebracht werden. Es wird demnach eher eine psycholinguistische als eine didaktische Perspektive eingenommen. Unter Lernerstrategien sollen mit Tönshoff (2003) und anderen sowohl solche, die zum Aufbau der Lernersprache dienen, als auch Sprachgebrauchsstrategien, die zur Kommunikation eingesetzt werden, verstanden werden. Aus der Fülle verschiedener Strategien, welche die Schülerinnen und Schüler erwähnen, werden beispielhaft einige herausgegriffen.

Eine erste Gruppe von Strategien, welche die Kinder nennen, lässt sich als Semantisierungsstrategien beschreiben. Damit stellen die Schülerinnen und Schüler dar, wie sie sich die Bedeutung sprachlicher Inhalte erschließen. Eine erste Strategie besteht dabei im Rückgriff auf Mimik und Gestik. So bringt Jennifer die in der Vorlage vorgegebene Strategie „Wenn jemand spricht, achte ich auf sein Gesicht und auf seine Bewegungen" mit der Tätigkeit „Zuhören" in Verbindung:

Denn manchmal hilft das vielleicht, wenn man etwas nicht besonders so versteht, dann kann man gucken, welche Bewegungen der macht, und dann macht man sich die selber nach und dann kann man das irgendwie merken, was das ist.

Auffällig ist in dieser Beschreibung, dass die körpersprachlichen Informationen nicht nur rezipiert, sondern von der Schülerin auch selbst nachgemacht werden. Sie versucht wohl, sich durch die Imitation der sprachbegleitenden Gesten in die Gesprächssituation und die Position ihres Gesprächspartners hineinzufühlen. Es wird eine Verknüpfung von Laut- und Bewegungsbildern bzw. motorischen Abläufen vorgenommen. Möglicherweise denkt sie hier auch an die Art und Weise, wie im Unterricht gelegentlich neues Vokabular eingeführt wird, indem die Lehrerin die Wortbedeutung durch Bewegungen veranschaulicht.

Neben dieser Zuhilfenahme von Mimik und Gestik besteht eine weitere bemerkenswerte Strategie in der Nutzung des Schriftbildes. So erklärt eine weitere Schülerin auf die Frage, was ihr beim Lernen helfe:

Beim Hören, kann man, ähm, kann man, ähm, das hilft, indem man sich im Kopf buchstabiert.

Obwohl Schriftsprache in ihrem Unterricht keine sehr große Rolle spielt, ist diese Form der Visualisierung für sie offensichtlich doch von Bedeutung und wird als Lernhilfe herangezogen.

Weitere Semantisierungsstrategien, die von den Kindern genannt werden, sind visuelle Hilfen, das Austesten von verschiedenen Aussprachevariationen, Sprachvergleiche, der Rückgriff auf allgemeines Weltwissen und auch das Übersetzen.

Im Sinne von Oxford (1990) lassen sich in den Aussagen der Kinder auch **Gedächtnisstrategien** ausmachen. Eine wichtige Rolle spielt dabei das Zuhören:

Raschid äußert sich in einem Unterrichtsgespräch über Lernerstrategien in Bezug auf die vier Fertigkeiten so:

Ich höre gern, da kann ich's mir merken, und wenn man's dann kann ...

Auch Nasrin misst bei der Frage nach der Bedeutung der einzelnen Tätigkeiten für das Sprachenlernen dem Hören eine recht große Wichtigkeit bei:

Hier kann man hören und so überlegen und hören und sich halt im Kopf merken.

In beiden Äußerungen wird die Aktivität „Zuhören" mit „Merken" in Zusammenhang gebracht. Sie erscheint dadurch als ein aktiver Vorgang, in dem die Zuhörenden sich einbringen und das Gehörte „im Kopf" verarbeiten. Zuhören wird nicht als passives Rezipieren beschrieben, sondern ist zielgerichtet und auf das Ziel des Behaltens fokussiert. Trotzdem bietet diese Tätigkeit den Kindern eine gewisse Handlungsentlastung, es wird noch keine eigene Sprachproduktion von ihnen gefordert, diese wird möglicherweise erst „wenn man's dann kann" aktuell. Dieser Aufschub trägt dazu bei, dass die Zuhörsituation in der Darstellung der Kinder entspannt wirkt und Freiräume bietet.

Gewissermaßen das Gegenstück dazu stellt die Aussage von Robert dar. In seiner Prioritätenliste nimmt das Sprechen einen prominenten Platz ein:

Reden, weil dann hat das nämlich auch schon im Kopf, was man gesagt hat und so, und merkt sich's dann auch, mehr.

Das eigene Sprechen hält er für wichtig, da Lernen sich seiner Vorstellung nach durch die Anwendung der sprachlichen Mittel – im Sinne eines *learning by doing* – vollzieht. Durch das Sprechen entstehen mentale Repräsentationen („da hat man das schon im Kopf"), es findet ein Verinnerlichungsprozess statt. Auch die Wiederholung – er spricht von „immer wieder" – trägt zur Behaltensleistung bei. An einer anderen Stelle stellt Yannick diese Strategie noch in einen weiteren Zusammenhang. Das eigene Sprechen hat für ihn die Funktion eines Probehandelns:

Und dann merkt man sich ja auch das, wenn man sich leise das öfter auch mal hier langsam vor sich hin redet, das denkt man auch so dieses, das könnte ich jetzt schon so'n bisschen sagen, und dann versucht man es auch schon zu sagen.

Es ermöglicht ihm, seine Kompetenz für sich selbst zu erproben, was ihm dann nach erfolgreicher Durchführung das nötige Selbstbewusstsein gibt, die sprachliche Handlung auch im „Ernstfall", in der Unterrichtsöffentlichkeit, durchzuführen.

5. Fazit

Die Bearbeitung der vorgestellten Portfoliovorlagen durch die Kinder lässt sich mit den Stichworten „produktiver Umgang" und „hohe Reflexionskompetenz in Bezug auf das eigene Lernen" charakterisieren. Die entstehende Sprachlernbewusstheit fächert sich auf in die Explikation subjektiver Lernkonzepte, ein Bewusstsein für die Individualität des Lernens, die produktive Bearbeitung eigener Lernerfahrungen und die Verbalisierung individueller Lernerstrategien. Am Beispiel der Lernerstrategien wurde ein Einblick in das inhaltliche Spektrum der Schüleraussagen gewährt, sowie das schon recht hohe Reflexions- und Argumentationsniveau und die Unterschiedlichkeit der einzelnen Zugänge zur englischen Sprache verdeutlicht.

6. Konsequenzen für den Sprachenunterricht der Grundschule

Was die Ergebnisse der dargestellten Studie implizieren, lässt sich thesenartig zuspitzen:

- Aufgrund der vorwiegend positiven Ergebnisse der Materialerprobung sollte der Aspekt der Lernreflexion – also die Prozessorientierung beim Lernen – bei der Portfolioarbeit gestärkt und die Selbsteinschätzung nicht zum alleinigen Inhalt des Portfolios werden. Die materialgestützte Lernreflexion, die eine vertiefte Auseinandersetzung mit der Thematik ermöglicht, erweist sich dabei als sinnvoll.
- Die hohe Bewusstheit der Kinder in Bezug auf die von ihnen eingesetzten Lernerstrategien deutet auf ein Potential der bewusstmachenden Verfahren im Fremdsprachenunterricht. Auch in Bezug auf sprachliche Phänomene ist bei den Schülerinnen und Schülern dieser Altersstufe möglicherweise ein größeres Bewusstsein vorhanden, als es die Didaktik bis jetzt annimmt. Oder: Ist Sprach*lern*bewusstheit ohne Sprachbewusstheit denkbar?
- Der Sprachenunterricht in der Grundschule sollte die von den Kindern mitgebrachten Lernerstrategien thematisieren, fördern und nutzen. Dabei sind Lernerstrategien nicht als etwas, das den Kindern beigebracht werden sollte, anzusehen, sondern vielmehr als Schatz, der nur gehoben werden muss. In den Worten von Cameron (2001:159): *"Children and their learning can guide teaching."*.

7. Literaturangaben

Barton, J. and A. Collins (Eds.) (1997) *Portfolio Assessment. A Handbook for Educators*. New York: Pearson Education.

Cameron, L. (2001) *Teaching Languages to Young Learners*. Cambridge: CUP.

Council of Europe (1997) *European Language Portfolio. Proposals for Development*. Strasbourg: Council of Europe.

De Leeuw, H. (1997) *English as a Foreign Language in the German Elementary School. What Do the Children Have to Say?* Tübingen: Narr.

Edmondson, W. (1997) „Sprachlernbewusstheit und Motivation beim Fremdsprachenlernen." In: *Fremdsprachen Lehren und Lernen* 26, 88-110.

Knapp-Potthoff, A. (1997) „Sprach(lern)bewusstheit im Kontext." In: *Fremdsprachen Lehren und Lernen* 26, 9-23.

Kohonen, V. (1997) "Authentic assessment as an integration of language learning, teaching, evaluation and the teacher's professional growth." http://www.uta.fi/laitokset/okl/tokl/projektit/eks/pdf/assess.pdf [15.10.2005].

Legutke, M. (2002) „Das Junior-Portfolio als didaktische Herausforderung: Anmerkungen zur Selbst- und Fremdbewertung im Fremdsprachenunterricht der Grundschule." In: Barkowski, H. und R. Faistauer (Hrsg.) (2002) *... in Sachen Deutsch als Fremdsprache*. Hohengehren: Schneider, 104-120.

Oxford, R. (1990) *Language Learning Strategies. What every teacher should know*. New York: Newbury House.

Rampillon, U. (1997) "Be aware of awareness – oder Beware of awareness? Gedanken zur Metakognition im Fremdsprachenunterricht der Sekundarstufe I." In: Rampillon, U. und G. Zimmermann (Hrsg.) (1997) *Strategien und Techniken beim Erwerb fremder Sprachen*. Ismaning: Hueber, 173-184.

Tönshoff, W. (2003) „Lernerstrategien." In: Bausch, K.-R., H. Christ und H.-J. Krumm (Hrsg.) (2003) *Handbuch Fremdsprachenunterricht*. Tübingen und Basel: Francke, 331-334.

Erika Werlen, Christine Bleutge und Stephanie Manz

Grundlagen für eine Didaktik des frühen Fremdsprachenunterrichts – Zwischenergebnisse der Wissenschaftlichen Begleitung der Pilotphase *Fremdsprache in der Grundschule in Baden-Württemberg*

1. Grundlagen für eine Didaktik des frühen Fremdsprachenunterrichts

1.1 Intention und Aufbau des Beitrags

Dieser Beitrag informiert über Forschungsergebnisse der Wissenschaftlichen Begleitung der Pilotphase *Fremdsprache in der Grundschule* in Baden-Württemberg (WiBe), die eine empirische Grundlage einer Didaktik des frühen Fremdsprachenunterrichts liefern. Die WiBe ist eine Longitudinalstudie, die als ein Projekt der Angewandten Linguistik die Sprachlernprozesse der Grundschulkinder, die von der ersten Klasse an Englisch- bzw. Französisch-Unterricht erhalten, über die gesamte Grundschulzeit hinweg beobachtet. Wir berichten hier im Detail vor allem über die ersten beiden Schuljahre; auf das dritte und vierte Schuljahr gehen wir in den zusammenfassenden Darlegungen ein.

Die vorrangige Aufgabe der WiBe ist es, eine empirisch gestützte Didaktik des frühen Fremdsprachenunterrichts auf der Basis der Lernprozesse der Grundschulkinder zu erarbeiten und darauf aufbauend Leistungskonzepte zu entwickeln und zu erproben, die den Lernprozessen der Grundschulkinder Rechnung tragen. Didaktik und Leistungskonzeption sind zwei Seiten einer Medaille. So hat die WiBe für den Bildungsplan 2004 von Baden-Württemberg in den didaktischen *Leitgedanken* die empirische Didaktik des frühen Fremdsprachenunterrichts skizziert und die Bildungsstandards für die Grundschul-Fremdsprachen – orientiert an der Schulpraxis und den untersuchten Lernprozessen der Kinder – als *empirische* Bildungsstandards ausgearbeitet. Damit liegen sowohl Bildungsstandards vor, die eine Balance zwischen ideeller Zielvorgabe und Realität aufweisen, als auch Niveaukonkretisierungen und Umsetzungsbeispiele (Musteraufgaben), die erprobt wurden.[1]

Der Beitrag stellt ausgehend von den Zielen der sprachlich-kommunikativen Bildung in knapper Form die Zwischenergebnisse der WiBe dar. Der Schwerpunkt liegt dabei auf der Darlegung der didaktischen Grundlagen: Nach welchen Prinzipien muss sich die Didaktik des frühen Fremdsprachenunterrichts richten? Wie sehen die Lernprozesse der Kinder im institutionalisierten Kontext der Schule aus?[2]

---

[1] Der Untersuchungsgegenstand der WiBe sind die Lernprozesse (nicht die Lehrprozesse) im institutionalisierten Kontext der Grundschule. Sie werden in Fallstudien (WiBe-Klassen) und in Form einer Longitudinalstudie (Schuljahre/Lernjahre 1 bis 4 + Übergang; 2001-2005) erforscht (vgl. bereits Ellis 1988). Als Projekt der Angewandten Linguistik sieht die WiBe ihre methodologischen Grundlagen im qualitativen Paradigma der empirischen Sozialforschung und ihre Gütekriterien im qualitativ-ethnografischen Paradigma. Als empirische Fachdidaktik pflegt sie den Dialog von Forschung und Praxis und die Rückbindung der Ergebnisse ins Feld (zu Vorgehen und Datengrundlage vgl. Zwischenberichte auf der Homepage der WiBe: www.wibe-bw.de sowie Werlen et. al 2004 und Werlen, im Druck).

[2] Die Diskussion von Konzeptionen, die „Begegnung mit Sprache" einem „sprachbezogenen Curriculum" gegenüberstellen, sind seit der Einführung von Bildungsstandards obsolet geworden (vgl. Neuner 2003). Aufzugreifen und weiterzuführen ist hingegen das

Wir beschreiben im Kapitel 2 den Grundzug dieser Didaktik als immersiv-reflexives Lehren und Lernen: Der Fremdsprachenunterricht der Grundschule soll das fremdsprachliche Lernen immersiv-reflexiv gestalten, denn Kinder lernen eine fremde Sprache in der Interaktion mit anderen und im Nachdenken darüber, wie sie die fremde Sprache verstehen und wie sie sich in der fremden Sprache ausdrücken können. Diese didaktische Grundlegung verdeutlichen wir im Kapitel 3 anhand von Mikroanalysen des Englischunterrichts in der Grundschule. Die Mikroanalysen geben in Form von Transkriptionen genau wieder, wie sich die verbale Interaktion gestaltet. Erst solche Mikroanalysen über mehrere Jahre hinweg geben uns die Möglichkeit, genau zu verfolgen, wie sich die Lernprozesse in der Interaktion niederschlagen und wie die Lernprozesse die Interaktion im Klassenzimmer gestalten können. Lehrkräfte müssen lernen, linguistisch genau zu beobachten und die Äußerungen der Kinder als Ausdruck ihrer Sprachlernfortschritte und ihrer Sprachlernkompetenzen wahrzunehmen. Kapitel 4 schließt unseren Beitrag mit Hinweisen auf die Sonderschule ab.

1.2 Zielvorgaben für den frühen Fremdsprachenunterricht: Nur wer das Ziel kennt, kann den Weg zum Ziel beurteilen

Die Innovation *Fremdsprachenunterricht in der Grundschule* ist in einen Paradigmenwechsel eingebettet, der sich auf gewandelte Zielvorstellungen der Sprachenbildung, auf neue Schwerpunktsetzungen bei Sprachlehr- und Sprachlernprozessen und bei Leistungsmessung bezieht. Die Zielvorstellungen der Sprachenbildung rücken die europäische Perspektive in den Vordergrund: Anzustreben ist Mehrsprachigkeit für alle, d.h. Fördern der Muttersprache (Lokalsprache, Umgebungssprache, L1) und (mindestens) zweier Gemeinschaftssprachen. Dabei ist eine Haltung für lebenslanges Sprachenlernen zu entwickeln. Sprachkönnen wird als Fähigkeit begriffen, verstehen zu können und sich verständlich machen zu können (vgl. Blondin et al. 1998).

Ausgangspunkt ist ein „realistischer" Sprachbegriff, d.h. eine Auffassung von Sprache als komplexem Phänomen, das „nicht nur" Kommunikationsmedium, sondern auch Erkenntnis- und Identifikationsmedium ist. Sprachvermittlung ist mehr und anderes als zum Beispiel Sachunterricht. Bausch spricht vom *interkulturellen Sprachbegriff* (Bausch 2002:28; Bausch 2003:443). Bausch führt aus, dass der Neuformulierung von Zielen eine Neugestaltung von Didaktiken und Methodiken folgen muss. Die WiBe setzt sich mit den Lehr- und Lernzielen bzw. den Bildungsstandards für die Fremdsprachen in der Grundschule empirisch auseinander und untersucht auf diesem Hintergrund die Lernprozesse der Schüler/innen von der 1. bis zur 4. Klasse der Grundschule. Es erweist sich entgegen mancher Vorstellungen vom „Grundschulkind an sich", dass die Reflexion über Sprache die Lernprozesse prägt und dass Kinder eine echte und kindgemäße Komplexität des Sprachangebots schätzen und nutzen.[3]

Die basalen Fähigkeiten Hören, Sprechen, Lesen, Schreiben sind in **interaktive** Fähigkeiten des Sich-verständigen-Wollens und des Verstehen-Wollens eingebettet. Nachhaltig soll die Fähigkeit erworben werden, Informationen in anderen Sprachen

---

„Lernen in zwei Sprachen" bzw. die Entwicklung einer Didaktik des Bilingualen Lehrens und Lernens.

3   Wir sprechen hier von einer *funktionalen Authentizität* des Sprachangebots in Analogie zur Konzeption der funktionalen Mehrsprachigkeit (vgl. Bausch 2003; Werlen, im Druck).

als der Muttersprache zu gewinnen und sich auf Menschen mit anderen Sprachen einzustellen, was mittelfristig dazu führen muss, dass Bilinguales Lehren und Lernen an allen Schularten und Schulstufen realisiert wird.

Zukunftsgerichtete Sprachenbildung orientiert sich an der lebendigen Mehrsprachigkeit Europas und vermittelt Kindern und Jugendlichen die Fähigkeit, lebenslang offen gegenüber Sprachen zu sein, sie lernen zu wollen, sich verständigen zu wollen, sowie Zutrauen zu sich und zur eigenen kommunikativen Leistung zu haben. Dem tragen in Baden-Württemberg der Bildungsplan 2001 und der Bildungsplan 2004 Rechnung: Sprachlernkompetenz und Strategien sind zentrale Ziele der Sprachbildung. Exemplarisch illustriert dies das Kriterienraster der sprachlich-kommunikativen Kompetenzen des Gemeinsamen europäischen Referenzrahmens, das wir zusammengefasst wie folgt wiedergeben können:

1 Sprachlernkompetenz / Lernstrategien
2 Kommunikative Fähigkeiten
2.1 Rezeptive Aktivitäten und Strategien
2.2 Produktive Aktivitäten und Strategien
2.3 Interaktive Aktivitäten und Strategien
3 Beherrschung der sprachlichen Mittel
4 Allgemeine Kompetenzen
5 Umgang mit Texten und Medien

Die positiven Effekte auf den Spracherwerb durch unmittelbar lernbezogene Reflexionen sind bei Jugendlichen und Erwachsenen vielfach nachgewiesen (vgl. Tönshoff 1992; Mißler 1999). Unsere Daten belegen, dass derartige *Effekte* auch bei Grundschulkindern festzustellen sind.[4] Für eine Didaktik des frühen Fremdsprachenunterrichts ist dieser Zusammenhang ein Kernkonzept.

2. Unterricht als Interaktionsraum

Es stehen verschiedene Modelle zur Verfügung, um Spracherwerb im institutionalisierten Kontext der Schule beschreiben und erklären zu können. Als die drei zurzeit wichtigsten Modelle gelten das *Input-Modell*, das *Output-Modell* und das *Interaktions-Modell*. Bei dem *Input-Modell* werden der Gestaltung des Sprach-Inputs entscheidende positive oder negative Auswirkungen auf die Lernprozesse zugeschrieben, bei dem *Output-Modell* spielt die Sprachproduktion der Lernenden die entscheidende Rolle. Das *Interaktions-Modell* hebt darauf ab, dass Spracherwerb in der Interaktion zwischen Menschen stattfindet und dass die entscheidende Wirkung für das Erlernen der Zielsprache durch das gegenseitige Aushandeln von Bedeutungen, durch Nachfragen und Erklärungen zustande kommt. Dieses Modell hat seinen Ansatz in den Forschungen von Jerome Bruner, der den Spracherwerb im Rahmen von Interaktion und Kommunikation situiert:

---

4 Diesem *Kompetenzansatz* folgend hat sich ein neues Verständnis von Leistungsmessung entwickelt, das sich auf zwei Ebenen charakterisieren lässt: a) Leistung wird als Progression verstanden, deren Kern in einer Lernhaltung, Aufgeschlossenheit und Lern-Autonomie besteht; b) die Leistungsmessung ist integraler Bestandteil des Lehrens und Lernens, Teil des Curriculums, und sie unterstützt die Autonomie der Lernenden (vgl. Klieme et al. 2003). Auf diese Thematik gehen wir in unserem Beitrag aus Platzgründen nicht ein.

> Das Kind lernt seine Muttersprache in einer Interaktion und in einem Dialog mit der Mutter. Erwachsene sind beim Sprachenlernen der Kinder wie Verhandlungspartner, die mit dem Kind aushandeln, wie Absichten „versprachlicht" bzw. deutlich gemacht werden können. Dass das Kind vor allem lernt, Intentionen zu versprachlichen und Informationen und Intentionen dem Gehörten zu entnehmen (und eben nicht isolierte Wörter und grammatische Regeln), wird z.B. dadurch deutlich, dass explizit Äußerungen des Kindes unter Bezugnahme auf Absichten verbessert werden und nicht semantische oder syntaktische „Fehler". (Bruner 1987:32)

Das gemeinsame Aushandeln nennt Jerome Bruner (1987:32) „Unterstützungssystem für den Spracherwerb" bzw. LASS – *Language Acquisition Support System*.

Wenn wir uns Bauschs Plädoyer für den interkulturellen Sprachbegriff als Basis einer Sprachendidaktik anschließen, so ist die Orientierung an Komponenten des mutter- oder erstsprachlichen Spracherwerbs konsequent. Darüber hinaus legt es das Alter der Lernenden nahe, sich bei didaktischen Überlegungen an der Organisation der Erstsprache zu orientieren. Peltzer-Karpf (2003:444) führt die Kontinuität von „aktiven Prozessen des Mustererkennens, der Regelfindung, der kognitiven Orientierung und der sozial-emotionalen Entwicklung" an, die beim Fremdsprachenerwerb in der Grundschule als Weiterführung und Ausweitung des Erstspracherwerbs festgestellt werden kann. Sie fasst die Forschungslage dahingehend zusammen, dass der Einstieg in die Fremdsprache nach dem gleichen Schema verläuft, wie der in die Erstsprache (Peltzer-Karpf 2003:447). Geradezu paradigmatisch können wir in unseren Daten zeigen, wie das Phänomen der allmählichen Entwicklung von der holistischen zur ganzheitlichen Verarbeitung, was beim Erstspracherwerb mit ca. 2 Jahren erfolgt, sich bei der 1. Fremdsprache in der Grundschule vom 1. bis zum 4. Lernjahr abspielt und wie die Kinder Sprachstrukturen mit Hilfe prosodischer, semantischer und pragmatischer Merkmale herausfiltern.

Die Ergebnisse unserer Longitudinalstudie lassen sich in dem Satz *Kinder lernen die Zielsprache in der Interaktion durch die Interaktion für die Interaktion* zusammenfassen. Indem sie die *in der Interaktion* eingebettete Fremdsprache zu verstehen suchen, lernen sie *durch die Interaktion* – sie verstehen (global), was sprachlich gemeint sein könnte, weil sie (Teile der Interaktion bzw.) die Interaktion verstehen, von der die Fremdsprache ein Teil ist. Und sie nehmen sich der Fremdsprache an, weil sie sie wieder in „Aktion" umsetzen wollen und auch umsetzen müssen, um sprachlich dazuzulernen (vgl. Hausendorf/Quasthoff 1996; Henrici 1995, 2000). Die Förderung und Etablierung einer sinnhaften Kommunikation ist Ziel und Zweck des frühen Fremdsprachenunterrichts.

Für die Interaktion heißt: Das erschlossene fremdsprachliche „Material" setzen Kinder auf der Basis von Hypothesen darüber, was es mit diesem Material auf sich haben könnte, „irgendwie" ein. Sie erproben es in Interaktion mit der Lehrkraft und auch mit Mitschüler/innen[5]. Diese Erwerbsweise entspricht einem *immersiv-reflexiven Lehren und Lernen*: Sprachlich-kommunikatives Können und Wissen in

---

[5] Das Erproben erfolgt auch in Interaktionen mit Familienangehörigen, also außerhalb der Schule. Der *Austausch* als Interaktion mit „echten" fremdsprachlichen Kommunikationen ist ein unverzichtbarer Faktor für den institutionalisierten Spracherwerb und müsste dringend verstärkt, im Curriculum integriert und als didaktisches Prinzip ausgebaut werden.

der Konstellation des schulischen („institutionalisierten"/„gesteuerten") Fremdsprachenlernens wird

a) *immersiv* im Sinne von *eingetaucht in die Interaktion und in die Sprachlernsituation* und
b) *reflektierend* im Sinne *von Hypothesen bildend, Ordnung sichernd und Strategien entwickelnd* erworben.

Immersion bzw. das sog. „Sprachbad" ist nicht primär als *Eintauchen in die Zielsprache,* sondern das „Eintauchen" in die Sprachlernsituation bzw. in die Sprachlerninteraktion zu verstehen. *Immersives Lehren und Lernen* ist ein Prinzip, das den Kindern ein Sprachangebot macht, das Teil von Interaktionen ist und das an Handlung, Situation und Erlebnis gebunden ist, bzw. Fremdsprachliches in Handlungen einbettet oder Handlungen begleiten lässt. *Immersiv* ist das Lehren und Lernen, wenn es „Sprache in Interaktion" anbietet, wenn das Sprachangebot authentisch ist und wenn es den Schüler/innen erlaubt, Sprachkönnen und Sprachwissen aufzubauen (vgl. Weskamp 2003). Diese didaktische Sicht auf Lehr- und Lernprozesse wird durch die sprachwissenschaftliche Erkenntnis gestützt, dass *Sprache in Interaktion* die „Form" von Sprache ist, zu deren Aneignung bzw. Verständnis das Kind alle Hinweise der Interaktion, in der die Sprache auftritt, verwenden kann. In einem Unterricht, der Sprache zu einem Gegenstand losgelöst von Interaktion und Situation macht, haben Lernende deutlich weniger Chancen, die Sprache zu lernen. Für das Grundschulkind ist das umfassende Eintauchen in die Sprachlernsituation in Verbindung mit der reflektierenden Auseinandersetzung mit dem fremdsprachlichen Angebot innerhalb und außerhalb (sic!) des Unterrichts <u>der</u> entscheidende Lernprozess. Umfassendes Eintauchen in die Sprachlernsituation ermöglicht es dem Kind, sich die fremde Sprache mit Hilfe seiner vorhandenen Kompetenzen zu erschließen: Das Grundschulkind hat bereits mit dem Erlernen seiner Muttersprache (L1) Fähigkeiten erworben, neue Sprachen zu erlernen. Zentral bei diesen Fähigkeiten sind die *Strategien,* sich in sozialen Situationen und in Kommunikationen zurechtzufinden und in ihnen vernünftig zu handeln.

Zielsprache ist primär als Handlung selbst (z.B. Begrüßen) oder als Handlungsbegleitung greifbar. Sprache als selbstständiges System ist für das Grundschulkind am Schulanfang noch keine wahrnehmbare Realität, die es erlaubte, über Sprachbetrachtung allein sprachliches Können und Kommunikationsfähigkeit aufzubauen. Erst im Zuge des L1-Schriftspracherwerbs entstehen nach und nach Möglichkeiten des situationsfreien, kontextunabhängigen (-unabhängigeren) Spracherwerbs.

Immersiv muss mit *reflexiv* verbunden werden. *Immersiv-reflexiv* bedeutet dann verständiges Hören, authentisches Interagieren und sinnvolles Sprechen. *Reflexiv* ist monologische, stille Reflexion und/oder dialogische Reflexion, Strategieentwicklung und Herauslösen der Sprachäußerungen aus Situation. Der Weg führt – wie beim Erstspracherwerb – vom situativen Verstehen zum Strukturverstehen der Sprache. Der Lernprozess besteht im Herauslösen sprachlicher Äußerungen aus der Situation. Der gesteuerte L2-Erwerb muss als entwicklungsgemäßer Unterricht Probleme der Anpassung des Unterrichts an den kognitiven Entwicklungsstand der Kinder realisieren (vgl. Mindt/Schlüter 2003).

Die „richtige" Beherrschung einer Fremdsprache liegt ja dann darin, sie auch als Mittel zur Situationsdefinition einzusetzen. Interessanterweise ist diese Kompetenz kein „Endzustand" beim Sprachenlernen, sondern offensichtlich jeweils das entscheidende Motivations- und Erfolgskriterium bei Einsetzen neu erlernter Formulierungen. Reflexion und Sprachlernstrategien sind der Kern des Interaktionslernens: Eine „reine" Immersion, nur „Sprachbad", ist keine angemessene Didaktik. Bloßes situatives Verstehen ist lexikalisch und grammatikalisch wirkungslos bzw. bleibt zu sehr dem Spekulativen verhaftet und erlaubt im institutionalisierten Kontext keine ausreichende Kompetenzeinschätzung. Notwendig sind das analytische Erfassen des Gesprochenen – das Reflektierende – und der Dialog, in dem Lernende aktiv nach Lösungen suchen. Mit dem verständigen Hören ist das zunächst intuitive Erkennen des Zusammenhangs von Form und Funktion verbunden, z.B. das Ausdrücken von Negation mit Hilfe von „ne ... pas" oder das Ausdrücken einer Frage mit „Est-ce que".

Das ist das Erschließen der impliziten Sprachstruktur- bzw. Grammatikarbeit: Das Kind beginnt langsam, die Struktur der Sprache zu entschlüsseln, d.h. ganze Wendungen und „Einzelteile" zu erkennen; es kann allmählich Sprache von der Situation lösen, und manche Kinder versuchen das vom allerersten Beginn der Begegnung mit der Fremdsprache an. Das Sprachangebot beim immersiv-reflexiven Lehren und Lernen ist in Interaktion eingebettet, so dass es aus der Situation heraus global verstanden werden kann. Es bietet vielfältige Möglichkeiten zu reflektieren, was es denn mit diesen fremden Wörtern, Sätzen, Texten auf sich hat. Das Kind lernt, sich die fremde Sprache – den fremden Sinn – aus der Interaktion heraus zu erschließen. Die Progression der Lernjahre 1 bis 4 liegt denn auch gerade hierin: Progression ist das Unabhängigerwerden von den Verstehenshilfen der Interaktion und der Situation und das freiere Verfügen über fremdsprachliche Äußerungen. Jerome Bruner formuliert das für den frühkindlichen Spracherwerb: „Innerhalb des kindlichen Handlungsbereichs erfolgen die Abläufe geordnet und systematisch: Das Kind reagiert ‚kulturell' mit charakteristischen Hypothesen darüber, was verlangt ist, und begegnet der Sprache mit einer Bereitschaft für Ordnung" (Bruner 1987:22). Diese Ordnung kann nur entstehen, wenn Sprache in Interaktionen erlebt wird und die Aktivitäten der Kinder und Fähigkeiten „zu verstehen" und „sich verständlich zu machen" einen altersangemessenen Rahmen haben. Die Kinder setzen – auch bei virtuellen Welten – ihre gesamten Ressourcen ein, um das Unbekannte zu erschließen. In der Sprachlernsituation (wie in anderen Fächern auch!) versichern sich Kinder ihrer Lernschritte durch verschiedene Strategien, wie zum Beispiel: Rückgriff auf die Muttersprache, explizites Nachfragen, Ordnung herstellen: Welches Wort passt wohin? Welche Wörter gehören zusammen? Nachfragen, Vergewisserung, ausdrückliche Bewusstmachung, Sprachmischung, v.a. *Foreignizing* (in Ermangelung eines zielsprachlichen Elements wird ein deutsches Element in der an die Zielsprache phonologisch angepassten Form verwendet), Antizipation von Sprechakten resp. Interaktionsschritten der Lehrkraft.

3. Mikroanalysen zur Veranschaulichung der Didaktik des *immersiv-reflexiven Lehrens und Lernens*

Im Folgenden veranschaulichen wir das in Kapitel 2 theoretisch Ausgeführte durch die kommentierte Wiedergabe von Mikroanalysen bzw. Transkriptionen der Unterrichtsinteraktion. Fokussiert wird dabei, wie Schüler/innen in und durch die Interaktion mit der Lehrkraft und untereinander ihre Lernprozesse gestalten und wie sie sich reflektierend Sprachwissen konstruieren, wie sie Hypothesen über das Funktionieren des englischen Sprachsystems bauen, diese in der Interaktion mit der Lehrkraft und untereinander zur Diskussion stellen und gegebenenfalls modifizieren und abändern. Es geht dabei auch darum zu zeigen, welche Chancen der institutionalisierte Spracherwerb bieten kann und wie die Unterrichtsinteraktion „normale" Aufbaumöglichkeiten für das Lernen des Kindes bietet. Unsere Mikroanalysen zeigen in Form von kommentierten Transkriptauszügen, wie die Unterrichtsgestaltung Interaktion aufbaut.

3.1 Veranschaulichung des Schlüsselkonzepts Interaktion

Die Schule der hier dokumentierten Klasse bietet im Rahmen des *Schulanfangs auf neuen Wegen* jahrgangsgemischtes Lernen an. Die beobachtete Klasse wird im ersten Schuljahr als homogene 1. Klasse (15 Kinder) geführt und im zweiten Lernjahr jahrgangsübergreifend, d.h. es kommen acht neue Erstklässler/innen dazu. In das dritte Lernjahr werden bis auf drei Ausnahmen alle Kinder der ursprünglichen 1. Klasse versetzt und die Gruppe wird mit einer Parallelklasse zusammengelegt, so dass eine neue Gruppe von 26 Schüler/innen entsteht. Das ist insofern besonders bedeutsam, als die Interaktion durch *peer-learning*-Prozesse noch zielführender ist als in altershomogenen Klassen. Die Lehrkraft teilt die zwei Wochenstunden auf 4 Einheiten à ca. 20 Minuten auf. Ihr Unterricht findet fast komplett einsprachig statt.

Gefilmt wird eine Unterrichtseinheit pro Woche. Die Kinder zeigen von Beginn an eine hohe Bereitschaft, mit der Lehrkraft in Interaktion zu treten. Die Interaktionsstrategien von Kindern in diesem einsprachig gehaltenen Unterricht sind besonders aufschlussreich, weil sie zu einem Zeitpunkt auftreten, an dem die Kinder noch über fast kein zielsprachliches Wissen verfügen.

Beispiel 1 (1. Aufnahme / 1. Schuljahr, Schulwoche 4)[6]

Zeile	LK	SuS
	Minute 3	
5	(KN; zeigt vermutlich neues Bild)	S? <spricht Diphthong als ‚u'> ***shulders**
6		ES **/shoulders/**
7	(quietscht mit HP) **once more**	
8	(zeigt S'in8 Bild) **what's that°**	
9		S'in8 <zögerlich> **shoulder**
10	(KN, zeigt S4 Bild) **NS4°**	
11		S4 **shoulders**
12	(KN) **shoulders** <leise> **shoulders**	
13		ES (wiederholen) **/shoulders/**
14	(HP zeigt neues Bild)	(Unruhe)
15		ES **/hand/ (..?..)**
16	(Geste „Ruhe")	
17	**hand** (zeigt ihre Hand) **and**	
18		ES (..?..)
19		S? **head**
20		ES **/head/**
21	(zeigt auf ihr Gesicht) **head head**	ES (wiederholen) **/head/**

---

6 Erläuterungen zum Transkriptionsverfahren: **LK**: Lehrkraft; **SuS**: Schüler und Schülerinnen; **S1**: Schüler 1; **S'in10**: Schülerin 10; **ES**: einige Schüler; **S?**: Schüler nicht identifizierbar; **N**: Name der Schülerin/des Schülers; **KN**: Kopfnicken; **WT**: Wandtafel; **HP**: Handpuppe; **BgG**: begleitende Geste; **za**: zeigt auf; **zaB**: zeigt auf Bild; **gz**: geht zu; **(...my...)**: vermuteter Wortlaut; **ES /.../**: einige Schüler und Schülerinnen sprechen durcheinander; **(..?..)**: unverständlich; **-** : gleichzeitig gesprochen; **[...]**: Betonung; **(::)**: Pause; **°**: steigende Intonation; **^**: fallende Intonation.

		Minute 4	
	1	(HP zeigt neues Bild)	(Unruhe)
	2	(Geste „Ruhe")	(..?..)
	3		S? **and *goes**
	4		ES /***goes**/
	5		S'in8 (wird unruhig) **go go go go**
	6	(Geste „Ruhe" zu S'in8)	
	7		ES /***goes**/
	8	(zaS?)	
	9		S1 <ruft> **toes**
	10	<leise, bestätigend> **toes toes**	ES <leise> **toes**
	11	(HP zeigt neues Bild)	
	12		S? **nose**
	13		(wiederholen) /**nose**/
	14		S? <laut, erfreut> **nose**
	15	(zeigt neues Bild)	
	16		S? <leise> **eyes**
	17		<laut> **eyes**
	18		S? <hoch> **and ears**
	19	(zeigt neues Bild)	
	20		S? <schnell> **ears**
	21		**ears**
	22	(lacht) **well done**	
	23		ES (schielen auf nächstes Bild) /**mouth**/
	24	(zeigt neues Bild)	
	25		ES /**mouth und mouth maus**/
	26		ES /**mouth**/
	27	**do you remember our song° I think you**	
	28	**can't sit** (Geste „aufstehen") <leise> **you**	
	29	**must stand up**	
		Minute 5	
	1		S1 (steht sofort auf, Klasse folgt)
	2	**and try**	ES <wiederholen> /**stand up**/

In diesem Beispiel zeigen die Kinder ein Handeln, das zu Beginn des Fremdsprachenunterrichts sehr häufig beobachtet werden kann: Den Impuls, einzelne Wörter spontan nachzusprechen, auch wenn das nicht von ihnen erwartet wird. So wiederholen sie in Beispiel 1 die Äußerungen der Lehrkraft bzw. ihrer Mitschüler/innen (Minute 3 Zeile 13 / 20 / 21; Minute 4 Zeile 13 / 25; Minute 5 Zeile 2). Dieses Handeln hat aus unserer Sicht zwei Funktionen:

1. Die Schüler/innen bringen sich mit diesem einfachen sprachlichen Mittel in Interaktion mit der Lehrkraft, signalisieren ihr damit Aufmerksamkeit.
2. Die Schüler/innen versichern sich dadurch ihrer Rezeptionsfähigkeit. Sie erproben ihr Hörverstehen und ihre Aussprachefähigkeit. Vor allem das Sprechen in der Gruppe bietet ihnen die Möglichkeit, Englisch zu sprechen, und doch weitgehend anonym zu bleiben. Die Produktion der Kinder ist in diesem Stadium oft mit fragenden Blicken zur Lehrkraft verbunden – eine Bitte um Rückmeldung.

Eine weitere Beobachtung, die unsere These stützt, dass das Nachsprechen einzelner Wörter in erster Linie der Verständnisabsicherung dient, ist, dass dieses Handeln mit wachsender Sprachkompetenz der Kinder nachlässt bzw. nur noch gezielt eingesetzt wird, wenn den Kindern schwierige Wörter begegnen.

Diese Gestaltung der Interaktion, dieses Absicherungshandeln, zeigen im zweiten Lernjahr auch die „neuen" Erstklässler/innen, und zwar zu einem Zeitpunkt, als es bei den Schüler/innen im zweiten Lernjahr schon fast nicht mehr auftritt. Die älteren Kinder machen einen gewaltigen Sprung nach vorn, äußern sich zunehmend selbstbewusster und ihre Bereitschaft und Fähigkeit, sich in Satzmustern zu äußern, wächst steil an. Die jüngeren Kinder finden sich teilweise relativ schnell in die Situation ein und beginnen wesentlich früher als ihre Mitschüler/innen im Jahr zuvor, sich in Satzphrasen zu äußern. Die Kinder verfügen zur Absicherung ihres Verständnisses noch über eine fortgeschrittenere Strategie, die in späteren Aufnahmen auftaucht: Das Übersetzen unbekannter oder schwieriger Wörter ins Deutsche (vgl. Beispiel 4 Minute 2 Zeilen 15-17 und Minute 3 Zeilen 10-12).

Wenn die Kinder gegen Ende des ersten Schuljahres über hinreichend lexikalische und grammatische Substanz verfügen, beginnen sie, muttersprachliches und zielsprachliches Wissen zu kombinieren, um so ihre Ausdrucksmöglichkeiten zu erweitern, und sie entwickeln Lust am Spiel mit der Sprache. So kombiniert in Beispiel 2 Zeile 157 Schüler 4 einen deutschen Wortstamm mit der *progressive*-Form und in Beispiel 3 Zeilen 16-20 amüsieren sich mehrere Kinder mit der Bildung diverser Komposita.

Beispiel 2 (26. Aufnahme / 1. Schuljahr, Schulwoche 34)

Zeile	LK	SuS
153		
154	**S14 what are they doing**	
155		(S14 schweigt)
156	**S4**	(S4 meldet sich)
157		S4 **ball *spieling**

Beispiel 3 (20. Aufnahme / 1. Schuljahr, Schulwoche 26)

Zeile	LK	SuS
11	**who can help° (::) NS1°**	
12		S1 **this is a rabbit**
13	<bestätigend> **this is a rabbit** (::)	
14		S? **this is a correct rabbit**
15	(schmunzelt)	
16		S1 (..?..) **rabbit**
17		S? **Hühnerrabbit**
18		S4 **henrabbit**
19		ES **/henrabbit/**
20		S? **Hühnerhase**

Es wäre verfehlt, derartige (Wort-)Spielereien als Albernheit abzutun; sie sind vielmehr als kindgemäße Versuche anzusehen, sich in der Interaktion reflektierend mit Regelmäßigkeiten von Mutter- und Zielsprache auseinander zu setzen.

Das folgende Beispiel vom Ende des ersten Schuljahres, also nach ca. 37 Schulwochen à 2 Stunden (ca. 60 Zeitstunden), aus einer anderen WiBe-Klasse zeigt eine komplexe und dynamische deutsch-englische Interaktion. Die Kinder werden hier durch die Lehrkraft ermuntert, sich auf eine authentische Interaktion des Aushandelns einzulassen.

Beispiel 4 (9. Aufnahme / Ende des 1. Schuljahres, Schulwoche 25)

Zeile	LK	SuS
Minute 1		
3	(geht nach hinten, sucht was in Ecke, setzt sich in Sitzkreis, stellt goldene Pappschachtel in Mitte, macht Gestik in Bezug auf Schachtel / stummer Impuls) (…what can you…) (Hand in Richtung Schachtel) (…say…)^ what is this^	K (bilden Sitzkreis)
4		
5		
6		(S6 meldet sich)
7		
8		
9	<ruft S6 auf> (za S6)	S6 **box**
10	yes it's a box (::) what colour (za Schachtel) is the box	(ES melden sich)
11		
12	<ruft auf> ähm NS18	
Minute 2		
1		S18 **brown**
2	do you think it's a brown box (::) yeah (::) <ruft S7 auf> (za S7)	(ES melden sich)
3		
4		S7 **silber äh** (schüttelt Kopf) **ich mein gold**
5		
6	yes (::) do you have an idea° <deutsche Aussprache> gold in English°	
7		
8		ES /**gold**[7]/
9	yes that's good it's a <abgesetzt> (za Schachtel) [golden] box it's a [golden] box o.k. so (::) <ruft auf> NS6	(ES melden sich)
10		
11		
12		S6 (…?...)
13	(lacht) (KS) no today there isn't a (..?..) in the box° today there is a <abgesetzt> [present] in the box (::) a present	ES /**present** / /**Geschenk(e)**/ S? **Geschenke?**
14		
15		
16		
17		
18	no only [one] present (::) there's only [one] present in the box (::) <langsam> and the present (::) is for a girl (::) o.k. let's wait and see (::) ähm NS20 can you open the box°	ES (melden sich) (S20 macht Schachtel auf: enthält Geburtstagskrone und Kerzen)
19		
20		
21		
22		
23	oh look at this!	
24		ES (Gemurmel)
25		S? **eine Krone!**
26		ES (melden sich)
27	(steht auf, geht zur Box, entnimmt Papierkrone und geht damit zurück zu ihrem Sitzplatz)	ES (lehnen sich teilweise nach vorne, gespanntes Gemurmel, gespannte Ausrufe)
28		
29		

---

7   Versuchen sich in englischer Aussprache: [gould], [guld]

	Minute 3	
1		S? **zeig's doch mal bitte** (..?..)
2	(geht zurück zum Sitzplatz) **yes please** (::)	ES (bittendes Gemurmel)
3	(setzt sich) **it's a [crown]** (::) **and it's a**	
4	**special crown** (::) **it's a** (::) **psst**(::) **it's a**	ES Gemurmel
5	**[birthday] crown** (::)	
6		ES lachen
7		S (?) (lacht) **Geburtstags**(..?..)
8	**yes! in England** (::) **every birthday child**	
9	(::) **gets a birthday crown^**(::)	
10		S5 (Geste: „Hut aufsetzen") **kriegt n'**
11		**Gsch** (::) **kriegt n' so**(?) **eine**(?)
12		S?**Geschenk**
13	**and today we have a birthday child in**	
14	**our class** (::) **NS12!**	
15		NS12 **NS13!**
16	**yes it's NS13** (gz S13, setzt ihr die	
17	Papierkrone auf) **so she is allowed to**	
18	**wear the birthday crown** (::) **today o.k**	
19	(..?..) **good.**	
	Minute 4	
1	**o.k! so** (läuft zu ihrem Platz zurück) **now**	
2	**let's celebrate** <abgesetzt> **NS13's** <ab-	
3	gesetzt> **birthday** (::) **what can we [do]**	
4	**to celebrate her [birthday] first of all**	
5	<abgesetzt> **what do we have to do^**	
6		ES /**Happy birthday**/
7	-(singt) **to you** (::) **happy birthday to you**	K -(singt) **to you** (::) **happy birthday to**
8	(::) **happy birthday dear NS13** (::)	**you** (::) **happy birthday dear NS13** (::)
9	**happy birthday to you**	**happy birthday to you**
10	<ermunternd> **oh but can you** (...?...) **a**	
11	**little bit louder?** (Geste: „bitte lauter") **I**	
12	**didn't hear you**	ES /**happy birthday**/
13	-(singt) **to you** (::) **happy birthday to you**	-(singen) **to you** (::) **happy birthday to**
14	(::) **happy birthday dear NS13** (::)	**you** (::) **happy birthday dear NS13** (::)
15	**happy birthday to you**	**happy birthday to you**

Die Kinder lassen sich, je nachdem ob ihnen die englischen Wörter zur Verfügung stehen, entweder auf Deutsch (Minute 2 Zeile 4 / 5 / 16 / 17 / 25) oder auf Englisch (Minute 1 Zeile 9; Minute 2 Zeile 1 / 8 / 15; Minute 4 Zeile 6) auf die Interaktion mit der Lehrkraft ein. Ihre Reaktionen zeigen, dass sie den Äußerungen der Lehrkraft aufmerksam folgen und bereits über hohe Rezeptionskompetenz verfügen; sie reagieren schnell und angemessen auf das sprachliche Angebot, das ihnen mit relativ hoher Geschwindigkeit und vergleichsweise wenig kontextuellen Hilfen präsentiert wird. Beim Betrachten der Videos fällt einem die Natürlichkeit dieser Interaktionsituation auf: Die Kinder reden unbekümmert, und man gewinnt den Eindruck, dass ihnen gelegentlich gar nicht bewusst ist, dass sie Englisch sprechen. Die Förderung und Etablierung einer sinnhaften Kommunikation im Stil von Beispiel 5 soll Ziel und Zweck des frühen Fremdsprachenunterrichts sein.

3.2 Veranschaulichung des Schlüsselkonzepts Reflexion

Als Beispiele dafür, dass Kinder im frühen Fremdspracherwerb *reflektierend* vorgehen, werden hier zwei über mehrere Wochen dauernde Sequenzen im ersten Schuljahr herausgegriffen. Fokussiert werden der Pluralerwerb und die ersten Schritte einzelner Kinder weg vom Einwortstadium bzw. Telegrammstil.

Im folgenden Beispiel geht es um den Plural *eyes*. Die Klasse hat sich gerade mit dem Lied *Head shoulders knees and toes* beschäftigt, in dem einige Pluralformen vorkommen. Die Lehrkraft versucht, die Kinder zur Produktion anzuregen. Solange die Wörter im Pluralkontext vorkommen, geben die Kinder „richtige" Antworten. Wie gehen die Kinder damit um, wenn abweichend vom Bekannten der Singular produziert werden soll? Die Kinder bilden in den Zeilen 121 und 122 die Formen **right eyes* und **left eyes*. Das könnte zeigen, dass sie zu diesem Zeitpunkt die Pluralformen der Wörter noch vollkommen unanalysiert, als *chunks*, übernommen und das Pluralmorphem ‚s' in seiner Funktion noch nicht erkannt haben. In den Zeilen 123-127 weist die Lehrkraft sie explizit auf den Unterschied hin, und sogleich sprechen sie die zielsprachlich korrekten Formen *right eye* und *left eye* nach (Zeile 126 / 127). Eine derartige Situation initiiert Hypothesenbildungen zum Plural.

Beispiel 5 (3. Aufnahme / 1. Schuljahr, Schulwoche 7)

Zeile	LK	SuS
109	**left hand** (singt) **I put my left hand in -**	- (BgG) **left hand** ES /in/
110	(BgG)**I put my left [S'in6] hand out -**	- (BgG) (..?..) **my left**
111	(BgG) **I put my left hand in and I shake**	- (BgG) **my left hand in** (..?..) ES **shake**
112	**it all about** -(BgG) **I do the Hokey Kokey**	**it all about** -(BgG) **do the Hokey Kokey**
113	**Kokey** (BgG) **and I turn around** (BgG)	(BgG) ES **and I turn around** (..?..) **all**
114	**that's what's all about** [hej] **left hand**	**about** [hej]
115	**now don't forget** (za Kopf) **head** (za	
116	rechte Schulter) **right shoulder** (za linke	ES (sprechen nach) **head**
117	Schulter) **left shoulder** (za rechtes Knie)	**right shoulders**
118	**right knee** (za linkes Knie) **left knee** (za	**left shoulder right knee**
119	rechten Fuß) **right toes** (za linken Fuß)	**left knee** (..?..)
120	**left toes**	**left toes**
121	(za rechtes Auge)	**right *eyes** S? äh
122	(za linkes Auge)	**left *eyes**
123	**one** (hält Daumen hoch, za linkes Auge)	
124	**left eye** (za Augen) **two eyes and one eye**	
125	(za rechtes Auge) **and that this is my**	
126	**right eye** (za linkes Auge) **this is my left**	ES **right eye**
127	**eye**	ES **left eye**
128	(za rechtes Ohr) **what about this?**	

Drei Schulwochen später behandelt die Lehrkraft das Buch *The very hungry caterpillar*, das gern in Unterrichtseinheiten zum Plural eingesetzt wird. In dieser Stunde fallen von den Kindern noch Äußerungen wie *this is* oranges* oder *this is a *plums* oder *this is a *peas*. Hier wird sichtbar, dass die Kinder ihre Hypothesen zur Pluralbildung ausprobieren. Produzieren sie dabei zielsprachlich falsche Formen, werden sie von der Lehrkraft „mutterisch" korrigiert.[8] Es kommen aber auch schon die ersten korrekten Verwendungen des Plurals vor. Bis die Kinder zuverlässig Singular- und Pluralformen zielsprachlich korrekt anwenden können, vergehen weitere sechs Schulwochen. Zusammenfassend: Ungefähr zur Mitte des ersten Schuljahres funktioniert die Pluralbildung; die ersten Übergeneralisierungen, die als sicheres Anzeichen dafür angesehen werden können, dass sich die Kinder die Regel der englischen Pluralbildung konstruiert haben, finden sich Ende des ersten bzw. Anfang des zweiten Schuljahres. So bildet Schülerin 11 in Beispiel 6 (Minute 10 Zeile 7) den übergeneralisierten Plural *fishs* und Schüler 1 in Beispiel 7 (Minute 20 Zeile 11) die doppelt markierte Pluralform *childrens*.

Beispiel 6 (28. Aufnahme / 1. Schuljahr, Schulwoche 36)

Zeile	LK	SuS
	Minute 10	
1	**oh! it's very dangerous** (::) **it's very dangerous!** (::) **what's this?**	(Unruhe, Gelächter)
2		
3		S? **a Hai**
4	(K0) **in German a Hai**	
5		S´in11 <langsam, gedehnt>**these are th**(::)
6	<hilft, gedehnt> **thirteen**	
7		S'in11 <gedehnt> **thirteen *fishs**

Beispiel 7 (15. Aufnahme / 2. Schuljahr, Schulwoche 19)

Zeile	LK	SuS
	Minute 20	
8	**Susan she is sleighing** (z auf Projektion)	
9	(::) **a sleigh is drawn by a horse you**	
10	**know** (::) **and this Tom and Judy**	
11		S1 **they are childrens** (..?..)
12	**they are riding a sledge** (::) **riding a**	
13	**sledge** (::) **look at me** (::) **I need a chair**	
14	(::) **where is a chair** (::) **thank you** (::)	
15	**look at me** (::) (setzt sich verkehrt herum	
16	auf einen Stuhl, Geste „Reiten")	

Das Begriffspaar *child – children* ist natürlich anspruchsvoll und bereitet den Kindern gelegentlich heute noch Schwierigkeiten. Wie man den Beispielen 6 und 7 ebenfalls entnehmen kann, beginnen einige Kinder schon, sich mit den Formen des Verbs *to be* auseinanderzusetzen. Der Äußerung von Schülerin 11 in Beispiel 6 ging folgende Situation voran:

---

8 „Mutterisches" Korrigieren oder *motherese* ist die Bezeichnung für die Art und Weise, wie Mütter ihre Kinder beim Erstspracherwerb korrigieren: Mütter greifen die „falschen" Äußerungen ihrer Kinder so auf, dass sie keine explizite Korrektur vornehmen, sondern die unkorrekte Form korrekt wiederholen. So hört das Kind dann die korrekte Form und kann sie in sein Repertoire aufnehmen, ohne dass es durch Kritik und Korrektur entmutigt oder verwirrt wird. Ein Beispiel ist: Das Kind sagt: „Ich habe getrinkt." Die Mutter erwidert: „Was? Du hast schon alles getrunken?"

Beispiel 8 (28. Aufnahme / 1. Schuljahr, Schulwoche 36)

Zeile	LK	SuS
Minute 2		
5	**well done (::) S'in6 please what's this**	
6	(K0, zeigt vermutlich auf Bild)	
7		S? <leise> **two cats**
8		S'in6 **this is a cat**
9		S? **two cat!**
10	(K0) **you see this is a cat and now** (::)	
11		S'in6 **two cat!**
12	**two cat**(::) **two°**	
13		ES **/cats/**
14		S'in10 **this *sind two two cats**

Schülerin 10 behilft sich in Beispiel 8 (Minute 2 Zeile 14) mit der deutschen Form „sind", um einen syntaktisch vollständigen Satz zu bilden. Die Lehrkraft geht lobend auf diese Äußerung ein, was die Kinder in dieser und folgenden Stunden sehr ermuntert, es Schülerin 10 gleichzutun. Diese Szene zeigt auch, dass wie vorher ausgeführt *peer-learning* stattfindet: Die fehlerhafte Pluralbildung von Schülerin 6 (Minute 2 Zeile 11) wird auf Anregung der Lehrkraft von Mitschüler/innen korrigiert.

Schon früher im Schuljahr kann beobachtet werden, dass die aktiveren Lernenden versuchen, ihnen fehlende Satzglieder auf Deutsch einzufügen. So behilft sich Schüler 5 in Beispiel 9 (Zeile 312) mit der deutsch-englischen Phrase „in Januar" und wird sofort von einem Mitschüler korrigiert.

Beispiel 9 (15. Aufnahme / 1. Schuljahr, Schulwoche 21)

Zeile	LK	SuS
307	(K0) **what about your birthday** <hilft lei-	
308	se> **my birthday**	
309		(vermutlich S4) **is in**
310	(K0, vermutlich zu S4) **pschpschpsch** (::)	
311	<wiederholt> **my birthday is**	
312		S5 **in Januar** (deutsch ausgesprochen)
313		S? <korrigiert> **January**
314	(fordert vermutlich S4 auf, Satz zu formu-	
315	lieren)	
316		S4 **sae[9] birthday is in January**

Gemischtsprachliche Äußerungen lassen sich auch im zweiten Schuljahr beobachten. Die jahrgangsgemischte Situation in Klasse 2 gibt nicht nur den neuen Erstklässler/innen, sondern auch den schwächeren Kindern der ersten Gruppe eine gute Chance „aufzuholen". Zunächst wird viel wiederholt, für die älteren Kinder wird bereits bekannter Unterrichtsstoff spiralig ausgebaut. Außerdem werden sie den jüngeren Schüler/innen gegenüber oft in Mentor- bzw. Lehrkraftfunktion gesetzt, was das sprachliche Wissen der Kinder verdichtet.

Da die Auswertung zu Klasse 3 noch nicht abgeschlossen ist, können wir hier nur erste Eindrücke geben: Großes Thema in Klasse 3 ist die Einführung des Schrift-

---

9   Schwäbisch für *sein*.

bildes. Die Kinder greifen die Phonem-Graphem-Beziehung schnell auf. An „Lesefehlern" der Art, das *great* wie *greet* ausgesprochen wird, zeigt sich, dass die Kinder rasch damit beginnen, Hypothesen über prototypische Graphem-Phonem-Beziehungen der englischen Sprache aufzubauen. Folgende Sequenz vom Ende Klasse 3 zeigt besonders prägnant, wie intensiv Kinder über das Sprachsystem reflektieren können:

Beispiel 10 (25. Aufnahme / 3. Schuljahr, Schulwoche 38)

Zeile	LK	SuS
	Minute 8	
1	**wart** (::) **upon his nose** (::) **what else has**	
2	**he got** (::) **look at me and you can tell**	
3	**me** (::) (streckt beide Arme aus) **oh** (::)	
4	**what about NS2** (::) **what do you do°** (::)	
5	**look at me** (bewegt Finger) (::) **NS'in11**	
6		S'in11 **terrible claw**
7	**once more** (gzS'in11, Geste „hören")	
8		S'in11 (guckt in den Text) **terrib(::)ly**
9		**claw**

Die Schülerin missversteht hier die Situation; sie denkt offenbar, dass sie einen Fehler gemacht hat, da die Lehrkraft Selbstkorrekturen von den Kindern gelegentlich mit der Formulierung *once more* einfordert. Schülerin 11 probiert also in Minute 8 Zeile 8 ein anderes Morphem aus, das Adverbmerkmal *-ly*, dessen Vorkommen im Sprachangebot der Lehrkraft oder der Störlehrkraft[10] sie offenkundig schon Beachtung geschenkt hat. Das bestätigt unsere Auffassung, dass die Bildungsstandards die richtige Balance zwischen Realität und Erwartung aufweisen.

4. Konzeptionen zur Unterrichtsgestaltung im Fremdsprachenunterricht an Sonderschulen

Im Rahmen der WiBe wird auch der Fremdsprachenunterricht an zwei Sonderschulen beobachtet, dokumentiert und interpretiert: Eine Schule für Kinder mit Lernbehinderung und eine Schule für Kinder mit Sprachbehinderung.

4.1 Konzept Behinderung

Die „besondere" Situation an einer Schule für Kinder mit Sprachbehinderung und Kinder mit Lernbehinderung fordert eine klare Begrifflichkeit in Bezug auf „Behinderung". In der WiBe wird ein Konzept von Behinderung verwendet, das sowohl Bedingungen aus dem sozio-ökologischen Umfeld als auch gesellschaftliche Rollenerwartungen berücksichtigt. Bei dieser Konzeption werden sowohl die individuelle Ebene, der Prozess des Benennens und die endgültige Benennung, wie auch gesellschaftliche Konventionen und die Gesellschaftsstruktur berücksichtigt. *Behinderung* ist eine soziale Konstruktion. Wertestandards und Rollenerwartungen, die innerhalb

---

10 Mit „Störlehrkraft" bezeichnen wir Lehrkräfte, deren Muttersprache die Zielsprache ist und die immer wieder in die WiBe-Klassen kommen, um den Kindern Gelegenheit zu geben, sich mit einem authentischen Zielsprache-Angebot auseinander zusetzen und ihre bereits erworbenen Kompetenzen auszuprobieren. Der Name „Störlehrkraft" wurde in Analogie zu „Stör-Handwerkern" oder „Stör-Handwerkerinnen" gebildet, die früher auf Höfen und Weilern Facharbeiten, wie z.B. Bettwäsche nähen, ausführten.

einer Gesellschaft vorherrschen und einer sozialen Dynamik unterliegen, konstituieren die Normen der jeweiligen Gesellschaft. Kann ein Individuum mit seinen Merkmalsausprägungen den üblichen Standards der Ausfüllung einer Rolle bzw. der Kooperation und Kommunikation innerhalb sozialer Verhältnisse nicht gerecht werden, spricht man von *Behinderung*. *Behinderung* liegt nicht mehr vor, wenn im Kontext pädagogischer Reformen die Schule so verändert werden wird, dass auch Kinder mit einer Behinderung in ihr „normales" Umfeld integriert werden können und dort die Gelegenheit erhalten, selbst bei verminderter Leistungsfähigkeit eine sozial akzeptierte Rolle auszufüllen: „Die Normalität des Kindes mit einer Behinderung kann sich jedoch nur in der Normalität der Lebensrealität entwickeln, in der alle anderen Kinder desselben Kulturkreises sich zur selben Zeit entwickeln." (Schöler 1974:109).

Fremdsprachenunterricht für Kinder mit Sprachbehinderung, für Kinder mit Lernbehinderung oder für Kinder mit anderen Behinderungen ist demnach ein Unterrichtsangebot, das keiner Rechtfertigung bedarf. Es soll hier auch nicht darum gehen, zu „beweisen", dass auch Kinder mit Sprachbehinderung oder Kinder mit Lernbehinderung eine Fremdsprache ab der ersten Klasse erlernen können, sondern darum, darauf aufmerksam zu machen, dass die Lernprozesse im Fremdsprachenunterricht auch in Interaktionen eingebettet sind und von ihnen ausgehen.

4.2 Fremdsprachenunterricht an einer Schule für Kinder mit Sprachbehinderung und Kinder mit Lernbehinderung

Aufgrund der Verwaltungsvorschrift vom 11. März 2003 wurde der Fremdsprachenunterricht an allen Schulen mit Bildungsgang Grundschule, demnach auch an Schulen für Kinder mit Sprachbehinderung und Kinder mit Lernbehinderung, festgelegt:

> An allen Grundschulen, im Bildungsgang Grundschule an Sonderschulen und in der Primarstufe der Förderschulen und Sonderschulen mit Bildungsgang Förderschule wird in allen Klassenstufen im Umfang von zwei Wochenstunden Fremdsprachenunterricht erteilt. Der Unterricht soll abweichend von der Dauer einer Unterrichtsstunde in kleinere Zeiteinheiten aufgeteilt werden. In Förderschulen und Sonderschulen mit Bildungsgang Förderschule kann die Fremdsprache zu Beginn des ersten Schuljahres mit Zustimmung der Eltern abgewählt werden." (Kultus und Unterricht 8/2003: Fremdsprache in der Grundschule. Verwaltungsvorschrift vom 11. März 2003, S. 60)

Ziele des Fremdsprachenunterrichts an Schulen für Kinder mit Behinderung sind aus unserer Sicht die Förderung der kommunikativen Kompetenz, insbesondere der Sprachlernkompetenz, der Zugang zu globaler Kommunikation, sowie die Förderung sozialer Interaktion und sozialer Integration. Der Unterricht an Schulen für Kinder mit Behinderung wirft in Bezug auf den Fremdsprachenunterricht verschiedene Probleme auf. Dies sind vor allem das Meiden von Kommunikation, geringe Sprechbereitschaft, Schwierigkeiten bei ganzheitlich-komplexen Sprech- und Schreibleistungen reproduktiver und produktiver Art, Schwierigkeiten mit komplexer Syntax und komplexen grammatischen Formen, Schwierigkeiten bei der Koppelung und Zuordnung von Klanggestalt und Schriftbild, Schwierigkeiten beim Erkennen von Parallelen und Kontrasten zwischen Erst- und Fremdsprache sowie geringe Konzentrationsspannen und soziale Probleme. Angesichts der Ziele des Fremdsprachenunterrichts und der angeführten Probleme erweisen sich auf der Basis der dreijährigen Unterrichtsbeobachtung für die Unterrichtsgestaltung folgende Aspekte als besonders relevant: Kleine Klassenfrequenz; Handlungsorientierung des Fremdsprachenunterrichts; Binnendifferenzierung; Förderung fachbezogener und sozialer Lernprozesse; eine Anpassung des Lerntempos an die je unterschiedlichen Bedürfnisse der Schülerinnen und Schüler; Wiederholungen/Rituale; Motivation/Ermutigung/Anerkennung; kleine, klar strukturierte Progressionsschritte; individuelle Beurteilung. Auch die Schüler/innen mit Behinderung sollen nicht „Objekte von Belehrung", sondern „aktive Subjekte im Lernprozess" sein. Die Konsequenz ist, dass die Alltagserfahrungen der Kinder in den Unterricht integriert werden müssen. Rollen, Themen, Sachverhalte, Situationen und Sprechanlässe, die den Kindern etwas bedeuten, werden in den Fremdsprachenunterricht einbezogen: Der sozio-kulturelle Hintergrund der Kinder findet Berücksichtigung. Die Schüler/innen sollen erkennen und akzeptieren lernen, dass der Beitrag eines jeden wichtig ist. Ziel ist es, „Erfahrungsräume zu schaffen, in denen alle Schüler emotional angesprochen werden und sich aufgrund individueller Erfahrungen über einen gemeinsamen Gegenstand austauschen können. Je mehr Sinne in einer solchen Situation angesprochen werden, umso mehr Beteiligungsmöglichkeiten bieten sich auch für Schüler mit unterschiedlichen Wahrnehmungsbeeinträchtigungen. Schülern, die nur sehr begrenzt oder gar nicht mit der Zielsprache umzugehen wissen, muss die Möglichkeit gegeben werden, ihre Muttersprache zu benutzen, um ihre Erfahrungen und sich selbst mit den anderen austauschen zu können. Grundlegendes gemeinsames Ziel für alle Schüler ist es, Erfahrungen zu sammeln, darüber in einem personalen, sozialen Kontext mit den anderen in Kontakt zu kommen und sich inhaltsorientiert mit anderen darüber auszutauschen." (Schöler/Degen 1999:68)

Heute noch aktuell und auf den Fremdsprachenunterricht an Schulen für Kinder mit Behinderung zu übertragen sind die didaktisch-methodischen Prinzipien, die in den 60er Jahren mit Blick auf die Hauptschule und die damit verbundene Forderung „Englischunterricht für alle" formuliert wurden: „Freude am Lernen und am Erfolg, Lebensnähe von Zielen und Inhalten, Mündlichkeit, d.h. die Fertigkeit des Verstehens und Sprechens haben Vorrang vor Lesen und Schreiben, aktiv handelndes Sprechen in alltagsanalogen Sprechsituationen, Einsprachigkeit als Regel mit Ausnahmen, Anschauung als wichtige formale und inhaltliche Hilfe im Lernprozess, Verweilen; d.h. Übung, Wiederholung, Anwendung sind wichtiger als schnelles Fortschreiten." (Schöler/Degen 1999:71)

4.3 Mikroanalysen von Fremdsprachenunterricht in der Sonderschule[11]

Aus der Analyse der Mikroanalysen leitet sich die These ab, dass die Lernprozesse der Schüler/innen durch Interaktion bestimmt sind. Die Unterrichtstranskriptionen zeigen, dass die Zielsprache nahezu durchgehend die Unterrichtssprache ist. Die Lehrkraft spricht mit den Schüler/innen durchgehend Englisch, auch bei unterrichtsorganisatorischen Anweisungen. Die Konzeption *Interaktion* erweist sich für die Sonderschule als fundamental. Dabei ist es zentral, dass sich die Lehrersprache interaktionell an vermutete Lernerbedürfnisse anpasst (vgl. House 1995:483). Die Mikroanalysen belegen, dass die Sprache der Lehrkraft Interaktionsanlässe initiiert, indem sie sich nach Befindlichkeiten erkundigt, sich mit den Schüler/innen über ein Bilder-

---

11 Aus Platzgründen können wir leider keine Transkriptionen anbieten. Wir verweisen auf die Publikationen der Zwischenergebnisse der Wissenschaftlichen Begleitung Fremdsprache in der Grundschule (Werlen, im Druck).

buch austauscht und die angewandte Sprache mit Handlungen verknüpft, und dass verschiedene Merkmale des mutterischen Korrigierens angewendet werden. Auch Schüler/innen initiieren Interaktion, antizipieren Sprechakte der Lehrkraft und suchen nach Möglichkeiten, ihr Sprachwissen anzuwenden. Der Fremdsprachenunterricht ab Klasse 1 an Schulen für Kinder mit Sprachbehinderung und Kinder mit Lernbehinderung ermöglicht es Schüler/innen Sprachlernkompetenzen zu entwickeln, die soziale Interaktion zu erweitern und damit soziale Integration zu erleichtern.

5. Literaturangaben

Bausch, K.-R. (2002) „Plädoyer für eine Didaktik und Methodik der echten Mehrsprachigkeit." In: Bausch, K.-R. et al. (Hrsg.) (2002) *Neue curriculare und unterrichtsmethodische Ansätze und Prinzipien für das Lehren und Lernen fremder Sprachen.* Tübingen: Narr. 26-32.

Bausch, K.-R. (2003) „Zwei- und Mehrsprachigkeit: Überblick." In: Bausch, K.-R. et al. (2003[4]), 439-444.

Bausch, K.-R., H. Christ und H.-J. Krumm (Hrsg.) (2003[4]) *Handbuch Fremdsprachenunterricht.* Tübingen: Francke.

Bildungsplan 2004. Hg. vom Ministerium für Kultus, Jugend und Sport Baden-Württemberg in Zusammenarbeit mit dem Landesinstitut für Erziehung und Unterricht Stuttgart in Zusammenarbeit mit dem Landesinstitut für Erziehung und Unterricht Stuttgart. www.bildungsstandards-bw.de. [12.10.2005]

Blondin, Ch. et al. (1998) *Fremdsprachen für die Kinder Europas. Ergebnisse und Empfehlungen der Forschung.* Berlin: Cornelsen.

Bruner, J. (1987) *Wie das Kind sprechen lernt.* Bern: Huber.

Ellis, R. (1988) *Classroom second language development: a study of classroom interaction and language acquisition.* London: Prentice Hall.

Europarat für kulturelle Zusammenarbeit (2001) *Gemeinsamer europäischer Referenzrahmen für Sprachen: lernen, lehren, beurteilen.* Berlin: Langenscheidt.

Hausendorf, H. und U. M. Quasthoff (1996) *Sprachentwicklung und Interaktion.* Opladen: Westdeutscher Verlag.

Henrici, G. (1995) *Spracherwerb durch Interaktion.* Baltmannsweiler: Schneider Hohengehren.

Henrici, G. (2000) „Wer (Fremd)sprachenerwerb sagt, muss auch Interaktion sagen. Anmerkungen zu einer zentralen Kategorie bei der Erforschung des Fremdsprachenerwerbs." In: Bausch, K.-R., H. Christ, F. G. Königs und H.-J. Krumm (Hrsg.) (2000), 104-110.

House, J. (1995) „Interaktion." In: Bausch, K.-R., H. Christ, H.-J. Krumm (Hrsg.) (1995) *Handbuch Fremdsprachenunterricht.* Dritte, überarbeitete und erweiterte Ausfläge. Tübingen: Francke, 480-484.

Kultus und Unterricht 8/2003. *Fremdsprache in der Grundschule.* Verwaltungsvorschrift vom 11. März 2003, 60.

Klieme, E. et al. (2003) *Zur Entwicklung nationaler Bildungsstandards. Eine Expertise.* Herausgegeben vom Bundesministerium für Bildung und Forschung (BMBF). Referat Öffentlichkeitsarbeit, 53170 Bonn.

Mindt, D. und N. Schlüter (2003) *Englisch in den Klassen 3 und 4. Grundlagen für einen ergebnisorientierten Unterricht.* Berlin: Cornelsen.

Mißler, B. (1999) *Fremdsprachenlernerfahrungen und Lernstrategien.* Tübingen: Stauffenburg.

Neuner, G. (2003) Vermittlungsmethoden: Historischer Überblick. In: Bausch, K.-R. et al. (Hrsg.) (2003⁴), 225-233.

Peltzer-Karpf, A. (2003) Frühkindliche Erziehung zur Zweisprachigkeit. In: Bausch, K.-R. et al. (Hrsg.) (2003⁴), 445-448.

Schöler, J. und S. Degen (Hrsg.) (1999) *Integration im Englischunterricht. Chancen gemeinsamen Lernens für Kinder mit und ohne Behinderung.* Neuwied/Kriftel/Berlin: Beltz.

Schöler, J. (1974) „Nichtaussonderung von ‚Kindern und Jugendlichen mit besonderen pädagogischen Bedürfnissen.' Auf der Suche nach neuen Begriffen." In: Eberwein, H. (Hrsg.) *Handbuch Integrationspädagogik. Kinder mit und ohne Behinderung lernen gemeinsam.* Weinheim/Basel: Beltz, 109.

Tönshoff, W. (1992) *Kognitivierende Verfahren im Fremdsprachenunterricht. Formen und Funktion.* Hamburg: Kovac.

Vortmann, H. und E. Werlen (2005) *Die neuen Bildungsstandards für die Primarstufe und Sekundarstufe 1.* Merching: Forum Verlag Herkert.

Werlen, E. (2001) „Kohäsive Sprachendidaktik – Rahmen für die didaktischen Grundlagen des Lehrplans Fremdsprache in der Grundschule." In: *Lehren und Lernen. Zeitschrift des Landesinstituts für Erziehung und Unterricht.* 9, September 2001, 3-9.

Werlen, E. et al. (2004) „Praxiserfahrungen im Fremdsprachenunterricht der Grundschule. Exemplarische Unterrichtseinheiten zur Verdeutlichung der kohäsiven Sprachendidaktik und des immersiv-reflexiven Lehrens und Lernens." In: *Lehren und Lernen. Zeitschrift des Landesinstituts für Erziehung und Unterricht.* 9, September 2004, 3-39. [unter Mitarbeit von U. Bader, C. Bleutge, J. Haunss, E. Kaden, M. L. Laipple, S. Manz, F. Mekaoui, J. Obermann, G. Sedeqi]

Werlen, E. (Hrsg.) (im Druck) *Ergebnisse der Wissenschaftlichen Begleitung der Pilotphase Fremdsprache in der Grundschule – Zielsprache Englisch und Zielsprache Französisch – Dokumentation der baden-württembergischen Longitudinalstudie.* Baltmannsweiler: Schneider Hohengehren (Reihe „Sprachenlernen konkret! Beiträge der empirischen Unterrichtsforschung zur Angewandten Linguistik" hg. von E. Werlen, G. Schlemminger und T. Piske).

Weskamp, R. (2003) *Fremdsprachenunterricht entwickeln. Grundschule – Sekundarstufe 1 – Gymnasiale Oberstufe.* Hannover: Schroedel.

Zwischenberichte 2 (September 2002), 3 (Januar 2003), 4 (Dezember 2003) und 5 (Dezember 2004) der Wissenschaftlichen Begleitung der Pilotphase Fremdsprache in der Grundschule / Zielsprache Englisch und Zielsprache Französisch (WiBe) sowie Referate und Positionen der WiBe. www.wibe-bw.de [12.10.2005].

Bewusstmachung im frühen Fremdsprachenlernen

Kristine Teubner

Bewusstmachende Verfahren: Fortschritt oder Behinderung?   62

Dieter Mindt

Von der Imitation zur bewussten Verwendung von Sprachmitteln:
Ein neues Unterrichtsmodell   68

Jelena Dudek

Von der Imitation zur bewussten Verwendung von Sprachmitteln:
Unterrichtseinheit zum Modalverb *can*   75

Sonja Möglich

Von der Imitation zur bewussten Verwendung von Sprachmitteln:
Unterrichtseinheit zum Wortschatzthema *weather*   82

Kristine Teubner

Bewusstmachende Verfahren: Fortschritt oder Behinderung?

1. Bewusstmachung im Frühbeginn – aktuelle Einstellungen

Nahezu einheitlich befürworten die fachdidaktischen Publikationen zum Frühbeginn die Lernziele Sprachsensibilisierung und Nachdenken über Sprache (z.B. Bliesener/Edelenbos 1998). Gleichzeitig fordert die Mehrzahl der Fachdidaktiker jedoch den Verzicht auf die Bewusstmachung sprachlicher Gesetzmäßigkeiten als Lernhilfe. Von vielen wird noch immer wie in den 1960er Jahren von einem imitativen Spracherwerb im Frühbeginn ausgegangen, der dem natürlichen Muttersprachwerb ähnelt. Jede Form der Bewusstmachung lehnt unter anderem Bliesener als für den Lernprozess hinderlich ab, denn dabei gehe „die instinktiv sichere Beherrschung verloren" (Bliesener/Edelenbos 1998:10). Andere Fachdidaktiker, die ebenfalls Bewusstmachung als Lernhilfe im Frühbeginn ablehnen, beschreiben den Erwerb einer fremden Sprache in der Grundschule als einen Prozess der internen Regelbildung. Sie vertrauen „auf die dem Kind innewohnende Fähigkeit, bei wiederholtem Auftreten desselben Phänomens, eigenständig Zusammenhänge zu erkennen und zu internen Regeln zu gelangen" (Helfrich 2000:7).

Auch in den Lehrplänen und Lehrwerken zum frühen Fremdsprachenlernen wird die Bewusstmachung als Lernhilfe weitgehend abgelehnt. Als weiterer Einwand gegen Bewusstmachung wird hier die Befürchtung geäußert, Kinder im Grundschulalter würden durch kognitives Lernen überfordert, da sie in ihrer kognitiven Entwicklung noch nicht weit genug fortgeschritten wären. Unter anderem bedient sich das im Jahre 2003 veröffentlichte Lehrwerk für den Frühbeginn *Ginger* dieser Argumentationsweise. Hier heißt es: „Acht- bis zehnjährige Kinder verfügen noch nicht über die Abstraktionsfähigkeit, die ihnen die Erschließung der Regelmäßigkeiten einer Sprache ermöglicht" (Hollbrügge/Kraaz 2003:7).

Zunehmend befürworten jedoch einige fachdidaktische Publikationen, Lehrwerke und Lehrpläne den Einsatz kognitiver Lernhilfen im Englischunterricht der Primarstufe. Als Wegbereiter der Kognition im Frühbeginn muss Hellwig genannt werden. In eigenen und fremden Schulversuchen entdeckte der Fachdidaktiker, dass Grundschulkinder im Frühbeginn von der Bewusstmachung sprachlicher Regularitäten als Lernhilfe profitieren. Hellwig stellte fest, dass Kinder im Englischunterricht Bewusstmachung fordern, und dass sie der fremden Sprache ohne Bewusstmachung häufig hilflos gegenüber stehen (Hellwig 1992:45). Auch Mindt (2004) spricht sich eindeutig für kindgemäße Formen der Bewusstmachung aus. Andere Didaktiker wie Klippel (2000:25) äußern sich zwar grundsätzlich eher ablehnend zu kognitiven Lernweisen im Frühbeginn, gestehen aber ein, dass in Einzelfällen und auf Nachfragen der Kinder eine Bewusstmachung sprachlicher Erscheinung erfolgen darf.

2. Gründe für die Ablehnung der Bewusstmachung

Meiner Ansicht nach sind die wahren Gründe für die weitgehende Ablehnung der Kognition im Frühbeginn andere als die in der fachdidaktischen Literatur genannten. Sie sind eng verknüpft mit dem Hauptaufgabengebiet der Bewusstmachung, der Grammatik. Seit Jahrzehnten und insbesondere Anfang der 1990er Jahre war Grammatikunterricht allgemein ein Reizwort, und auch heute noch wird Grammatik für den Englischunterricht der Primarstufe abgelehnt.

Der Ablehnung der Grammatik liegen zwei Fehleinschätzungen zugrunde. Ein Irrtum in Bezug auf die Bewusstmachung grammatischer Phänomene im Frühbeginn hat mit der Funktion des durch Kognition aufzubauenden Sprachwissens zu tun. Immer noch wird in der Frühbeginndidaktik angenommen, durch Bewusstmachung werde allein das Lernziel „Wissen über Sprache" verfolgt. Die dienende Funktion des Sprachwissens für das Sprachkönnen, die für alle anderen Klassenstufen längst erkannt wurde, bleibt unberücksichtigt. Da man diesen Zusammenhang verkennt, nimmt man an, dass Bewusstmachung zum Erreichen des für den Frühbeginn allgemein anerkannten Lernzieles „kommunikative Kompetenz" nicht hilfreich ist. Man geht davon aus, dass bewusstmachende Unterrichtsverfahren allein dem Aufbau von Sprachwissen dienen, somit keinen Einfluss auf die Kommunikationsfähigkeit des Fremdsprachenlerners haben und aus diesem Grund für den Frühbeginn abzulehnen sind.

Die zweite verbreitete Fehleinschätzung zur Bewusstmachung grammatischer Phänomene im frühen Fremdsprachenunterricht bezieht sich auf die Methodik des bewussten Lernens. Bewusstmachende Unterrichtsverfahren zu grammatischen Phänomenen werden in der Literatur zum Frühbeginn immer wieder mit veralteten Grammatiklehrmethoden in Zusammenhang gebracht, die auch in höheren Klassenstufen kaum noch angewandt werden. Viele setzen Grammatiklernen gleich mit einer deduktiven stark kognitiven Lehrmethode und schließen als Konsequenz sowohl Grammatik als auch Bewusstmachung für das frühe Fremdsprachenlernen aus.

Beide Fehleinschätzungen sind erstaunlich. In der neueren fachdidaktischen Literatur für die Sekundarstufe ist man sich über die dienende Funktion der Bewusstmachung einig. Die Idee, durch Bewusstmachung im Fremdsprachenunterricht allein das Sprachwissen der Schüler aufzubauen, ist längst überholt. Auch gibt es heute eine Reihe moderner und grundschulgerechter Methoden der Bewusstmachung. Die alte, zu Recht kritisierte Grammatiklehrmethode, hat heute auf allen Klassenstufen ausgedient. Es ist absurd anzunehmen, durch Bewusstmachung werde ein alter langweiliger Grammatikunterricht mit verstaubten Zielen und überholten Methoden im Frühbeginn wieder aufleben.

3. Neubestimmung – Bewusstmachung als Lernhilfe im Englischunterricht der Primarstufe

3.1 Erkenntnisse der Fachdidaktik

Aus den Erkenntnissen der Fachdidaktik lassen sich vier Argumente für den Einsatz von Bewusstmachung als Lernhilfe im Englischunterricht der Primarstufe ableiten:
- Kinder im Grundschulalter verfügen über die für Bewusstmachung nötigen kognitiven Voraussetzungen.
- Ohne Bewusstmachung geht vielen Kindern vieles durcheinander.
- Bewusstmachung als Lernhilfe im Englischunterricht der Primarstufe ist vor allem für lernschwache Schüler unerlässlich.
- Viele Schüler haben ein Bedürfnis nach bewusstmachenden Hilfen und fordern diese auch.

Gegner der Bewusstmachung im Frühbeginn betonen die mit bewusstmachenden Unterrichtsverfahren verbundene kognitive Überforderung der Schüler. Beispiele zeigen jedoch deutlich, dass Kinder schon früh dazu in der Lage sind, über Sprache nachzudenken und zu reden. Sarter verdeutlicht an einem Beispiel, dass Kinder bereits im Vorschulalter die Fähigkeit besitzen, grammatische Strukturen zu erkennen und zu verbalisieren. Eine Fünfjährige, die in ihrem Kindergarten regelmäßig spiele-

risch Kontakt mit der französischen Sprache hatte, teilt in Sarters Beispiel ihrer Erzieherin folgende Erkenntnis mit: „Ist das nicht komisch: Wir sagen ‚die schwarze Katze' und ihr sagt ‚die Katze schwarz'." (Sarter 1997:174).
Ein ähnliches Beispiel findet sich bei Hellwig. Im vierten Schuljahr kreiert ein Schüler bewusst ein Wortspiel:

> *Father B.* (als ob er sich die Finger verbrenne): *'My porridge is too hot.'* – *Mother B.:* *'What's the matter, Father B.?'* (Probiert.) *'Ugh! My porridge is too hot, too.'* – *Baby B.* (leicht unbeholfen, stockend in Kindersprechton:) *'My porridge is too hot, three.'* (Hellwig 1995:132)

An den Beispielen wird deutlich, dass Kinder im frühen Grundschulalter tatsächlich zu Sprachreflexion in der Lage sind. Die beiden zitierten Kinder bewegen sich auf einer metasprachlichen Ebene, indem sie entsprechend ihren Fähigkeiten über sprachliche Erscheinungen sprechen bzw. aus der Sprachreflexion heraus ein Wortspiel kreieren. Das erste Beispiel ist besonders eindrucksvoll, da hier entgegen der verbreiteten These, Kinder im Grundschulalter könnten keine Grammatik verarbeiten, ein fünfjähriges Kind selbständig ein grammatisches Phänomen entdeckt und verbalisiert.

Hellwig spricht sich unter anderem deshalb für den Einsatz bewusstmachender Unterrichtsverfahren im Frühbeginn aus, weil er aus Unterrichtsbeobachtungen weiß, „dass dort, wo gar nichts erklärt wird, vielen Kindern vieles durcheinander geht." (Hellwig 1992:45). Der Hamburger Schulversuch *Englisch ab Klasse 3* (Kahl/Knebler 1996) bestätigt diese These. Nach dem Hamburger Modell sollten die Kinder sich die fremde Sprache durch „Einhören und Eingewöhnen" (Kahl/Knebler 1996:7) aneignen und das Lernziel der Realisierung erster einfacher Sprechabsichten ohne den bewussten Umgang mit Sprache erreichen. Bei der Auswertung des Schulversuchs zeigte sich, dass ein Großteil der Schüler erhebliche Probleme hatte, die Lernziele des jeweiligen Schuljahrs zu erreichen. Viele der Schwierigkeiten der Schüler sind dabei eindeutig auf die im Schulversuch praktizierte Methodik ohne Bewusstmachung zurückzuführen. Einige Schüler verwechselten *How are you?* und *How old are you?* Sie waren sich der Bedeutung der Fragesätze offensichtlich nicht bewusst und konnten sich so für die Beantwortung der Frage ausschließlich am Schlüsselwort am Satzanfang orientieren. Hier wird die Problematik einer rein imitativen Lernweise deutlich, bei der die Schüler *chunks of language* unreflektiert übernehmen und übertragen. Bei vielen Schülern kommt es von selbst zu keinem Verstehen. Hilflos allein gelassen produzieren sie Fehler vom oben beschriebenen Typ.

Man könnte annehmen, lernschwache Schüler würden durch Bewusstmachung benachteiligt, da sie weniger als durchschnittliche oder lernstarke Schüler über die dafür nötigen kognitiven Fähigkeiten verfügen. Im Hamburger Schulversuch wurde allerdings beobachtet, dass gerade lernschwache Schüler beim imitativen Erwerb der englischen Sprache erhebliche Probleme hatten (Kahl/Knebler 1996:48ff.). Eine Erklärung für dieses Phänomen ist in Beobachtungen zu Eigenschaften von lernstarken und lernschwachen Schülern zu finden. Zu den Eigenschaften eines guten Fremdsprachenlerners gehört „u.a. seine Fähigkeit zur selbständigen bewusstmachenden Auseinandersetzung mit sprachlichem Input und Output und dem daraus erwachsenden selbstinitiierten Hypothesentesten" (Gnutzmann/Königs 1995:19). Lernschwache Schüler erreichen solche Abstraktionsleistungen nicht selbständig und sind auf Einsichtsvermittlung angewiesen.

In einem Fallstudienprojekt aus den Jahren 1976-78 machte Hellwig die Beobachtung, dass viele Probanden erhebliche Schwierigkeiten beim Erwerb der Fremdsprache Englisch hatten. Dazu befragt, gaben 70% der Kinder an, „sie hätten gern gewusst, nach welchen Regeln man englische Sätze bildet" (Hellwig 1995:129). Raabe definiert Lernerfragen im Fremdsprachenunterricht als „fremdsprachenlernerbezogene, auf einer Lernerinitiative beruhende Fragehandlung[en], hervorgebracht in der Absicht, dass eine höhere Kompetenz (z.B. der Lehrer) die Fragesituation […] ausgleichen möge" (Raabe 1989:193). Das Auftauchen solcher Lernstrategien im frühen Fremdsprachenunterricht weist darauf hin, dass die Schüler ein Lernbedürfnis haben, dem der Unterricht nicht genügt. Auf die Bewusstmachung sprachlicher Erscheinungen abzielende Lernerfragen zeigen demnach deutlich, dass die Schüler bewusstmachende Unterrichtsverfahren als Lernhilfe erwarten und benötigen.

3.2 Begründungen aus der Entwicklungspsychologie und der Spracherwerbsforschung

Sowohl die ältere als auch die moderne Entwicklungspsychologie zeigen, dass bewusstmachende Verfahren im Einklang mit der kognitiven Entwicklung von 8 bis 10-jährigen Kindern stehen. Piaget geht in seinem entwicklungspsychologischen Modell von einem universalen Entwicklungsprozess aus, der sich in drei Stadien vollzieht. Die drei Stadien und das Alter, in dem sie ungefähr auftreten, definiert Piaget wie folgt:

a) das sensomotorische Stadium (*intelligence intuitive*): 0 bis 2 Jahre
b) das Stadium der konkreten Operationen (*opérations concrètes*): 7 bis 11 Jahre
c) das Stadium der formalen Operation (*opérations formelles*): 11 bis 12 Jahre
   (Piaget/Inhelder 1972).

Piagets Erkenntnisse zum Stadium der konkreten Operationen zeigen die großen Abstraktionsfähigkeiten von Grundschülern bereits vor dem Erreichen des formalen Denkens. Etwa in dem Alter, in dem mit dem Englischunterricht in Klasse 3 begonnen wird, kann das Kind nach komplizierten logischen Regeln denken. Kinder im Stadium der konkreten Operationen haben die Fähigkeit entwickelt, mehrere Aspekte gleichzeitig zu beachten und reversibel zu denken. Das Kind entwickelt ein Verständnis für die Inklusion und Exklusion von Klassen und einen selbstverständlichen Umgang mit ihnen. Induktive logische Schlussfolgerungen stellen für ein Kind im Stadium der konkreten Operationen im Allgemeinen kein Problem dar. Kinder sind nun in der Lage, aus einzelnen Beobachtungen allgemeine Gesetzmäßigkeiten abzuleiten. Piagets Entwicklungsmodell widerspricht demnach der in der Frühbeginndidaktik geäußerten Annahme, Kinder im Alter von 8 bis 10 Jahren könnten noch keine abstrakten Denkleistungen vollbringen.

Die moderne Entwicklungspsychologie stützt im wesentlichen Piagets Modell. Allerdings geht man heute davon aus, dass Piaget das Wissen und das Können von Kindern noch unterschätzt hat. Man weiß heute, dass Kinder früher als von Piaget angenommen zu bestimmten Formen des logischen Denkens in der Lage sind. Eine wichtige Erkenntnis der neueren Entwicklungspsychologie ist die Tatsache, dass Kinder im Grundschulalter zu abstrakten Denkleistungen besonders dann in der Lage sind, wenn diese von der konkreten Operation ausgehen und wenn die auf eine bewusste Regelerkenntnis abzielende Fragestellung in der Sprache der Kinder formuliert ist (Goswami 2001:326ff.).

Auch auf dem Gebiet der Sprache sind Kinder schon sehr früh zu erheblichen Regelbildungsleistungen in der Lage. Für Chomsky ist Sprache hierarchisch strukturiert und Sätzen liegen Regeln zugrunde. Sprache ist kreativ: „Aus einer Menge begrenzter Symbole wird mit Hilfe einer begrenzten Menge Regeln eine unbegrenzte Menge von Sätzen erzeugt" (Engelkamp 1974:23). Nach Chomskys Theorie, die in diesem Punkt auch von der modernen Psycholinguistik vertreten wird, wird der Mensch dazu befähigt, beliebig viele Sätze zu produzieren, indem er die der Sprache zugrunde liegenden Regeln anwendet. Das Erlernen der Regeln erfolgt durch die Fähigkeit des Menschen zur Hypothesenbildung. Diese Fähigkeit wird besonders deutlich am Erwerb des englischen Imperfekts bei englischen Muttersprachlern (Szagun 1996:66f.). Dabei produzieren die Kinder die Imperfektformen einiger weniger unregelmäßiger Verben, die häufig vorkommen, zunächst korrekt. Anschließend erwerben Kinder die Imperfektformen der regelmäßigen Verben. In dieser Zeit machen Kinder Fehler in der Bildung von unregelmäßigen Imperfektformen, indem sie übergeneralisieren. Auch solche unregelmäßigen Imperfektformen, die zuvor korrekt gebildet wurden, werden nun falsch gebildet. Die Kinder produzieren unter anderem Formen wie *comed* oder *goed*. Bereits in sehr frühem Alter verfügen Kinder also über eine ungeheure Abstraktionsfähigkeit auf sprachlicher Ebene.

Bis zum 8. Lebensjahr entwickelt sich beim Kind dann das explizite Sprachwissen, das ein bewusstes Umgehen mit sprachlichen Regeln ermöglicht (Oerter/Montada 1998:731). Durch einen unbewussten Reorganisationsprozess werden bis zu diesem Alter implizite Informationen dem Kind als explizites Wissen zugänglich. Der kognitive Umgang mit Sprache ist in diesem Alter möglich und natürlich.

3.3 Unterschiede zwischen dem Fremdsprachenlernen in der Grundschule und dem Mutterspracherwerb

Die Fähigkeit von Kindern, intuitiv Hypothesen über sprachliche Gesetzmäßigkeiten aufzustellen und zu überprüfen, wird von Fremdsprachendidaktikern und Lehrplanautoren immer wieder als Argument für den Verzicht auf Bewusstmachung im Englischunterricht der Primarstufe genannt. Der Englischunterricht in den Klassen 3 und 4 soll soweit wie möglich in Annäherung an den Mutterspracherwerb gestaltet werden, bei dem der Prozess der internen Hypothesenbildung nicht durch kognitivierende Maßnahmen gestört wird.

Zwei Faktoren sprechen gegen diese angenommene Ähnlichkeit zwischen dem schulischen Englischunterricht in den Klassen 3 und 4 und dem Erwerb der Muttersprache. Zum einen sind Schüler in diesem Alter in ihrer kognitiven Entwicklung weit vorangeschritten. Wie dargestellt, sind Grundschüler in ihrer Entwicklung Kleinkindern, die ihre Muttersprache lernen, weit voraus. Sie verfügen allgemein kognitiv und auf sprachlicher Ebene über erhebliche Abstraktionsfähigkeiten und sind es aus den ersten Schuljahren gewohnt, sich zunehmend kognitiv mit Lerngegenständen auseinanderzusetzen.

Gleichzeitig entspricht die für den Englischunterricht der Primarstufe zur Verfügung stehende Zeit nur einem Bruchteil der Zeit, die für den Muttersprachenwerb zur Verfügung steht. Ein Kleinkind, das seine Muttersprache lernt, ist dieser Sprache den gesamten Tag lang ausgesetzt und hat dementsprechend viel Sprachkontakt. Im Gegensatz dazu umfasst das Zeitbudget für den Englischunterricht in den Klassen 3 und 4 mit zwei bzw. drei Schulstunden pro Woche im Schnitt ca. 13 Minuten pro Tag.

4. Fazit

Ich habe dargestellt, dass der Einsatz von bewusstmachenden Verfahren im Englischunterricht der Primarstufe nicht länger ein Tabu sein darf. Die Ablehnung der Bewusstmachung durch die fachdidaktische Literatur, die Lehrpläne und die Lehrwerke zum Frühbeginn lässt sich nicht aufrechterhalten. Aus dem Lernbereich Deutsch kennen Kinder im Grundschulalter die Bewusstmachung sprachlicher Regularitäten. Dort haben sie gelernt, reflektierend mit Sprache umzugehen, und sie haben den lernerleichternden Nutzen von bewusstmachenden Verfahren kennen gelernt. Es besteht kein Grund, den Kindern die Freude am Entdecken von Sprache und die damit verbundene Lernhilfe gerade für das „Abenteuer Sprachenlernen" zu verwehren.

5. Literaturangaben

Bliesener, U. und P. Edelenbos (1998) *Früher Fremdsprachenunterricht: Begründungen und Praxis.* Leipzig: Ernst Klett Grundschulverlag.

Engelkamp, J. (1974) *Psycholinguistik.* München: Fink.

Gnutzmann, C. und F. G. Königs (Hrsg.) (1995) *Perspektiven des Grammatikunterrichts.* Tübingen: Narr.

Gnutzmann, C. und F. G. Königs (1995) „Grammatikunterricht im Spiegel der Entwicklung." In: Gnutzmann/Königs (1995), 11-26.

Goswami, U. (2001) *So denken Kinder: Einführung in die Psychologie der kognitiven Entwicklung.* Bern, Göttingen, Toronto, Seattle: Huber.

Helfrich, H. (2000) „Integrative Fremdsprachenarbeit in der Grundschule, Fremdsprachenunterricht in der Sekundarstufe I." In: *Fremdsprachen Frühbeginn* 2, 5-9.

Hellwig, K. (1992) „Fremdsprachen in der Grundschule zwischen Spielen und Lernen." In: Gompf, G. (Hrsg.) (1992) *Fremdsprachenbeginn ab Klasse 3: Lernen für Europa.* Berlin: Cornelsen, 38-50.

Hellwig, K. (1995) „Bewusster Umgang mit der Fremdsprache – schon in der Grundschule?" In: Gnutzmann/Königs (1995), 127-146.

Hollbrügge, B. und U. Kraaz (2003) *Ginger – Klasse 3 – 1: Handreichungen für den Unterricht.* Berlin: Cornelsen.

Kahl, P. W. und U. Knebler (1996) *Englisch in der Grundschule – und dann? Evaluation des Hamburger Schulversuchs Englisch ab Klasse 3.* Berlin: Cornelsen.

Klippel, F. (2000) *Englisch in der Grundschule: Handbuch für einen kindgemäßen Fremdsprachenunterricht.* Berlin: Cornelsen Scriptor.

Mindt, D. (2004) „Bewusstmachende Verfahren im Unterricht?" In: *Primary English*, 2, 36-38.

Oerter, R. und L. Montada (Hrsg.) (1998) *Entwicklungspsychologie.* 4., korrigierte Aufl. Weinheim: Psychologie Verlags Union.

Piaget, J. und B. Inhelder (1972) *Die Psychologie des Kindes.* Olten, Freiburg: Walter.

Raabe, H. (1989) „Fragen im Fremdsprachenunterricht und Lernstrategien." In: Königs, F. G. und A. Szulc (Hrsg.) *Linguistisch und psycholinguistisch orientierte Forschungen zum Fremdsprachenunterricht: Dokumentation eines deutsch-polnischen Kolloquiums.* Bochum: Studienverlag Brockmeyer, 193-214.

Sarter, H. (1997) *Fremdsprachenarbeit in der Grundschule: Neue Wege, neue Ziele.* Darmstadt: Wissenschaftliche Buchgesellschaft.

Szagun, G. (1996) *Sprachentwicklung beim Kind.* 6., vollst. überarbeitete Aufl. Weinheim: Psychologie Verlags Union.

Dieter Mindt

Von der Imitation zur bewussten Verwendung von Sprachmitteln: Ein neues Unterrichtsmodell

Der bisherige Fremdsprachenunterricht in der Primarstufe stützt sich im Wesentlichen auf imitativ-reaktives Lernen. Jeglicher Rückgriff auf Regelhaftigkeiten der neuen Sprache wird vermieden, da er vorgeblich den entwicklungspsychologischen Gegebenheiten der Kinder widerspricht. Die Erkenntnisse der Entwicklungspsychologie, der Spracherwerbsforschung und die praktischen Erfahrungen im Unterricht mit Grundschulkindern haben den Nachweis erbracht, dass diese Position nicht haltbar ist.

1. Die Notwendigkeit bewusstmachender Verfahren

Untersuchungen der Entwicklungspsychologie haben gezeigt, dass Kinder immer wieder Mutmaßungen über sprachliche Phänomene anstellen. Sie haben ein klares Bedürfnis zu erkennen und zu erfahren, warum die sprachlichen Äußerungen so und nicht anders gestaltet sind.

Die Ergebnisse der Spracherwerbsforschung weisen nach, dass schon Kleinkinder sprachliche Generalisierungen vornehmen können. Diese Generalisierungen beruhen auf Abstraktionsleistungen beim Erkennen sprachlicher Elemente und sind von erstaunlicher Komplexität.

Der muttersprachliche Unterricht stützt sich auf dieses Vorwissen der Schüler und baut es gezielt unter Verwendung bewusstmachender Verfahren aus. Der Fremdsprachenunterricht der Primarstufe kann an diesen Wissensbestand mit Gewinn anknüpfen und ihn gezielt erweitern.

Aus diesen Erkenntnissen (vgl. Mindt 2004) ergibt sich die Notwendigkeit der Neugestaltung des bisherigen Fremdsprachenunterrichts in der Primarstufe. Die bisher ausschließlich verwendeten imitativ-reaktiven Verfahren sind durch zusätzliche neue Verfahren zu ergänzen und zu erweitern.

2. Neue Aufgaben

Die neuen fachdidaktischen Aufgaben lauten:
- Entwicklung von Vorstufen bewusster Regelerkenntnis
- Entwicklung von teilbewusstmachenden Hilfen (vgl. Hellwig 1995:131)
- Erkundung von Möglichkeiten der Hinführung zur Bewusstmachung.

Dieser Bereich ist für die Primarstufe völlig neu und auch im Rahmen der bisherigen bewusstmachenden Verfahren in der Sekundarstufe I nicht hinreichend detailliert beschrieben worden.

An erster Stelle steht daher die Ermittlung differenzierter Lernstufen, die bei Kindern dieses Alters feststellbar sind und die möglichst nicht nur für das Sprachenlernen, sondern auch für andere Bereiche des Lernens gelten. Im Rahmen dieser Problemstellung sind wir der Frage nachgegangen, ob und welche kognitionspsychologischen Grundlagen für Stufen des Lernens im Kindesalter zur Verfügung stehen und inwieweit sie für die genannten Aufgaben verwendet werden können.

Bei diesen Recherchen erwies sich das von Karmiloff-Smith (1992) entworfene kognitionspsychologische Modell als besonders tragfähig. Dieses Modell bezieht sich nicht nur auf das Sprachenlernen, sondern berücksichtigt daneben auch Lernprozesse auf anderen Gebieten wie Physik, Mathematik, Psychologie und betrachtet zusätzlich das Kind als Person, die Wahrgenommenes aufzeichnet und festhält (Karmiloff-Smith 1992:18).

Es handelt sich um ein vierstufiges Modell. Im Laufe unserer Arbeit hat dieses Modell kleine Modifikationen erfahren. In der so veränderten Form haben wir es zur Grundlage von Planungen für den Englischunterricht der Primarstufe gemacht. Die Erfahrungen sowohl bei der Planung als auch im konkreten Unterricht sowie seiner Analyse waren bisher uneingeschränkt positiv.

3. Arten des Wissens

Das Modell unterscheidet zunächst zwischen implizitem Wissen und explizitem Wissen. Hierbei handelt es sich um eine Unterscheidung, die besonders für sprachliche Lernprozesse von großer Bedeutung ist (vgl. u.a. Bialystok 1978).

3.1 Implizites Wissen

Implizites Wissen über Sprache ist Wissen, das den Menschen befähigt, Sprache verstehend zu erkennen und produktiv hervorzubringen, wobei sowohl beim Hörverstehen als auch beim Sprechen kein Bewusstsein über die zugrunde liegenden Regeln vorhanden ist. Der Erwerb impliziten Wissens ist die erste Stufe des Sprachenlernens. Die Beherrschung der Muttersprache beruht in großen Teilen auf implizitem Wissen, das in früher Kindheit erworben wurde.

3.2. Explizites Wissen

Explizites Wissen beruht auf Einsicht in die Regeln, die die Phänomene der Welt und das menschliche Verhalten steuern. Explizites Wissen entsteht durch die Frage nach Ursache und Wirkung und wird geleitet von der Absicht, im scheinbaren Chaos der äußeren Erscheinungen Gesetzmäßigkeiten zu erkennen und in die Form von Regeln zu fassen.

Explizites Wissen ist verbunden mit dem Aufbau einer Theorie des Wahrgenommenen (Karmiloff-Smith 1992:17). Sind theoretisch begründbare Gesetzmäßigkeiten erkannt, werden die zuvor ungeordnet erscheinenden Phänomene durchschaubar, besser anwendbar und später sogar erklärbar. Die Gesetzmäßigkeiten können in Regeln gefasst werden und für die Voraussage künftiger Ereignisse oder die Steuerung von Verhaltensweisen genutzt werden.

Die hier vorgenommene Unterscheidung zwischen implizitem Wissen und explizitem Wissen geht davon aus, dass der Erwerb jeder menschlichen Fähigkeit, also auch der Sprachfähigkeit, mit implizitem Wissen beginnt und zu explizitem Wissen voranschreitet.

4. Stufen des Wissensaufbaus

Der Übergang von einfachen zu komplexen Stufen des Erwerbs von Wissen wird von Karmiloff-Smith als Wiederbeschreibungsvorgang auf verschiedenen Ebenen der Wahrnehmung und Kategorisierung bezeichnet. So beruht das Modell auf der Annahme von Stufen der Wiederbeschreibung (*redescription*) von Wissen (Karmiloff-Smith 1992:17f.).

Die erste Stufe beginnt mit der erstmaligen Wahrnehmung und Reaktion. Danach folgen weitere Wiederbeschreibungsstufen auf zunehmend höher angesiedelten

Bewusstseinsebenen. Eine höhere Bewusstseinsebene unterscheidet sich von der darunter liegenden durch eine erweiterte und stärker differenzierte Wahrnehmung mit von Stufe zu Stufe zunehmend abstrakter Kategorisierung (*representation*).

5. Das RR-Modell

Das Modell besteht aus einer Folge von Stufen der Wahrnehmungs- und Darstellungsebenen (*representations*), die sich durch eine zunehmend stärkere Differenzierung unterscheiden. Die einzelnen Stufen werden durch Wiederbeschreibung (*redescription*) unter Einbezug jeweils neuer Kategorien mit gleichzeitig verfeinerter Theoriebildung erreicht. Der Prozess, der sich wiederholend auf der jeweils nächst höheren Erkenntnisstufe vollzieht, trägt daher die Bezeichnung *representational redescription* und wird abgekürzt als RR-Modell bezeichnet (Karmiloff-Smith 1992:17-26).

Das RR-Modell umfasst vier Stufen, die mit der Stufe Implizit beginnen und zur Stufe Explizit führen. Die Stufe Implizit 1 ist durch Wiederholung gekennzeichnet. Die Stufe Implizit 2 stellt die erste Abstraktionsebene dar.

Die Stufe Explizit 1 stellt die zweite, höhere Abstraktionsebene dar. Die Stufe Explizit *2* stellt die dritte und höchste Abstraktionsebene dar.

Das Modell von Karmiloff-Smith 1992:20 geht von den gleichen vier Stufen aus. Die Stufe Implizit 2 wird jedoch schon der expliziten Verwendung zugerechnet, obwohl hier noch kein explizites Wissen erkennbar ist. Eine Gegenüberstellung der Bezeichnungen von Karmiloff-Smith mit der hier vorgenommenen Adaptierung (s. Darstellung 1) beruht auf diesem Unterschied, der sich nicht auf die Inhalte der Stufen, sondern lediglich auf die Terminologie bezieht.

Darstellung 1: Terminologische Unterschiede Mindt / Karmiloff-Smith

Terminologie Mindt	Terminologie Karmiloff-Smith
Implizit 1	*Implicit 1*
Implizit 2	*Explicit 1*
Explizit 1	*Explicit 2*
Explizit 2	*Explicit 3*

6. Die Abfolge und der Zusammenhang der Stufen

Es soll nun der Zusammenhang der einzelnen Stufen mit ihren jeweiligen Übergängen dargestellt werden. Gleichzeitig werden sprachliche Beispiele hinzugefügt, die aus der Beobachtung von Kindern oder dem Unterricht stammen und die für die einzelnen Stufen charakteristisch sind.

6.1 Implizit 1

Es handelt sich um
- Sprachbegegnung mit Wiederholung
- Prozeduren zur Analyse von Stimuli und zur Reaktion auf Stimuli (Karmiloff-Smith 1992:20).

Beispiel: *Hello* *Hello*
Good morning *Good morning*

Hierbei handelt es sich um das übliche imitative Lernen (*repetition*), das im Zentrum des bisherigen Frühbeginns steht.

6.2 Implizit 2

Diese Stufe des Modells wird von Karmiloff-Smith als *Explicit 1* bezeichnet. Wir halten diese Bezeichnung für nicht zutreffend, weil auf dieser Stufe noch kein erkennbares explizites Wissen vorhanden ist. Es handelt sich um
- das Ergebnis der ersten Wiederbeschreibung
- Abstraktionen auf einer höheren Ebene
- eine produktive Wiederbeschreibung (Karmiloff-Smith 1992:21).

Auf dieser Stufe ist weder ein bewusster Zugang noch eine verbale Aussage möglich (Karmiloff-Smith 1992:22).

Beispiel: *and one of the **mouses** fell down the hill*
*I **bringed** three Spanish dolls*
*ich habe mich **abgefreundet***

Auf dieser Stufe findet eine Übertragung auf neue sprachliche Elemente statt (*subconscious transfer*). So wird im ersten Beispiel zum Substantiv *mouse* ein neuer Plural gebildet, der sich aus der Übertragung der regelmäßigen Pluralbildung ergibt. Die hinter dieser neuen Bildung stehende Regel ist jedoch vom Lernenden nicht bewusst erkannt worden.

Die davor liegende Stufe Implizit 1 mit dem Verfahren Wiederholung (*repetition*) ist Voraussetzung für das Erreichen der neuen, höheren Stufe. Die neue Abstraktionsstufe macht den unbewussten Transfer möglich. Ohne die zuvor erfolgte Wiederholung könnte diese neue, abstraktere Stufe nicht erreicht werden.

6.3 Explizit 1

Es handelt sich um ein Ergebnis der nächsthöheren Wiederbeschreibung. Ein bewusster Zugang ist möglich, nicht aber eine verbale Aussage darüber (Karmiloff-Smith 1992:22).

Beispiel: *one dog*   *two dogs*
a cat   *some cats*
the horse   *many horses*
one lion   ...
a tiger   ...
...   *many elephants*

In diesem Beispiel aus dem Unterricht können die Lernenden die Lücken aktiv ausfüllen. Auf dieser Stufe können bewusste Übertragungen vorgenommen werden. Die Regel ist erkannt, sie kann jedoch noch nicht sprachlich ausgedrückt werden (*conscious manipulation without verbal expression*).

Das Neue an dieser Stufe ist die Möglichkeit der bewussten Handhabung sprachlicher Mittel, ohne dass die Regel jedoch verbal ausgedrückt werden kann. Um diese höhere Abstraktionsstufe zu erreichen, müssen zuvor die Stufen Implizit 1 (*repetition*) und Implizit 2 (*subconscious transfer*) durchlaufen sein, die jedoch gegenüber der neuen Stufe zurücktreten. Dabei tritt *repetition* stärker zurück als die unmittelbare Vorstufe *subconscious transfer*.

6.4 Explizit 2
Es handelt sich um das Ergebnis der höchsten Stufe der Wiederbeschreibung. Wissen kann in aussagefähiger Form wiedergegeben werden (Karmiloff-Smith 1992:23).

Beispiel: „Ist das immer so, dass in der Mehrzahl ein ‚s' steht?"
(Hellwig 2001:323)

Die letzte Stufe macht auch sprachliche Aussagen über die zuvor erkannte Regel möglich. Ihr sind die drei weniger abstrakten Vorstufen vorausgegangen, wobei die erste Stufe, Implizit 1 (*repetition*), am weitesten in den Hintergrund getreten ist. Die übrigen Stufen Implizit 2 (*subconscious transfer*) und Explizit 1 (*conscious manipulation without verbal expression*) befinden sich weniger weit im Hintergrund.

6.5 Stufen des Modells und Stadien der Sprachbeherrschung
Die Stufen des Modells und die damit verbundenen Stadien der Sprachbeherrschung sind in Darstellung 2 zusammengefasst.

Darstellung 2: Stufen des Modells und Stadien der Sprachbeherrschung

Stufen des Modells	Stadien der Sprachbeherrschung
Implizit 1	imitatives Können
Implizit 2	transferierbares Können
Explizit 1	transferierbares Wissen
Explizit 2	deklaratives Wissen

Das Lernen schreitet vom Können zum Wissen voran. Innerhalb des Könnens erfolgt ein Übergang vom imitativen zum transferierbaren sprachlichen Handeln.

Das Wissen beginnt mit bewusster Transferierung auf neue sprachliche Elemente, wobei allerdings eine sprachliche Darstellung des Wissens zunächst nicht möglich ist. In der Endstufe tritt das deklarative Wissen hinzu, das auf zwei Weisen ausgedrückt werden kann: (1) außersprachlich (z.B. durch Zeigen, Anordnen, Unterstreichen) oder (2) sprachlich (z.B. durch die Formulierung einer Regel).

7. Ergebnisse und Ausblick
Der bisherige Unterricht im Frühbeginn beschränkt sich auf wiederholende Verfahren (Implizit 1). Damit war die Hoffnung verbunden, dass sich zusätzliche Ergebnisse ohne weiteres Zutun der Lehrkraft oder des Unterrichts von selbst einstellen. Es wird angenommen, dass alle Kinder selbständig Übertragungsleistungen vornehmen können, die wir „unbewussten Transfer" genannt haben. Dies ist der Kern der heute weit verbreiteten Auffassung. Diese Auffassung deckt sich in großen Zügen mit der konstruktivistischen Position, wie sie etwa von Bleyhl 2002 vertreten wird.

Die Praxis zeigt, dass auf der Grundlage imitativ-reaktiver Verfahren in den meisten Fällen nur zuvor Gehörtes reproduziert werden kann. Übertragungen sind nur in höchst beschränktem Umfang möglich und können bei dem vorhandenen Zeitbudget nur von einem kleinen Teil hochbegabter Kinder selbständig vorgenommen werden.

Die Kinder sind danach lediglich zu Wiederholungen in der Lage und erreichen in den meisten Fällen nur die Stufe Implizit 1. Auf dieser Stufe endet der bisherige Englischunterricht in der Primarstufe für die größte Zahl der Kinder.

Transfer- und Anwendungsleistungen können nur von wenigen Kindern in beschränktem Umfang erbracht werden, denn der bisherige Unterricht hat dieses Ziel weder klar erkannt noch als Lernziel formuliert und bietet keinerlei Hilfe zum Erreichen dieses Zieles. Nur wenige begabte Kinder können die Stufe Implizit 2 aus eigener Kraft erreichen. Damit ist die notwendige Produktivität des Sprachenlernens im bisherigen Unterricht weitgehend ausgeschlossen.

Das neue Modell bietet die nötigen Hilfen für das Erreichen der Stufe Implizit 2 ebenso wie für die darüber hinaus gehenden Stufen Explizit 1 und Explizit 2. Nicht alle Kinder müssen und können zu Explizit 2 geführt werden. Explizit 1 sollte aber immer das Ziel des Unterrichts für alle sein.

Das neue vierstufige Modell führt die Kinder von der Imitation (Implizit 1) über den unbewussten Transfer (Implizit 2) bis hin zu bewusstem Sprachhandeln (Explizit 1). In einigen Fällen kann es sinnvoll sein, dieses bewusste Sprachhandeln auch in die Form einer Regel zu kleiden (Explizit 2). Diese Regel muss nicht notwendigerweise verbal sein, sondern sollte in den meisten Fällen durch moderne Techniken der nichtverbalen Bewusstmachung (z.B. Hervorhebungen oder signalgrammatische Hilfen) erfolgen.

Das grundlegend Neue besteht darin, dass die Hinzufügung von Stufen der Bewusstmachung zu bisher nicht angestrebten Transfer- und Anwendungsleistungen führt und erstmals eine im Frühbeginn bisher nicht vorhandene Produktivität, Kreativität und Anwendungsfähigkeit ermöglicht.

8. Beibehaltung bewährter Prinzipien

Dabei muss allen bewährten Prinzipien des Frühbeginns Rechnung getragen werden:
- Sprachkönnen hat Vorrang vor dem Sprachwissen
- Bewusstmachung ist kein Selbstzweck, sondern wird als Stütze für Sprachenlernen und Sprachgebrauch verwendet.

Kindgemäße Arbeitsformen werden in vollem Umfang genutzt (vgl. Mindt/Schlüter 2003:2ff.). Dazu gehören: Handlungsorientiertes Lernen, Anschaulichkeit, Vermeidung von Überforderungen, Fehlertoleranz, Einsatz altersangemessener Medien, Wechsel der Arbeits- und Sozialformen.

In keinem Fall erfolgt ein Rückgriff auf überholte Verfahren eines primär auf Sprachwissen zielenden Unterrichts, wie er im 19. und in der ersten Hälfte des 20. Jahrhunderts praktiziert wurde.

Das Stufenmodell führt mit kindgemäßen Verfahren zu einem produktiven Sprachgebrauch, der umfangreiche Transferleistungen ermöglicht und die Kinder zu einer bisher nicht gekannten Eigenständigkeit führt. Deduktive Verfahren sind auszuschließen, metasprachliche grammatische Terminologie, die den Umfang des muttersprachlichen Unterrichts überschreitet, gehört nicht zu den Lernzielen eines kindgemäßen Englischunterrichts.

9. Neue Ziele und Leistungen

Die Einbeziehung der Bewusstmachung führt nicht nur zur Entfaltung der Produktivität und Kreativität der Lernenden. Sie dient zusätzlich dem übergeordneten Lernziel: Das Lernen lernen. Auf dem neuen Wege kann es uns gelingen, den Kindern Strategien zum selbständigen Finden von sprachlichen Gesetzmäßigkeiten zu erschließen. Damit führen wir sie zu Selbständigkeit, wir machen sie zunehmend frei vom Vorbild der Lehrkraft.

Die Kinder gelangen zu einer wachsenden Unabhängigkeit vom Unterricht. Diese Vorgehensweise führt zu Mündigkeit und Selbstbestimmung im Lernen und im individuellen Sprachgebrauch und ermöglicht eine bisher im Frühbeginn nicht erreichbare Gestaltungskraft in allen Bereichen der Sprachanwendung.

Das von Karmiloff-Smith 1992 entworfene Modell zielt in der hier modifizierten Form darauf ab, einen fundamentalen Mangel des bisherigen Fremdsprachenunterrichts der Primarstufe zu beheben. Die nachweisbar vorhandenen Fähigkeiten der Lernenden werden kindgemäß angesprochen und in sorgfältiger Abstufung entfaltet. Darüber hinaus kann das Modell eine neue Grundlage für die Planung und Beurteilung von Fremdsprachenunterricht in der Primarstufe bilden.

10. Literaturangaben

Bleyhl, W. (Hrsg.) (2002) *Fremdsprachen in der Grundschule*. Hannover: Schroedel.

Bialystok, E. (1978) "A theoretical model of second language learning." In: *Language Learning*, 28/1, 69-83.

Hellwig, K. (1995) „Bewusster Umgang mit der Fremdsprache – schon in der Grundschule?" In: Gnutzmann, C. und F. Königs (Hrsg.) (1995) *Perspektiven des Grammatikunterrichts*. Tübingen: Narr, 127-146.

Hellwig, K. (2001) „Ist das immer so, dass in der Mehrzahl ein ‚s' steht?" In: *Fremdsprachenunterricht* 45/5, 323.

Karmiloff-Smith, A. (1992) *Beyond Modularity: A Developmental Perspective on Cognitive Science*. Cambridge, Mass.: MIT Press.

Mindt, D. (2004) „Bewusstmachende Verfahren im Unterricht?" In: *Primary English*, 2, 36-38.

Mindt, D. und N. Schlüter (2003) *Englisch in den Klassen 3 und 4: Grundlagen für einen ergebnisorientierten Unterricht*. Berlin: Cornelsen.

Jelena Dudek

Von der Imitation zur bewussten Verwendung von Sprachmitteln: Unterrichtseinheit zum Modalverb *can*

1. Imitation vs. Bewusstmachung

Im bisherigen frühbeginnenden Unterricht stützt sich das Sprachenlernen nicht in erster Linie auf Erkenntnis und Verstehen der sprachlichen Elemente, sondern größtenteils auf Wiederholung und Nachahmung. Bedingt durch imitative Verfahren werden meist nur reproduktive Leistungen von den Schülern erwartet. In jüngster Zeit versucht man in der Fachdidaktik, bewusstmachende Lernhilfen unter Verwendung neuer Verfahren und Techniken systematisch für den frühbeginnenden Unterricht zu nutzen.

Bewusstmachung meint im Unterricht mit Grundschulkindern, dass die Kinder dazu geführt werden, Regeln und Zusammenhänge selbst zu erkennen, nachzuvollziehen und anzuwenden. Sie sollen zum eigenständigen Bilden von Hypothesen über fremdsprachliche Strukturen bzw. Regularitäten befähigt werden. Regeln sollen aber nicht als Selbstzweck gelernt werden. Es geht nicht darum, dieses Wissen abzufragen, sondern es als Hilfe für das Lernen und als Grundlage für die Übertragung auf andere Gebiete zur Verfügung zu stellen.

Bewusstmachende Verfahren, die auf Einsicht in die Strukturen und Regularitäten der neuen Sprache zielen, sollen die Anwendung der Fremdsprache in neuen Situationen stützen. Dies befähigt die Kinder, Sprache kreativ und produktiv zu verwenden und so eine größere Kommunikationsfähigkeit zu erlangen, z.B. indem sie selbstständig neue Äußerungen formulieren können.

2. Das kognitionspsychologische Modell von Karmiloff-Smith

Um Bewusstmachung im frühbeginnenden Fremdsprachenunterricht erfolgreich anzubahnen und zu erreichen, muss der Unterricht sorgfältig und systematisch organisiert sein. Grundlage dafür ist das kognitionspsychologische Modell von Karmiloff-Smith (1992).[1]

Das Modell besteht aus einem vier Stufen umfassenden zyklischen Entwicklungsgang. Auf jeder Stufe wird vorhandenes Wissen wiederbeschrieben. Dadurch werden die Lernenden zu einer von Stufe zu Stufe bewussteren Sprachverwendung geführt. Am Ende steht die Einsicht in die Regel.

Auf der ersten Stufe oder Implizit 1 werden Informationen gespeichert, sind jedoch nur implizit vorhanden. Die Schüler sind hier zur Wiederholung (*repetition*) vorgegebener Strukturen fähig.

Auf der zweiten Stufe, Implizit 2, einer neuen, höheren Abstraktionsebene, findet eine unbewusste Übertragung (*subconscious transfer*) statt. Der Prozess der Wiederbeschreibung lässt jedoch keinen bewussten Zugang oder eine verbale Aussage zu.

Die dritte Stufe, Explizit 1, ist das Ergebnis der nächst höheren Wiederbeschreibung. Die Schüler können zwar die neuen Sprachmittel bewusst verwenden, aber

---

[1] Für Einzelheiten zu diesem Modell siehe den Beitrag von Dieter Mindt (S. 68-74) in diesem Band).

eine Aussage über das Wissen ist noch nicht möglich (*conscious manipulation without verbal expression*).

In der letzten Stufe, Explizit 2, kann das Wissen, deklaratives Wissen, sprachlich ausgedrückt werden. In dieser Stufe sind die Lerner nicht nur zu einer bewussten Übertragung fähig, sondern können dies auch begründen (*conscious transfer with verbal expression*) (vgl. Karmiloff-Smith 1992:20ff.).

In diesem Beitrag soll nun jede Stufe des Modells beschrieben werden, indem die einzelnen Stufen auf die Unterrichtsabschnitte einer Einheit zum Modalverb *can* bezogen werden.

3. Die Stufen der Bewusstmachung im Unterricht

In vier Stufen, denen eine Vorstufe der Semantisierung vorausgeht, werden die Schüler von der Imitation zur Bewusstmachung geführt. Die Schüler gelangen stufenweise zu wachsender Erkenntnis des Systems der Fremdsprache. Dies eröffnet ihnen die Möglichkeit der zunehmend bewussten Anwendung von Regeln, die dem Sprachgebrauch zugrunde liegen.

Es findet zwar Grammatikunterricht statt, der jedoch von den Kindern nicht als solcher empfunden wird und der auch nicht zum Ziel hat, eine Regel deduktiv vorzugeben oder als abfragbares Wissen zu überprüfen. Die Einsicht stellt vielmehr eine Hilfe für die Übertragung und Anwendung des Gelernten dar. Der Unterricht beachtet dabei die bewährten Prinzipien des frühbeginnenden Fremdsprachenunterrichts (vgl. Mindt/Schlüter 2003:22ff.), sodass das Erlernen einer grammatischen Struktur spielerisch und handlungsorientiert mit einer Vielzahl sorgfältig abgestufter Übungen erfolgt.

3.1 Unterrichtsbeispiel – Das Modalverb *can*

Can und *will* gehören zu den wichtigsten Modalverben im frühbeginnenden Englischunterricht, da in der gesprochenen Sprache englischer Kinder vorrangig diese verwendet werden, während in der gesprochenen Erwachsenensprache die Modalverben *would*, *can* und *will* am häufigsten benutzt werden (vgl. Mindt 1995:38).

Zwei Bedeutungen sind hervorstechend bei *can*: '*possibility*' (ca. 58%) und '*ability*' (ca. 33%) (vgl. Mindt 1995:75f.). Obwohl die Bedeutung '*possibility*' in der Erwachsenensprache häufiger vorkommt, bietet es sich an, mit einer dritten Klasse erst die Bedeutung '*ability*' zu behandeln, da sich Schüler dieser Klassenstufe häufig mit ihrem Können messen und gerne sagen, was sie bereits beherrschen. *Can* im Sinne von ‚Fähigkeit' ist direkter vorstellbar und dient als gute Vorbereitung für die übertragene Bedeutung von *can* im Sinne von '*possibility*' bzw. ‚Wahrscheinlichkeit'.

In dieser Unterrichtseinheit wird neben der affirmativen Form die Verneinung mit der Kurzform *can't* gebraucht. Die kontrahierte Form wird deswegen gewählt, da die Orientierung am Mündlichen einen großen Stellenwert hat und die mündliche Verwendung der bejahenden und verneinenden Form zu einem natürlichen Sprachgebrauch führt.

Die Frage mit *can* soll nur rezeptiv beherrscht werden. Obwohl diese Einheit eine große Anzahl von Hauptverben benötigt, stellen diese keine Überforderung dar, da sie aus vorherigen Einheiten bereits bekannt sind und darüber hinaus in der Stufe der Semantisierung erneut aktiviert werden.

Diese Unterrichtseinheit zum Modalverb *can* im Sinne von ‚Fähigkeit' bzw. ‚Können' wurde bereits mit einer dritten Klasse erprobt. Es soll an dieser Stelle verdeutlicht werden, dass es sich hierbei um eine Unterrichtseinheit – und nicht um eine Stunde – handelt. Diese Einheit umfasst drei Stunden.

Vorstufe: Semantisierung
Für eine effektive Umsetzung im Unterricht wird den vier Stufen die Semantisierung der Bedeutung von *can* vorangestellt.

In dem Unterrichtsbeispiel erfolgt diese mit einer Handpuppe und Bildkarten. Die Bildkarten, sog. Piktogramme, haben eine unterstützende Funktion und sichern erneut das Verständnis der bereits bekannten Verben. In dem Dialog zwischen Lehrkraft und Handpuppe wird das Modalverb (sowohl *can* als auch *can't*) mehrfach betont verwendet. Die Puppe Lucy behauptet, sie könne fliegen, die Lehrkraft ist vom Gegenteil überzeugt. Erst nach einem misslungenen Flugversuch sieht die Puppe ein, dass sie das Fliegen nicht beherrscht. Sie nennt daraufhin andere Tätigkeiten, die sie entweder kann oder nicht kann.

Die Semantisierung zielt auf das rezeptive Hörverstehen. In dieser Vorstufe kommen die Schüler – auf eine für sie unterhaltsame Art – zum ersten Mal mit der neuen grammatischen Struktur in Kontakt und verstehen die Bedeutung der neuen Sprachelemente.

Es schließen sich die vier Stufen des Modells von Karmiloff-Smith an, die zur allmählichen Bewusstwerdung führen.

Implizit 1
Die erste Stufe, Implizit 1, dient der Wiederholung. Hierbei begegnen die Schüler bestimmten Sprachmitteln und können diese wiederholen. Die grammatischen Strukturen *can* und *can't* werden den Schülern in einer bestimmten Auswahl und Reihenfolge präsentiert.

In der Unterrichtseinheit stehen die Schüler in dieser Stufe mit der Lehrkraft in einem Kreis. Die Lehrkraft gibt Sätze mit *can* und *can't* vor und macht z.B. zu dem Satz *I can play football.* die passende Geste bzw. Bewegung. In einem zweiten Durchlauf reproduzieren die Schüler den Satz sowie die Bewegung. Bei Sätzen mit *can't* wird der Kopf geschüttelt, da man eine bestimmte Tätigkeit, z.B. *play tennis*, nicht beherrscht.

Im weiteren Verlauf dieser Stufe (dritter Durchlauf) gibt die Lehrkraft nur noch die Sätze vor, ohne die Bewegung vorzugeben. Die Schüler wiederholen den Satz und führen allein die Bewegung aus. Sie weisen das Verständnis des Gehörten durch Gesten nach. Besonders leistungsschwächere Schüler erhalten durch die Handlungsorientierung und den dreiteiligen Aufbau Hilfen zum Verständnis der neuen grammatischen Struktur.

Implizit 2
Die zweite Stufe, Implizit 2, verlangt von den Schülern die erste produktive Leistung, denn hier findet eine unbewusste Übertragung statt. Die erlernten Elemente oder Strukturen sind nun übertragbar auf andere Situationen.
Die praktische Umsetzung dieser Stufe gliedert sich in zwei Schritte.
a) In zwei kleinen Beuteln befinden sich Karten. In einem der Beutel sind die Bildkarten und in dem anderen befinden sich kleine Karten, die entweder durch

ein rotes Kreuz (für *can't*) oder ein grünes Häkchen (für *can*) gekennzeichnet sind. Nun zieht ein Schüler je eine Karte aus einem Beutel, zeigt diese und bildet den entsprechenden Satz. Die anderen Schüler kontrollieren, ob der Satz richtig gebildet wurde.

b) Die Schüler bekommen jeweils ein Piktogramm und müssen passend dazu einen Satz bilden. Alternativ zu den Bildkarten und um die Materialien abzuwechseln, kann auch ein Würfel eingesetzt werden, auf dem die Symbole für die Verben sind.

Die Lehrkraft gibt ein Beispiel vor, indem sie z.B. ein Piktogramm zu *cook* hat und sagt *"I can cook. And you?"* Die Frage *"And you?"* dient dazu, den Redepart an den nächsten Schüler weiterzugeben. Es soll nicht heißen, dass jetzt nur Sätze zu *cook* gebildet werden, sondern jeweils zu dem eigenen Symbol. Der nächste Schüler hat beispielsweise eine Bildkarte zu *drive a car* und sagt passend, dass er nicht Auto fahren kann: *"I can't drive a car."* In diesem zweiten Schritt produzieren die Schüler den Satz zu ihrem Piktogramm und müssen dabei selbst entscheiden, ob *can* oder *can't* zutrifft, da diesmal keine Rot-/Grünmarkierung die Verwendung vorgibt. In dem erwähnten Beispiel sollen die neuen Formen *can* und *can't* mit verschiedenen Verben gebraucht werden. Hier wird der unbewusste Transfer angestrebt, der auf einer Regelhypothese beruht.

In einem Spiel werden die Schüler anschließend gefragt, was sie sich über andere Mitschüler gemerkt haben. Dieses Raten ist bei Drittklässlern sehr beliebt und ganz nebenbei produzieren sie selbstständig Sätze mit anderen Personalpronomen als bisher.

Explizit 1
In der dritten Stufe, Explizit 1, sind die Repräsentationen zwar bewusst verfügbar, können jedoch nicht versprachlicht werden. Wird ein grammatisches Thema – wie Modalverben – bewusst gemacht, so erkennen die Schüler in dieser Stufe z.B. über die Aussprache oder den Kontext die unterschiedliche Verwendung von *can* und *can't* – ohne dies zu begründen.

In dieser Stufe können sie die grammatische Struktur des Modalverbs bewusst verwenden. Sie verfügen über transferierbares Wissen, ohne die zugehörige Regel formulieren zu können.

Nachdem zunächst eine kurze Wiederholung des Bekannten erfolgte, wird eine Übung durchgeführt, bei der zwei Gruppen, die jeweils mit einer Fliegenklatsche ausgerüstet sind, gegeneinander antreten. An der Wand bzw. Tafel sind die Bildkarten angebracht. Jede Bildkarte ist doppelt vorhanden und je einmal grün für *can* und einmal rot für *can't* markiert. Die Gruppen bilden zwei Reihen vor der Tafel. Es treten immer die ersten beiden Schüler gegeneinander an. Diese bekommen jeweils eine Fliegenklatsche. Die Lehrkraft sagt einen Satz (z.B. *"Grandpa can't hear. Sally can ride a bike. I can't speak Turkish."*) und die Schüler schlagen auf die passende Karte. Der Schüler, der zuerst trifft, bekommt diese Karte. Der andere Schüler wiederholt den Satz. Die Lernenden müssen hierbei einen Satz von allen anderen Sätzen und Bildern abgrenzen – ohne dies zu begründen. In den Sätzen verwendet die Lehrkraft verschiedene Personalpronomen und neue Kontexte. Durch diese Übung werden die Schüler auch für die unterschiedliche Aussprache von *can* und *can't* sensibilisiert.

Auf den Impuls der Lehrkraft hin müssen die Schüler die richtige Bildkarte treffen. Hierbei werden Personalpronomen im Singular und Plural sowie verschiedene Verben von den Lernenden gebraucht. In einem vertiefenden, zweiten Schritt dürfen leistungsstärkere Schüler die Sätze vorgeben, die Lehrkraft tritt zunehmend in den Hintergrund.

Explizit 2
In der höchsten Stufe der Bewusstmachung, Explizit 2, findet zunächst ein Dialog zwischen der Handpuppe und der Lehrkraft statt. Der situative Rahmen ist folgender: Die Puppe Lucy ist sehr traurig, da sie ein gebrochenes Bein hat und nun bestimmte Dinge nicht tun kann (z.B. *run/dance/play football*). Die Lehrkraft nennt Dinge, zu denen die Puppe trotz des gebrochenen Beines fähig ist (z.B. *sing/write a letter/draw a picture*).

Danach stellt die Lehrkraft Fragen an die Schüler: "*What can/can't Lucy do?*". Ein Schüler beantwortet eine Frage, ein anderer sucht die entsprechende Bildkarte und heftet diese geordnet (nach *can* und *can't*) an die Tafel. Die Schüler ordnen *can* und *can't* zu. Auch die Piktogramme für andere Tätigkeiten, die nicht in dem Dialog genannt wurden, können hinzu geheftet werden (z.B. *jump*). Abschließend stellt die Lehrkraft die Frage: "*What's the difference?*" Dabei geht man von den Beispielen mit der Puppe zu einer allgemeinen Formulierung über: „Was bedeutet *can*?" und „Was bedeutet *can't*?".

Die Schüler können bewusst grammatische Phänomene kontrastieren. Sie sind nun in der Lage, eine Regel zu formulieren und verfügen über deklaratives Wissen. Diese Stufe muss nicht zwingend in der Fremdsprache stattfinden, da die Schüler diese noch nicht so beherrschen, dass sie in der Zielsprache eine Regel formulieren oder sich gar metasprachlich ausdrücken könnten (vgl. Mindt/Schlüter 2003:28).

In der letzten Stufe können die Schüler bewusst die neue grammatische Struktur verwenden. Sie sind nun in der Lage, eine Regel zu formulieren und verfügen über explizites, deklaratives Wissen.

3.2 Der Bezug zum Stufenmodell
Die erste Stufe, Implizit 1, dient der Wiederholung der Struktur bzw. der Redemittel: Die Schüler erbringen eine reproduktive Leistung (imitatives Können) im Sinne von Wahrnehmung und Reaktion. Die Wiederholung der Redemittel erfolgt in dem Unterrichtsbeispiel in der Kreisformation und besteht darin, dass im Chor vorgegebene Sätze nachgesprochen werden und die jeweils passende Bewegung erfolgt.

Die zweite Stufe, Implizit 2, betrifft eine unbewusste Übertragung (transferierbares Können), d.h. die erlernten Elemente bzw. Strukturen sind nun übertragbar auf andere Elemente. Es findet die erste Stufe der Wiederbeschreibung statt. In dem erwähnten Beispiel sollen die neuen Formen von *can* und *can't* mit anderen Verben gebraucht werden. Es soll hier durch eine Regelhypothese unbewusst transferiert werden. Die Schüler können produktiv mit der neuen Struktur umgehen. Sie können hier auf einen Bildimpuls hin (im ersten Durchlauf mit, im zweiten ohne Rot-/Grün-Markierung) eine situativ korrekte Äußerung produzieren.

Die dritte Stufe, Explizit 1, ist das Ergebnis der nächst höheren Wiederbeschreibung. Hier verfügen die Schüler über transferierbares Wissen. Ein bewusster Zugang zu den Repräsentationen ist möglich, jedoch keine verbale Aussage. In dem Unterrichtsbeispiel erkennen die Schüler in dieser Stufe die unterschiedliche Verwendung von *can* und *can't*, können diese kontrastieren und mit neuen Personalpronomen verwenden, aber sie sind nicht in der Lage, dies zu begründen. In diesem Zusammenhang sei an das Fliegenklatschen-Spiel erinnert.

In der vierten und letzten Stufe der Bewusstmachung, Explizit 2, können die Schüler bewusst grammatische Phänomene kontrastieren. Sie befinden sich auf der höchsten Abstraktionsebene und können nun eine Regel formulieren bzw. sich zu den Funktionen von *can* und *can't* äußern, nachdem eine Strukturierung an der Tafel nach *can* und *can't* erfolgt ist, ausgehend vom Gespräch der kranken Puppe mit der Lehrkraft. Das Wissen kann in aussagefähiger Form wiedergegeben werden.

4. Fazit

Um erfolgreiche und sinnvolle Bewusstmachung im Frühbeginn durchzuführen, müssen einige Prinzipien beachtet werden, die mit den allgemeinen Anforderungen an den frühbeginnenden Fremdsprachenunterricht konform gehen. Hierbei muss darauf geachtet werden, gestuft vorzugehen, Schwierigkeiten zu isolieren sowie teilbewusstmachende Hilfen bereitzustellen. Um Überforderungen der Schüler zu vermeiden, ist auch die Reihenfolge der Fertigkeiten zu berücksichtigen. Weitere Prinzipien, die in dieser Unterrichtseinheit Berücksichtigung fanden, sind Handlungsorientierung und altersgerechte Methoden und Materialien.

Durch bewusstmachende Verfahren werden implizite Informationen allmählich zu explizitem Wissen. Dadurch wird deutlich, dass die Sprache systematisch organisiert und aufgebaut ist. Kognitive Verfahren ermöglichen eine systematische Wahrnehmung und Einordnung der Elemente der Fremdsprache. Bewusstmachende Unterrichtsverfahren legen nach und nach eine Ordnung offen, die den Schülern als strukturierende Hilfe für neue Anwendungen zur Verfügung steht.

Die allmähliche Bewusstwerdung führt die Schüler zu zunehmender Selbstständigkeit und bietet Anregungen für die Produktivität durch den gezielten Aufbau von Sprachbeständen. Es wird ein kreativer Umgang mit der Sprache ermöglicht. Bewusstmachende Verfahren schaffen eine solide Grundlage für das weitere Lernen, da eine Übertragung auf andere Gebiete erfolgen kann. Kinder nutzen ihre Abstraktionsfähigkeit systematisch, um Kategorien zu bilden, Hypothesen zu erproben und Regeln abzuleiten.

Einzelne auf Bewusstwerdung zielende Verfahren und Techniken (z.B. Betonungen, Kontrastierungen) gab es zwar bisher schon im frühbeginnenden Englischunterricht, jedoch weitgehend unsystematisch und ohne Bezug zueinander. Nun werden mithilfe des vierstufigen Modells Verfahren eingesetzt, die systematisch aufeinander bezogen sind.

Mit dieser Unterrichtseinheit wurde gezeigt, dass bewusstmachende Verfahren im Zusammenhang mit dem Stufenmodell die Schüler über das bloße Imitieren hinausführen. Es kann ein grammatischer Sachverhalt einsichtig gemacht werden, der zu Sprachbeherrschung und zu Kommunikationsfähigkeit führt. Es wurde gezeigt, dass Bewusstmachung im frühbeginnenden Fremdsprachenunterricht eine wichtige Rolle spielen kann. Die Schüler lernen im Laufe dieser Unterrichtseinheit die grammatische Struktur und die Funktion des Modalverbs **can** in der Bedeutung von '*ability*' bewusst anzuwenden. Am Ende der Unterrichtseinheit sind sie in der Lage, sich zur Funktion von *can* bzw. *can't* zu äußern. Zwar findet Grammatikunterricht statt, der jedoch nicht als solcher von den Schülern erfahren wird. Dieser Unterricht führt an keinem Punkt zur Überforderung der Schüler. Er zielt auch nicht auf das stringente Lernen einer metasprachlich schwer zu formulierenden Regel, da grundschulgemäßes Vorgehen an jedem Punkt gewährleistet ist. Durch handlungsorientiertes Vorangehen und kindgerechte Übungen kann eine grammatische Struktur auf spielerische Art eingeübt und verfügbar gemacht werden.

5. Literaturangaben

Karmiloff-Smith, A. (1992) *Beyond Modularity. A Developmental Perspective on Cognitive Science*. Cambridge: MIT Press.

Mindt, D. (1995) *An Empirical Grammar of the English Verb System: Modal Verbs*. Berlin: Cornelsen.

Mindt, D. und N. Schlüter (2003) *Englisch in den Klassen 3 und 4. Grundlagen für einen ergebnisorientierten Unterricht*. Berlin: Cornelsen.

Sonja Möglich

Von der Imitation zur bewussten Verwendung von Sprachmitteln: Unterrichtseinheit zum Wortschatzthema *weather*

Im Folgenden soll eine Unterrichtseinheit zum Wortschatz vorgestellt werden. Diese soll – wie die vorhergehende Grammatikeinheit von Jelena Dudek (S. 75-81) – die Umsetzung des davor von Dieter Mindt (S. 68-74) vorgestellten vierstufigen Modells zur Bewusstmachung veranschaulichen. Es soll gezeigt werden, dass auf diesem Weg auch die Bewusstmachung von Wortschatz gemäß den Prinzipien des frühbeginnenden Fremdsprachenunterrichts möglich, sinnvoll und angemessen ist.

Zunächst wird kurz auf relevante Besonderheiten des Wortschatzes im Gegensatz zur Grammatik eingegangen. Anschließend erfolgt die Darstellung einer Unterrichtseinheit zum Wortschatzthema *weather*. Danach wird eine konkrete Bezugnahme auf die vier Stufen des Modells vorgenommen. Zuletzt soll ein Fazit gezogen werden.

1. Besonderheiten des Wortschatzes

Im vorhergehenden Beitrag wurde dargestellt, wie Kinder in einer Unterrichtseinheit zum Grammatikthema *can* vom imitativen Können über vier Stufen zum deklarativen Wissen geführt werden. Dieses Wissen können die Kinder durch die Formulierung einer Regel ausdrücken. Diese Regel kann auf andere Fälle übertragen werden und führt zu größerer Produktivität und Kreativität.

Im Gegensatz zu einer grammatischen Struktur folgt ein Einzelwort allerdings keinen vergleichbaren Regeln, denn einzelne Wortschatzelemente sind arbiträr und die Zuordnung einer Lautsequenz zu ihrer Bedeutung ist meist willkürlich. Ein isoliertes Einzelwort ist nicht ableitbar, sondern muss gelernt werden. Die Kenntnis eines Wortes ermöglicht es uns in den meisten Fällen nicht, auf ein anderes Wort zu schließen (Ausnahme: Ableitungen wie *unhappy* vom Grundwort *happy* oder *unfriendly* vom Grundwort *friendly*). Damit kann das Lernen einzelner Wörter für den größten Teil des Wortschatzes nicht auf Regeln gestützt werden, und es gibt keine unmittelbare Übertragbarkeit von zuvor gelernten Wörtern auf neue unbekannte Wörter.

Dennoch besteht der Wortschatz nicht nur aus einer Anhäufung unabhängig nebeneinander stehender Einzelwörter. Der Wortschatz einer Sprache gliedert sich in Bereiche, die in Beziehung zueinander stehen, also in Wort- oder Bedeutungsfelder, in die der Mensch seine Wahrnehmung gliedert. Die Wörter eines Feldes decken gemeinsam einen bestimmten Bereich, einen Sinnbezirk ab und bedingen und ergänzen sich in ihrer Bedeutung gegenseitig. Dies führt zu der Erkenntnis, dass jedes Wort der Muttersprache im Gehirn des Lernenden in Bedeutungsfelder integriert ist. Deutlich wird dies z.B. bei Assoziationsübungen, bei denen zusammengehörige Wörter einer Wortgruppe assoziiert und spontan genannt werden können. Auch für den Fremdsprachenunterricht bedeutet dies, dass ein Wort, das nicht als zusammenhangloses Einzelwort, sondern gebunden an andere Wörter eines Bedeutungsfeldes gelernt wird, nicht nur leichter behalten, sondern auch immer als Bestandteil des Feldes abgerufen werden kann, wodurch jedes Mal das ganze Feld gefestigt wird. Man kann davon ausgehen, dass Wörter, die in einer logischen Ordnung gelernt werden, besser behalten und reproduziert werden, weil sie sich gegenseitig bedingen, stützen und zusammen abgerufen werden können. Diese Erkenntnis kann für den Fremdsprachenunterricht genutzt werden, indem durch eine logische Zuordnung von Einzelwörtern Hilfestellungen dafür gegeben werden, die neuen Wortschatzelemente in Bedeutungsfeldern abzuspeichern und als Bestandteile dieser Bedeutungsfelder abrufbar zu machen.

2. Unterrichtseinheit zum Wortschatzthema *weather*
Diese Unterrichtseinheit wurde für eine dritte Klasse geplant und zur Erprobung auch durchgeführt. Die Einheit umfasst vier Unterrichtsstunden, wobei zwei Stunden auf eine sich in vier Abschnitte gliedernde Stationsarbeit entfallen.

Das Thema *seasons* wurde unmittelbar vorausgehend behandelt, es wird hier für eine Einteilung der Wortschatzelemente in Bedeutungsfelder wieder aufgegriffen. Das Thema *weather* kann auch fächerübergreifend z.B. mit Wetterbeobachtungen im Sachunterricht behandelt werden.

Es werden ausschließlich Adjektive behandelt. Das Ziel dieser Einheit, die Kinder zu produktiven sprachlichen Äußerungen zu befähigen, also sich über das Wetter äußern zu können, kann so mit einfachen Mitteln und einer gleich bleibenden Satzstruktur erreicht werden. Das Schriftbild wird bewusst ausgeklammert, da hier das Verständnis auch ohne Schriftbild gewährleistet ist und auch im Wetterbericht nur mit Symbolen gearbeitet wird.

Behandelt werden die folgenden Adjektive *sunny, stormy, cloudy, cold, hot, snowy, frosty, rainy, windy* und *foggy*. Die Schüler erlernen die Frage *How's the weather?* rezeptiv. Produktiv äußern sollen sie die Satzstruktur *It's* + Adjektiv, wie *It's sunny, It's rainy,* etc.

Als Lernziel lässt sich also formulieren, dass die Schüler die Bedeutung der neuen Wortschatzelemente kennen und sich selbständig zum Thema Wetter äußern können sollen.

Sie sollen die semantische Beziehung der Wortschatzelemente erkennen und diese bewusst im Bedeutungsfeld *seasons* einordnen können. Ziel ist eine Kategorisierung der Wortschatzelemente in die vier Jahreszeiten.

Für diese Einheit zum Thema *weather* ergibt sich eine Einteilung von Adjektiven, die für einzelne Jahreszeiten spezifisch sind und anderen, die mehreren Jahreszeiten zugeordnet werden können (Darstellung 1).

Darstellung 1: Zuordnung der Adjektive zu den Jahreszeiten

spring	*summer*	*autumn*	*winter*
sunny, stormy, windy, cloudy, cold, rainy	*sunny, cloudy, hot, rainy*	*sunny, stormy, foggy, windy, rainy, cloudy, cold*	*sunny, foggy, windy, snowy, cloudy, cold, frosty*

2.1 Verlaufsplanung
Die Einheit gliedert sich in die Semantisierung der neuen Wortschatzelemente und die vier Stufen Implizit 1, Implizit 2, Explizit 1 und Explizit 2 (ausführlich beschrieben im Beitrag von Dieter Mindt in diesem Band).

Semantisierung
Die Semantisierung umfasst zwei Schritte:
- Die Lehrkraft beginnt ein Gespräch mit einer Handpuppe. Als Gesprächsanlass dient die Kleidung der Puppe. Sie ist dem Wetter unangemessen angezogen (sie trägt z.B. bei Regen eine Sonnenbrille oder bei Sonne Gummistiefel). Die Lehrkraft und die Puppe unterhalten sich nun über das Wetter. Bei der Erwähnung der neuen Wortschatzelemente werden die entsprechenden Bildkarten (adaptiert nach Becker et al. 2004) gezeigt und an die Tafel geheftet. Im Verlauf des Gesprächs können auch die Schüler einbezogen werden, indem man ihnen eine Bildkarte zeigt und die Schüler auffordert, aus dem Fenster zu sehen, das aktuelle Wetter zu betrachten und nach dem Wetter fragt (Beispiel: *Is it rainy? Is it sunny?* ... etc.) Die Schüler sollen hier nur mit *yes* oder *no* antworten.
- Anschließend wird eine *weather massage* durchgeführt. Die Schüler tun sich paarweise zusammen. Einer sitzt, der andere steht hinter seinem Partner und muss ihm – den Anweisungen der Lehrkraft entsprechend – den Rücken massieren. Die Lehrkraft gibt z.B. vor *It's rainy*. Die Schüler trommeln leicht mit den Fingerspitzen auf den Rücken ihres Partners. Die Ansage *It's stormy* wird durch kreisende Bewegungen mit den Fäusten umgesetzt. So erfolgt die Darbietung nicht nur visuell und akustisch, sondern auch haptisch und motorisch, um den Schülern möglichst viele Zugangsmöglichkeiten zu öffnen.

Implizit 1 (imitatives Können)
Wetteruhr: Die Bildkarten hängen in beliebiger Reihenfolge im Kreis an der Tafel und die Lehrkraft ergänzt in der Mitte eine Art Zeiger, so dass eine „Wetteruhr" entsteht. Nun stellt sie den Zeiger auf eine Bildkarte ein, spricht den zugehörigen Satz vor und lässt die Kinder im Chor sowie einzeln nachsprechen, z.B. *It's sunny*.
Im zweiten Teil der Übung spricht die Lehrkraft einen Satz vor, ohne den Zeiger einzustellen. Sie lässt die Schüler den Satz wiederholen und einen Schüler den Zeiger auf das richtige Bild einstellen.
Die Schüler weisen hier imitatives Können nach. Sie können die Wortschatzelemente reproduktiv sprechen und weisen Hörverstehen nach. Das Einstellen des Zeigers auf das richtige Bild ist eine Überprüfung des Hörverständnisses und stellt eine Vorbereitung auf die nachfolgende Stufe (Implizit 2) dar.

Implizit 2 (transferierbares Können)
Die Schüler stellen sich hierzu in zwei Gruppen auf. Die Lehrkraft zeigt eine Bildkarte mit Flashtechnik, und die Schüler, die in der Reihe vorn stehen, sagen schnell den richtigen Satz, z.B.: *It's windy*.
Alternativ dazu könnte die Lehrkraft einem Schüler einen Satz einflüstern, den dieser an der Wetteruhr einstellt. Die anderen Schüler sagen den entsprechenden Satz.
Anschließend erfolgt eine Stationsarbeit. Es sind vier Stationen vorgesehen:
- Station 1 ist ein Bingospiel. Die Schüler erhalten ein kopiertes Raster, auf dem in neun Feldern die Wetterbilder abgebildet sind. Ein Schüler erhält ein Set kleiner Bildkarten. Er zieht eine Karte und nennt den entsprechenden Satz. Die anderen Schüler der Gruppe markieren das entsprechende Bild auf ihrem Raster, falls es vorhanden ist. Wer drei Richtige in einer Reihe hat, hat gewonnen (Bingo). Er muss die drei Sätze nennen und von den anderen Schülern auf Richtigkeit überprüfen lassen.

- Station 2 ist ein Pantomime-Spiel: Ein Schüler zieht eine Bildkarte und stellt das abgebildete Wetter pantomimisch dar, die anderen Schüler raten und äußern den Satz korrekt. Der Schüler könnte also für *windy* seinen Nachbarn vorsichtig anpusten. Die anderen Schüler äußern dann *It's windy*.
- Station 3 ist das *Kim's game*: Ein Schüler legt vier Karten mit Wettersymbolen auf den Tisch. Die anderen betrachten diese, versuchen sie sich zu merken und schließen dann die Augen. Nun wird eine Karte entfernt. Die Schüler sagen, welche Karte fehlt, z.B. *It's snowy*.
- Station 4 ist eine längere Hörverständnisübung: Dazu müssen schon vorher in einem kurzen Gespräch zwischen Handpuppe und Lehrkraft die Ländernamen *Scotland, England, Wales* und *Ireland* in der Reihenfolge ihres Auftretens (im Text) semantisiert werden, falls sie noch nicht bekannt sind. Die Kinder haben am Arbeitsplatz einen CD-Spieler. Sie hören einen *weather report* und ordnen auf einer kopierten Landkarte die richtigen Wettersymbole zu. Die Schüler erhalten die Möglichkeit, den Hörtext mehrmals selbständig anzuhören und an entsprechenden Stellen zu stoppen.

In Stufe Implizit 2 verfügen die Schüler über transferierbares Können. Ihre Leistungen sind hier zum ersten Mal produktiv. Sie können auf Bewegungs- und Bildimpulse hin aus den neuen Wortschatzelementen die entsprechenden auswählen, sie zuordnen und korrekt produzieren.

Explizit 1 (transferierbares Wissen)
Hier findet eine kurze Wiederholung eines den Schülern bereits bekannten Liedes zur Vorentlastung der schon bekannten *seasons* statt. Wenn die entsprechende Jahreszeit im Lied erwähnt wird, heftet ein Schüler die Bildkarte dazu an die Tafel, um für alle die Verknüpfung herzustellen.

Alle Schüler erhalten eine rote und eine grüne Karte. Die Lehrkraft hält vorn zwei kleine Säckchen bereit. In einem Säckchen befinden sich kleine Wetterbildkarten, im anderen die Bildkarten der *seasons*. Ein Schüler kommt nach vorn und zieht aus beiden Säckchen jeweils eine Bildkarte, z.B.: *rainy* und *spring*. Er formuliert also: *In spring it's rainy*. Die Lehrkraft hat ein entsprechendes Beispiel vorgegeben, um die Satzstruktur aufzuzeigen. Die Schüler heben die grüne Karte, da die Äußerung korrekt ist. Der nächste Satz könnte lauten: *In winter it's hot*. Der Rest der Klasse hebt die rote Karte, denn die Äußerung ist falsch.

Hier können die Schüler auf transferierbares Wissen zurückgreifen. Das Wetter kann bewusst den entsprechenden Jahreszeiten zugeordnet werden, indem die Schüler eine Aussage mit roten und grünen Karten als richtig oder falsch bezeichnen. Eine Verbalisierung der Kategorien erfolgt nicht.

Explizit 2 (deklaratives Wissen)
Die Bildkarten der Jahreszeiten werden nebeneinander wie die Überschriften einer Tabelle an die Tafel geheftet. Die Wetterbildkarten, die mehrmals vorhanden sind, liegen auf dem Boden und werden nun in einem Unterrichtsgespräch von den Kindern der entsprechenden Jahreszeit zugeordnet. Die Lehrkraft fragt, wie das Wetter in einer bestimmten Jahreszeit ist und die Schüler antworten und heften die Bildkarten an die Tafel.

Die Lehrkraft fragt z.B.: *How's the weather in spring?* Ein Schüler antwortet: *In spring it's sunny* und heftet die Bildkarte *sunny* in die Spalte *spring*. So entwickelt sich eine Tabelle.

Zum Schluss folgt die Formulierung der Ergebnisse aus der Tabelle. Wie z.B. *In spring it's sunny, windy, cloudy, rainy and foggy. In summer it's ...* Dies erfolgt für die restlichen Jahreszeiten entsprechend.

Auf dieser höchsten Abstraktionsebene verfügen die Schüler nun über deklaratives Wissen. Sie können bewusst die Jahreszeiten kontrastieren und ihnen das entsprechende Wetter zuordnen. Diese Zuordnung können sie verbal ausdrücken.

3. Bezug zum Stufenmodell

Auf der Stufe Implizit 1 findet nach der Semantisierung eine weitere Begegnung mit den neuen Sprachmitteln statt. Die Schüler zeigen imitatives Können, indem sie die Sätze korrekt wiederholen und an der Wetteruhr die entsprechenden Bilder auswählen können. Die Schüler reproduzieren die neuen Elemente und können angemessen auf Sprache reagieren.

Auf der Stufe Implizit 2 verfügen die Schüler über transferierbares Können. Hier sind die Schüler in der Lage, z.B. in der Stationsarbeit auf einen Bildimpuls hin den entsprechenden Satz situationsgerecht selbständig zu produzieren. Auf dieser höheren Abstraktionsebene ist die Wiederbeschreibung produktiv. Die Schüler können durch hypothesengeleitetes Transferieren produktiv mit Sprache umgehen. Es ist allerdings kein bewusster Zugang oder eine verbale Aussage möglich.

Die Stufe Explizit 1 befähigt die Schüler zu transferierbarem Wissen. Die Schüler können das Wetter bewusst den Jahreszeiten zuordnen, indem sie Äußerungen auf deren Richtigkeit überprüfen und dies mit den Rot-/Grünkarten anzeigen, sie können diese Zuordnung allerdings nicht verbal begründen. Diese Stufe ist das Ergebnis der nächst höheren Wiederbeschreibung. Hier ist ein bewusster Zugang möglich, allerdings kein verbaler Ausdruck.

Das Ergebnis der höchsten Stufe der Wiederbeschreibung ist Explizit 2, in Form von deklarativem Wissen. Dies erfolgt in der vorgestellten Einheit außersprachlich durch das tabellarische Anordnen der Bildkarten und sprachlich durch die Formulierung der Erkenntnisse in einer allgemeingültigen Aussage zum Wetter der jeweiligen Jahreszeit. Das Wissen über die semantische Beziehung der Wortschatzelemente kann hier in aussagefähiger Form wiedergegeben werden.

4. Fazit

Warum braucht man dieses Modell? Viele Lehrkräfte benutzen entsprechende Übungsformen selbst im Unterricht und stellen mit Recht die Frage: Was ist hier eigentlich neu?

Neu ist, dass die Übungen nun nicht mehr einer willkürlichen Reihenfolge, sondern in diesem Modell einem klar gegliederten also systematischen Aufbau unterliegen. Durch diesen Aufbau ist sichergestellt, dass die einzelnen Übungen an keinem Punkt die Leistungsfähigkeit der Lernenden überfordern. Die differenzierte Abstufung der Übungen führt von der Imitation zur Einsicht in den Zusammenhang von Wortfeldern.

Das vierstufige Modell von Karmiloff-Smith (1992) bietet vielfältige Vorteile für den Unterricht. Zum einen bietet es der Lehrkraft eine erhebliche Planungserleichterung. Durch den systematischen und klar gestuften Aufbau ist sowohl die Zielsetzung als auch der Schwierigkeitsgrad jeder Stufe eindeutig bestimmt. Den einzelnen Stufen lassen sich bestimmte methodische Verfahren zuordnen. So fällt es beträchtlich leichter, Übungen zu konzipieren und auszuwählen, die der Zielsetzung der jeweiligen Stufe entsprechen.

Ferner ergeben sich neue Möglichkeiten der eindeutigen Diagnose von Schülerleistungen und der Differenzierung des Unterrichts. Auf der Grundlage der Stufen ist es möglich zu erkennen, bis zu welchem Punkt ein Schüler gelangt ist und an welchen Punkten noch Förderungsbedarf besteht. Entsprechend kann man individuell auf die Bedürfnisse der Schüler eingehen und ihnen methodisch geeignete Hilfestellungen bieten, die sich an den Stufen orientieren und die zugeordneten Hilfen bereitstellen.

Die Bewusstmachung von Wortfeldern birgt eine Reihe von weiteren positiven Aspekten. Wortschatzelemente, deren Zugehörigkeit zu einem Wortfeld erkannt ist und die entsprechend gelernt werden, lassen sich leichter merken, und sie sind auch schneller abrufbar. Die Wortschatzelemente eines Feldes stützen sich gegenseitig durch ihren gemeinsamen Bedeutungsrahmen, und sie können, wenn eine Vorstellung abgerufen werden soll, gemeinsam aktualisiert werden. Dadurch wird der Sprecher in seiner Wortwahl effizienter und sprachlich kreativer, da er jeweils aus dem ganzen Feld die angemessenste Vokabel auswählen kann.

Darüber hinaus konnte gezeigt werden, dass die Berücksichtigung der Bewusstmachung zu keinen Einschränkungen der Prinzipien des frühbeginnenden Fremdsprachenunterrichts führt. Die vorliegende Einheit ist kindgemäß und handlungsorientiert. Ferner bietet sie durch die Einbeziehung bewusstmachender Verfahren vielfache Möglichkeiten der produktiven Anwendung der erlernten Wortschatzelemente, die mit den früheren rein imitativen Verfahren nicht erreichbar waren.

Das übergeordnete Unterrichtsziel: Das Lernen lernen wird in vorher nicht bekanntem Umfang berücksichtigt. Durch das den Kindern bald erkennbare Ziel, Kategorien zu bilden, werden sie angeregt, selbständig nach semantischen Abgrenzungen im Wortschatz zu suchen und neue Vokabeln der Fremdsprache in bekannte – oder sehr bald auch in neue – Bedeutungsfelder einzuordnen. Dies führt zu verstärkter Selbstorganisation des Lernens und zu einer zunehmenden Mündigkeit der Lernenden.

5. Literaturangaben

Becker, C., A. Diekmann und A. Hughes (Hrsg.) (2004) *Grundschule Englisch. Themenheft Nr. 6: Sunshine, Rain & Snow.* Seelze/Velber: Kallmeyer Verlag.

Karmiloff-Smith, A. (1992) *Beyond Modularity. A Developmental Perspective on Cognitive Science.* Cambridge: MIT Press.

Spracherwerb im frühen Fremdsprachenlernen

Werner Bleyhl

„Weshalb Lehrer und Didaktiker mehr als eine Ahnung vom Spracherwerb haben sollten" oder „Vom Sinn und Unsinn einer Übergangsdidaktik" — 90

Jörg-Ulrich Keßler

Frühbeginn und Lernersprache: Englischerwerb in der Primarstufe — 101

Jana Roos

Spracherwerb und Sprachproduktion im Englischunterricht der Grundschule — 109

Tatjana Kuhn

Der Konstruktivismus als Grundlage für den frühbeginnenden Fremdsprachenunterricht? — 117

Werner Bleyhl

„Weshalb Lehrer und Didaktiker mehr als eine Ahnung vom Spracherwerb haben sollten" oder „Vom Sinn und Unsinn einer Übergangsdidaktik"

0. Ein persönliches Bekenntnis vorweg
Ich habe die Erfahrung gemacht, dass viele Probleme und vermeintliche Nöte beim Lehren von Fremdsprachen aufgrund unangemessener Vorstellungen vom Lernen einer Sprache entstehen. Als Lehrer und Didaktiker bemühe ich mich immer wieder, hier aufzuklären, eben um das Lehren und Lernen leichter zu machen. Ich sehe den Didaktiker in der Tradition der Aufklärung, der den Mut haben sollte, sich des „eigenen Verstandes" (Kant) zu bedienen, auch wenn ihm eine jahrhundertealte Meinung entgegenzustehen scheint. Deutlich betonen möchte ich, dass ich für eine Aufklärung eintrete, die nicht <u>gegen</u>, sondern im Verein <u>mit</u> der Natur, gerade der menschlichen Natur, arbeitet.

1. Wenige Vorbemerkungen, um das Terrain abzustecken
a) „Wissen ist der Feind des Lernens." Wenn Schüler schon alles wissen, brauchen sie nicht aufzupassen. Wenn Lehrer schon alles wissen, brauchen sie sich nicht mehr zu informieren.

b) Natürlich gilt: „Es gibt immer solche und solche." Bei allgemeinen Aussagen kann man stets – bei gegebener Ablehnung der Person – sofort beleidigt dagegen giften.

c) Im Kommentar einer angesehenen Tageszeitung (FAZ) stand anlässlich der Veröffentlichung der ersten OECD-Bildungsstudie Anfang September 2004 als Kernsatz: „Die Erkenntnisse sind da, sie müssen nur noch umgesetzt werden."

d) Malergesellen werden häufiger und intensiver fortgebildet als Lehrer. Wenige, sehr wenige Lehrer erhalten die erforderliche Fortbildung – und/oder lesen Fachzeitschriften. Für letzteres kann man Verständnis haben angesichts des Umstandes, dass Lehrer derzeit überreich eingedeckt werden mit Verordnungen und Umordnungen, etc.

e) Vielleicht deswegen versuchten zu Anfang des Schuljahres im September 2004, die auflagenstärksten deutschen Wochenmagazine *Spiegel*, *Focus* und *Stern* es den Lehrern – und den Eltern – leichter zu machen, indem sie groß aufgemachte Spezialausgaben herausbrachten über ‚Lernen und das erfolgreiche Bestehen in der Schule'. Es findet sich dort meist ein wildes Sammelsurium von Sinn und Unsinn, aber auch Hinweise auf Erkenntnisse der neueren Kognitionswissenschaften, etwa dass Fehler wichtig seien, dann wieder Aussagen wie „Vieles was Pädagogikprofessoren verzapfen, hat weder mit Wissenschaft noch mit Schulpraxis zu tun."

Dies alles unterstreicht nur erneut: Wir brauchen „professionelle" Lehrer, die Bescheid wissen in der Diskussion mit Schülern, mit Eltern, mit Kollegen und nicht zuletzt mit sich selbst. Sie müssen wissen, was sie tun.

2. Wo stehen die Lehrer?

Wir wissen aus entsprechenden Studien: Es sind die subjektiven – oft nicht einmal bewussten – Theorien, die über das Lehrerhandeln entscheiden. Und diese Theorien sind die Früchte der eigenen persönlichen Lernbiographie. Hier offenbaren sich die Stärke und die Schwäche der Schule zugleich. Die Schule muss sich durch einen gewissen Konservatismus auszeichnen. Schließlich besteht ihre primäre Aufgabe im Versuch, die Kultur einer bestimmten Sprachgemeinschaft an die nächste Generation weiterzugeben. Ganz natürlich entwickelte die Schule so Vorkehrungen, dass nicht zu viel Kulturfremdes weitergegeben wurde. Polemisch ausgedrückt, und an manchem Ort ist es unschwer zu beobachten: Der Fremdsprachenunterricht wird so gestaltet, als ob die Schule eigentlich gar nicht wollte, dass die Fremdsprache gelernt wird.[1]

Darstellung 1: Karikatur aus der Jugendstilzeit (Kästner 1962:o.S.)

Gymnasiallehrer: „Heute hatte ich einen wundervollen Traum: Ich gab Cicero einen Fünfer in Latein."

---

1 Es wäre vielleicht eine Diskussion wert, ob es an dem Mechanismus liegt, den die Schule entwickelt hat, dass eine Fremdsprache - die als Sprache immer auch für eine fremde Kultur steht - ihre Fremdheit nicht verlieren darf, dass zu ihr eine gewisse Distanz aufgebaut werden muss und diese Distanz am elegantesten über das Bewusstsein der Andersartigkeit erreicht wird, etwa dass man diese Sprache nicht spontan benutzen darf, sondern rational mittels Regeln zu konstruieren hat.

Welches Un-Wissen über das Sprachenlernen und die Korrektheit der Sprache spricht aus dieser (natürlich übertriebenen) Äußerung! Aber man sage nicht, das sei über einhundert Jahre her. Im Jahr 2003 wurde in einem großen Bundesland beinahe über Nacht Englisch als zweistündiges Fach in Klasse 3 und 4 eingeführt. In einem der ersten Lehrplanentwürfe hieß es, man wolle von Anfang an „die ganze Sprache", also auch gleich die Schrift, einführen. Und dort wurde mir von einer Lehrerin folgende Frage gestellt:

> Was soll ich nur tun? Ich unterrichte meine Anfänger (Kl. 3) nun drei Wochen und immer mehr meiner Schüler weigern sich schlichtweg auf Englisch zu reagieren oder sich überhaupt noch am Englischunterricht zu beteiligen.

Machen wir den Sprung in ein Klassenzimmer und betrachten die Transkription einer Video-Unterrichtsaufnahme. Es handelt sich um Anfangsunterricht Englisch Klasse 1. Dieselbe Szene könnte aber auch im Anfangsunterricht der Klasse 3, der Klasse 5, der Klasse 7 (etwa in der zweiten Fremdsprache) oder im Erwachsenenunterricht vorkommen.

Szene "What's your name?"

Zeile	Person	Transkription	Kommentar
1	L	my name is [ɪz] (,) Mrs (,) A.	im Stuhlkreis
2	Ss	A.	
3	L	what's your name (?)	
4	S1	my name is [ɪs] B. (.)	L wendet sich
5	SB	B.	einzelnen Ss zu.
6	L	well done (,) now listen (-) my name is [ɪz] Mrs A.	
7		(,) what's your name (?)	
8	SD	(leise) my name is [ɪs] (D.?) (.) ..	
9	L	my name i s [ɪz] Mrs A. (,) what's your name (?)	'is' wird sehr
10	SF	(sehr leise) my name's F. (.)	lang gespro-
11	L	my name i s [ɪz] Mrs A. (,) what's your name (?)	chen.
12	SG	my (,) name (,) is [ɪs] (,) G. (.)	
13	L	do you remember (,) the bee (') my name i s [ɪz] (-)	
14		try it .. like a bee zzzzzzzz	keine sichtbare
15	Ss	zzzzzzzz	Reaktion
16	L	stop (.) and now (,) my name (,) i s s [ɪzz]	
17	Ss	zzzzzzz	
18	SF	my name is [ɪs]	
19	L	what's your name (?)	
20	SS	my (,) name (,) isch S. (-)	
21	L	what's your name (?)	
22	SH	my name is [ɪs] H. (.)	
23	L	her name i s [ɪz] H. (,) what's your name (?)	
24	S2	H.	
25	S3	my name is (..) (.)	
26	L	well done (.) oh Kooky what about you (?)	

Da hier nur ein begrenzter Raum zur Verfügung steht, muss eine detaillierte Analyse entfallen. Dieser Unterricht verstand sich durchaus als „kommunikativer Fremdsprachenunterricht", so „pseudo" die Kommunikation auch ist, schließlich ist inhaltlich gar nichts neu, nur eine Sprachform soll eingeführt werden. Es finden sich aber in diesem Unterricht im Grunde Charakteristika einer Reihe traditioneller Sprachlernvorstellungen:
- Lernen erfolge primär über Imitation. (Erinnert sei daran, dass in politischen Sonntagsreden anlässlich der Einführung des Fremdsprachenlernens in der Grundschule regelmäßig die besondere Fähigkeit der Grundschulkinder zur Imitation hervorgehoben wurde.)
- Lernen wird verstanden als ein *Input-Output*-Geschehen.
- Der Stoff soll linear, Schritt für Schritt, vom Einfachen zum Schwierigen, gelernt werden.
- Wenn Lernschwierigkeiten auftreten, wird das Geschütz der Bewusstmachung, der Kognitivierung, aufgefahren, schließlich ist für manche Lehrer und Didaktiker das deklarative Sprachwissen der Gipfel des Olymps. Man folgt dabei dem informationstheoretischen Ansatz in der speziell für das deutsche Bildungswesen typischen Annahme, dass der Königsweg zum „Können" über das „Wissen" gehe.
- Die lineare Logik erfordere so auch ein Vorgehen gemäß einer grammatischen Progression.
- Wenn auch nicht sofort bei den Anfängern, so holt man sich später als Stütze die Schrift (man hat es auch so erlebt, dass man selbst erst sicher ist, wenn man das unbekannte Wort geschrieben sieht und weil man im Lateinischen oder Griechischen ohnehin immer nur vom geschriebenen Wort ausgegangen ist).
- Getragen wird das ganze Vorgehen vom Glauben an die Steuerbarkeit des Sprachenlernens.

Lassen sich diese Annahmen, die alle beim Blick auf die zu erlernende Sprache ergriffen und linguistisch unterfüttert wurden, über das Argument des „Wir haben das immer so gemacht" hinaus begründen?

3. Wenige Hinweise auf neuere Erkenntnisse
Eine Reihe von Disziplinen hat neue Erkenntnisse vorgelegt:
- Spracherwerbsforschung
- Fremdsprachenunterrichtsforschung, einschließlich der des Immersionsunterrichts
- Verhaltensforschung
- neuere Kognitionswissenschaften, einschließlich der Entwicklungspsychologie
- kognitive Neurobiologie
- Unterrichtseffektivitätsforschung

Sämtliche neueren Erkenntnisse aus diesen Disziplinen laufen den oben aufgeführten traditionellen Unterrichts- und Lernauffassungen zuwider! Alle neueren Forschungen bestätigen im Grunde die Aussage des alten Comenius (1993) in seiner *Großen Unterrichtslehre* von 1653, die ich in meinen Worten umschreiben will: „Der Schüler muss erst bildungsfähig, für unsere Informationen empfänglich sein, ehe wir ihn mit unserem Lehren erreichen, denn lernen muss der Schüler ohnehin selbst." Was der Schüler aus der Information macht, haben die Lehrer jedoch nicht in der Hand.

Nur zwei konkrete Beispiele: Wer keine innere Kategorie für das Phonem des stimmhaften /z/ aufgebaut hat, nimmt – dank seiner kategoriellen Wahrnehmung – das /z/ auch nicht als /z/ wahr (Schon Trubetzkoj sprach vom „phonologischen Sieb".). Der unbekannte neue Laut wird einem vertrauten bekannten Laut zugeordnet und aktiviert bei der erzwungenen Produktion den bewährten, keineswegs trivialen physiologischen „Produktionsmechanismus" der etwa einhundert Muskeln, die für das Aussprechen einer Silbe aktiviert bzw. gehemmt werden müssen.

Wer keine mentale Kategorie für Aspekte wie *continuous form* oder *simple tense* aufgebaut hat, dem helfen auch keine verbalen Erklärungen für diesen Komplex, der ohnehin in unseren grammatischen Beiheften und Grammatiken lächerlich verkürzt und verzerrt dargestellt wird.

Worauf will ich hinaus? Wir sind im Allgemeinen in unseren herkömmlichen Vorstellungen vom Sprachenlernen von unseren eigenen, meist gymnasialen Sprachlernerfahrungen geprägt. Dort waren oftmals der Fremdsprachenunterricht und die Leistungen in der Fremdsprache der Berechtigungsnachweis für die Schulzugehörigkeit und die Leistungen wurden – ganz objektiv(!) – durch das Anlegen der formal-linguistischen Messlatte evaluiert. Zu diesem traditionellen Vorgehen ist zumindest zweierlei zu sagen:

1. Faktisch niemand hat nur über den schulischen Fremdsprachenunterricht beim Durcharbeiten der Lehrbücher im Unterricht die betreffende Fremdsprache hinreichend (Kriterium Studierfähigkeit) gelernt. (Die Bildungsforscher Köller/ Baumert u.a. 2004 haben dies erst vor kurzem untersucht.) Und hier ist ja auch das Hauptproblem der Grundschullehrer beheimatet, die zumeist neun Jahre Englischunterricht genossen haben, sich mit ihrem Englisch aber nicht sicher genug fühlen können.
2. Spätestens PISA hat uns allen ins Stammbuch geschrieben, dass wir Lehrer für alle da sein müssen und dass die zweite Hälfte der Gaußschen Leistungskurve abzuschreiben weder pädagogisch noch bildungspolitisch noch menschlich hinnehmbar ist.

Wir müssen lernen wahrzunehmen und zu respektieren, dass wir Fremdsprachenlehrer den Fremdsprachenerwerb durch unseren Unterricht nicht willkürlich, so rational wir ihn auch zu begründen meinen, steuern können, wie wir es gerne hätten.

Verwiesen sei auf Ergebnisse der bislang am breitesten angelegten empirischen Untersuchung über beinahe zehn Jahre an 30 Klassen, die, obwohl im Unterricht für Deutsch als Fremdsprache gewonnen, für Englischlehrer ebenso relevant sind (vgl. Diehl u.a. 2000:359f.):

1. Der Erwerb der [...] Grammatik unter gesteuerten Bedingungen verläuft anders, als üblicherweise in der Fremdsprachendidaktik angenommen. [...] Der Grammatikerwerb unterliegt internen Gesetzmäßigkeiten, die durch den Unterricht nicht kurzgeschlossen und nicht geändert werden können. Der Weg über Erwerbsstrategien ist unvermeidlich; lernersprachliche Abweichungen sind konstituierender Bestandteil des Erwerbsprozesses.
2. (D)er Erwerb (erfolgt) in einer festen Abfolge von Phasen.
3. In keinem der (untersuchten) Bereiche verläuft der Erwerb parallel zum schulischen Grammatikprogramm.

Die Daten dieser Untersuchung zeigen zudem, „dass schulischer Unterricht Fossilisierungen [...] geradezu verursachen kann, und zwar dann, wenn sich ein Schüler oder eine Schülerin vom Rhythmus der schulischen Grammatikprogression überrollt fühlt" (ebd. 375). Das Fazit lautet: „Implizite Lernmechanismen sind bei der Bewältigung komplexer Aufgaben (wie zum Beispiel beim Spracherwerb) effektiver als explizite" (ebd. 377).

Der Aufbau eines neuen Sprachsystems erfordert vielmehr die mentale und körperliche Eigenaktivität des Lerners, während der er die Funktionalität, die Wirkung der neuen Sprache in der Welt erlebt. Dabei zeigt sich:

1. Der Lerner wählt nur die Information aus, die er aufzunehmen in der Lage ist (systembedingte Aufnahme der Information).
2. Die wachsende Komplexität führt zur Differenzierung in spezialisierten Untersystemen. Für die Bildung solcher Untersysteme ist jeweils die Verarbeitung einer „kritischen Masse" an Erfahrung der jeweiligen Spracherscheinungen erforderlich.
3. Es ist eine laufende intern systematische Reorganisation des Systems zu beobachten. Hierbei erfolgt obligatorisch der Gang durch scheinbar chaotische Phasen. Die Nichtlinearität kann nur mit kybernetischen Modellen erfasst werden. Peltzer-Karpf/Zangl (1998:7) stellen dabei folgende Stufen fest:
   a) Anfangsphase 1 (*initial state – inhomogeneous clustering*)
   b) Anfangsphase 2 (*quasi stable state*): Die Produktion ist auf unanalysierte, auswendig gelernte Formeln beschränkt.
   c) Zunehmend turbulente Phase der Analyse und Regelfindung (*turbulent state – desynchronized part*)
   d) Zwischenstadium (*intermittent state – clustering*)
   e) Zunehmende Teilordnung (*partially orderd state*)
   f) Gewisses stabiles Können (*ordered state*)
   g) Größere Stabilität (*coherent state – large coupling strength*)

In der englischsprachigen Literatur spricht man vom *"U-shaped behaviour"* (Ellis 2004). Und diese Notwendigkeit des Experimentierens (mit entsprechenden Fehlversuchen)[2], diese gravierenden Leistungsschwankungen des fortgeschrittenen Anfängers als positives Zeichen für aktive Analysetätigkeit anzuerkennen, ist – für klassische Lernvorstellungen – sehr schwer hinzunehmen. Aber genau hier liegt zugleich das zentrale Problem der Leistungsmessung. Woher weiß der Lehrer als Prüfer, auf welcher Seite des Tales sich der Lerner befindet? Wer von der Vorstellung eines linearen Fortschreitens im Können unserer Lerner ausgeht, wird hier den Schülern nie und nimmer gerecht. Dies muss bei allen Evaluationsbemühungen gesehen werden. Er geht um die Frage, wie der „gescheite Fehler" behandelt werden soll, der

---

2   Bei Sprachenlernern in der frühesten Kindheit zeigt sich die Natur des Gehirn als *"a pattern seeking device"* (Christison cit. in Bleyhl 2000:132), das die Regelhaftigkeit der Sprachformen aufspürt, durchaus auch mit einem Empfinden, ja Bewusstsein für die Sprachformen. Ein Beispiel aus dem Erstspracherwerb: Monia (3 Jahre, 9 Monate), erzählte eine Phantasie-Flunkergeschichte und sagte dabei: „Papa und Mama haben mich zum Doktor gebrungen." Der Großvater bat das Kind später, die Geschichte vor den Eltern nochmals zu erzählen. Da sie sich weigerte, erzählte er und versuchte dies mit ihren Worten zu tun. Er sagte allerdings: „Papa und Mama haben sie zum Doktor gebrungt." Worauf er von Monia sofort verbessert wurde „Gebrungen!" – „Gebrungen" wurde bei Monia später übrigens nur noch einmal beobachtet. Es war bislang noch keinem in der Runde aufgefallen, dass das Verb ‚bringen' sein Partizip der Vergangenheit nicht wie ‚singen', ‚klingen' oder ‚ringen' bildet.

jedem alten Hasen unter den Lehrern wohl vertraut ist, weil er beim Befolgen seiner Korrekturvorschriften immer in Schwierigkeiten mit sich selber kommt. Kurz: Leistungsmessung mit der Vorstellung einer linearen Sprachlernkompetenz im Kopf läuft Gefahr, den Spracherwerbsprozess nachhaltig zu behindern.

Lehrer müssen zu Kenntnis nehmen, dass der Aufbau der Sprachkompetenz unserer Schüler sie durch ein Tal der „Fehler" führen muss. Und durch dieses Tal geht es für jede sich neu im Erwerb befindliche Spracherscheinung.

Bezüglich des heute wissenschaftlich begründeten Lernverständnisses sei die renommierte und anerkannte Kognitionsforscherin Elsbeth Stern (2002) vom MPI für Bildungsforschung in Berlin zitiert. Sie weist zunächst darauf hin, dass das Stufenmodell Piagets etwa mit seiner formalen Stufe erst kurz vor der Pubertät heute mit Blick auf die empirische Forschungslage und die Erkenntnisse der Entwicklungs- und Kognitionspsychologie so nicht mehr haltbar sei.[3] Stern (2002:40) schreibt in ihrem Fazit, gerade mit Blick auf das Grundschulkind, Folgendes:

> Unangefochten ist seine (Piagets) konstruktivistische Grundidee der Entwicklung: Neue kognitive Kompetenzen sind das Ergebnis einer aktiven Konstruktion und nicht einer passiven Übertragung vom Lehrenden zum Lernenden. Mit anderen Worten: Das Kind muss die Angebote der Umgebung zum Aufbau von Verständnis aktiv und selbständig nutzen, und niemand kann ihm diese Aufgabe abnehmen. [...] Konstruktivistischer Unterricht im positiven Sinne zeigt sich darin, dass von der Lehrperson vielfältige Angebote hinsichtlich der Darstellung und Kommunikation von Wissen gemacht werden, dass deren Nutzung aber nicht erzwungen wird. Aus der Lehr-Lern-Forschung ist hinreichend bekannt, welch fundamentale Misskonzepte und Oberflächenstrategien entstehen können, wenn Schüler zu Vorgehensweisen gezwungen werden, die sie nicht verstanden haben.

Bedenkt man solche und andere neuere Erkenntnisse aus den o.a. Gebieten, so ergeben sich – will man dezidiert von einer Orientierung am Schüler und seinen Lernprozessen ausgehen (und eben nicht von Vorstellungen, die primär von der Sprache bzw. den linguistischen Konstrukten einer Sprache abgeleitet wurden) – folgende Prinzipien – nicht Schablonen (!) – des Lehrens:

- Wir müssen den Schülern helfen, ihr <u>Hörverstehen</u> auszuprägen. Intonation und Rhythmus sind hier von großer Bedeutung. Dieses Hörverstehen können wir in der Interaktion überprüfen. Ein für den Schüler „passives" Sprachbad hat hier keinen Platz (vgl. Bleyhl 2002, Nachwort). – Dabei ist zu berücksichtigen, dass die Rezeptionsfähigkeit sowohl im natürlichen als auch im institutionellen Sprachenlernen immer um ein Vielfaches größer ist als die Produktionsfähigkeit.[4]

---

[3] Die neuere empirische Entwicklungspsychologie und Kognitionswissenschaft entzieht so all den auf Piaget und seinen Gefolgsleuten fußenden Lernmodellen den Boden, die von festen Stufen der kognitiven Entwicklung ausgehen.

[4] Etwas *imitieren* zu können setzt eine entsprechende Kompetenz voraus. Entweder ist sie angeboren wie z.B. die Fähigkeit des Neugeborenen, die Zunge herauszustrecken oder sie muss – gerade im Sprachbereich (bei allen angeborenen Sprachlernvoraussetzungen) – erst intern aufgebaut werden (vgl. der „Trick der Evolution" in: Bleyhl 2000, 2003). – Das ist der Grund für das evolutionär sehr sinnvolle asymmetrische Verhältnis von Rezeptions- und Produktionsfähigkeit, das zur Kenntnis zu nehmen manchen Didaktikern in

- Wir müssen die phonemische Diskriminationsfähigkeit sicherstellen. Beispiel zur /s/-/z/-Unterscheidung: *Show us the ice the polar bear is sitting on. – Show us the eyes of the polar bear. / Show us the mouth of the polar bear. – Show us the mouse sitting next to the polar bear.* Wir wissen, phonemische Diskriminationsfähigkeit ist Voraussetzung für die Entwicklung des Leseverstehens und für die Lesekompetenz.
- Leseverstehen ist wiederum Voraussetzung für die Entwicklung der Schreibkompetenz[5].
- Die Funktionalität der Sprache, d.h. die Inhaltsorientierung, führt – wie im Erstspracherwerb – zur Formorientierung. Denn wer der Welt, den Sachen und den Menschen gerecht werden will, muss ihnen zuerst sprachlich gerecht werden. Die Versprachlichung von Absichten führt schließlich dann zur Sprachproduktion (vgl. Bruner 1983).
- Erst wenn der Lerner über eine „kritische Masse" an Lexik verfügt, entwickelt sich die Syntax im Sprachsystem des Lerners. Dabei genügt ein einmaliger Kontext meist nicht. Trotz des zu beobachtenden *fast mapping*, dem groben Semantisieren neuer Wörter beim ersten Auftauchen, sollten die neuen Wörter bzw. lexikalischen Einheiten mehrfach, in verschiedenen Situationen und Kontexten, erlebt werden; ist ein Wort nicht mit emotionaler Qualität aufgeladen, muss die Frequenz den Hinweis geben, dass es lohnt, sich das Wort bzw. die lexikalische Einheit zu merken. Außerdem muss sich der Kern der Bedeutung erst im statistischen Mittel aus dem vielfältigen Gebrauch prototypisch herausdestillieren lassen, schließlich ist Sprachenlernen zugleich auch kulturelles Lernen, Lernen einer Kultur.
- Emotionales Sicherheitsempfinden (Stichwort „entspanntes Feld") ist Voraussetzung für Neugier, für Explorationsverhalten, für Lerninteresse.
- Die Erfahrung des Erfolgs ist Voraussetzung für Motivation.

Kurz: Wir Fremdsprachenlehrer, die wir über Jahrhunderte immer von der Fiktion leistungsmäßig einigermaßen homogener Klassen ausgegangen sind, müssen das akzeptieren, was für Grundschullehrer, aber auch für Deutsch- und Mathematiklehrer der weiterführenden Schulen, stets selbstverständlich war: inhomogene Leistungsstärke unserer Schüler.

Wir müssen auch diesen Paradigmenwechsel akzeptieren, wie er etwa im Gemeinsamen Europäischen Referenzrahmen zum Ausdruck kommt: Wir müssen von der Fehlerfixiertheit (der Fokussierung auf die sprachliche Form) hin zur Fokussie-

---

ihrem Wissenschaftsverständnis, dass nicht sein kann, was nicht sein darf, schwer zu fallen scheint.

5 Zur Frage der Einführung der Schrift vgl. Bleyhl 2000:84-91. Vgl. auch: *"Learning to read and write in English is not simple, and when classroom teaching and learning depend on being able to read and write, some children will always begin to fall behind or fail – not because they cannot learn to speak English, but because they need more time to master the complications of reading and writing."* (Cameron 2003:106). *"It takes time for reading and writing to reach a level at which they can support foreign language learning. Before that point is reached, there is what we may call a 'literacy skills lag', in which the written form of English creates such high cognitive and motor skill demands for pupils that the oral component of a task may have to be backgrounded to cope with the written demands."* (ebd. 108).

rung auf das Positive, auf die Fokussierung der funktionalen Bewältigung der Situation durch sprachliches Handeln durch den Lerner. Die Frage lautet also: Was KANN der Schüler?

Können ist gewichtiger als Wissen. Die funktionale Sprachkompetenz ist das Nahziel. Wir dürfen nicht immer den dritten Schritt vor dem zweiten tun wollen. An dieser Stelle sollte auch ganz deutlich gesagt werden: Es darf keine „Übergangsdidaktik" geben, der zur alten linearen, womöglich sprachform- und grammatikorientierten Art wieder zurückzukehren will. Eine Didaktik, die auf deklaratives Sprachwissen als das Erstrebenswerteste abzielt, ist nicht zu rechtfertigen. Die Säulenheilige Grammatica, eine der sieben *artes liberales*, die auch als Skulptur einen Eingang des Freiburger Münsters ziert und die die fügsamen Schüler liebkost und über den anderen ihr Erkennungssymbol, die Rute, schwingt (wenn auch schon damals augenfällig mit schlechtem Gewissen), darf dabei ruhig beiseite gelassen werden.

Darstellung 2: Grammatica am Münster in Freiburg/Br.

Eine „Übergangsdidaktik" darf auch nicht darin bestehen, dass eine Kurvenlösung gefunden wird, wie man wieder in die alte Richtung zurückfindet. Das hieße, alle Erkenntnisse über Sprachenlernen weiterhin zu missachten. Eine „Übergangsdidaktik" hat vielmehr die Aufgabe, dem bisherigen Fremdsprachenunterricht der Sekundarstufe zu helfen, den Geist des Gemeinsamen Europäischen Referenzrahmens in die Praxis umzusetzen, wie es beim Fremdsprachenlernen in der Grundschule (vgl. Bleyhl 2000) bereits angelegt ist. Dies bedeutet weiterhin eine Absage an eine (absurde) grammatische Progression zu Gunsten einer Fokussierung von (immer in Kontexte eingebetteten) Lexik, von Wortfeldarbeit (also Worte nicht Wörter sind wichtig), wobei die Rezeption neuer sprachlicher Phänomene einer Produktion immer lange vorausgeht. Es bedeutet Arbeit an Begriffen, d.h. Bedeutungen unterscheiden, Zusammenhänge erkennen, denken lernen. So bildet sich Sprach-, Sozial- und Handlungskompetenz. Ein inhaltsorientierter Sprachlernansatz heißt ja nicht, dass nicht auch immer mal wieder Bereiche von Sprachformen aufgearbeitet werden und unter Umständen auch versucht wird, sie bewusst zu machen. Es werden aber Bereiche sein, bei denen die Schüler selbst während des funktionalen Sprachgebrauchs Unsicherheiten entdeckt haben. (Die Kurzfokussierung auf eine Sprachform bei Verständnisschwierigkeiten ist typisch für den natürlichen Spracherwerb!) Ideal wäre aus meiner Sicht ein Übergang zum bilingualen Sachfachunterricht, bei dem verschiedene Fächer in der Fremdsprache unterrichtet werden. So gewinnen wir in der Schule Zeit für eine oder gar zwei weitere Fremdsprachen und erreichen allenthalben eine höhere Kompetenz, übrigens auch in der Muttersprache und in der Mathematik, wie die Studien zum Immersionsunterricht durchweg belegen (vgl. Petit 2002), kurz: eine höhere Bildung.

In der Deutschdidaktik ist hier schon mehr Einsicht über die Begrenztheit des Sprachwissens für das Sprachkönnen zu finden. Spitta (2003:180) etwa betont, es sei nun für viele Lehrer Zeit, sich von der Meinung bzw. der Hoffnung zu verabschieden, dass Sprachwissen sich positiv auf die Sprachproduktion auswirke. Und Ingendahl nennt unter den schwärzesten Einsichten aus der Tragödie des Grammatikunterrichts, die oftmals einer schulischen „Realsatire" gleiche, etwa, dass alle Fragen dort „handlungsirrelevant" seien oder dass „die selbstgeschaffenen Probleme zu diskutieren der einzige Sinn und Zweck der Grammatik-Konstruktion" sei (Ingendahl 1999:8). Für die Kognitionsforscherin Stern ist als Ergebnis ihrer Forschungen klar: Wissen über Wissen, Metakognition ist sekundär (vgl. Stern 2002). Grammatische Begriffsbildung hat erlebte und verinnerlichte Erfahrung mit der Sprache als Voraussetzung.

Der funktionale, ganzheitliche Spracherwerbsansatz, der sich – wenn er denn sinngemäß umgesetzt wird – als erstaunlich effektiv in der Grundschule und im Anfangsunterricht jeder Altergruppe erweist, muss auch in der Sekundarstufe umgesetzt werden.

4. Schluss

Die Konferenz in Weingarten hatte die Fortschritte im Frühen Fremdsprachenlernen und damit ebenso die im Fremdsprachenlernen in Institutionen älterer Lerner im Visier.

Fortschritte werden wir dort keine haben, wo die alten Vorstellungen vom linearen, mechanistischen und primär bewusstseinsgesteuerten Sprachenlernen herrschen. Fortschritte wird es nicht geben, wenn das alte Menschenbild des *animal rationale* gelten soll, das Bild des Menschen primär als bewusste Regeln befolgendes Verstandeswesen, das dann aber willkürlich vom Lehrer manipuliert werden soll (vgl. Bleyhl 2004).

Wir werden jedoch dort weiter Fortschritte erleben, wo die Erkenntnisse umgesetzt werden, die den Spracherwerb als ein nichtlineares Geschehen, als eine nicht willkürlich steuerbare Entwicklungssequenz akzeptieren und wo ein Unterricht angeboten wird, in dem sich die Lerner die Sprache über Sachen, über Inhalte erschließen können, und zwar in der Interaktion mit anderen Lernenden und besonders mit einfühlsamen und kompetenten Lehrenden, die das Angemessene zur richtigen Zeit tun und sagen.

Insgesamt gilt auch auf diesem Weg des Fortschritts der Satz Nietzsches: „Die Feinde der Wahrheit sind nicht Lügen, es sind die Vorstellungen der Menschen." (Yalom 1996:113).

5. Literaturangaben

Bleyhl, W. (Hrsg.) (2000) *Fremdsprachen in der Grundschule. Grundlagen und Praxisbeispiele.* Hannover: Schroedel.

Bleyhl, W. (Hrsg.) (2002) *Fremdsprachen in der Grundschule. Geschichten erzählen im Anfangsunterricht – Storytelling.* Hannover: Schroedel.

Bleyhl, W. (2003) „Psycholinguistische Grund-Erkenntnisse." In: Bach, G. und J.-P. Timm (Hrsg.) (2003) *Englischunterricht. Grundlagen und Methoden einer handlungsorientierten Unterrichtspraxis.* 3., vollständig überarbeitete und verbesserte Aufl., Tübingen: Francke, 38-55.

Bleyhl, W. (2004) „Das Menschenbild als Basis für eine Didaktik des Fremdsprachenunterrichts." In: *Zeitschrift für Fremdsprachenforschung*, 15/2, 207-235.

Bruner, J. (1983) *Wie das Kind sprechen lernt.* Bern: Huber.

Cameron, L. (2003) "Challenges for ELT from the expansion in teaching children." In: *English Language Teaching Journal*, 57/2, 105-112.

Comenius, J. A. (1993). *Große Didaktik.* Übersetzt und herausgegeben von Andreas Flitner. Stuttgart: Klett-Cotta, 8. Aufl. (Didactica magna (1653) Amsterdam).

Diehl, E. u.a. (2000) *Grammatikunterricht: Alles für die Katz? Untersuchungen zum Zweitsprachenerwerb Deutsch.* Tübingen: Niemeyer.

Ellis, R. (2004) *The Study of Second Language Acquisition.* Oxford: OUP.

Ingendahl, W. (1999) *Sprachreflexion statt Grammatik. Ein didaktisches Konzept für alle Schulstufen.* Tübingen: Niemeyer.

Kästner, E. (Hrsg.) (1962) *Heiterkeit braucht keine Worte. Humor der Welt im Bild.* Stuttgart. Hamburg: Deutscher Bücherbund.

Köller, O., J. Baumert u.a. (2004) „Öffnung von Bildungswegen in der Sekundarstufe II und die Wahrung von Standards." In: *Zeitschrift für Pädagogik*, 50/5, 679-700.

Peltzer-Karpf, A. und R. Zangl (1998). *Die Dynamik des frühen Fremdsprachenerwerbs.* Tübingen: Narr.

Petit, J. (2002) "Acquisition strategies of German in Alsatian immersion classrooms." In: Burmeister, P., Th. Piske and A. Rhode (Eds.) (2002). *An integrated view of language development. Papers in honour of Henning Wode.* Trier: Wiss. Verlag Trier, 433-448.

Spitta, G. (2003) „Warum Lena mit Adjektiven und Nomen nichts anfangen kann oder Warum traditioneller Grammatikunterricht keine Hilfe für den Rechtschreiberwerb darstellt". In: Brinkmann, E., N. Kruse und C. Osburg (Hrsg.) (2003) *Kinder schreiben und lesen. Beobachten – Verstehen – Lehren.* Freiburg/Br.: Fillibach, 179-191.

Stern, E. (2002) „Wie abstrakt lernt das Grundschulkind? Neuere Ergebnisse der entwicklungspsychologischen Forschung." In: Petillon, H. (Hrsg.) (2002) *Jahrbuch Grundschulforschung. Band 5: Individuelles und soziales Lernen in der Grundschule.* Opladen: Leske & Budrich, 27-42.

Yalom, I.D. (1996) *Und Nietzsche weinte.* Hamburg: Kabel.

Jörg-Ulrich Keßler

Frühbeginn und Lernersprache: Englischerwerb in der Primarstufe

1. Einleitung

Nach Kubanek-German (2001:7) hat der Frühbeginn heute „nicht mehr den Charakter des Beliebig-Spielerischen oder des Elitären", vielmehr handele es sich dabei um ein „Innovationsfeld der Fremdsprachendidaktik. Die Frühbeginnprojekte sind Teilbereiche einer europaweiten Anstrengung zur Verbesserung der Sprachkenntnisse der Bürger". Als ein Ergebnis ist ab dem Schuljahr 2004/2005 der flächendeckende Frühbeginn einer Fremdsprache spätestens ab der dritten Klasse bundesweit eingeführt; meist ist diese erste Fremdsprache Englisch.

Im Vorfeld sind zwar zahlreiche fachdidaktische Arbeiten zum Grundschulenglisch erschienen (z.B. Kahl/Knebler 1996, Bleyhl 2000, Legutke/Lortz 2002, Edelhoff 2003, Mindt/Schlüter 2003) und es werden verstärkt grundschulspezifische Didaktiken des Englischunterrichts entwickelt (z.B. Schmid-Schönbein 2001; Kubanek-German 2003). Diese Entwicklung steht allerdings noch am Anfang. Sollen die zu entwickelnden Didaktiken nicht Gefahr laufen, lediglich interessante Einzelbeobachtungen oder Meinungen zum Frühbeginn, sondern wissenschaftlich überprüfbare Erkenntnisse zu vermitteln, müssen sie sich sehr gezielt auf die Analyse empirisch gewonnener Daten konzentrieren. Dabei kann die Spracherwerbsforschung helfen, durch das Verstehen der Lernersprache und deren Diagnose durch die Lehrenden schulisches Fremdsprachenlernen effektiver zu gestalten. Derzeit gibt es kaum Studien, die den Spracherwerb des frühen Englischunterrichts untersuchen. Kubanek-German (2003:15) bemängelt in diesem Zusammenhang zu Recht, „dass bisher kaum eine Diskussion darüber erfolgt ist, in welchem Umfang, anhand welcher Fachliteratur und anhand welcher Spracherwerbstheorien Primarstufenlehrer die von ihnen erwarteten Kenntnisse vermitteln sollen".

In diesem Beitrag möchte ich den Fokus auf die empirische Untersuchung der Lernersprache lenken und dazu beitragen, eine international anerkannte Spracherwerbstheorie, die *Processability Theory* (Pienemann 1998), auch in der deutschen fachdidaktischen Diskussion für einen effektiven frühen Fremdsprachenunterricht zu nutzen. Zunächst werde ich erläutern, welche besondere Rolle der Spracherwerbsforschung beim schulischen Fremdsprachenlernen zukommt. Ein Schwerpunkt ist dabei die diagnostische Analyse der Lernersprache. Daran anschließend erläutere ich, wie Pienemann (1998) in der *Processability Theory* Zweitspracherwerb als sukzessiven, kumulativen Aufbau von Verarbeitungsstrategien durch den Lerner definiert. Am Beispiel von im Paderborner Forschungsprojekt zum Englischerwerb in der Grundschule (Pienemann/Keßler/Roos 2006) erhobenen Proben von Lernersprache zeige ich dann, welche Lernersprache Grundschüler in zwei Jahren Englischunterricht entwickeln können. Aus solchen Profilanalysen können konkrete didaktische Konsequenzen für den frühen Englischunterricht und darüber hinaus für den Übergang in die Sekundarstufe I abgeleitet werden (Keßler 2005 und 2006).

2. Die Rolle der Spracherwerbsforschung im Frühbeginn

Komplementär zu vielen (didaktischen) Untersuchungen des Sprachunterrichts, die meist externe Faktoren (z.B. Methoden, Lehrmaterial, Motivation) analysieren, konzentriert sich die Spracherwerbsforschung eher auf lernerinterne Prozesse der Sprachverarbeitung. Ihr Ziel ist die Erklärung sowohl der linguistischen als auch der kommunikativen Kompetenz von (Fremd-)Sprachenlernern: Sie untersucht, wie Lerner eine Sprache lernen und warum sie sie genau so und nicht anders lernen. Diese Fragestellung wird als *developmental problem* (z.B. Pienemann 1998) bezeichnet. Sie stellt ein Kernstück dessen dar, was eine Spracherwerbstheorie erklären muss. Nach Pienemann (1998:4) sind folgende Fragen zu klären: "1. *What enables the learner to attain linguistic competence? 2. What causes the development of this competence to follow a describable route?*" Zur Erklärung des *developmental problem* müsse daher auf wichtige psychologische Aspekte menschlicher Sprachverarbeitung rekurriert werden, "*because describable developmental routes are [...] caused by the architecture of the human language processor*". An anderer Stelle (z.B. Pienemann 1989 und 2006 sowie Keßler 2005:265-272) wird ausführlich dargestellt, welche besondere Rolle der Psycholinguistik zum Verständnis der individuellen Lernersprache innerhalb der Spracherwerbsforschung zukommt: Lerner müssen psycholinguistisch *bereit* sein, bestimmte sprachliche Strukturen zu erkennen und in ihre Lernersprache zu integrieren (vgl. Pienemann 1998). Dies bedeutet, dass für die Spracherwerbsforschung stets die Lerner den aktiven Part beim Fremdsprachenlernen übernehmen; gelegentlich wird sogar behauptet, dass Fremdsprachenlerner trotz und nicht wegen des Unterrichts lernten. So stellte Allwright (1984) die Frage "*Why don't learners learn what teachers teach?*". Pienemann (1989) fragte in dem Zusammenhang "*Is language teachable?*".

Spracherwerbsforschung konzeptualisiert Sprachlernen als Entwicklungsprozess, der universellen Gesetzmäßigkeiten folgt (u.a. Pienemann 1998). Aufgrund der psycholinguistischen Voraussetzungen der Sprachverarbeitung durchlaufen alle Lerner die gleichen Erwerbssequenzen in der gleichen Reihenfolge. Diese Reihenfolge (*developmental features*, vgl. Pienemann 1989) kann auch durch Sprachlehre nicht verändert werden. Jeder Lerner folgt zwar dem Entwicklungsprozess des Spracherwerbs nach universellen Gesetzmäßigkeiten, allerdings wird dieser dabei von jedem Lerner individuell vollzogen. Diese individuelle Seite der Entwicklung (z.B. Erwerbsgeschwindigkeit, Variation) spiegelt sich in der Lernersprache wider. Kann der Unterricht die Reihenfolge des Spracherwerbs auch nicht beeinflussen, so kommt ihm jedoch hinsichtlich der Erwerbsgeschwindigkeit und der Variation große Bedeutung zu. Auf das Konzept der Variation komme ich in Abschnitt 3.1 zurück. Aufgabe der Fremdsprachendidaktik wäre es, in diesem Zusammenhang Modelle zu entwickeln, die den Lerner als Individuum in einem (teilweise selbstgesteuerten) Lernprozess sehen (Keßler 2005).

2.1 Bedeutung der Lernersprache

In der Didaktik gilt schon seit langem die Forderung, den Lerner dort abzuholen, wo er steht. Aus Sicht der Spracherwerbsforschung stellt sich diesbezüglich die Frage: "*How do we know what learners know?*" (Lakshmanan/Selinker 2001). Die spracherwerbstheoretisch fundierte Analyse der Lernersprache kann diese Frage beantworten. Was aber ist eine „Lernersprache"? Der Begriff Lernersprache (*Interlanguage*) geht auf Selinker (1972) zurück und bezeichnet ein internalisiertes Sprachsystem im Lerner, das universellen Regeln folgt. Diese Regeln sind im Lerner angelegt. Für die Psycholinguistik weist dabei die Anwendung bestimmter Regeln durch den Lerner auf einen bestimmten Entwicklungspunkt innerhalb des individuellen Spracherwerbsprozesses hin. Unter Anwendung dieser lernersprachlichen Regeln produzieren Lerner Äußerungen, die sie aufgrund ihres Entwicklungsstandes verarbeiten können. Dabei werden erkannte Regeln auf alle Situationen angewendet, auf die sie zu passen scheinen. So kann Übergeneralisierung dazu führen, dass Äußerungen innerhalb der Lernersprache regelkonform sind, obwohl sie den Regeln der Zielsprachengrammatik widersprechen. Dialoge, in denen Lerner trotz eines korrektiven Feedbacks ihrem internen Regelsystem folgen und von der Zielsprache abweichende Sätze produzieren, sind während des Spracherwerbsprozesses typisch. Lightbown und Spada (1999:16) zeigen, dass auch muttersprachliche Lerner des Englischen diese Übergeneralisierung auf einer bestimmten Entwicklungsstufe ihrer Lernersprache anwenden. Diese Tatsache sollte Fremdsprachenlehrkräfte und -didaktiker zu einem Überdenken der Bedeutung solcher „Fehler" und ihrem Umgang damit veranlassen: Anstatt diese Äußerungen als Fehler zu bewerten, sollten sie vielmehr als Ausdruck der aktuellen Lernersprache gewürdigt und zur Diagnose des Entwicklungsstandes innerhalb des Spracherwerbsprozesses genutzt werden.

3. Stufen des Spracherwerbs

Im vorangegangenen Abschnitt habe ich dargestellt, dass die Spracherwerbsforschung den Spracherwerb als einen Entwicklungsprozess versteht und der jeweilige Entwicklungsstand durch die Lernersprache ausgedrückt wird. In der *Processability Theory* (Pienemann 1998) wird ausführlich begründet und empirisch belegt, dass Lerner des Englischen als Zweitsprache (L2) universellen Entwicklungsstufen folgen. Beeindruckend ist dabei, dass diese Entwicklungsstufen von allen Lernern durchlaufen werden, unabhängig von ihrer individuellen Muttersprache. Für Englisch als L2 unterscheidet Pienemann (1998) sechs hierarchisch gegliederte Erwerbsstufen; derzeit wird an der Erweiterung der Theorie und der Ausweisung weiterer Erwerbsstufen geforscht. Insgesamt wurden bisher Entwicklungsprofile für zehn (typologisch sehr unterschiedliche) Sprachen entwickelt. Darstellung 1 zeigt und erklärt diese Entwicklungsstufen für Englisch als L2.

Die in Darstellung 1 ausgewiesenen Spracherwerbsstufen stellen eine hierarchische Ordnung dar, d.h. diese Stufen werden von allen Lernern in dieser Reihenfolge durchlaufen. Aufgrund der universellen Gesetzmäßigkeiten der Lernersprache (vgl. Abschnitt 2) kann auch durch Unterricht keine Stufe übersprungen werden. Allerdings können ausgewählte Lernarrangements (z.B. *task-based language teaching*) dazu beitragen, dass die einzelnen Stufen schneller durchlaufen werden und die Lerner eine standardnähere Variation ihrer Lernersprache entwickeln (vgl. Keßler 2005).

3.1 Variation der Lernersprache innerhalb der Spracherwerbsstufen

In Abschnitt 2 habe ich dargelegt, dass neben den universellen Entwicklungssequenzen des Spracherwerbs auch Variation in der Lernersprache zu finden ist. Diese Variation kann durch Unterricht positiv beeinflusst werden. Das Variationskonzept wurde erstmals von Meisel/Clahsen/Pienemann (1981) im *Multidimensional Model* entwickelt. Pienemann (1998) integriert es in die *Processability Theory*. Dabei geht Pienemann davon aus, dass dem Lerner zur kreativen Sprachproduktion innerhalb der Entwicklungsstufen des Spracherwerbs unterschiedliche "*variational linguistic features*" (Pienemann 1998:235) zur Verfügung stehen, die mehr oder weniger standardnah sind. Im Sinne eines erfolgreichen Spracherwerbs kann der Fremdsprachenunterricht dafür sorgen, dass die Lerner eine möglichst standardnahe Variation erwerben. Dies hat essentielle Bedeutung für den weiteren Erwerbsprozess. Innerhalb jeder Stufe stehen dem Lerner verschiedene Lösungsstrategien zur Verfügung, einen Satz zu formulieren.

Darstellung 1: Entwicklungsstufen (Englisch als L2)

Stufe	Strukturen	Erklärung	Beispiele
6	Cancel Aux-2nd	Indirekte Frage	I wonder what he wants.
5	Neg /Aux-2nd-? Aux-2nd-? 3sg-s	(Verneinte) Frage, Hilfsverb an zweiter Position 3. Person Einzahl (-s)	Why **didn't** you tell me? Why **can't** she come? Why **did** she eat that? What **will** you do? Peter like**s** bananas.
4	Copula S (x) Wh-copula S (x) V-Particle	Inversion von *be* Inversion von *be* nach Fragewort Verb-Partikel am Satzende	**Is** she at home? **Where** is she? Turn it **off**!
3	Do-SV(O)-? Aux SV(O)-? Wh-SV(O)-? Adverb-First Poss (Pronoun) Object (Pronoun)	Frage nach SVO-Muster mit vorangestelltem *do*, Hilfsverb oder Fragewort Adverb an erster Position im Satz Possessivpronomen Objektpronomen	**Do** he live here? **Can** I go home? **Where** she went? **What** you want? **Today** he stay here. I show you **my** garden. This is **your** pencil. Mary called **him**.
2	S neg V(O) SVO SVO-Question -ed -ing Plural –s (Noun) Poss –s (Noun)	Verneinte SVO-Struktur SVO (Subjekt – Verb – Objekt) „Frage" nach SVO; Intonation ↑ einfache Vergangenheit (regelmäßig) „-ing-Form" regelm. Pluralform „sächsischer Genitiv" (zeigt Besitz an)	Me **no** live here. / I **don't** live here. I **am** John. / Me John. You live here**?** John play**ed**. Jane go**ing**. I like cat**s**. Pat**'s** cat is fat.
1	Words Formulae	Einzelwörter formelhafte Ausdrücke	Hello, dog, green How are you? Where is X? What's your name?

(vgl. Pienemann 1998 und 2006 sowie Keßler 2005:269)

Darstellung 1 zeigt für die SVO-Struktur, die in Stufe 2 erworben wird, folgende zwei Möglichkeiten:
a) *I am John. / He is Jim.*
b) *Me John. / He Ø Jim.*

In beiden Beispielen wird die grammatische Funktion erworben. Während im standardorientierten Beispiel a) zusätzlich die richtige Form (hier: Kopula) erworben wird, zeigt Beispiel b) eine simplifizierte Variation der Lernersprache. Hier wird die Funktion in einer vom Standard abweichenden, syntaktisch simplifizierten Form zwar kommunikativ erfolgreich erworben, dies führt jedoch zu negativen Konsequenzen für den weiteren Spracherwerb: Verzichtet ein Lerner bereits in diesem frühen Erwerbsstadium auf den Erwerb der Form bzw. einer standardnahen Variation und wird durch den Fremdsprachenunterricht auch nicht dazu ermutigt, diese zu erwerben, so wird bereits hier der gesamte weitere Spracherwerbsprozess negativ beeinflusst. Eine frühe Entscheidung für die „schlechte" Lösung (hier: Kopula) behindert den weiteren Spracherwerb und kann zu einer insgesamt simplifizierten Lernersprache führen. Es besteht darüber hinaus die begründete Befürchtung, dass dieser simplifizierte Sprachgebrauch zu einer Stabilisierung/Fossilisierung der Lernersprache führen wird (Pienemann 1998 und 2006). Die Aufgabe und die Chance des frühen Englischunterrichts ist es, dahingehend zu intervenieren, den Erwerb der „guten Lösung", d.h. mit der Kopula, zu ermöglichen und zu fördern.

4. Das Paderborner Forschungsprojekt

Untersucht man auf der Grundlage der *Processability Theory* (Pienemann 1998) die Lernersprache von Probanden, so kann man zunächst für individuelle Lerner deren Entwicklungsstand im Spracherwerb diagnostizieren. Bei einer genügend großen Anzahl von Entwicklungsprofilen solcher Lerner erhält man ein Profil zum Spracherwerb im frühbeginnenden Englischunterricht. Im Paderborner Forschungsprojekt (Pienemann/Keßler/Roos 2006) wird u.a. die Lernersprache von Grundschulkindern aus Rheinland-Pfalz (Begegnungskonzept), Kiel (Immersion) und Schweden analysiert. Wichtig für das Forschungsprojekt war es, Lerner aus möglichst unterschiedlichen schulischen Kontexten und mit unterschiedlicher Muttersprache zu untersuchen. Alle untersuchten Lerner hatten zur Zeit der Datenerhebung ca. 145 Stunden Englischunterricht erhalten; die Kieler Immersionsschüler darüber hinaus englischsprachigen Input in den Sachfächern (vgl. Wode/Werlen 2003). Untersucht wurde, wie die Lerner im frühen Englischunterricht erworbene sprachliche Mittel *spontansprachlich* anwenden können. Die erhobenen Daten wurden transkribiert und anschließend hinsichtlich der in Darstellung 1 vorgestellten Strukturen analysiert. Auf diese Weise konnte sowohl der aktuelle Stand als auch die jeweilige Variation der Lernersprache ermittelt werden. Darstellung 2 gibt einen groben Überblick über die erreichten Spracherwerbsstufen der Probanden in anonymisierter Form. Eine detaillierte Analyse des Spracherwerbs dieser und weiterer Probanden findet sich bei Pienemann/Keßler/Roos (2006).

Darstellung 2: Ergebnisse zur Lernersprache der Probanden (#C = Child Number)

	Rheinland-Pfalz						Schweden															Kiel								
6	-	-	-	-	-	-	-	-	-	-	-	-	-	-	-	-	-	-	-	-	-	-	-	-	-	-	-	-	-	-
5	-	-	-	-	-	-	-	-	-	-	-	-	-	-	-	-	-	-	-	-	-	-	-	-	-	-	+	+	-	-
4	-	-	-	-	-	-	-	-	-	-	+	-	-	-	-	-	-	-	-	-	-	-	-	-	-	-	+	+	+	+
3	-	-	-	+	-	-	-	+	-	-	+	+	-	-	-	-	-	-	-	-	-	+	+	-	+	-	+	+	+	+
2	+	+	+	-	+	+	-	+	+	+	+	+	+	+	+	+	+	+	+	+	+	+	+	-	+	+	+	+	+	+
1	+	+	+	+	+	+	+	+	+	+	+	+	+	+	+	+	+	+	+	+	+	+	+	+	+	+	+	+	+	+
#C	52	53	60	61	64	65	06	07	08	09	16	17	20	21	31	36	37	38	39	40	41	42	44	45	74	75	76	77		

Darstellung 2 demonstriert, dass alle untersuchten Lerner Sprache in der oben erläuterten Reihenfolge erworben haben. Sie durchlaufen die Spracherwerbsstufen in der von Pienemann (1998) vorhergesagten Art: Der aktuelle Stand der individuellen Lernersprache setzt jeweils den Erwerb der darunter liegenden Erwerbsstufen voraus. Fast alle untersuchten Lerner erwerben mindestens die Stufe 2 und verfügen damit über eine tragfähige Lernergrammatik zum produktiven Gebrauch der Zielsprache. Am besten schneiden in dieser Untersuchung die Lerner der Immersionsklasse aus Kiel ab. Dies verwundert nicht, da der zielsprachliche Input in dieser Klasse durch die Erarbeitung der sachfachlichen Inhalte in englischer Sprache deutlich über die herkömmlichen Formen des frühen Fremdsprachenlernens hinausgeht (vgl. Wode/Werlen 2003:8). Hinsichtlich der ausgeprägten Entwicklung der Lernersprache der

Kieler Probanden ist an dieser Unterrichtsform besonders interessant, dass das fremdsprachliche Lernen den Kindern selbst überlassen wird, da auf „jegliches Erklären, Korrigieren oder Üben zur Förderung der sprachlichen Korrektheit" (Wode 2003:9) verzichtet wird. Zusätzlich erwarben die Kieler Lerner die standardnaheste Variation der untersuchten Lernergruppen (Pienemann/Keßler/Liebner 2006). Dieses Ergebnis ermutigt erneut zu dem in Abschnitt 2.1 empfohlenen Umgang mit „Fehlern" in der Lernersprache durch die Lehrkraft im (frühbeginnenden) Englischunterricht.

5. Bilanz und Ausblick

Darstellung 2 zeigt, dass frühbeginnender Englischunterricht ein durchaus erfolgversprechendes Konzept auf dem Weg zur Mehrsprachigkeit darstellt. Unter den gegebenen Bedingungen erreichen bis auf wenige Ausnahmen alle Probanden mindestens die Stufe 2. Hierauf kann der Unterricht in der Sekundarstufe aufbauen. Stufe 2 bis 3 präsentiert damit ein Übergangsprofil, das den Grundschullehrkräften zeigt, was realistischer Weise in zwei Jahren frühen Fremdsprachenlernens erreicht werden kann. Außerdem vermittelt es den Lehrkräften der Sekundarstufe I, wo sie die Lerner abholen können, wenn sie aus der Primarstufe kommen. Dieses Wissen trägt auch zur Überwindung noch vorhandener Vorurteile bei, auf die u.a. Börner (2001) gegenüber dem Englischunterricht der jeweils anderen Schulformen hinweist.

Darüber hinaus zeigt dieses empirisch ermittelte Übergangsprofil die Notwendigkeit auf, vorhandene Lehrpläne zu überdenken. Der Lehrplan Englisch in der Grundschule in Nordrhein-Westfalen (Ministerium:40) geht davon aus, dass die Kinder während des Englischunterrichts der Grundschule zahlreiche grammatische Strukturen erwerben, wobei die Terminologie allerdings kein Lerngegenstand ist. Darstellung 3 gibt einen Überblick über diese Problematik.

Betrachtet man die im Anhang zu diesem Lehrplan abgedruckte Liste der bis zum Ende des vierten Schuljahres zu *erwerbenden* grammatischen Strukturen unter den skizzierten Gesichtspunkten der Lernersprache, so wird deutlich, dass Lerner und Lehrkräfte mit dieser Liste überfordert sind: Zahlreiche zu lernende Strukturen werden erst auf Stufe 5 der Erwerbshierarchie erworben. Damit liegen sie erheblich über dem ermittelten Übergangsprofil (vgl. Keßler 2006). Dies hat wesentliche Konsequenzen für die Gestaltung von Englischlehrwerken. Bei ihrer Konzeption ist darauf zu achten, dass die in der Lernersprache zum Ausdruck kommenden universellen Gesetzmäßigkeiten in der vorhergesagten Reihenfolge des Spracherwerbs (Pienemann 1989 und 1998) berücksichtigt werden. Da es sich dabei jedoch hauptsächlich um die Beachtung dieser Reihenfolge handelt, bleiben Lehrbuchautoren in ihrer methodischen Wahl weitgehend frei.

Wichtig ist, dass sowohl die Lehrpläne und Lehrwerke als auch die beteiligten Lehrkräfte die vorhandenen Erkenntnisse der Spracherwerbsforschung zur Lernersprache berücksichtigen. Börner (2001:28) fordert provokativ: „Spracherwerb ermöglichen statt Sprache lehren". Die teilweise noch zu spürenden Gräben zwischen der Fachdidaktik und der Psycholinguistik sollten im Sinne des gemeinsamen Ziels der Mehrsprachigkeit überwunden werden. Dies ist umso wichtiger, als ein großer gemeinsamer Forschungsbedarf beider Disziplinen besteht, um das (frühe) Fremdsprachenlernen effektiver zu gestalten.

Darstellung 3: Lehrplan (Ministerium:40) und Lernersprache (Keßler 2006)

Grammatische Struktur	Beispiele	Zuordnung zu den Erwerbsstufen nach Pienemann (1998)
einfache Aussagesätze in allen Personen	*I am ...* *We have (got) ...* *You go ...* *She sees ...*	Stufe 2 (✓) Stufe 2 (✓) Stufe 2 (✓) Stufe 5 (!)
Verneinung	*I am not (I'm not) ...* *He is not (He isn't) ...* *You have not (You haven't) ...* *We cannot (We can't) ...* *They do not (They don't) ...* *She does not (She doesn't) ...*	Stufe 2 (✓) Stufe 5 (!) Stufe 2 (✓) Stufe 2 (✓) Stufe 2 (✓) Stufe 5 (!)
Ergänzungsfragen mit Fragewörtern	*What do/can you ...?* *Where does he ...?* *When do you ...?* *Who eats ...?* *How much/How many ...?*	Stufe 5 (!) Stufe 5 (!) Stufe 5 (!) Stufe 5 (!) Stufe 5 (!)
einfache Entscheidungsfragen	*Do you ...?* *Does she ...?* *Can they ...?* *Have you got/Has he got ...?*	Stufe 3 (?) Stufe 5 (!) Stufe 3 (?) Stufe 3 (?)
bestimmter/unbestimmter Artikel	*the* *a/an*	aufgrund zu geringer empirischer Untersuchungsergebnisse kann keine Aussage über die Stufe getroffen werden
regelmäßige Pluralformen	*-s: books, shirts* *-es: busses, boxes, babies*	Stufe 2 (✓)
unregelmäßige Pluralformen gebräuchlicher Nomen	*men, women, children, teeth, feet, knives*	aufgrund zu geringer empirischer Untersuchungsergebnisse kann keine Aussage über die Stufe getroffen werden
Personalpronomen, Subjekt- und Objektform (Akkusativ)	*I, you, he, ...* *me, you, him, ...*	Stufe 3 (?)
Possessivpronomen	*my, your, his, ...*	Stufe 3 (?)

(✓) = möglich; (?) = teilweise möglich; (!) = unmöglich

6. Literaturangaben

Allwright, R. L. (1984) "Why don't learners learn what teachers teach? – The interaction hypothesis." In: Singleton, D. M. and D. G. Little (Eds.) (1984) *Language Learning in Formal and Informal Contexts*. Dublin: IRAAL, 3-18.

Bleyhl, W. (Hrsg.) (2000) *Fremdsprachen in der Grundschule. Grundlagen und Praxisbeispiele*. Hannover: Schroedel.

Börner, O. (2001) „Früher Fremdsprachenunterricht: Übergang in die Klasse 5." In: Edelhoff, C. (Hrsg.) (2001) *Neue Wege im Fremdsprachenunterricht*. Hannover: Diesterweg, 23-29.

Edelhoff, C. (Hrsg.) (2003) *Englisch in der Grundschule und darüber hinaus. Eine praxisnahe Orientierungshilfe*. Frankfurt: Diesterweg.

Kahl, P. W. und U. Knebler (1996) *Englisch in der Grundschule – und dann? Evaluation des Hamburger Schulversuchs Englisch ab Klasse 3*. Berlin: Cornelsen.

Keßler, J.-U. (2005) „Fachdidaktik meets Psycholinguistik: Heterogenität im Englischunterricht erkennen, verstehen und als Chance nutzen." In: Bräu, K. und U. Schwerdt (Hrsg.) (2005) *Heterogenität als Chance. Vom produktiven Umgang mit Gleichheit und Differenz in der Schule*. Münster: LIT, 263-284.

Keßler, J.-U. (2006) „Englischerwerb im Anfangsunterricht der Primar- und der Sekundarstufe: Plädoyer für ein empirisch fundiertes Übergangsprofil." In: Pienemann/Keßler/Roos (2006), 159-184.

Kubanek-German, A. (2001) *Kindgemäßer Fremdsprachenunterricht. Band 1: Ideengeschichte*. Münster: Waxman.

Kubanek-German, A. (2003) *Kindgemäßer Fremdsprachenunterricht. Band 2: Eine Didaktik*. Münster: Waxman.

Lakshmanan, U. and L. Selinker (2001) "Analysing Interlanguage: How do we know what learners know?" In: *Second Language Research* 17/4, 393-420.

Legutke, M. und W. Lortz (Hrsg.) (2002) *Englisch ab Klasse 1*. Berlin: Cornelsen.

Lightbown, P. M. and N. Spada (1999) *How languages are learned*. 7th Impression 2003. Oxford: Oxford University Press.

Meisel, J. M., H. Clahsen and M. Pienemann (1981) "On determining developmental stages in natural second language acquisition." In: *Studies in Second Language Acquisition*, Vol. 3, 109-135.

Mindt, D. und N. Schlüter (2003) *Englisch in den Klassen 3 und 4*. Berlin: Cornelsen.

Ministerium für Schule, Jugend und Kinder des Landes Nordrhein-Westfalen (Hrsg.) (2003) *Richtlinien und Lehrpläne zur Erprobung für die Grundschule in Nordrhein-Westfalen: Englisch*. Heft 2010. Frechen: Ritterbach.

Pienemann, M. (1989) "Is Language Teachable? Psycholinguistic Hypotheses and Experiments." In: *Studies in Second Language Acquisition*, Vol. 10 (1), 52-79.

Pienemann, M. (1998) *Language Processing and Second Language Development: Processability Theory*. Amsterdam: John Benjamins.

Pienemann, M. (2006) „Spracherwerb in der Schule. Was in den Köpfen der Kinder vorgeht." In: Pienemann/Keßler/Roos (Hrsg.) (2006), 33-63.

Pienemann, M., J.-U. Keßler und M. Liebner (2006) „Englischerwerb in der Grundschule: Untersuchungsergebnisse im Überblick." In: Pienemann/Keßler/Roos (2006), 67-88.

Pienemann, M., J.-U. Keßler und E. Roos (Hrsg.) (2006) *Englischerwerb in der Grundschule. Ein Studien- und Arbeitsbuch*. Paderborn: Schöningh/UTB.

Selinker, L. (1972) "Interlanguage." In: *International Review of Applied Linguistics* 10, 209-231.

Schmid-Schönbein, G. (2001) *Didaktik: Grundschulenglisch*. Berlin: Cornelsen.

Wode, H. (2003) „Frühes Fremdsprachenlernen im Altenholzer Verbund von Kita und Grundschule: Erfahrungen aus Praxis und Forschung zum Ende der 4. Klasse." http://www.fmks-online.de [08.01.2005].

Wode, H. und E. Werlen (2003) „Was Kinder können können." In: *Grundschulmagazin Englisch*, 6/2003, 6-9.

Jana Roos

Spracherwerb und Sprachproduktion im Englischunterricht der Grundschule

1. Hintergrund: Die Lage in Nordrhein-Westfalen

Mit der flächendeckenden Einführung des frühen Fremdsprachenunterrichts in Deutschland hat in den vergangenen Jahren auch eine Entwicklung hin zu einem ziel- und ergebnisorientierten Unterricht stattgefunden (vgl. Kultusministerkonferenz 2002:2). Dies ist auch in Nordrhein-Westfalen (NRW) der Fall, wo das Konzept der „Begegnung mit Sprachen" (vgl. Nordrhein-westfälisches Kultusministerium 1992; Sauer 2000) mit Beginn des Schuljahres 2003/04 durch einen ergebnisorientierten Englischunterricht mit zwei Wochenstunden abgelöst wurde. Der dafür entwickelte Lehrplan enthält ein verbindliches Abschlussprofil für das Ende der 4. Klasse, macht jedoch keine konkreten Vorgaben im Hinblick auf Lernziele im 3. Schuljahr (vgl. Ministerium für Schule, Jugend und Kinder NRW 2003). Die einzige Orientierung bieten hier die speziell für den Englischunterricht in der Grundschule entwickelten Lehrwerke, welche auf dem Lehrplan basieren und die darin enthaltenen Vorgaben in ein Unterrichtskonzept umsetzen. Dabei sind die Inhalte im 3. Schuljahr so angelegt, dass eine Basis für das Erreichen der verbindlichen Lernziele des 4. Schuljahres geschaffen wird. Ein zentrales Ziel des frühen Fremdsprachenlernens ist die Entwicklung der „sprachliche[n] Handlungsfähigkeit der Schülerinnen und Schüler vor allem im mündlichen Bereich" (Ministerium für Schule, Jugend und Kinder NRW 2003:6). Neben vielen Erwartungen gibt es bisher jedoch keine genaueren Erkenntnisse darüber, welche sprachlichen Leistungen auf dieser Grundlage im ersten Lernjahr tatsächlich erreicht werden.

Hier stellt sich die Frage, wie die fremdsprachlichen Fähigkeiten der Schüler überprüft und diagnostiziert werden können. Dabei ist es wichtig, Erkenntnisse der Zweitspracherwerbsforschung einzubeziehen, die deutlich machen, nach welchen psycholinguistischen Kriterien eine Zweitsprache erworben wird. Die Erreichbarkeit von Lernzielen im Englischunterricht der Grundschule hängt schließlich nicht zuletzt davon ab, ob die im Lehrplan vorgegebenen Strukturen für die Schüler auch tatsächlich erlernbar sind. Eine theoretische Grundlage für die objektive Einschätzung von Schülerleistungen im sprachlichen Bereich bietet die 1998 von Pienemann entwickelte *Processability Theory*.

2. *Processability Theory*

Bei der *Processability Theory* (Pienemann 1998) handelt es sich um einen Forschungsansatz, der von der Existenz universaler Spracherwerbsstufen ausgeht, die jeder Lerner einer Fremdsprache durchläuft. Im Zusammenhang mit der *Teachability Hypothesis* belegte Pienemann (1984, 1989, 1998) bereits, dass diese Spracherwerbsstufen durch formalen Fremdsprachenunterricht weder übersprungen, noch in ihrer Reihenfolge verändert werden können. Di Biase (2002:97) fasst dies folgendermaßen zusammen:

> Pienemann's proposal [...] is, in a nutshell, that acquisition proceeds by stages along a 'natural' path, that these stages are implicationally ordered

and that, therefore, the learner can not skip stages, not even with instruction.

Die *Processability Theory* untermauert die Erkenntnisse der *Teachability Hypothesis* theoretisch und bietet eine psychologisch und typologisch plausible Erklärung dafür, wie der Zweitspracherwerbsprozess aufgebaut ist und warum er nach einem bestimmten und damit vorhersagbaren Entwicklungsmuster verläuft. Dabei werden die von Pienemann (1998) beschriebenen Erwerbsstufen auf spezifische, hierarchisch angeordnete Sprachverarbeitungsprozesse zurückgeführt, die der spontanen Sprachproduktion in der Zweitsprache zugrunde liegen. Diese Verarbeitungsprozesse bedingen sich gegenseitig, sodass jeder Prozess als notwendige Voraussetzung für den nächsthöheren Prozess in der Hierarchie angesehen werden kann:

> *Within this overall concept it is logical to hypothesise that 'stages cannot be skipped' (Long 1988) through formal intervention, because each stage requires processing prerequisites which are developed at the previous stage. 'Skipping stages' in formal instruction would imply that there would be a gap in the processing procedures needed for the learner's language. Since all processing procedures underlying a structure are required for the processing of the structure, the learner would simply be unable to produce the structure.* (Pienemann 1998:250)

Daraus resultiert, dass Lerner nur das erwerben und damit produktiv verwenden können, was sie auf ihrer jeweiligen Entwicklungsstufe im Zweitspracherwerbsprozess auch verarbeiten können.

Darstellung 1 zeigt, wie diese Spracherwerbsstufen für die englische Sprache aussehen. Der Übersichtlichkeit halber wird hier zwischen den Bereichen Morphologie und Syntax unterschieden (vgl. Lenzing 2004a:74). Bei den Beispielen für die morphosyntaktischen Strukturen auf den jeweiligen Stufen handelt es sich um solche, die zu den Lernzielen des Lehrwerks *Playway* für das 3. Schuljahr gehören (vgl. Gerngross/Puchta 2003a). Dabei wurden diejenigen Strukturen als Lernziele klassifiziert, die von den Schülern auch aktiv produziert werden sollen.

Durch die systematische Zuordnung von Lernersprache zu den von Pienemann (1998) definierten Spracherwerbsstufen ist es möglich, ein aussagekräftiges Spracherwerbsprofil zu erstellen. Dabei wird grundsätzlich von spontanen mündlichen Äußerungen ausgegangen:

> *What learners say in oral communication is the acme test of their language competence. [...] Speech requires automatized processing routines, or else, with the limited capacities of Working Memory, it would become impossible to find, within fractions of a second, the words and morpho-syntactic structures that can translate concepts into linguistic forms appropriate to them. PT [Processability Theory] therefore takes the productions of L2 learners in (fluent) meaning-oriented oral communication as the measure for assessing their stage of development in SLA [Second Language Acquisition].* (Multhaup o.J.:7)

Darstellung 1: *Stages of Acquisition* (adaptiert nach Lenzing 2004a, basierend auf Pienemann 2003)

Stage	Phenomena – *Syntax*	Stage	Phenomena – *Morphology*
6	Cancel Aux-2nd *Listen to what I say.	6	
5	Neg/Aux-2nd ? *Why didn't you tell me? Aux-2nd ? What do you like for breakfast?	5	3sg-s My grandma likes honey.
4	Copula S (x) Is number six blue? Wh-copula S (x) What's your telephone number? V-particle Give us the ball back.	4	
3	Do SV(O) ? Do you like spaghetti? Aux SV(O) ? Can I have a banana, please? Adverb First Here she / he is.	3	Poss (Pronoun) It's my / your turn. Object (Pronoun) Look at me.
2	S neg V (O) I'm not hungry. SVO I like you.	2	-ed *My dad showed me. -ing It's raining. Plural-s (Noun) eyes / ears Poss-s (Noun) *Linda's
1	Words brown / five Formulae What's your name?	1	

Die mit * gekennzeichneten Beispiele stammen aus *Playway 4* (vgl. Gerngross/Puchta 2003b) da diese Strukturen in *Playway 3* noch nicht zu den Lernzielen gehören.

Dieses Verfahren lässt sich auch auf den Englischunterricht in der Grundschule anwenden. Voraussetzung dafür ist, dass aussagekräftige Daten von Schülern gewonnen werden, die anschließend auf der Grundlage der oben dargestellten Theorie analysiert werden können. Wie eine solche Datenerhebung in der Grundschule aussehen kann, soll im Folgenden am Beispiel eines an der Universität Paderborn durchgeführten Dissertationsprojektes (Roos, in Vorb.) dargestellt werden.

3. Untersuchung im 3. Schuljahr

Mit Beginn des Schuljahres 2003/04 – dem Zeitpunkt des Inkrafttretens des neuen Lehrplans für Englisch an den Grundschulen in NRW – wurde der Englischunterricht von vier dritten Klassen an vier verschiedenen Grundschulen über ein Schuljahr hinweg wissenschaftlich begleitet. Die Untersuchung setzte sich aus zwei Elementen zusammen: zum einen aus einer regelmäßigen systematischen Beobachtung des Englischunterrichts und zum anderen aus Interviews, die am Ende des 3. Schuljahres mit einer begrenzten Anzahl von Schülern durchgeführt wurden.

3.1 Beobachtung des Englischunterrichts

Jede der untersuchten Klassen erhielt zwei Wochenstunden Englischunterricht à 45 Minuten. Die durchschnittliche Kontaktstundenzahl im 3. Schuljahr belief sich in den einzelnen Klassen auf etwa 70 Stunden. Die Grundlage des Englischunterrichts in den vier Klassen bildete das Lehrwerk *Playway 3*. Gemäß den Vorgaben des Lehrplans liegt der Schwerpunkt bei diesem Lehrwerk auf der gesprochenen Sprache, und die Fertigkeiten des Hörverstehens und des Sprechens werden besonders geschult (Gerngross/Puchta 2003a:6). Dieses Lehrwerk spielte somit nicht nur eine entscheidende Rolle für die methodisch-didaktische Gestaltung des Unterrichts, sondern lieferte auch die gemeinsame Grundlage für die Auswahl der sprachlichen Inhalte des Unterrichts.

Die Unterrichtshospitationen ließen ein differenziertes Bild von dem Geschehen in den verschiedenen Klassen entstehen und ermöglichten einen umfassenden Einblick in die Unterrichtspraxis des frühen Englischunterrichts (vgl. auch Johnstone 2000:134f.). Dabei ging es insgesamt weniger um messbare Ergebnisse, als um einen Überblick über die erarbeiteten Themen- und Wortfelder sowie die in diesem Zusammenhang eingeführten Redemittel und den verwendeten Kernwortschatz. Die auf der Grundlage der Beobachtungen gewonnenen Erkenntnisse dienten als Basis für die Entwicklung von geeigneten Aufgaben für die Schülerinterviews am Ende des Schuljahres. Außerdem konnte durch die regelmäßigen Unterrichtshospitationen ein vertrauensvolles Verhältnis zu den Lehrkräften und den Schülern entstehen, was ebenfalls eine günstige Voraussetzung für die Durchführung der Interviews war.

3.2 Entwicklung und Durchführung von Interviews zur Datenerhebung

Den Schwerpunkt der Untersuchung bildeten Interviews, die am Ende des 3. Schuljahres mit jeweils sechs Schülern aus den vier verschiedenen Klassen durchgeführt wurden. Von den Interviews wurden Tonbandaufnahmen erstellt, auf deren Grundlage die erhobenen Daten anschließend transkribiert wurden. Um einen Querschnitt durch das Leistungsspektrum in den Versuchsklassen zu erhalten, wurden jeweils zwei leistungsstarke, zwei mittlere und zwei schwächere Schüler für das Interview ausgewählt. Für die Auswahl war die jeweilige Einschätzung der Lehrkräfte entscheidend (vgl. Kahl/Knebler 1996:79f.). Die Schüler wurden immer paarweise interviewt. Diese Vorgehensweise birgt zwar das Risiko, dass die beiden Probanden sich gegenseitig unterbrechen oder ergänzen, jedoch hat sie sich bereits in verschiedenen Untersuchungen zum Frühbeginn bewährt, wenn es darum ging, den Probanden die Angst beim Sprechen zu nehmen. (vgl. Johnstone 2000:135; Schaer/Bader 2003:18). Unter Berücksichtigung der begrenzten Aufmerksamkeitsspanne von Kindern der untersuchten Altersgruppe wurde darauf geachtet, dass die Interviews je-

weils nicht länger als 20 Minuten dauerten. Für die Auswahl der Aufgaben waren die folgenden Kriterien ausschlaggebend:
- Die Aufgabenstellung sollte in altersgerechter Form und auf spielerische Art ohne Leistungsdruck erfolgen.
- Die Aufgaben sollten so angelegt sein, dass sie mit einem Minimum an vorhandenem Wortschatz bewältigt werden konnten, den Schülern aber gleichzeitig die Möglichkeit boten, ihre vorhandenen sprachlichen Mittel auch einzusetzen und auszuschöpfen.
- Die Aufgaben sollten ausreichend Kontexte für die Produktion morphosyntaktischer Strukturen bieten, um eine aussagekräftige Stichprobe der natürlichen Lernersprache zu erhalten. Bei der Entwicklung der Aufgaben wurden deshalb die in Pienemann (1998) dargestellten Methoden für eine aufgabenorientierte Datenerhebung berücksichtigt (vgl. Pienemann 1998:280).

Auf dieser Grundlage wurden die folgenden kommunikativen Aufgaben für das Interview ausgewählt:

Aufgabe 1: Rollenspiel mit einer Handpuppe
Um die Schüler auf das Interview einzustimmen, erschien es sinnvoll, mit einer kommunikativen Situation zu beginnen, die ihnen bereits aus dem Unterricht bekannt war. So wurde zunächst ein Rollenspiel mit einer Handpuppe durchgeführt, die nur Englisch sprach. Dabei stellten die Schüler der Handpuppe verschiedene Fragen, die diese dann ihrerseits auch an die Schüler richtete. Diese Aufgabe zielt insbesondere auf die Produktion von Fragesätzen und von – teilweise verneinten – Antwortsätzen ab. Zwar wird dabei überwiegend ein Kontext für die Produktion von auswendiggelernten, unanalysierten Einheiten (*chunks*) geschaffen, die keine Rückschlüsse auf das lernersprachliche System zulassen (wie z.B. *What's your name?*). Das Ziel der Aufgabe war es aber vor allem, den Schülern die Gelegenheit zu bieten, bekannten Wortschatz und Redemittel aus dem Englischunterricht einzubringen, um ihnen so Sicherheit zu geben und ihnen ein angstfreies Sprechen zu ermöglichen. Insgesamt blieb dabei auch die Möglichkeit erhalten, die Fremdsprache produktiv und kreativ zu verwenden. Zu den Sprechabsichten gehörte so z.B. das gegenseitige Vorstellen, das Fragen nach dem Alter, dem Wohnort, nach Geschwistern oder Haustieren, nach Hobbys oder der Telefonnummer (vgl. Kahl/Knebler 1996:46; Legutke 2002:98). Dabei wurden Stimuli für Fragen vorgegeben, die die Schüler der Handpuppe stellen sollten.

Aufgabe 2: Guess my animal
Bei der zweiten Aufgabe handelte es sich um ein kommunikatives Ratespiel. Dabei wurden den Probanden Bilder von Tieren gezeigt, die ihnen bereits aus dem Englischunterricht bekannt waren. Im Wechsel suchte sich nun immer ein Schüler eines der Tiere aus, und der andere versuchte durch Fragen herauszufinden, um welches Tier es sich handelte. Auf diese Weise wurden sowohl Kontexte für die Produktion von Fragesätzen (z.B. *What colour is...? Is it...? Can it...?*) als auch von bejahenden und verneinenden Antwortsätzen geschaffen.

Aufgabe 3: Picture differences
Bei der dritten Aufgabe handelte es sich ebenfalls um ein kommunikatives Ratespiel in Form einer klassischen *Information gap activity* (vgl. Klippel 2000), die auf der in

Pienemann (1998:280) dargestellten Aufgabe *Picture differences* basiert. Dabei erhielten die beiden Probanden Bilder, die bis auf fünf kleine Unterschiede identisch waren. Um diese Unterschiede herauszufinden, mussten sich die Probanden gegenseitig Fragen stellen und diese beantworten. Wie in Aufgabe 2 ging es also um die Produktion von Frage- und Antwortstrukturen, jedoch wurde hier durch den neuen Zusammenhang eine Variation der in den anderen Aufgaben verwendeten Frage- und Antwortmuster ermöglicht (z.B. *How many...? Has X got...?*). Insgesamt zielen die Aufgaben damit auch auf die Produktion von Strukturen ab, die zu den Lernzielen des in den Versuchsklassen verwendeten Lehrwerks gehörten (vgl. Darstellung 1). So kann festgestellt werden, inwiefern die sprachlichen Leistungen der Schüler diesen Zielen entsprechen.

4. Zusammenfassung und Ausblick
Die anhand der oben dargestellten Elizitierverfahren gewonnenen lernersprachlichen Daten können nun auf der Grundlage der von Pienemann (1998) beschriebenen Spracherwerbsstufen (vgl. Darstellung 1) analysiert werden. So kann die Entwicklungsstufe, auf der sich die einzelnen Lerner in ihrem Erwerbsprozess befinden, empirisch überprüft und objektiv ermittelt werden. Die auf diese Weise gewonnenen Ergebnisse unterscheiden sich somit elementar von Leistungseinschätzungen, die auf der Grundlage von *rating scale*s bzw. von Kompetenzbeschreibungen in Form von *can-do-statements* gemacht werden können, wie sie beispielsweise im „Gemeinsamen europäischen Referenzrahmen für Sprachen" (Europarat 2001) formuliert werden.

Mit Hilfe der hier dargestellten Erkenntnisse der Zweitspracherwerbsforschung können eindeutige und verlässliche Aussagen über die von den Schülern erworbenen sprachlichen Fähigkeiten gemacht werden. Dadurch wird deutlich, zu welchen benennbaren Ergebnissen der Unterricht im Hinblick auf die Sprachproduktion geführt hat und inwieweit Lernziele und Unterrichtsinhalte angemessen waren. Betrachtet man in diesen Zusammenhang die Lernziele des Lehrwerks (vgl. Darstellung 1) für das 3. Schuljahr vor dem Hintergrund der *Processability Theory*, so werden bereits einige Widersprüche deutlich, die sich zwischen Theorie und Praxis abzeichnen. So zeigt z.B. Lenzing in ihrer Analyse des Lehrwerks *Playway*, „dass die Reihenfolge, in der grammatische Strukturen [...] eingeführt werden, nicht mit den Spracherwerbstufen der *Processability Theory* übereinstimmt (Lenzing 2004b:38). Der Blick auf die in Darstellung 1 abgebildeten morphosyntaktischen Strukturen, zeigt außerdem, dass in *Playway 3* viele Strukturen höherer Erwerbsstufen, wie etwa Fragestrukturen der Stufe 4 (z.B. Wh-copula S (x) oder Copula S (x)), zu den Lernzielen gehören, während Strukturen, die auf den unteren Stufen der Erwerbshierarchie vorkommen (z.B. -ed oder Poss-s (Noun)) überhaupt nicht eingeführt werden.

Auf dieser Grundlage stellt sich abschließend die Frage, ob die im Lehrbuch verfolgten Lernziele für das 3. Schuljahr sowie die im Lehrplan anvisierten Lernziele für das Ende von Klasse 4 in NRW (vgl. Ministerium für Schule, Jugend und Kinder NRW 2003:15) tatsächlich realistisch sind. Dabei gilt es herauszufinden, ob die entsprechenden morphosyntaktischen Strukturen von den Schülern auch verarbeitet und in verschiedenen Kontexten frei produziert werden können, oder ob sie nur als auswendig gelernte Formeln in bestimmten Kontexten verwendet werden können, da sich die Schüler noch nicht auf der entsprechenden Entwicklungsstufe befinden (vgl. Pienemann 2002). Insgesamt soll dabei nicht die grundsätzliche Bedeutung auswendig gelernter Formeln im Englischunterricht der Grundschule in Frage gestellt werden, denn ein Repertoire an Redemitteln ermöglicht es den Schülern frühzeitig, auf vielfältige Weise in der Fremdsprache zu kommunizieren und stellt somit einen wichtigen Motivationsfaktor dar. Es geht vielmehr darum, deutlich zu machen, dass es sich bei vielen der korrekt produzierten Strukturen im frühen Fremdsprachenunterricht um lexikalisierte Einheiten handelt, die „keinesfalls als eigenständige Produktionen betrachtet werden" dürfen (Zangl/Peltzer-Karpf 1998:3f.), und damit auch keine Rückschlüsse auf tatsächlich erworbene Strukturen zulassen.

Die Ergebnisse der oben dargestellten Untersuchung (Roos, in Vorb.) können einen wichtigen Beitrag zur Beantwortung dieser Frage leisten, denn es wird deutlich, dass Kenntnisse der linguistischen Entwicklung der Schüler von entscheidender Bedeutung sind. Sie ermöglichen es, eine realistische Vorstellung von den Möglichkeiten des Englischunterrichts der Grundschule zu entwickeln, auf dieser Grundlage eine begründetere Auswahl der Vorgaben und Ziele zu treffen und so dafür zu sorgen, dass das Fremdsprachenlehren und -lernen an den Grundschulen erfolgreich sein kann.

5. Literaturangaben

Di Biase, B. (Ed.) (2002) "Focusing strategies in second language development: a classroom-based study of Italian L2 in primary school." In: *Developing a second language: Acquisition, processing and pedagogy issues in Arabic, Chinese, English, Italian, Japanese, and Swedish*. Melbourne: Language Australia, 95-120.

Europarat (Hrsg.) (2001) *Gemeinsamer europäischer Referenzrahmen für Sprachen: lernen, lehren, beurteilen*. München: Langenscheidt.

Gerngross, G. und H. Puchta (2003a) *Playway 3 Rainbow Edition*. Teacher's book. Innsbruck: Helbling/Leipzig: Klett.

Gerngross, G. und H. Puchta (2003b) *Playway 4 Rainbow Edition*. Teacher's book. Innsbruck: Helbling/Leipzig: Klett.

Johnstone, R. (2000) "Context-sensitive assessment of modern languages in primary (elementary) and early secondary education: Scotland and the European experience." In: *Language Testing* 17/2, 123-143.

Kahl, P. W. und U. Knebler (1996) *Englisch in der Grundschule – und dann? Evaluation des Hamburger Schulversuchs Englisch ab Klasse 3*. Berlin: Cornelsen.

Klippel, F. (2000) *Englisch in der Grundschule: Handbuch für einen kindgemäßen Fremdsprachenunterricht*. Berlin: Cornelsen Scriptor.

Kultusministerkonferenz (2002) „Fremdsprachen in der Grundschule – Sachstand und Konzeptionen" (Beschluss der Kultusministerkonferenz vom 01.03.2002). http://www.learn-line.nrw. de/angebote/egs/info/zaun/index.html [24.02.05].

Legutke, M. K. (2002) „Stufenprofile und Lernstände am Ende der Klasse 4: Was haben die Kinder im Englischunterricht gelernt?" In: Legutke, M. und W. Lortz (Hrsg.) *Englisch ab Klasse 1: Das hessische Merry-Go-Round-Projekt. Analysen und Berichte*. Berlin: Cornelsen, 92-106.

Lenzing, A. (2004a) *Textbooks and Teachability: An Analysis of Primary School Textbooks in Terms of Processability*. Unveröffentlichte Magisterarbeit, Universität Paderborn.

Lenzing, A. (2004b) „Analyse von Lehrwerken für den Englischunterricht in der Grundschule." In: FMF Landesverband Schleswig-Holstein, *Mitteilungsblatt August 2004.*

Long, M. H. (1988) "Instructed interlanguage development." In: Beebe, L. (Ed.) *Issues in second language acquisition: multiple perspectives.* Newbury House: Cambridge, Mass., 115-141.

Ministerium für Schule, Jugend und Kinder NRW (Hrsg.) (2003) *Grundschule in NRW: Richtlinien und Lehrpläne zur Erprobung für die Grundschule in Nordrhein-Westfalen: Englisch.* Frechen: Ritterbach.

Nordrhein-westfälisches Kultusministerium (1992) „Begegnung mit Sprachen in der Grundschule." Rd. Erl. d. Kultusministeriums (NRW) vom 13.02.1992. In: *Gemeinsames Amtsblatt des Kultusministeriums und des Ministeriums für Wissenschaft und Forschung des Landes NRW* I, 3/1992, 50-51.

Multhaup, U. (o.J.) *A Processing View of Teaching English Grammar.* http://www2.uni-wuppertal.de/FB4/anglistik/multhaup/index.htm [24.02.05].

Pienemann, M. (1984) "Psychological constraints on the teachability of languages." In: *Studies in Second Language Acquisition* 6/2, 186-214.

Pienemann, M. (1989) "Is language teachable? Psycholinguistic experiments and hypotheses." In: *Applied Linguistics* 10/1, 52-78.

Pienemann, M. (1998) *Language Processing and Second Language Development: Processability Theory.* Amsterdam: John Benjamins.

Pienemann, M. (2002) „Unanalysierte Einheiten und Sprachverarbeitung im Zweitspracherwerb." In: *Zeitschrift für Angewandte Linguistik* 37, 3-26.

Pienemann, M. (2003) *Rapid Profile* (Überarbeitete Fassung der Erwerbsstufen für Englisch). http://wwwfakkw.upb.de/institute/Anglistik_Amerikanistik/Personal/Pienemann/stages/Stages_Folie.doc [24.02.05].

Roos, J. (in Vorb.) *Lernziele und Lernergebnisse im Englischunterricht der Grundschule: Spracherwerb und Sprachproduktion im 3. Schuljahr.* Dissertation an der Universität Paderborn.

Sauer, H. (2000) *Fremdsprachenlernen in Grundschulen: Der Weg ins 21. Jahrhundert. Eine annotierte Bibliographie und das Beispiel Nordrhein-Westfalen.* Leipzig: Ernst Klett Grundschulverlag.

Schaer, U. und U. Bader (2003) *Evaluation Englisch an der Primarschule Projekt 012.* http:www.ai.ch/dl.php/de/20031110083112/Evaluationsbericht+07.11.2003.pdf [24.02.05].

Zangl, R. und A. Peltzer-Karpf (1998) *Die Diagnose des frühen Fremdsprachenerwerbs.* Tübingen: Gunter Narr Verlag.

Tatjana Kuhn

Der Konstruktivismus als Grundlage für den frühbeginnenden Fremdsprachenunterricht?

1. Was ist Konstruktivismus?

Nach einer neueren Theorie des Fremdsprachenlernens, die sich Konstruktivismus nennt, entsteht Lernen ganz überwiegend durch Eigentätigkeit des Individuums. Nach dieser Theorie steht am Anfang die Wahrnehmung, die als mentales Konstruieren angesehen wird (vgl. u.a. Wendt 2002:10). Der Lernende sei völlig autonom und wünsche bzw. brauche keine Hilfe oder Erklärungen von Seiten der Lehrkraft (vgl. u.a. Wendt 2002:85). Die Rolle der Lehrkraft habe sich auf die Bereitstellung von Kontexten zu beschränken. Diese Kontexte seien die Grundlage für die Eigenkonstruktion von Wissen und Können durch die Lernenden. Wie jedoch vollzieht sich dieses selbstgesteuerte Lernen?

2. Wie vollzieht sich ein selbstgesteuertes Lernen?

Dem lehr- oder lernmaterialgesteuerten Lernen steht das selbstgesteuerte Lernen gegenüber. Nach dem konstruktivistischen Ansatz ist Lernen ein Prozess der Selbstorganisation (Bleyhl 2000:25 und 2004:219f.). Der Lerner wählt seinen Weg im Einzelnen also selbst (Bleyhl 2000:24) und alle Lernprozesse erfolgen ausschließlich durch den Lernenden. So stellt Bleyhl folgende These auf: „Die – auch sprachlichen – Kategorien bildet der Lerner durch die Interaktion mit anderen" (Bleyhl 2000:25). Dazu gehört offensichtlich auch das komplexe Wissen über lexikalische Felder und grammatische Kategorien der Sprache, wie z.B. die Funktion von Substantiven und Verben, Subjekten und Objekten und die Möglichkeiten ihrer formalen und syntaktischen Veränderungen.

Insgesamt nimmt der konstruktivistische Ansatz eine unreflektierte Gleichsetzung des fremdsprachlichen Lernens mit muttersprachlichem Lernen im Kleinkindalter vor. So sagt Bleyhl: „Auch Lehrer sollten am besten und effektivsten so reagieren, wie es Eltern tun, indem sie primär auf den Inhalt der Lernäußerungen reagieren, den gedanklichen Inhalt bei Richtigkeit bestätigen und eventuell durch Umformulierung oder Erweiterung in der Rückmeldung ein der Sprachkultur angemessenes Modell anbieten" (Bleyhl 2000:25). Unbeachtet bleibt hier, dass der Lernende, der seine Entscheidungen ja eigenständig und in freier Autonomie trifft, durchaus des Öfteren beschließt, sich überhaupt nicht mit dem Fremdsprachenlernen zu befassen und wenn er dies tut, keine Äußerungen macht – sei es aus mangelnder Lust oder aufgrund der Tatsache, dass er dazu nicht in der Lage ist. Für diese nicht selten beobachtete Situation gibt es keine konstruktivistische Lösung.

Die Selbstbestimmung und Autonomie des Lernens wird nicht nur für den Unterricht in der Sekundarstufe I und II, sondern bereits für den Fremdsprachenunterricht in der Primarstufe gefordert (vgl. Bleyhl 2000). Dabei wird keine Unterscheidung zwischen dem Lernen von Kindern, Jugendlichen und Erwachsenen gemacht. Die Ergebnisse der Entwicklungspsychologie bleiben dabei weitgehend unberücksichtigt.

Das selbstgesteuerte Lernen wird von Vertretern des Konstruktivismus der traditionellen Lehr- und Lernweise gegenübergestellt, die mit Steuerungen und Lernhilfen arbeitet. So beruhe diese auf einem mechanistischen Weltbild (Bleyhl 2000:18/24) und betrachte den Lerner als triviale Maschine (Bleyhl 2000:19), gehe aus von „einem linearen Ursachen-Wirkungsgeschehen der Newtonschen Mechanik" (Bleyhl 2000:25), beruhe auf Reduktionismus und führe zur Gängelung (Bleyhl 2000:19). Grundlage traditioneller Lehrverfahren sei ein technologischer Machbarkeitswahn (Bleyhl 2000:18). Das traditionelle Lernen sei lineares Lernen, das die Freiheit des Ja- und Nein-Sagen-Könnens verneine (Bleyhl 2000:25). In dieser Lehrweise wird der Lehrer nicht dargestellt als Trainer, Berater und Vorbild im sprachlichen Sozialverhalten, sondern als „kognitivistischer Maschinist des Wissenstransfers" (Bleyhl 2000:19).

Aufgrund der Tatsache, dass der Lernende sein fremdsprachliches Wissen selbst konstruiert, lehnt die konstruktivistische Methode Lehrwerke und Lehrpläne ab.

3. Kritik am radikalen Konstruktivismus

Hier soll insbesondere am radikalen Konstruktivismus Kritik geübt werden, da eine gemäßigte Form des Konstruktivismus nicht abzulehnen ist. Jeder, der eine Sprache lernt – egal ob Mutter- oder Fremdsprache – konstruiert sich ein Wissen über diese Sprache. Diese Art der Wissenskonstruktion kann man folglich nicht ablehnen. Den radikalen Konstruktivismus hingegen, der jede Art von Hilfestellung, Strukturierung und Lehrmaterial ablehnt, kritisiert die Mehrheit der Fremdsprachendidaktiker. So sind sowohl die Grundlagen als auch die Schlussfolgerungen des radikalen Konstruktivismus in der fremdsprachendidaktischen Literatur auf umfangreiche Kritik und Ablehnung gestoßen. Hu kritisiert beispielsweise die fehlende Konkretisierung für die Praxis (Hu 2002:172). Auch für Edmondson bleibt die Theorie des Konstruktivismus zu „vage, unspezifisch und ohne Ausnahme inhaltslos" (Edmondson 2002:136). Der Konstruktivismus hat allen Kritikern zufolge einen sehr hohen theoretischen Anspruch, der nicht in die Praxis umgesetzt werden kann. So kritisiert Wolff – wohlgemerkt selbst Konstruktivist, aber Ablehner eines extremen Ansatzes – dass der radikale Konstruktivismus nicht erkläre, wie er diesen auf „eine Ebene heruntertransformieren will, die sowohl mit der Theorie als auch mit der reflektierten Praxis von Unterricht kompatibel ist. [...] Er macht nicht deutlich, welche Konsequenzen sich aus seinem Ansatz für die Gestaltung von Fremdsprachenunterricht ergeben" (Wolff 2002:183) und lässt somit sowohl Schüler als auch Lehrer allein.

Es gibt zahlreiche Studien, die belegen, dass der Spracherwerb behindert wird, wenn der linguistische Input von schlechter Qualität ist, d.h. nicht dem kognitiven Entwicklungsstand der Lernenden angepasst ist (vgl. u.a. Snow/Ferguson 1977, Furrow/Nelson 1979, Mindt 2002). Wenn man jedoch der Erkenntnis folgt, dass *"what is an effective input to the child depends crucially on how it fits the child's language system"* (Furrow/Nelson 1979:441), dann bedeutet dies, dass die Behandlung von lexikalischen Feldern und grammatischen Strukturen keineswegs im frühbeginnenden Fremdsprachenunterricht ausgeklammert werden darf. Acht- bis zehnjährige Schüler verfügen nämlich allein aufgrund ihres Muttersprachwerbs und des Wissens, das sie durch den Deutschunterricht in der Schule vermittelt bekommen haben, über ein elementares lexikalisches und grammatisches Verständnis und haben ein Bedürfnis nach einem strukturierten Input. So berichtet beispielsweise Hellwig vom Schlüsselerlebnis eines Kindes im frühbeginnenden Englischunterricht, das die Hand hebt und leise fragt: „Ist das immer so, dass in der Mehrzahl ein ‚s' steht?" (Hellwig 2001:323). Dieses Beispiel macht das kindliche Bedürfnis nach einem strukturierten Input deutlich.

4. Argumente für ein unterstützendes Lehren und ein strukturiertes Lernen

Der Konstruktivismus lässt wichtige Erkenntnisse des frühkindlichen Spracherwerbs unbeachtet und geht infolgedessen von einer unreflektierten Auffassung des Erwerbs der Muttersprache aus. Der frühkindliche Spracherwerb ist nämlich keineswegs so unstrukturiert, wie es Anhänger des Konstruktivismus vertreten. Studien aus der Spracherwerbsforschung haben gezeigt, dass die Sprache der Bezugspersonen von Kindern systematisch einfach gehalten ist, sich an den Entwicklungsstand der Kinder anpasst und viele Wiederholungen und Expansionen enthält.

4.1 *Motherese*

Ein Beispiel für die Sprache von Bezugspersonen bietet Brown, der folgende Kommunikation beschreibt: Ein Kleinkind machte die für den Erwachsenen unvollständige Äußerung *Baby highchair* und zeigte dabei auf ein anderes Kind. Daraufhin antwortete die Mutter in hoher Stimmlage *The baby is in the highchair* und nahm somit eine Expansion der Äußerung des Kleinkindes vor, die sie nochmals wiederholte (Brown 1973:105). Das Beispiel zeigt, dass ein nicht geringer Teil des sprachlichen Inputs, dem Kleinkinder ausgesetzt sind, nicht willkürlich und unsystematisch ist, sondern durch die Bemühungen der Umwelt so gestaltet ist, dass dem Kind die Hürde zur tatsächlichen Sprachbeherrschung genommen wird, d.h. es dem Kind erleichtert wird, die spätere Systematik der Sprache zu erreichen (vgl. u.a. Grimm/Weinert 2002). Diese Sprache der kindlichen Umgebung wird als *motherese* bezeichnet.

4.2 Bettmonologe

Es sind aber nicht nur die Bezugspersonen, welche die Kinder zu einer strukturierten Verarbeitung der Sprache anregen. Zwei- bis dreijährige Kinder konstruieren selbst Übungssequenzen, um die Struktur ihrer Muttersprache zu erfassen. Diese Übungssequenzen werden meist abends im Bett geäußert und sind deshalb unter dem Begriff „Bettmonologe" in der Fachliteratur zu finden. In diesen Bettmonologen testen Kinder Wortkombinationen und grammatische Konstruktionen aus. Entwicklungspsychologen sind der Auffassung, dass diese Tätigkeit den Kindern dabei hilft, Sprachregeln zu erstellen und die Grammatik der Muttersprache zu erwerben. Zur Veranschaulichung soll hier ein Beispiel von Hörmann (1970:312) herangezogen werden, der den folgenden Monolog eines Kleinkindes aufnahm:

- *Take the money.*
- *Take it.*
- *Stop the ball.*
- *Stop it.*

Hier wird deutlich, dass das Kind die Austauschbarkeit der Objekte und ihre Ersatzmöglichkeit durch Pronomen übt. Bezogen auf den frühbeginnenden Fremdsprachenunterricht bedeutet dies, dass Lehrkräfte diese natürlichen Dispositionen aufgreifen und im Fremdsprachenunterricht der Klassen 3 und 4 kindgerechte *substitution tables* einsetzen sollten, die der Form von Bettmonologen gleichen. Somit werden Lernverfahren angewendet, die Kinder eigenständig vornehmen.

4.3 Sprachspiele

Diese frühkindliche Fähigkeit zur Auseinandersetzung mit sprachlichen Strukturen wird mit Schuleintritt noch ausgeprägter. Das Schuleintrittsalter wird von Lern- und Entwicklungspsychologen als ein Zeitpunkt genannt, an dem Kinder ein besonderes

Interesse Sprachspielen gegenüber zeigen. Dieser strukturierte Umgang mit Sprache in zweckfreien Situationen durch Kinder zeigt erneut das kindliche Bedürfnis nach dem Austesten von sprachlichem Wissen und Können. Bei diesen Sprachspielen, die als „Indikatoren einer Bewusstwerdung sprachlicher Phänomene" (Wehr 1995:1) gelten, suchen Kinder gezielt nach „Normen der Sprache" (Mertens/Potthoff 2000:89) und „streben Strukturerkenntnisse" (Butzkamm 1993:65) an. Ein typisches Beispiel für Sprachspiele im Schuleintrittsalter ist das Spiel „Ich packe meinen Koffer", das man ideal auf den Englischunterricht in der Primarstufe übertragen kann. Beispielsätze wären: *In my schoolbag I have got one pencil; In my schoolbag I have got one pencil and two books;* etc. Bei diesem Spiel werden sowohl Satzstrukturen als auch die Pluralbildung von Substantiven geübt. Da Kinder von sich aus gern Sprachspiele spielen, sollte der frühbeginnende Fremdsprachenunterricht diese natürliche Neigung aufgreifen und Sprachspiele integrieren. Somit werden den Kindern kindgerechte Lernhilfen angeboten, und frühe Sprachlernerfolge stellen sich ein. Ein Unterricht, der die Kinder lediglich in ein so genanntes Sprachbad taucht, wie es der Konstruktivismus fordert, liefert einen unangemessenen linguistischen Input, da er nicht dem kognitiven Entwicklungsstand der Schüler entspricht und behindert folglich den Spracherwerb.

Ferner ist die Umgebung der Lernenden nicht mit dem Umfeld von Kleinkindern vergleichbar. Während der Erwerb der Muttersprache in einer natürlichen Lernumgebung stattfindet, erfolgt der schulische Fremdsprachenerwerb in einer künstlichen Lernumgebung und bedarf eines sehr hohen Trainings- und Bewusstmachungsanteils (vgl. Ziegésar/Ziegésar 1992:22). Beim schulischen Fremdsprachenlernen fehlt die ständige fremdsprachliche Umgebung, und die fremde Sprache wird nicht im sozialen Kontext echter kommunikativer Handlungsspiele erfahren. Die Kommunikationsakte und Interaktionen im Klassenraum sind meist künstlich, wie der immer wieder im Klassenraum geübte Satz *This is my leg* veranschaulicht. Dieser Satz würde nur äußerst selten in realen Situationen im englischsprachigen Raum auftreten. Das sprachliche Verhalten im Unterricht unterscheidet sich also von dem Verhalten, das in realen Situationen beobachtbar ist.

Außerdem ist der zeitliche Unterschied beim Erlernen der Muttersprache und der Fremdsprache immens. Vergleicht man die Zeit, die ein Kind beim Erwerb seiner Muttersprache zur Verfügung hat, mit der Zeit, die ein Fremdsprachenlerner in der Primarstufe in Anspruch nehmen darf, so ergibt sich folgendes Bild: Während ein die Muttersprache lernendes Kind ca. acht Stunden täglich (und dies ist eine zurückhaltende Schätzung) in Kontakt mit der Sprache ist, also in einem Zeitraum von zwei Jahren 5840 Stunden die Sprache hört oder spricht, so sind es beim frühbeginnenden Englischunterricht in den Klassen 3 und 4 nur 120 Zeitstunden (40 Schulwochen à 160 Schulstunden mit je 45 Minuten) (vgl. Mindt 2002:6). Die Sprachbegegnung des Grundschulkindes macht also nur 2% der Zeit aus, die für ein Kind in muttersprachlicher Umgebung zur Verfügung steht. Wenn man zusätzlich die aktive Sprechzeit im Unterricht berücksichtigt, so stellt man fest, dass bei einer Unterrichtszeit von 90 Minuten pro Woche ein Kind in einer durchschnittlichen Klasse von 30 Schülern eine realistische aktive Übungszeit von drei Minuten pro Woche hat (vgl. Sauer 1974:143). Man darf wohl davon ausgehen, „dass diese Zeit zum unbewussten Erwerb von Sprachgewohnheiten nicht ausreichen kann" (Sauer 1974:143). Wer hier noch von einem „unstrukturierten Sprachbad schwärmt, dem die Kinder im frühbeginnenden Englischunterricht ausgesetzt werden sollen, bürdet den Kindern eine

Lernlast auf, die nicht einmal von einem Sprachgenie bewältigt werden könnte" (Mindt 2002:6). Anhand dieser Veranschaulichung wird deutlich, dass ein so genanntes „Sprachbad" – die Bezeichnung „ein paar Sprachspritzer" wäre angemessener – nicht den kindlichen Lernprozess einer Fremdsprache fördert, sondern eine „systematische Planung von progressiv aufeinander aufbauenden Lernsituationen" (Timm 1998:333) notwendig ist.

Für die Lehrkräfte stellen sich die folgenden Fragen: Soll man die Lernenden unter diesen Bedingungen allein auf den zeitraubenden und nicht selten irreführenden Weg des autonomen Lernens gehen lassen? Soll man die Kinder einer unstrukturierten Sprachfülle aussetzen oder die Wahl der neuen Elemente auf das reduzieren, was verständlich und lernbar ist? Soll man auf Hilfen verzichten, die den Lernenden erste Orientierung in der neuen Sprache geben können? Soll man die zu erwartenden Missverständnisse in Kauf nehmen und bewusst jeden Versuch unterlassen, Irrtümer und Fehlinterpretationen zu vermeiden? Soll man darauf verzichten, durch gezieltes Üben und Anwenden die Sprachfähigkeit gezielt zu erweitern? Soll man es unterlassen, Hilfen für das Erkennen von Kategorien bei Bedarf zur Verfügung zu stellen? Soll man das verfügbare Wissen über den Entwicklungsstand der Kinder, den Aufbau und die Struktur der Sprache und Erkenntnisse über erfolgreiches Sprachenlernen unberücksichtigt lassen?

5. Fazit

Der Konstruktivismus lehnt Lehrpläne, Lehrbücher und Anleitungen zur Planung von Fremdsprachenunterricht ab. Im Gegensatz dazu gehe ich von der Annahme aus, dass Lehrkräfte den Kindern auf der Grundlage des heutigen Kenntnisstands Wege zur neuen Sprache kindgemäß eröffnen sollten. Die Lehrkräfte sollten die Kinder nicht hilflos allein lassen, sondern sich als Helfer und Mittler verstehen, um ihnen die ersten sprachlichen Grundlagen des Englischen mit Freude verfügbar zu machen und ihnen so früh wie möglich zu Lernerfolgen zu verhelfen. Warum soll man die Kinder im übertragenen Sinne allein durch den dunklen Wald schicken, wo sie mühsam über Wurzeln klettern müssen und eventuell in Löcher stürzen, wenn man sie auch an die Hand nehmen kann und sie gezielt den einfacheren und kürzeren Weg zur Sprachbeherrschung entlang führen kann? Insbesondere für lernschwächere Schüler ist dieses Aufzeigen des Weges unabdingbar, da sie sonst schnell die Motivation am Fremdsprachenlernen verlieren. Unter Berücksichtigung der Erkenntnisse der Entwicklungspsychologie, der Spracherwerbsforschung und der Fachdidaktik ist es möglich, einen Unterricht zu konzipieren, der sich auf sorgfältig ausgewählte und systematisch präsentierte Sprachdaten stützt. Diese müssen so ausgewählt sein, dass sie die Aufnahmekapazität der Lernenden nicht überfordern. Die Reihenfolge dieses Inputs sollte sich an der im natürlichen Spracherwerb festgestellten Progression orientieren. Auf diese Weise berücksichtigt der Unterricht auch die natürlichen Dispositionen der Lernenden.

Zusammenfassend lässt sich sagen, dass ein systematisch aufgebauter Unterricht Lernhilfen bereitstellt, die kurze Lernwege ermöglichen und Irrtümern frühzeitig entgegenwirken. Mit Hilfe gezielter und kindgemäß spielerischer Übungen, die sich auf Verfahren stützen, die auch Kinder im Erstspracherwerb praktizieren, erlangen die Kinder schnell eine elementare Sprachbeherrschung. Auf diese Weise können die langen Lernwege des irrtumsanfälligen Selbstlernens deutlich verkürzt werden. Freude an sprachlichen Erfolgen stellt sich frühzeitig ein.

6. Literaturangaben

Bleyhl, W. (Hrsg.) (2000) *Fremdsprachen in der Grundschule: Grundlagen und Praxisbeispiele*. Hannover: Schroedel.

Bleyhl, W. (2004) „Das Menschenbild als Basis für eine Didaktik des Fremdsprachenunterrichts." In: *Zeitschrift für Fremdsprachenforschung* 15/2, 207-235.

Brown, R. (1973) *First Language: The early stages*. Cambridge: Harvard University Press.

Butzkamm, W. (1993) *Psycholinguistik des Fremdsprachenunterrichts*. Tübingen: Francke.

Edmondson, W. (2002) „Fremdsprachendidaktik dekonstruiert. Eine Replik auf Michael Wendt." In: *Zeitschrift für Fremdsprachenforschung* 13, 131-138.

Furrow, D. and K. Nelson (1979) "Mothers' speech to children and syntactic development: some simple relationships." In: *Journal of Child Language* 6, 423-442.

Grimm, H. und S. Weinert (2002) „Sprachentwicklung." In: Oerter, R. und L. Montada (Hrsg.) (2002) *Entwicklungspsychologie*. Weinheim: Beltz, 517-550.

Hellwig, K. (2001) „Ist das immer so, dass in der Mehrzahl ein ‚s' steht?" In: *Fremdsprachenunterricht* 45/5, 323.

Hörmann, H. (1970) *Psychologie der Sprache*. Berlin: Springer.

Hu, A. (2002) „Skeptische Anmerkungen zu einer naturalisierten Erkenntnistheorie als Grundlage für das Lernen und Lehren von Sprache: Eine Replik auf Michael Wendt (2002): ‚Kontext und Konstruktion'." In: *Zeitschrift für Fremdsprachenforschung* 13, 165-180.

Mertens, E. und U. Potthoff (2000) *Lern- und Sprachspiele im Deutschunterricht*. Berlin: Cornelsen.

Mindt, D. (2002) „Die ‚kommunikative Progression' und der Frühbeginn – 2. Teil." In: *Fremdsprachen Frühbeginn* 6, 5-7.

Sauer, H. (1974) *Englisch auf der Primarstufe*. Paderborn: Schöningh.

Snow, C. and C. Ferguson (1977) *Talking to children. Language input and acquisition*. Cambridge: Cambridge University Press.

Timm, J. (Hrsg.) (1998) *Englisch lernen und lehren*. Berlin: Cornelsen.

Wehr, S. (1995) *Zur metasprachlichen Entwicklung dysphasischer Kinder*. http://www.coli.uni-sb.de/~thorsten/gk-workshop/node19.html [7.9.2004].

Wendt, M. (2002) „Kontext und Konstruktion: Fremdsprachendidaktische Theoriebildung und ihre Implikationen für die Fremdsprachenforschung." In: *Zeitschrift für Fremdsprachenforschung* 13, 1-62.

Wolff, D. (2002) „The proof of the pudding is in the eating oder Warum ich nicht als radikalkonstruktivistischer Mitstreiter von Michael Wendt verstanden werden möchte." In: *Zeitschrift für Fremdsprachenforschung* 13, 181-186.

Ziegésar, D. und M. Ziegésar (1992) *Einführung von Grammatik im Englischunterricht*. München: Ehrenwirth.

Inhaltliche Ausgestaltung des frühen Fremdsprachenlernens

Janice Bland

Staging English, CLIL in Action — 124

Anton Prochazka

Cross-curricular Language Teaching is like a "Starry Night" — 133

Uta von Reinersdorff

Bild- und Textarbeit in der Grundschule am Beispiel von *Picture Books* — 144

Helmut Reisener

Performance als Prinzip — 152

Janice Bland

Staging English, CLIL in Action

In this paper I highlight four major features of early foreign language teaching, and consider the value of scripted drama and drama activities in fulfilling each feature. It is my contention that drama activities and scripted drama are extremely rewarding for promoting language and communication skills, learner-based skills, life skills and *Content and Language Integrated Learning* (CLIL) with young learners. I suggest useful drama activities and criteria for scripts, particularly for the age group 8 to 12. As I have not found suitable published materials, I have developed the materials I cite here myself. The results of a drama project conducted in different types of schools, *The Pied Piper,* are included in this contribution. Two questionnaires were prepared. The 45 children who took part in the drama workshop completed the first questionnaire. Their answers are integrated into the relevant section of my paper. The second questionnaire was handed out to the audience, and altogether 292 completed questionnaires were returned. This survey on the audience's response forms the conclusion of my paper.

Four major features of early foreign language teaching
- Focus on language: rather language acquisition than language learning, but recycling and memory anchors are essential.
- Focus on context: meaning anchors through TPR, situational and visual context.
- Focus on learner: holistic teaching and learning, affective, sociological, multi-sensory / physiological and cognitive.
- Focus on content: identification with language through child-oriented, imaginative and cross-curricular themes. Intercultural competence.

1. Focus on language: rather language acquisition than language learning, but recycling and memory anchors are essential

The young learner is still busy forming an initial understanding of what the world is all about: basic concepts such as the change of seasons and the regularity of time may not yet be fully grasped. How difficult it is, then, to try to teach effectively the use of e.g. the present simple tense. As Wood (1998:93) states "(Life) experience and expertise, not age-related changes in cognitive capacities" may underlie the far greater retention older learners have for grammar. Therefore I have used the term language acquisition (natural language learning) to describe my first focus rather than linguistically structured language learning. Nonetheless, young learners should be given the chance to discover when particular language patterns are used. This chance is given to native speakers when, in their early years, they hear language patterns endlessly repeated through ubiquitous oral folk literature. Rituals, regularity and recycling help children to discover patterns. A total lack of structure in the early language class will lead to frustration and stress.

1.1 Poetic devices as memory anchors
We certainly cannot expect extensive reading in the foreign language at primary school level, and there is insufficient time for wide-reaching listening input. The more language input is limited, the more significant the quality of texts becomes. The

urgent need to learn in order to communicate meaning applies far less to the acquiring of a second language. Therefore the young learner will need the support of memory anchors as well as recycling to create a repertoire of internalised language chunks that can be recreated with new meaning. Didactically constructed texts often lack the poetic devices, emotional and musical intensity of authentic children's literature that can lead on to a fascination with language.

The fact that adult native speakers of English can quote far more nursery rhymes than Shakespeare or the Bible testifies to a childhood delight in musical rhythms and rhymes that leads incidentally to learning by heart. Authentic materials that have weathered generations of children often seem to have taken on a vivid life of their own. Poetic devices – e.g. rhyme, rhythm, repetition, onomatopoeia, alliteration, assonance, parallelisms, personification, metaphors and refrains – function as mnemonics or memory anchors. They are omnipresent in oral literature: nursery rhymes and fairy tales, lullabies and action songs, proverbs and catchy sayings, tongue twisters and riddles, skipping, clapping and dancing rhymes. Most of these were not invented by poets, but have come about through generations of collected wisdom, fact gathering, sharing in a sense of identity, and sharing in the fun of language. When considering the rich repertoire of authentic literature for the young we should not overlook contemporary writers, such as Roger McGough and Michael Rosen, who can open up new worlds of meaning in their poems and picture books with the simplest of words.

1.2 Role-rhymes

The young learner can acquire chunks of language fast if rich in memory anchors and meaning (see section 4 for focus on content). The authentic material described in section 1.1, and oral story telling, are already successfully used with young learners. In addition to these resources, I have had great success with role-rhymes. These have emerged through my work with German primary school children; they are a combination of rhyme and role-play (Bland 2003a and Bland 2003b). While learning through make-believe, role-rhymes are fun for the children to act out, are far easier to memorize than prose and provide manageable language embedded in a life-like context. They give young children confidence in speaking the rhythms and sounds of English. There is concentrated emotional involvement, so that every repetition is different from the last – indeed rehearsals are not at all mere repetitions – and learning by heart never becomes "learning" by rote.

1.3 *The Pied Piper* (Bland 2004b:13-20) – possible L2 language gains

Plays for children should be flexible enough to give every participant a small speaking role. A drama workshop made up of 45 school children aged between 9 and 13, from a *Grundschule*, a *Gymnasium* and a *Hauptschule*, performed this mini-play. After two successful performances the children involved filled in a questionnaire regarding their experience in the workshop. The first three questions referred to their experience with an English text:

Question 1:   Did you learn any new English?
Question 2:   Were you able to learn your lines by heart quite easily?
Question 3:   Are you now able to read the whole play by yourself?

Figure 1: *The Pied Piper* (Text cut 1)

**The Piper's on the bridge!
The river's flowing fast.
They're jumping in the water.
We're free of rats at last.
At last!
At last!
We're free of rats at last.**

All the children answered question 1 in the affirmative. All except two from the *Hauptschule* answered question 2 affirmatively. All from the *Gymnasium* and *Grundschule* answered question 3 affirmatively. The majority from the *Hauptschule*, 13 out of 18 children, answered question 3 negatively. *The Pied Piper* is written in simple sentences with rhythm and rhyme, with refrains, alliteration and parallelisms. This explains the positive answers to question 2. The positive answers from the primary school children to question 3 are very encouraging. I have found children of this age very eager to transfer the reading skills they have recently acquired in their L1 to English. Reading a role in preparation for a play is a very strong motivating factor. Soon semi-internalised chunks can be identified on the page with the help of a picture, and read. Moreover rhyme and alliteration are a great aid in mastering reading (Bryant et al. 1990). However the answers of the pupils from the *Hauptschule* indicate rather a general lack of confidence demonstrated by children who have a negative experience of reading in German and who therefore transfer this negative experience to the reading of English (this was confirmed by their teacher). Finally *The Pied Piper* is written in authentic English – where essential to the story more difficult language and concepts, such as the abuse of power, are also employed.

Figure 2: *The Pied Piper* (Text cut 2)

**There is the Piper!
Hooray! Hooray!
Now we can eat.
Now we can play.
Your music is fun.
How is it done?
Please play another one!**

2. Focus on the context: meaning anchors through TPR, situational and visual context

Language can only be acquired if it is context-embedded. The context – not the language – gives the children the incentive to talk. The context prompts a sharing of meaning and understanding that will fix multi-dimensional mental representations in the children's minds, important for long-term retention and later for reading (Masuhara 2005). The context of Total Physical Response, situational context (e.g. classroom discourse, role cards) and the visual context (e.g. pictures, mime, gesture, facial expression, realia) are all used successfully in early foreign language teaching.

2.1 Drama activities providing context

Drama activities provide context par excellence. I will pinpoint just two activities here that are well known in British schools (in the drama class rather than the foreign language class).

Freeze-frame

This drama activity needs an empty space such as a music room, gymnasium or, as a great treat, a small and pre-defined area of the school playground.

The children are playing in a playground. In pairs or in small groups they decide what they are playing. The class agrees on the same signal to begin the improvisation and introduce the freeze-frame (when all the children freeze, i.e. stand absolutely still as in a video freeze-frame). This signal will usually be a musical instrument such as a drum or triangle. After the second signal, the teacher moves from group to group (the children may not move) inviting other members of the class to guess what each group is doing. I have played this activity with a group of 4th years regularly, with results such as: "They're playing badminton.", "She's skipping.", "They're fighting.", "They're playing chase.".

Teacher-in-role

This is a very simple version of a drama method developed by the British drama educationist Dorothy Heathcote. In the previous activity the improvisation is structured by the musical signal. In this activity it is the teacher acting with the children who structures the improvisation. Here is an example that has worked well:

After a picture book or story-telling session on Robin Hood, the class divides into four groups: villagers, Merry Men, Maid Marion with her ladies, and soldiers in the castle of the sheriff. The teacher takes on the role of Sheriff of Nottingham, the villain. All discuss what each group is doing when the sheriff approaches, e.g. working in the fields, baking bread, practising with a bow and arrow, hunting deer, dancing, guarding the castle. The groups should decide on their feelings towards the sheriff, giving reasons ("He is rich, we are poor.", "He is a hard man.", etc.) before the improvisation begins. When the Sheriff of Nottingham approaches, all are silent. He is a powerful and dangerous man! The Sheriff speaks to each group in turn. To the villagers: "Robin Hood is a bad man. He steals money." (They answer e.g. "He is a good man! He helps us! He gives us money!") To the Merry Men: "I hate Robin Hood. He is a robber." ("We love Robin Hood. …") To the ladies: "Robin Hood is stupid. He isn't a hero." ("Robin Hood is clever. …") To the soldiers: "Do you love Robin Hood? Are you with me or against me?" ("We hate Robin Hood. …")

This method has the tremendous advantage that the teacher can help, steer and maintain control while recycling and even introducing context-embedded language.

3. Focus on learner: holistic teaching and learning, affective, sociological, multi-sensory/physiological and cognitive

The need to be aware of different learning styles is relevant to the teaching of all subjects and to all age groups. It is essential when teaching the young learner, who cannot know why s/he is drowsy (e.g. because s/he needs more light), why s/he is unmotivated (e.g. s/he needs to be given responsibility), why s/he is detached (e.g. s/he needs to work in a team), why s/he can't get on (e.g. s/he needs to be given a time limit), why s/he so quickly forgets (e.g. because s/he needs to learn language imaginatively with visualisation, combining right and left brain functions).

Figure 3: Learning Styles Model (adapted from Dunn/Dunn 1998:5)

ENVIRONMENTAL STIMULI	sound		light	temperature	learning environment design	
EMOTIONAL STIMULI	need for motivation		persistence / reward	need for responsibility	need for structure	
SOCIOLOGICAL STIMULI	working alone	in pairs	with peers	in teams	with adults	varied
PHYSIOLOGICAL STIMULI	perceptual / sensory		intake / food & drink	time of day / time pressure	movement / mobility	
PSYCHOLOGICAL STIMULI	analytic understanding	global understanding	left-brain centred	right-brain centred	reflective	impulsive

3.1 Drama activities cater for widely differing learning styles

Figure 4: Ready! Steady! GO! (Bland 2004a:13)

Let's play chase.
No! Let's have a race.
A race?
Where to?
To the gate.
But not though!
Over here!
The way's clear!
Hurry up!
Don't be slow!
Ready! Steady! GO!

The entire role-rhyme *Playtime in the Playground* (Bland 2004a:11-17) can be played by a team of five to ten children. All the stimuli – affective, sociological, physiological and cognitive – are activated. The activity animates and brings the emotions into play. Teamwork and discipline are promoted. The senses of seeing, hearing and touching are involved. Movement is essential to the activity: "Children speak with their bodies. From movement comes feeling, from feeling thought. Today's experiences are tomorrow's ideas." (Cranston 1995:101). Language awareness arises from the group work. The first child soon recognises the pattern "Let's play chase. Let's have a race. Let's play a game. Let's go outside. …", and step by step the children will learn from each other. The children's sensitivity to language is enhanced through their acting: children more easily become aware of rhythms and patterns in language when their own natural rhythms are involved in their movements of walking, running, skipping, jumping, etc.

3.2 Learning a role-rhyme without a script

Short role-rhymes such as the above can easily be learnt by heart before the children are beginning to read in English. My method is as follows:

    The teacher acts out all the lines first, using pictures and as much action as possible. It's important to set the scene: meeting with friends to play. When the children understand the rhyme sufficiently well – and a quick translation of a difficult line is perfectly acceptable – the class is divided into two to speak the lines alternately in a chorus dialogue. The children still need to hear the teacher loudly and clearly as a model, however a chorus dialogue is far more stimulating than when all speak with one voice. Next the children are each given a number from 1 – 10. There will probably be about three children to each number. The teacher speaks each line in turn, and asks for suggestions how to act it out in the classroom, i.e. with gestures and movements which illustrate the meaning such as running on the spot or slapping the desk, also shouting or whispering etc. The whole class must try out each suggestion, and the group whose line it is decides which is best. During this process (which is fun) the children never notice that they are repeating the lines again and again and thereby memorizing them. When a suitable movement or gesture has been agreed upon for every line, the role-rhyme is recited, three speaking each line together. The whole class choruses the last line: *Ready! Steady! GO!* All must be in perfect unison before the teacher is satisfied with the performance. The children – who by now have committed the rhyme to their short-term memory – are asked to rehearse in groups of five for homework (two lines each). In the next lesson they may perform in front of the class, this time preferably in the gymnasium.

4. Focus on content: identification with language through child-oriented, imaginative and cross-curricular themes – intercultural competence

I have sub-titled my paper CLIL in Action in order to underline the tremendous importance I attach to the content and visual component in early language teaching. Some materials published for primary English teaching are not only playful and suitably simple in language, they are also childish, simplistic and even trivial in content and illustration. This I consider a great misjudgement – it is probably experience and expertise, not cognitive capacity (see section 1 for focus on language) that the young learner lacks. When selecting picture books for a language class, the content and illustrations must be considered as well as the linguistic level. *Where the Wild Things Are* (Sendak 1963) is suitable for all ages because it is multi-connected – the pictures, text and design all work together to intensify the emotional power of the picture book. Visual literacy is a central pre-reading skill for language development, and this is best trained with well-selected, masterfully illustrated picture books. Finally, the meaningless, cultureless jingles often found in textbooks, however skilfully constructed in rhythm and rhyme, are extremely difficult to retain in the long-term memory.

4.1 Intercultural competence

Intercultural competence has become an accepted element of foreign language teaching, yet the image of other cultures in EFL textbooks is still often limited to the monolithic and stereotypical – culture seen from the adult point of view rather than that of the child. Young learners can identify with their language learning – so achieving a positive mind-set – if they can emotionally engage with the content. Our young learners should learn about the myths, beliefs, legends, traditions, stories, heroes and heroines that young people like themselves are steeped in when growing up in other parts of the world. Story telling, picture books, authentic songs and playground rhymes can provide vivid input. So can drama, for when children empathise with the characters and plot, they are transported into another perspective.

4.2 *The Pied Piper* – possible content gains (L1 teaching)

I return to the questionnaire completed by the 45 children participating in the workshop:

Question 4: Did you learn anything new in class or during rehearsals about the Middle Ages?

Question 5: Did you learn anything new about the legend *The Pied Piper*?

These questions were answered positively particularly by the *Grundschule* and *Hauptschule* children. When discussing stage costumes, scenery and props the pupils learned about clothing, housing, tools and toys in the Middle Ages. Further possible subjects are hygiene and the plague, poverty and the abuse of power in the Middle Ages. Nearly all children answered they had learned more about the legend (which is also very well known in Britain through Robert Browning's famous poem: *The Pied Piper of Hamelin*). Other content gains could have been myth-making in the tourist industry (e.g. Hameln) and a comparison with legends of the Middle Ages from other countries (e.g. Dick Whittington in England).

4.3 Drama across the curriculum

The questionnaire on *The Pied Piper* workshop continued with:

Question 6: "Acting trains the concentration." Was this true for you?
Question 7: "The performance is better if everybody works hard." Do you agree?
Question 8: Did you enjoy working with children from other schools?
Question 9: Did you enjoy working in a team?

With questions 6 to 9 I was testing gains in learner-based skills and social understanding. I was looking for possible gains in concentration, self-discipline, diligence, creativity, empathy and the expression of feelings, tolerance, reliability, the ability to work in a team and help others, learn from others and follow instructions. The returned questionnaires contained only positive answers from the *Gymnasium*, two negative answers to each question from boys of the other school forms.

Question 10: Are you proud of your success?
Question 11: Would you like to act in front of an audience again?
Question 12: Did you enjoy acting and speaking your lines in English?

Finally with questions 10 to 12 I was testing gains in a positive mind-set to learning. I was looking for possible gains in self-esteem, the recognition of individual importance to the success of the whole, in contributing ideas, in being able to move and speak on stage with confidence, also delight in speaking and chorusing the musical rhythms and rhymes of English. I received two negative answers to question 10, none to question 11 and one to question 12, all others were positive.

This survey gives a promising impression of working with drama, also in different types of schools. I would also like to add one significant observation of my own – particularly the children of the *Hauptschule* and *Grundschule* made the most amazing gains in self-confidence and self-esteem.

5. Audience response

The following questionnaire was distributed to the audience on February 16, 2005. *The Pied Piper* was performed by children between 9 and 13, from a *Grundschule* and a *Gymnasium* in Essen and a *Hauptschule* in Oberhausen. Just under 200 4th year children from five primary schools attended one performance, and altogether 157 children from 9 different classes returned the completed questionnaire. Nearly 150 5th year children, all from the same host *Gymnasium*, attended a separate performance, with 135 children from 5 different classes returning the completed questionnaire. The catchment area of all schools involved, except for the *Hauptschule*, tends towards the middle class, with low ethnic diversity.

Figure 5: Statistical evaluation of questionaires

		girls		boys	
1.	Do you like English?	91 %	(93 %)	83 %	(91 %)
2.	Would you like to have more English at school?	68 %	(46 %)	52 %	(44 %)
3.	Can you speak a little English?	100 %	(100 %)	99 %	(100 %)
4.	Did you enjoy the English theatre?	100 %	(97 %)	93 %	(76 %)
5.	Did you learn any new words?	93 %	(80 %)	85 %	(68 %)
6.	Did you understand most of the action of *The Pied Piper*?	79 %	(88 %)	83 %	(86 %)
7.	Would you also like to act in a play in English?	72 %	(74 %)	48 %	(41 %)
8.	Would you like to read *The Pied Piper* in your class?	74 %	(59 %)	65 %	(62 %)
9.	Would you like to see another play in English?	99 %	(96 %)	92 %	(89 %)

Percentages indicate affirmative answers. Percentages without brackets: Primary school, 4th year, 9 to 11 year-olds, after 1½ years = max. 120 English lessons. Percentages with brackets: Grammar school, 5th year, 10 to 12 year-olds, after 1½ years = max. 300 English lessons. These children did not have English in the primary school.

The answers to question 1 may reflect the fact that this is the first year to complete English in the primary school in NRW. When the teachers have gained more experience in this very difficult area it is to be expected that the young learners will be as enthusiastic for English as the 5th year pupils. The answers to question 2 may provide an argument for drama, or any other form of CLIL, rather than more (of the same) English lessons. Question 3 was to check that we are also achieving language gains in early EFL. Answers 4, 5, 6 and 9 pinpoint benefits to the audience in watching English language drama – particularly to the 4th years. The answers to question 8 show a possible benefit to literacy through theatre, and I have outlined more benefits to reading earlier in my paper (section 1.3). The answers to question 7 indicate that we should start with scripted drama and drama activities in the primary school rather than wait till the secondary school (where the girls were still enthusiastic in this survey, but the boys were more sceptical).

Though the benefits of watching an English language play are considerable, these are of course far outweighed by the benefits of participating in the production.

6. Literaturangaben

Bland, J. (2003a) "Structuring Your Teaching." In: *Primary English* 4, 14-16.

Bland, J. (2003b) "Role-Rhymes." In: *Primary English* 4, 27-28.

Bland, J. (2004a) *Mini-Plays, Role-Rhymes and other Stepping Stones to English. Book 1: At School.* Bochum: Loewenhaupt.

Bland, J. (2004b) *Mini-Plays, Role-Rhymes and other Stepping Stones to English. Book 2: Legends and Myths.* Bochum: Loewenhaupt.

Bryant, P.E., M. MacLean, L.L. Bradley and J. Crossland (1990) "Rhyme and Alliteration, Phoneme Detection, and Learning to Read." In: *Developmental Psychology* 26/3, 429-438.

Cranston, J.W. (1995) *Transformations through Drama.* Trinidad, California: Jenfred Press.

Dunn, R. and K. Dunn (1998) *Teaching elementary students through their individual learning styles.* Boston: Allyn & Bacon.

Masuhara, H. (2005) "Helping Learners to Achieve Multi-Dimensional Mental Representation in L2 Reading." In: *Folio. Journal of the Materials Development Association*, 9.2/1, 6-9.

Sendak, M. (1963) *Where the Wild Things Are.* New York: Harper and Row.

Wood, D. (1998, 2nd edition) *How Children Think and Learn.* Oxford: Blackwell.

Anton Prochazka

Cross-curricular Language Teaching is like a "Starry Night"

1. Background and Justification

Teaching languages in a cross-curricular way seems to be the most effective approach at primary level, since young children learn a foreign language more naturally if the new language is taught as an integral part of the primary curriculum and through short but frequent exposure (during normal lessons). Freudenstein (1997:74) states two facts – firstly that foreign language learning should be started at a very early age and secondly it should be used as a working language:

- Foreign languages should be offered as early as possible (kindergarten, pre-school, primary level).
- It is well-known from empirical studies as well as from practical experience that best results from foreign language learning can be expected if languages are used to teach content rather than foreign language material.

Based on this concept, the *Centre for Information on Foreign Language Teaching and In-service Training* in Vienna (IFU/PIB-Wien) initiated an innovative project in co-operation with France (IUFM in Metz), the UK (CAIS in Croydon) and the Czech Republic (Univerzita Karlova Praha), where modern languages are being taught from the beginning of primary school through a content-based approach. This approach is based on the recommendations of the Council of Europe (WORKSHOP 8B) to gradually lower the age for children to start learning a language and based on the concept that young children learn a language more naturally, if it is integrated in the curriculum as short foreign language sequences as stated by Freudenstein.

This was the basis for the LTAP-Project (Language Teaching Across the Primary Curriculum, 1997-2000), and later on for the cross-curricular primary course *Supermouse*.

2. The Objectives

The objectives of the project were to develop initial and in-service training materials for pre- and primary schools which would

- enable the integration of short FL-sequences (in English, French, German, Czech) into individual subjects – a cross-curricular approach,
- allow more frequent exposure to the new language,
- be a more flexible way of organizing FL-teaching.

3. The Outcome of the Project

Two multi-lingual handbooks

- LTAP Handbook 1 (Prochazka 2000a) – Subject-based Approach (21 Units in four languages) which are related to the following curricular areas: Arts and Crafts, Geography, Maths and Physical Education. The activities, which were created, aimed to provide a seamless transition from work in the curriculum area in the first language through reinforcement of that work and associated concepts in the foreign language.

- LTAP Handbook 2 (Prochazka 2000b) – Theme-based Approach (27 Units in four languages) with the following themes as a new complimentary alternative:
  - Space / The Environment
  - Community
  - Time
  - Technology
- A Photo-CD with photographs of places and objects from the four countries to
  - support the units within the theme of Space with the European dimension,
  - to provide a flexible and attractive resource for the teacher,
  - deepen children's knowledge and experience of other cultures (European Dimension).

Teachers can use these photographs, which can also be found on the internet, to make picture cards and use them for educational games to support learning in a range of contexts. HANDBOOK 2 lists 19 activities at the back on how to integrate the European dimension into the real classroom.[1]

4. Cross-curricular Language Teaching

The linguists Widdowson (1978) and van Lier (1996) have already stated that foreign language teaching in schools is very effective if it is linked to school subjects and topics. This is not only time-efficient, but more authentic for school children than simply learning English for social purposes. Cross-curricular language learning (compare Prochazka 2004:106f.) is a version of bilingual education and subject-teaching which not only teaches the language required for school learning, but also teaches subject knowledge through the newly acquired language and promotes thinking skills as well. In Europe it is often referred to as CLIL – Content and Language Integrated Learning. Many countries such as Finland, France, Holland, Italy, Spain and Switzerland have become interested in this innovative pedagogy linking English language learning to the curriculum.

Early foreign language learning can look back on a long tradition in Austria. Modern language teaching in Viennese primary schools began in 1962 (Prochazka 2003:36f.). In 1992 the first schools started embedding the foreign language into the primary curriculum from grade 1 onwards. Emphasis has been put on pre- and in-service teacher training as well as on bilingual language learning. In 1998 a new curriculum[2] came into existance (published in Antoni/Wolf 1998) and since the year 2003 all primary schools in Austria have integrated a foreign language – in most cases English – from grade one onwards. In 2002 the first cross-curricular primary course *Supermouse* (Harrison 2002) was published. Through a series of short, lively, fun activities in the foreign language, children are encouraged to practise, reinforce and consolidate concepts which they might also be doing in their mother tongue – the *maximum* impact on curricular learning with *minimum* requirements in the new language.

Cross-curricular language teaching appears to me like a "Starry Night". (In particular I am thinking of Van Gogh's famous painting *Starry Night*).

---

1 The LTAP-materials have been put on the internet as well and can be downloaded from the web: www.pib-wien.ac.at/content/more/lehrlern/ltappic/ltap.htm [23.08.2005], www.pib-wien.ac.at/content/organ/zentren/ifu/index.htm [23.08.2005].

2 For further information see Wolf 2004:698-753.

Figure 1: Van Gogh's *Starry Night* (Corel Library)

Among the great number of stars there are 6 important ones for me which I would like to list here:

 4.1 The Star of TOPIC-CENTREDNESS

Cross-curricular language teaching and learning should be topic-centred. This means
- Using L2 as a working language in other subjects
- Using language in a meaningful context
- Providing additional language learning hooks for the child
- Offering opportunities to recycle the foreign language in ways and contexts which are consistent with the child's normal learning environment

Jackie Holderness emphasizes the high value of topic-centred learning: "The advantages of topic-centred learning are that it provides a clear context which makes learning more meaningful and creates a genuine purpose for learning and using language in the classroom. ... The children will, of course, learn a lot more than the target language item, and more than the teacher might have expected. This is especially true in the topic-centred classroom where the cross-curricular approach encompasses wider fields of experience than traditional subject-based teaching." (Holderness 1991:19f.)

The following example (Figure 2) shows a mindmap with the topic *At the Zoo* and the five main subjects with suitable activities for 6-7 year-old children.

Figure 2: Topic-centred Mindmap Zoo (Harrison 2002:33)

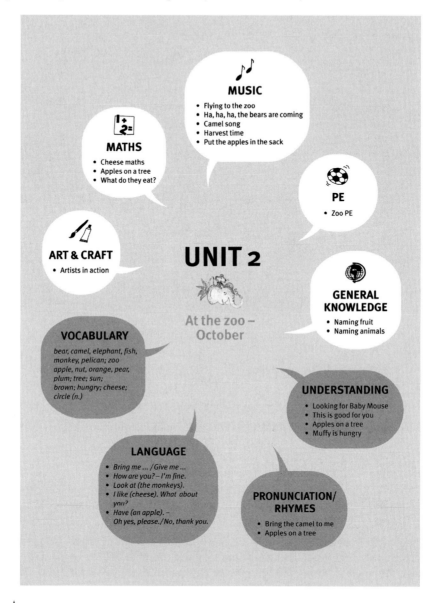

4.2 The Star of CHILD-CENTREDNESS

Any language teaching should always be connected with child-centred learning. So the themes/topics, methods and resources should be selected according to the

- children's development (age, thinking skills, attention span, etc.),
- children's learning needs (curiosity, movement, games, songs, chants, stories),
- children's experience (the world they live in and their imagination),

- children's interests (fun, kinaesthetic, magic, puppets, etc.) and
- children's learner types (learning strategies, pair work, group work).

Children learn best when they are involved, and when their work is valued. They also learn best when they are given the opportunity to experience and experiment for themselves. Learning is most effective if it is topic and activity based. So in a cross-curricular approach the following topics might be chosen to link with work already being done in the rest of the curriculum:

Arts and Crafts: drawing (picture dictations), printing, making masks, puppets, self portraits, collages, posters, window pictures, puzzles, board games, greeting cards, mobiles, clock, cold and warm colours, zig zag booklet, Mother's/Father's Day Cards, painting in the style of Arcimboldo/Klimt, etc., making a 3D-daffodil, furniture, a cup telephone, a push and pull owl, an hour glass, a garland, a Christmas cracker, a coat of arms, a shape story.

Maths: numbers, counting, additions, subtractions, multiplications (singing the tables), times tables, divisions, symmetry, telling the time, shapes and patterns, money (shopping), measuring, charts, making a sundial, world time, magic square.

Music: action songs, chants, musical instruments, circle dances, Christmas songs, types of musical instruments, European music quiz.

Physical Education: keep fit programme, fantasy trips, nativity play, circle games, moving like animals, physical break chants, miming, tug of war, pancake race, hoops, pantomime.

General Knowledge: school, the weather, climate, sports, hobbies, using maps, road safety, how seeds grow, magnetism, floating and sinking, our teeth, the body, healthy eating, flowers, plants, water cycle, transport, at the doctor's, life cycle of a frog, butterfly, hen; spiders, hibernation, traffic lights, the environment, the 5 senses, minibeasts, worms, reflexology, bread, light, birds, European cities and countries, flags, festivities, water safety, parts of a house, footprints in the snow.

Cookery: making sandwiches, Christmas punch, pancakes, keep fit salad, chocolate balls, coconut squares.

ICT: parts of a computer, using the internet, emoticons, creating a flower or an animal/pet album, reading an e-mail, finding information on the web, finding an e-pal, searching and finding.

 4.3 The Star of CHALLENGE

Cross-curricular teaching should be challenging, interesting, fun and enjoyable regarding
- Methods and Approaches,
- Resources and
- Language Level.

If we take subject based material from L1 of the target language for L2 teaching, it is usually too difficult from the point of view of the language level. It is quite often not possible to simplify it. If we take materials in L1 for younger children, it might be easy to understand, but cognitively undemanding. So activities in cross-curricular teaching should raise the pupils' curiosity, it should be targetted at the right age group in an interesting way, not be too difficult in terms of language level, but still cognitively engaging. So in most cases materials and language tasks have to be specially developed in order to be challenging enough for the pupils. Therefore teachers can make use of processes already developed in the general curriculum to engage learners at higher cognitive levels: classifying, categorizing, graphing, estimating, predicting, comparing, sequencing, identifying patterns, etc.

In the following example taken from Maths and General Knowledge, the pupils build on what they have already learnt about the cuckoo's life in year 3 and find out about hibernation. How far do the different birds travel? They need rulers to measure the route and to find out how many kilometres the birds fly (one way and two ways). They can compare the different distances and calculate how many days it takes e.g. for a swallow to fly to Africa if it travels at an average speed of 32 km per hour. So they estimate, predict, measure, calculate and compare in the foreign language. This journey to Africa can be easily turned into a shadow story and be performed on the OHP (Baumann et al. 2005a:48f.).

Figure 3: Maths – Follow the Swallow (Baumann et al. 2005b:6)

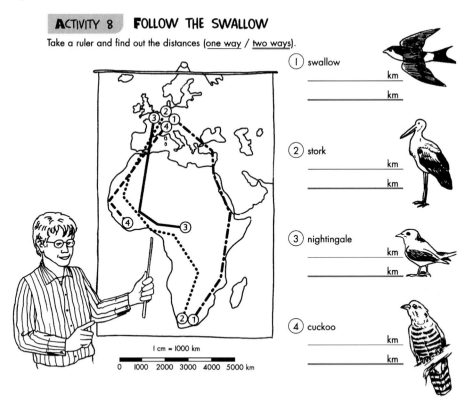

4.4 The Star of ACTIVITY-BASEDNESS

Children like to be active. In play they are active imitators or actors. They also want to make and find out things themselves. They want to experiment, to find out and see if …

Figure 4: Experiment (Baumann et al. 2005b:11)

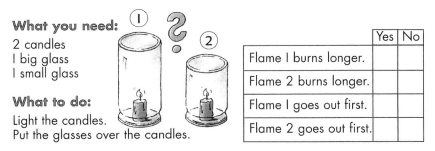

A variety of activities can be integrated into the other subjects such as Arts & Crafts, Maths, Music, PE, General Knowledge, Road Safety and ICT such as:
- Experiments
- Mini Projects
- Information Gap Activities (Detectives)
- Action Stories
- Drama, Fantasy Trips
- Games
- Crossword Puzzles, Riddles
- Creating Songs, Rhymes, Chants, Stories
- Making Birthday Cards, Christmas Cards and resources, etc.
- Internet Activities

Activity-based learning is interesting, lively and enjoyable and can also include the language skill to be learned.

 4.5 The Star of the HOLISTIC APPROACH

Learning is a social process. It means interaction with the environment and collaboration in learning with other learners. Learning is best achieved through direct involvement and personal experience. It is an active process and focuses on communication. It also means multisensory learning, involving as many senses as possible.

Using the topic **food and drinks**, the following activities involving the senses are possible:
- Introducing the vocabulary by using flashcards of the most important foods and drinks (visual)
- Tasting foods and drinks (blindfolded) – guessing game (gustatory)
- Talking about likes and dislikes (speaking/listening)

- Buying food and drinks at the snack bar (roleplay – kinaesthetic; speaking)
- Finding out how much the bill is (Maths)
- Talking about the food pyramid and healthy food (General Knowledge)
- Listening to the Energy Food Song (auditory)
- Singing the Energy Food Song (Music)
- Making pancakes (recipe, cooking activity)
- Pancake race (Physical Education)
- Playing the game Fruit Salad (auditory – kinaesthetic) or
- Playing a board game: Pancake Race (reading – kinaesthetic; speaking) (Baumann et al. 2005b:24)
- Creating a fruit or food album (ICT – using pictures from the internet/Art and Craft, writing)
- Reading a picture book, e.g. *Ketchup with Everything* (Klippel/Preedy 2002)
- Filling in the chart of the food pyramid with the foods they eat in one day and talking about healthy and less healthy food (thinking skills: classifying types of food)

Figure 5: Food Pyramid (Baumann et al. 2005c:19)

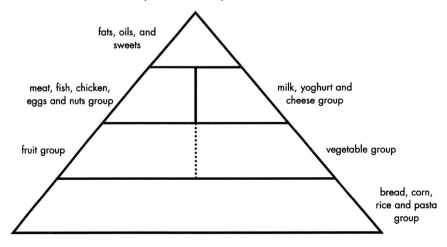

4.6 The Star of EUROPE-ORIENTATION

In the new Austrian primary curriculum the following objectives for learning foreign languages are listed:

„Der Fremdsprachenunterricht in der Grundschule hat die Aufgabe,
- die Motivation zur Beschäftigung mit anderen Sprachen grundzulegen und zu vertiefen,

- *die Fähigkeit zur Kommunikation in einer Fremdsprache anzubahnen,*
- *dazu beizutragen, dass die Schüler Menschen mit anderer Sprache und Kultur offen und unvoreingenommen begegnen und sich als Teil einer größeren, insbesondere europäischen Gemeinschaft verstehen."*

(Antoni/Wolf 1998:12)

Foreign languages therefore have a particularly important role to play in the development of a European/international dimension. The latter can be defined in the following way:
- An essential element of language learning is the development of an understanding of the many purposes for which people use language and the diversity of form language can take.
- Learning to communicate in a foreign language helps children develop intercultural awareness and to understand the need to act with empathy and responsibility towards others.
- Helping children to become aware of cultures other than their own and the extent to which they are interrelated should be an integral part of all foreign language activities. Everything they hear, say, read and write in the course of learning a foreign language should promote an awareness that there are other ways of doing things and of responding to the world and the people in it.

Figure 6: Music – European Dances (Baumann et al. 2005c:31)

The European dimension must not be exclusively seen as an accumulation of facts and content knowledge about the member states, their language and/or their culture. Rather it should be seen as an amalgam of complex ideas and concepts which includes three dimensions and a diversity of goals: [3]

- Learning about Europe – "I think European" (*Knowledge*)
- Learning for life within Europe – "I act European" (*Skills*)
- Learning through Europe – "I am European" (*Attitudes & Values & Experiences*)

5. Summary and Outlook

The LTAP-Project and cross-curricular course books such as *Supermouse* seek to embed the foreign language in the daily life of the primary classroom and are the first step towards the use of the foreign language as a working language. Extending international cooperation between teachers will lead to improved methodology (linguistic and pedagogical) and raise awareness of the European Dimension in the minds of children. In the future the primary teacher's most urgent task will be to awaken in his/her pupils an approach to Europe which engages the affective side of the children; the children should become capable of understanding and respecting each other and of living together in harmony and peace.

Learning new languages cross-curricularly is therefore a new chance for our children in the 21st century:

> Through learning language, we learn about **culture**.
> Through learning about culture, we learn **tolerance** for others.
> Through learning tolerance for others, we can hope for **peace**.
>   (H. Curtain cit. in: Prochazka 2000b:19)

6. Literaturangaben

Antoni, D. und W. Wolf (Hrsg.) (1998) *Aller Anfang*. Oktober, Heft 5. Wien: BMUK & Klagenfurt: Zentrum für Schulentwicklung, Bereich I.

Baumann, G. et al. (2005a) *Supermouse: Ein Lehrwerk für den cross-curricularen Englischunterricht an Grundschulen in vier Bänden*. Teacher's Book 4. Ismaning: Max Hueber.

Baumann, G. et al. (2005b) *Supermouse: Ein Lehrwerk für den cross-curricularen Englischunterricht an Grundschulen in vier Bänden*. Pupil's Book 4. Ismaning: Max Hueber.

Baumann, G. et al. (2005c) *Supermouse: Ein Lehrwerk für den cross-curricularen Englischunterricht an Grundschulen in vier Bänden*. Activity Book 4. Ismaning: Max Hueber.

Freudenstein, R. (1997) "Success of differing approaches to language learning (methods)." In: *The Effectiveness of Language Learning and Teaching – Ergebnisse der Europaratstagung vom 5. - 8. März 1996, Graz, ZSE Report*. Graz: Zentrum für Schulentwicklung, 69-81.

Harrison, L. et al. (2002) *Supermouse:* Ein Lehrwerk für den cross-curricularen Englischunterricht an Grundschulen in vier Bänden. Teacher's Book 1. Ismaning: Max Hueber.

---

[3] For further practical examples see Baumann et al. 2005a: 21f.

Holderness, J. (1991) "Activity-based teaching: approaches to topic-centred work." In: Brumfit, C. et al. (1991) *Teaching English to Children. From Practice to Principle.* London: Collins ELT, 18-32.

Klippel, F. and I. Preedy (2002) *Ketchup with everything. Big Story Book.* München: Langenscheidt-Longman.

Prochazka, A. et al. (2000a) *Language Teaching Across the Primary Curriculum.* Book 1: Subject-based Approach. Wien: Pädagogisches Institut des Bundes in Wien.

Prochazka, A. et al. (2000b) *Language Teaching Across the Primary Curriculum.* Book 2: Theme-based Approach. Wien: Pädagogisches Institut des Bundes in Wien.

Prochazka, A. (2003) „Fremdsprachen für Europa – Möglichkeiten und neue Initiativen an Wiener Grundschulen." In: *Primary English* 3, 36-38.

Prochazka, A. (2004) „Von ‚Lollipop' zu ‚Swing' – das Wiener Modell". In: Kubanek, A. und P. Edelenbos (Hrsg.) (2004) *Praxis Fremdsprachenlernen in Kindergarten und Schuleingangsstufe.* Donauwörth: Auer, 105-112.

van Lier, L. (1996) *Interaction in the Language Curriculum.* Harlow: Longman.

Widowson, H. (1978) *Teaching Language as Communication.* Oxford: Oxford University Press.

Wolf, W. (Hrsg.) (2004) *Kommentar zum Lehrplan der Volksschule.* Wien: öbv et hpt.

Uta von Reinersdorff

Bild- und Textarbeit in der Grundschule am Beispiel von *Picture Books*

Picture Books aktivieren im Lernenden einen doppelten Code: den visuellen und den verbalen. Dabei sind die Bilder in der Regel komplementär-unterstützend für die Erfassung der verbalen Textseite gedacht. Da sich die Lernenden beim Erschließen von Bilderbüchern auf beide Codes gleichzeitig konzentrieren müssen, sollte unbedingt darauf geachtet werden, dass sie einander ergänzen und unterstützen und nicht behindern. Die Bildseite wird im Grundschulunterricht häufig zur Semantisierung der Sprachseite benutzt. Das geschieht in der Regel in gängigen Verfahren durch Vorabsemantisierung neuen Vokabulars oder durch Wiederholung bereits eingeführten Vokabulars mit Hilfe von *Flashcards*, die das zentrale Bildmaterial, besonders die Figuren der *Picture Books*, in vereinfachter Form wieder aufnehmen. So werden Vorstellungsbilder in den Köpfen der Kinder geformt, die das Verständnis der Geschichten durch die Einbettung in ein jeweiliges *Setting* unterstützen. In der Regel werden die Hauptakteure, seien es Menschen oder Tiere oder in manchen Fällen auch Gegenstände, auf diese Weise vorgestellt. Die kompletten textbegleitenden Bilder der *Picture Books* werden nach der Erstvorstellung der zentralen Akteure mit oder ohne Text (nach dem jeweils gewählten didaktisch-methodischen Ansatz) gezeigt.

Solch eine Einführung in die Welt der Charaktere ist sinnvoll, da sie die volle Konzentration der Kinder auf den Handlungsaspekt ermöglicht. Die Handlung muss besonders für junge Lernende (bis etwa zum Ende der Doppeljahrgangsstufe 5/6), die sich in der konkret-operativen Phase befinden, spannend sein; denn sie erleben die Aktion auf der Basis ihrer Identifikation mit den Protagonisten hautnah mit. Identifikationsmuster dieser Art können durch das Zusammenspiel von visueller und verbaler Wahrnehmung intensiviert werden, wenn sich die beiden Codes auf der kognitiven sowie auf der affektiven Ebene ergänzen und gegenseitig unterstützen. Wenn dagegen beispielsweise der Bildercode den verbalen Code ironisch unterwandert, indem er zu einer spannend verbalisierten Geschichte grotesk überzogene oder übermäßig komische Illustrationen anbietet, tritt die Gefahr der gegenseitigen Behinderung auf, die bei Kindern der genannten Altersstufe zu Verwirrung und Lernverzögerung führt. Die angebotenen Bilder müssen also die Textebene semantisch unterstützen. Das Gleiche gilt entsprechend auch umgekehrt: Wenn eine ironisch-witzige Handlung von naiven verniedlichenden Bildern begleitet wird, kommt es auf Schülerseite zu Verwirrung, weil die beiden zentralen Entschlüsselungscodes gegeneinander laufen.

Um den Spracherwerbsprozess nachhaltig unterstützen zu können, müssen Bilderbücher erstens den Erfahrungshorizont der Kinder sowie ihren lebensweltlichen Kontext und ihre Interessen maßgeblich ansprechen. Zweitens müssen sie visuell-verbal harmonisch, d. h. komplementär, gestaltet sein, damit die in unserer heutigen Welt dominante visuelle Perzeptionsebene die verbale durch Anschaulichkeit wirksam fördern kann. Für junge Lerner gilt, dass Bilder entscheidend zur Veranschaulichung und zur Lerneffektivität beitragen:

> *Children are allowed and even obligated, because of their low or non-existent ability with reading text, to use pictures and imagery. While some adults have a preference for visual over text information, the typical*

> *development from child to adult still seems to be that, as the child begins to think through the use of 'symbols', iconic imagery gradually fades; that is, 'verbalization is substituted for imagery'.* (Di Vesta et al. 1971:472)

Die folgenden Forschungsergebnisse gelten grundlegend für die unten angeführten Beispiele des Umgangs mit Bild-Text-Geschichten und sind konstitutiv für die jeweils vorgeschlagene Methodenwahl. "*Children's emergent reading is influenced by the number of times they hear a book read, and then read on their own*" (Elster 1998:43). Hier wird deutlich, dass das Hörverstehen vor dem Erschließen durch eigenes Lesen steht.

> *Their [=the children's] control of the linguistic code begins from shared readings, where children link the meaning of words in books to their own experiences and knowledge of the world.* (Elster 1998:45)

> Pictures are a 'scaffold' which foster attention and prompt talk and comments, but language skills proceed from hearing and speaking, in activities like naming objects to describing a picture and following verbal commands. (Elster 1998:68)

Ein Beispiel wäre die Aufforderung: "*Place the red fox next to the brown animal.*"

> *Procedures for meaning-making [...] are learned through oral exchanges and social interactions in groups, and pictures are beneficial for this purpose as they 'invite children as co-participants'.* (Hester/Francis 1995:85)

1. *Dual Coding Theory*

Nach den Erkenntnissen der *dual coding theory* (Paivio 1971, 1986 und Clark/Paivio 1991) ergänzen sich die in der rechten Gehirnhälfte verarbeitete Bildseite eines *Picture Book* und die in der linken Gehirnhälfte verarbeiteten verbalen Informationen im Lernprozess gegenseitig. Ansprechende Bilder verstärken die *emotional response* im Lerner und fördern gleichzeitig den kognitiven Lernprozess, wenn sie die verbale Seite semantisch erhellen. Bilder haben gegenüber sprachlichen Informationen den Vorteil, dass sie zumindest auf einer Oberflächenebene spontan verstanden werden, ohne dass es sich bei diesem ersten Erfassen schon um ein *in-depth understanding* (Wolff 1997) der jeweils dargestellten Szene handeln würde. Das spontane erste Verstehen, das in der Betrachtung der Bilder generiert wird, spielt im frühen Fremdsprachenlernen als Semantisierungshilfe eine entscheidende Rolle – vor allem dann, wenn die textliche Seite im Erzählvorgang unmittelbar auf die Bildseite bezogen wird, so dass für den Lerner das reiche Lernmedium einer Bild-Text-Einheit genutzt wird.

2. **Vorzustellende Texte**

Im Folgenden möchte ich anhand von Vorschlägen für den Einsatz von drei Bilderbüchern im Unterricht demonstrieren, wie der visuelle Code den verbalen Code effektiv unterstützen kann und wie Texte durch mündliches Erzählen, den mündlichen Austausch in der Lerngruppe sowie durch soziale Interaktionen innerhalb der Großgruppe oder in Kleingruppen den Lernprozess entscheidend vorantreiben können. In jedem Beispiel geht es um das Erreichen des zentralen Ziels einer Fremdsprachenkompetenz im Sinne eines breit gefächerten, multidimensionalen und vernetzenden Lernens. Die drei Bilderbücher, für die Unterrichtsideen vorgestellt werden, sind:

1. McKee, D. (1990) *Elmer*.
2. Donaldson, J. and A. Scheffler (1999) *The Gruffalo*.
3. Preedy, I. and F. Klippel (2002) *Debbie and the Magic Bracelet*.

In jedem Beispiel dient die Visualisierung der wesentlichen Handlungsstadien als inhaltliche Erinnerungs- und Strukturierungshilfe. Inhaltlich und textlich geht es jeweils um eine narrative Progression im Rahmen einer Fantasiegeschichte.

Im ersten Bildband, *Elmer*, wird die farbliche und charakterliche Öde des ständig Gleichen durch das bunte Patchworkmuster des Elefanten Elmer durchbrochen (Eignung erstes oder zweites Lernjahr, je nach gewählter Unterrichtsmethode). Im zweiten, *The Gruffalo* (Eignung zweites Lernjahr), geht es um eine Fabel, in der eine Maus durch ihre Schlauheit einer zweidimensionalen Gefahr entgeht. Im ersten Abschnitt entkommt sie verschiedenen Bedrohungen in Gestalt dreier hungriger Raubtiere, die ihr im Wald begegnen (Fuchs, Eule, Schlange), im zweiten Teil erscheint überraschenderweise genau das Ungeheuer, das die schlaue Maus im Gespräch mit den Raubtieren zu ihrer Rettung erfunden hat. Die Übersteigerung der in sich logischen Fabelsequenz ins Märchenhafte hinein, die durch das plötzliche Auftauchen einer Fantasiefigur vollzogen wird, zu der die reale Welt kein Pendant aufweist, schafft auf der verbalen Fiktionsebene eine Verdichtung, die auf der Bildebene ihr Korrelat in der überdimensionalen Größe der Figur des Gruffalo hat. Der Gruffalo wird bei einer koordinierten Bild-Text-Einführung sofort als solcher erkannt, weil seine äußeren Merkmale im bisherigen Verlauf der Geschichte bereits Schritt für Schritt mit Hilfe einer semantischen Doppelcodierung (in Bild und Wort) zur Erzeugung eines steilen Spannungsbogens eingeführt worden sind. Die bildliche und die verbale Ebene verschränken sich so, dass die Bilder Kernaussagen des Textes erhellen. Das dritte Bilderbuch, *Debbie and the Magic Bracelet*, setzt – anders als die ersten beiden – in einer Welt an, die der Alltagsebene der Lerner entspricht. Debbie wird zur Schule gebracht und findet auf dem Weg ein magisches Armband, das interessante und nützliche Wirkungen zeigt.

2.1 *Elmer*

Im Falle des Bilderbuches *Elmer* wird die Andersartigkeit des Helden primär durch das auffällige Merkmal der Farbigkeit hervorgehoben. Diese Besonderheit dokumentiert sich auch ergänzend in seinem Verhalten, das durch Witz und Fröhlichkeit die Monotonie der anderen Elefanten durchbricht. Das Spiel mit der Korrelation von äußerer Farbigkeit und innerer Vielfalt wird zu einem witzigen Wendepunkt geführt, als Elmer selbst die Elefantenfarbe annimmt, weil er so sein möchte wie die anderen. Jedoch passen sein neues Äußeres und sein Inneres nun nicht mehr zusammen, weil er sich wesensmäßig nicht in die Monotonie der anderen fügt. Das äußert sich verbal und bildlich in dem plötzlichen Ausruf "*BOOO!*" und in dessen bildlichem Pendant, das im Kunststil des Pointillismus einen bunten Punktereigen um die verbale Manifestation des Ausrufs beschreibt. Dieser Zug findet in der weiteren bildlichen Gestaltung noch in zweifacher Weise seinen Ausdruck: Erstens durch die Reaktion der Elefanten auf Elmers ungewöhnliches Verhalten (sie schlagen Purzelbäume), und zweitens durch den hereinbrechenden Platzregen, der Elmers „wahre Farben" wieder zum Vorschein bringt. Hier verwendet der Text eine Redewendung, die durch ihren Bezug auf den Verlust der realen Färbung literalisiert wird. Die auf der verbalen Seite angelegte Anspielung auf die Doppelbedeutung "*showing his true colours*" ist von jüngeren Lernern nicht unbedingt spontan erfassbar. Hier wird der/die Lehrende die

Bedeutung der Korrelation von äußerem Bild und innerer Lebenseinstellung umschreiben müssen.

Insgesamt bietet sich für das Bilderbuch *Elmer* eine bildzentrierte Einführung an, d.h. der/die Lehrende könnte als Einstieg einen Realgegenstand, z.B. eine *Patchwork*-Decke, mitbringen, deren charakteristisches Muster von den Kindern beschrieben werden sollte. Dabei wird vor der Erzählung der Geschichte bereits zielgerichtet das aus dem ersten Lernjahr bekannte semantische Feld „Farben" aufgerufen und vertieft. Im Rahmen dieses visuell dominierten Einstiegs sollte der/die Lehrende die Bilder der Geschichte zunächst ohne den Text zeigen. Sehr effektive Möglichkeiten bieten sich durch die Verwendung von Farbfolien oder den Einsatz einer *Big Book*-Version ohne Text.

Zu den einzelnen Bildern sollte die Geschichte in einfacher Sprache erzählt werden. Dabei geht es thematisch einerseits um eine Vertiefung des semantischen Feldes „Farben" und andererseits um die Herstellung eines Bezugs zu einem neuen semantischen Feld mit figurativer Bedeutung: Vielfalt im Ausdruck von Lebensfreude. „Farbenfroh" bedeutet in diesem Zusammenhang auch „lebensfroh". Diese semantische Korrelation, die im frühen Englischunterricht eine erste Verknüpfung von wörtlicher und metaphorischer Ebene schafft, kann sich aufgrund der bildbezogenen Plastizität der Einführung gut ins Gedächtnis der Lernenden einprägen.

Die Lernumgebung ist im literalen Wortsinn reich. Nicht nur die Vordergrundsebene, sondern auch die Hintergrundsebene der Bilder nimmt den Kontrast zwischen Einfarbigkeit und Vielfarbigkeit auf oder unterstreicht auf jedem Einzelbild jeweils eine der beiden Varianten, je nachdem, welche der beiden gerade den Vordergrund bestimmt. Das manifestiert sich darin, dass der Hintergrund jeweils einen Grundton zeigt, mit dem die im Vordergrund gezeigten Handlungsträger thematisch korrelieren. So haben z.B. Bilder, die nur die „normalen" grauen Elefanten zeigen, auch nur einen Farbhintergrund, während die Bilder, die Elmer in seiner Farbenpracht vorführen, neben einem eintönigen Hintergrund eine bunte Farbenpracht weiterer Bildgegenstände zeigen. Das sind in der Regel vielfarbige tropische Bäume oder Vögel, die die farbenfrohe Dschungelatmosphäre widerspiegeln. Um die visuellen Kontraste lernpsychologisch effektiv zu nutzen, sollte der/die Lehrende sie konkret in den Erzählvorgang einbeziehen. Bezeichnend ist, dass der gesamte Dschungel in lilafarbigen Pastelltönen erscheint, kurz bevor Elmer seine eigene Vielfarbigkeit zurückgewinnt. Die berstenden Wolken vertiefen diesen Aspekt, indem sie im Moment des hereinbrechenden Regens die Farbpalette des Regenbogens abbilden und damit auf die tatsächliche Farbvielfalt Elmers anspielen, die sich gleichzeitig in der unteren Bildhälfte abzeichnet. Der/die Lehrende wird sich in seiner/ihrer Wiedergabe der Geschichte im vereinfachten Stil um eine semantische Verbindung zwischen dem äußerlich sichtbaren Gegensatz von Monotonie und farbenfroher Erscheinung einerseits und dem inneren Gegensatz zwischen Angepasstheit und witziger Originalität andererseits bemühen müssen. Dabei sollten im Verlauf der Erzählung direkte konkrete Bezüge zwischen den beiden Bedeutungsebenen hergestellt werden.

Eine pragmatische Umsetzung, die den Schüler/innen in der Regel viel Spaß macht, ist die abschließende Feier des „Elmer-Tages", bei der sie in die Rolle der Elefanten schlüpfen und sich bunt verkleiden dürfen. Eine szenische Umsetzung der Geschichte nach der Sicherung des Hörverstehens fördert das emotionale und kognitive Verstehen.

2.2 *The Gruffalo*

Das zweite Bilderbuch, für dessen Lektüre im Unterricht Anregungen vorgestellt werden sollen, *The Gruffalo*, eignet sich ebenfalls für das zweite Lernjahr, da hier bereits ein gewisser Grundwortschatz sowie grundlegende Strukturen vorhanden sind. Das Fabel-Grundmuster der Handlung erfährt eine dreifache Wiederholung, die das Hörverstehen wesentlich erleichtert. Letzteres wird seinerseits wiederum durch das gleichzeitige Zeigen von Bildern unterstützt. In der vierten Erzählsequenz des Buches wird das Grundmuster entscheidend verändert, indem die ursprüngliche Zielrichtung zwischen Verfolger und Verfolgtem, die der Erzählstruktur zugrunde liegt, eine Umkehrung erfährt.

Das Besondere an diesem Bilderbuch ist die schrittweise Einführung der ungeheuerlichen Merkmale des Monsters „Gruffalo", das sich die listige Maus als Protagonist der Handlung zunächst nur zu ihrer eigenen Rettung ausdenkt, um verschiedene Raubtiere davon abzuhalten, sie zu verspeisen: *"A gruffalo! Why, didn't you know? He has terrible tusks, and terrible claws, and terrible teeth in his terrible jaws."* Die Sprache arbeitet mit Wiederholungen, Reimen und Alliterationen, die eine refrainartige Struktur annehmen und die Merkmale des Gruffalo besonders einprägsam machen. Als die Maus mit der genannten Taktik allen Feinden im Wald erfolgreich entgangen ist, steht vor ihr in überlebensgroßer Form ein „echtes" Exemplar der erfundenen Gattung „Gruffalo", das es – genau wie die anderen Raubtiere auch – danach gelüstet, die Maus zu fressen.

Für das Verständnis dieser Geschichte spielt das Überraschungsmoment angesichts des plötzlichen Auftretens des Gruffalo eine entscheidende Rolle. Da die Grundschüler/innen sich in der Regel noch auf einem Entwicklungslevel befinden, der die Identifikation mit der Hauptfigur und ihrer Situation wenigstens zum Teil erlaubt, erleben sie den Schock der Maus unmittelbar mit. Allerdings sollte der Erzähler vor dem Auftritt des Gruffalo kurz innehalten, da gewitzte Schüler/innen vielleicht bei entsprechender Stimmmodulation, Mimik und Gestik des Erzählenden schon ahnen, wie die Geschichte weitergehen wird. Es sollte deshalb an dieser Stelle die Möglichkeit zu spontanen Schülerreaktionen und -überlegungen gegeben werden. Solche Spontanreaktionen dürfen angesichts des möglichen Komplexitätsgrades der Äußerungen auch auf Deutsch sein, damit die Schüler/innen im Sinne der lernfördernden Empathie ganz am Erzählgeschehen Anteil nehmen können. Unter Einbindung der Schülerreaktionen führt der/die Lehrende die Geschichte zu Ende. Dabei können im letzten Teil, in dem die Maus in umgekehrter Reihenfolge nun ihrerseits den Kontakt zu den ehemals bedrohlichen Raubtieren sucht, um im Schutz des angeblichen übermächtigen Freundes seine Feinde zu verscheuchen, von den Schüler/innen auf Wunsch Mutmaßungen über die Reaktion der Feinde angestellt werden. Der Wendepunkt birgt einen Moment der emotionalen Unsicherheit. Ein im moralischen Sinne didaktisierender Text hätte hier vielleicht die Maus ihrer eigenen tollkühnen Erfindung zum Opfer fallen lassen, nach dem Motto: „Lügen haben kurze Beine." Einen Moment lang will es zumindest so scheinen, als ob die Maus nun angesichts der offensichtlich übermäßigen Bedrohung durch den Gruffalo unterlegen sei, denn ihre bisherige List muss als Abschreckungsmanöver für den Gruffalo jämmerlich versagen. Doch hier zeigt sich die überragende spontane Schlauheit des Mäuschens. Es dreht den Spieß erneut um. Dieses Mal jedoch mit der gewagten Behauptung, alle Tiere im Wald hätten vor ihm Angst. Das Lachen des Gruffalo über diese Aussage paart sich mit seiner auffälligen Dummheit, mit der er dem Mäuschen ebenso auf den Leim geht wie alle anderen Raubtiere vor ihm. Er durchschaut nicht, dass die Tiere, die nun tatsächlich scheinbar vor der Maus davoneilen, de facto vor ihm fliehen, weil er in kurzem Abstand hinter ihr herläuft. Sobald die Kinder dieses Schema verstehen, und in der Regel geschieht das vor Ende der Erzählung, werden sie sich spontan mit Vermutungen äußern, die sie gern in Phrasen nach Vorgabe der im Buch bereits wiederholten fixen Satzmuster äußern, z.B. "*and the fox ran away*". Auch die Reihenfolge, in der die Tiere auftreten, wird auf der Grundlage des ersten Teils der Erzählung von den Schüler/innen schnell antizipiert.

In einem zweiten, festigenden Erzählvorgang werden zentrale wiederkehrende Satzmuster in kurzen eingebauten Sprechphasen, z.B. in Form von Sprechchören, aufgenommen. Um in der ersten Memorierungsphase auch den Ablauf der Erzählsequenz zu festigen, ist es sinnvoll, einzelnen Schüler/innen laminierte Bildkarten auf Stöcken in die Hand zu geben, mit dem Arbeitsauftrag, diese hochzuhalten, wenn „ihre" jeweilige Figur in der Geschichte erwähnt wird. Auf diese Weise werden die Schüler aktiv in die Erzählung einbezogen, ohne dass sie sich bereits auf komplexere Weise äußern müssten. Das heißt aber andererseits nicht, dass eigene verbale Äußerungen untersagt werden sollten. Selbst im ersten Erzählvorgang dürfen die Schüler/innen, wie oben ausgeführt, an entscheidenden Stellen Vermutungen äußern, die jedoch anfangs noch häufig auf Deutsch sein werden.

Ein dritter Erzähldurchlauf kann je nach dem Lernstand der Klasse entweder – passend zum Doppelmedium eines Bilderbuches – in Form eines Bilderdiktats oder eines ersten Versuchs von Seiten der Schüler erfolgen, die Geschichte abschnittsweise mit eigenen Worten wiederzugeben. Die letztgenannte Möglichkeit könnte sich aufgrund ihres höheren Komplexitätsgrades auch an ein Bilderdiktat anschließen. In einer heterogenen Lerngruppe könnten beide Methoden nebeneinander zur Binnendifferenzierung eingesetzt werden, denn Bilderdiktate haben sich als besonders hilfreich für diejenigen Lerner erwiesen, die Schwierigkeiten haben, die logische Reihenfolge der Handlungssequenzen in einer verbalen Narration wiederzugeben. Die hier vorgeschlagene prinzipielle Reihenfolge der Erarbeitung verbindet von vornherein die visuelle mit der auditiven Komponente, um eine reiche Lernumgebung zu schaffen und den Effekt der dualen Codierung optimal zu nutzen. Die Akteure der Handlung und die herausragenden Merkmale des Gruffalo, die durch memorierungswirksame Stilmittel wie z.B. Alliteration hervorgehoben werden (*terrible tusks*), können anhand des Bildmaterials auch in den Folgestunden wiederholt werden, da die vorgestellte Lernmethode zu einer kontextbezogenen und effektiven Memorierung des Vokabulars bzw. inhaltlich relevanter Phrasen führt.

2.3 *Debbie and the Magic Bracelet*
In dem dritten Beispiel, *Debbie and the Magic Bracelet*, verbinden sich reale Ängste angesichts einer immer wiederkehrenden schulischen Problemsituation (Angst vor dem Sportunterricht) mit hoffnungsvollen Zauberfantasien. Dieses Buch fordert die Schüler/innen durch einen offenen Schluss auf, kreativ Lösungsstrategien auf der Basis der eigenen kognitiven und affektiven Kapazitäten zu entdecken und ist deshalb für eine Altersstufe geeignet, deren emotionale, kognitive und speziell sprachliche Kompetenzen im Vergleich mit den Adressaten der Bilderbücher *Elmer* und *The Gruffalo* als leicht fortgeschritten einzustufen sind (späteres 4. Schuljahr oder auch frühes 5. Schuljahr, für die Transitionsphase zur Sekundarstufe I). *Debbie and the*

Magic Bracelet ist von der zeichnerisch-stilistischen Ebene den beiden anderen vorgestellten Bilderbüchern vergleichbar.

Das Besondere an diesem Bilderbuch ist, dass sowohl die bildliche als auch die verbale Ebene eine eigene Auflösung des Schlusses verlangen. Sie fordern direkt zur Eigenkreativität auf. Die Zeichnungen schließen thematisch an den realen schulischen Alltagskontext der Kinder an und erlauben durch die Detailliebe (Schuluniform, Schultaschen etc.) über die Komplementärfunktion der Bilder zum Text zusätzlich die Thematisierung landeskundlicher Aspekte, die für das interkulturelle Lernen wichtig sind und über den dualen Bild-Wort-Code spielerisch vergegenwärtigt werden.

Der Pluspunkt dieser Geschichte im Vergleich zu herkömmlichen Schulbuchtexten und Illustrationen manifestiert sich auf der Spannungsebene, die durch die Einführung des magischen Armbands (*bracelet*) motivationsfördernd wirkt. Der Akzent liegt nicht auf einer Einführung in landeskundliche Themen, sondern auf einem authentisch gestalteten Plot, der nicht primär dem Zweck einer Einführung bestimmter Themen gilt, sondern allein durch seine Lokalisierung in einem englischsprachigen Land eine Fülle an natürlichen Gesprächsanlässen aus der Alltagswelt der Kinder bietet, wobei eines der relevanten Themen Debbies Schuluniform sein kann. Ein anderes zentrales Thema ist der Sportunterricht in verschiedenen Disziplinen, der an einen wichtigen schulischen Alltagskontext der Schüler/innen heranführt und relevantes Wortmaterial für die reale Lebenswelt liefert. Der magisch anmutende Spruch auf dem Armband, der besagt, dass die besondere magische Kraft des *bracelet* nur in Kombination mit bestimmten Merkmalen wirkt, erinnert an tradierte orale Kulturen, die in Rudimenten heute noch in *Nursery Rhymes* und *Children's Literature*, häufig in Reimform, zu finden sind. Das Zauberelement wirkt faszinierend auf junge Schülerinnen und Schüler. Durch die parallel laufende visuelle und hörende Erfassung wird es mehrdimensional auf mehreren Sinnesebenen vernetzt und kann sich deshalb vielschichtig und besonders nachhaltig einprägen. Dieses ist das einzige der drei Bilderbücher, das in einer fortgeschrittenen Lerngruppe wegen seiner textlichen Prägnanz die gleichzeitige Präsentation von visuell-bildlicher und visuell-textlicher Seite erlauben würde. Sinnvoller ist jedoch auch hier eine Kombination aus Hören und Zeigen der Bilder (Mayer/Moreno 1998:318).

Die visuelle Seite unterstreicht anhand einer zweiten plakativ gestalteten Figur die herausragenden Merkmale, die die Zauberkraft initiieren. Es handelt sich hierbei um die seltene Kombination von einem blauen und einem grünen Auge, sowie von Sommersprossen und braunem Haar. Der „Zaubermix" tritt in seiner Wirksamkeit noch deutlicher hervor, nachdem anhand eines Gegenbeispiels demonstriert worden ist, dass die Wirkung des Armbands ohne die genannte Merkmalkombination nicht aktivierbar ist. Die visuelle Seite veranschaulicht und forciert die Wirkung des Spruchs, indem sie seine Anwendbarkeit auf nichtmenschliche Kreaturen, z.B. auf einen Hund, durch die Präsenz des passenden Bildes bereits ahnen lässt, bevor die Verbalisierung dieses Bildes erfolgt. Deshalb ist das komplementäre Zusammenspiel von visueller und verbaler Codierung so wichtig für einen erfolgreichen und auf einer Vielzahl von Sinnesebenen realisierbaren Lernerfolg. Die visuell-verbale Doppelcodierung trägt zu einer vielschichtigen Semantisierung und Vernetzung auf der kognitiven Ebene bei. Dementsprechend ermöglicht die visuelle Simultaneität der jeweils einzelnen Bildkomponenten im Bilderbuch *Debbie and the Magic Bracelet* ein ganzheitliches Voraberfassen der offenen Schlusssituation, bevor diese im sukzessiven verbalen Modus semantisiert wird. Die Bildkomponente kann hier allein – ohne die Textebene – als Stimulus für die Produktion eines eigenen kreativen, gemalten oder verbal verfassten Schlusses genutzt werden. Die Variabilität kann für verschiedene Lernertypen fruchtbar gemacht werden, weil sie für die subjektive Gestaltung eines Schlusses sowohl primär verbale wie auch primär visuelle Codes oder eine Kombination aus beiden zulässt.

Die Einführung sollte – ähnlich wie bei *Elmer* – multisensorisch über das simultane Zeigen der Bilder und das Hören der Geschichte erfolgen, da sich ein solches Vorgehen erstens an der für den Grundschulunterricht sinnvollen Reihenfolge der Fertigkeiten „Hörverstehen", „Sprechen", „Leseverstehen" und „Schreiben" orientiert und zweitens als deutlich effektiver erwiesen hat als die gleichzeitige Aktivierung zweier visuell orientierter Codiersysteme (vgl. Elster, 1998:68). Der Text sollte in seiner Eigenschaft als verbale Bildstruktur erst nach der Sicherung der Fertigkeiten „Hörverstehen" und „Sprechen" einbezogen werden.

3. Literaturangaben

Clark, J. M. and A. Paivio (1991) "Dual coding theory and education." In: *Educational Psychology Review* 3 (3), 149-170.

Di Vesta, F. J., G. Ingersoll and P. Sunshine (1971) "A Factor Analysis of Imagery Tests." In: *Journal of verbal learning and verbal behavior* 10, 471-479.

Donaldson, J. and A. Scheffler (1999) *The Gruffalo*. London: Macmillan Children's Books.

Elster, C. A. (1998) "Influences of Text and Pictures on Shared and Emergent Readings." In: *Research in the teaching of English* 32 (1), 43-78.

Hester, S. and D. Francis (1995) "Words and pictures: collaborative storytelling in a primary classroom." In: *Research in Education* 53, 65-88.

McKee, D. (1990) *Elmer*. London: Red Fox.

Mayer, R. E. and R. Moreno (1998) "A Split-Attention Effect in Multimedia Learning: Evidence for Dual Processing Systems in Working Memory." In: *Journal of educational psychology* 90 (2), 312-320.

Paivio, A. (1971) *Imagery and Verbal Processes*. New York: Holt, Rinehart & Winston.

Paivio, A. (1986) *Mental Representations*. New York: Oxford University Press.

Preedy, I. and F. Klippel (2002) "Debbie and the Magic Bracelet." In: *Big Story Books, Level 2*. München: Langenscheidt.

Wolff, D. (1997) "Content-based bilingual education or using foreign languages as working languages in the classroom." In: Marsh, D., B. Marsland and T. Nikula (Eds.) (1997) *Aspects of Implementing Plurilingual Education: Seminar and Field Notes*. Jyväskylä: The University of Jyväskylä, 51-64.

Helmut Reisener

Performance als Prinzip

Dinge, Zusammenhänge, Arbeitsergebnisse und damit Sprache richtig gut, überzeugend und lebendig vorzutragen fällt vielen so schwer, ist aber doch so eminent wichtig für einen offeneren Unterricht. Hier soll anhand einiger Beispiele für *performance skills* plädiert werden, die uns helfen können, einem stärker lernerorientierten Englischunterricht, vor allem an Grundschulen, den Weg zu ebnen.

Der *performance*-Ansatz ist zunächst nicht ganz einfach zu definieren, da uns im Deutschen das Begriffspaar ‚Kompetenz' (Vermögen, Fähigkeit) und ‚Performanz' (Ausführung, Realisierung) gleichsam im Weg steht. *Performance* im Englischen ist

a) zunächst (positiv) im Sinne von Unterhaltung von (anderen) Menschen durch Gesang, Musik, Tanz und darstellendes Spiel zu sehen;
b) im britischen Englisch noch mit einer Negativ-Variante besetzt: *Could you please stop that quarrelling? – What a performance! / Mowing my lawn for the first time in spring, well, it's such a performance.*
c) in einer für uns interessanten Weise mit dem *performance art*-Begriff verknüpft, bei dem in theaterartigen Darbietungen der eigene Körper des Künstlers oder der Künstlerin Teil der *show* ist, wie mit dem weltweit agierenden Australier Stellarc oder der Französin Olan exemplifiziert werden kann.

Für unsere Überlegungen ist das oben unter a) genannte Konnotat wichtig, und zwar in seiner Einbindung in Rede und Bewegung. Die *performance*-Orientierung ist holistisch angelegt und involviert den lernenden Menschen in seiner existenziellen Gesamtheit. Viele Aspekte stehen dabei im interdependenten Wechselspiel, wie Darstellung 1 in graphischer Form aufzeigen soll.

Diese Interdependenzgrafik soll nun keineswegs suggerieren, es seien stets alle Faktoren zur gleichen Zeit oder in gleicher Stärke wirksam. Die einzelnen Aspekte oder Bereiche können in unterschiedlichen Kombinationen und auch in unterschiedlichen Intensitäten aktiv werden, gleichsam ‚aufleuchten'.

Unser Blick richtet sich demzufolge auf solche Texte, die das Öffnen des Unterrichts fördern und unterstützen können, denn das Öffnen von Unterricht heißt zunächst einmal das Aufschließen seiner Inhalte, die sich ja in der Regel in Texten manifestieren. Die Öffnung der ‚Kinoreihen', in denen die Lernenden meist vor uns sitzen, ergibt sich dabei fast ganz von selbst. Fremdsprachenlernen braucht Räume: Spiel-, Bewegungs-, Tanz-, Theater-, Aktions- und Klangräume sind eminent wichtig, daneben allerdings auch Schreib-, Mal-, Gestaltungs- und Ausstellungsflächen.

Michael Rosens *We're going on a Bear Hunt* ist z.B. ganz auf nachvollziehendes wie auch gestaltendes Spielen hin angelegt: Die onomatopoetischen Elemente der durch den Schnee, den Fluss, den Sumpf eilenden Familie, der Vater als Ängstlichster meist vorneweg, das drängt auf *performance* im Klassenzimmer in vielfacher Hinsicht und in vielen möglichen Variationen (Rosen/Oxenbury 1993).

Darstellung 1: *Performance*-Aspekte im interdependenten Wechselspiel

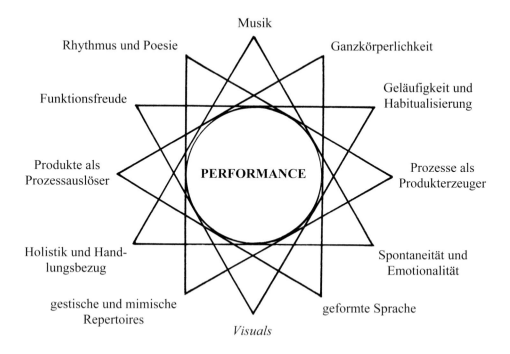

1. *Visuals*

Visuals spielen neben den soeben erwähnten onomatopoetischen Elementen gerade im Anfangsunterricht ebenfalls eine große Rolle, denn das Auge ist stets beteiligt. Die Klassiker der Kinderliteratur von Beatrix Potters bis Nicholas Allans Werken wissen das zu würdigen und entsprechend zu berücksichtigen[1]. Soll nun eine Bildergeschichte versprachlicht werden, so lässt sich das durch Dialogisierung und Dramatisierung, durch *performance* eben, höchst erfolgreich bewerkstelligen. Die folgende Thelwell-*picture story* (Darstellung 2) wird mit Sprech- und Denkblasen ausgestattet und Bild für Bild nachgestellt und nachgespielt. Die Bilder erscheinen als Folienpräsentationen. Die Denk- und Sprechblasen werden als passende Folienschnipsel dazu gelegt: z.B. Bild 1: *Bye, Bonzo. I must go to school now. You must stay at home and wait for me, OK? See you in the afternoon then.*, etc. (Thelwell 1964).

---

[1] Beatrix Potter: *The Tale of Peter Rabbit* (1902) (bei F. Warne & Co.); Nicholas Allan: *Jesus' Christmas Party* (1991), *The Magic Lavatory* (1992), *The Queen's Knickers* (1993), *The Dove* (1997), *Jesus' Day Off* (1998), *Cinderella's Bum* (2002) (alle Titel bei Red Fox); daneben zahlreiche weitere bebilderte Erzählungen.

Darstellung 2: Thelwell-*picture story* (Thelwell 1964:117ff.)

Dass der Hund hier denkend und sogar sprechend agieren darf, ja sogar muss, versteht sich ganz von selbst.

Wieder eine andere Variante mit den *visuals* ergibt sich, wenn man diese zu vorhandenen oder gegebenen Texten erstellen lässt. Von dem folgenden Gedicht von Eleanor Farjeon (Ashford et. al. 1999:198) ausgehend sollen die Kinder die Schlafplätze der Katze auf Folienstücke zeichnen oder irgendwo ausschneiden, so dass Schattenbilder auf dem OHP entstehen. Dazu wird eine Schablone von einer schlafenden Katze erstellt. Beim Vortragen des Gedichtes ergibt sich nun eine *projector show*, von einzelnen Kleingruppen gestaltet.

> **CATS**
> Cats sleep anywhere, anybody's lap will do.
> any table, any chair, Fitted in a cardboard box,
> top of piano, window-ledge, in the cupboard with your frocks.
> in the middle, on the edge, Anywhere! They don't care!
> open drawer, empty shoe, Cats sleep anywhere.

Oder nehmen wir Shel Silversteins Gedicht *The Deadly Eye* (Silverstein 1996:37). Den Text haben wir auf Folie übertragen, diese in Zeilen zerschnitten und im ungeordneten Durcheinander auf dem OHP verstreut. Nun gilt es, nach vorn zu kommen und durch Hin- und Herschieben das Gedicht zu rekonstruieren. Falls Sie, liebe Leserinnen und Leser es einmal selbst versuchen möchten, finden Sie die Lösung am Ende dieses Beitrages.

Darstellung 3: Shel Silversteins Gedicht *The Deadly Eye* (Silverstein 1996:37)

© 1996 by Evil Eye Music, Inc.

Noch mehr produktive Bewegung kommt zustande, wenn man – bei vorhandenem Platz – die Lernenden mit großen beschrifteten Blättern auf dem Fußboden agieren lässt, um so das *re-arranging* ausführen zu lassen. Auch dies gestaltet sich als eine Art Text – *performance*, bei der das (Text-)Produkt Prozesse auslöst bzw. die Prozesse wiederum zu Produkten führen.

2. Das Dialogische

Das Dialogische ist neben den *visuals* ein weiterer wichtiger Bereich, dem bei der *performance*-Orientierung eine hohe Bedeutung zukommt. Auch hier liefert Michael Rosen wieder gut brauchbare Vorlagen (Bennett 1989:66), z.B. mit dem folgenden Gedicht:

I'm Just Going Out for a Moment	
I'm just going out for a moment.	Because it's summer.
Why?	Why?
To make a cup of tea.	Because that's when it is.
Why?	Why?
Because I'm thirsty.	Why don't you stop saying why?
Why?	Why?
Because it's hot.	Tea-time. That's why.
Why?	High-time-you-stopped-saying-why-time.
Because the sun is shining.	
Why?	**W h a t ? ? ?**

In ähnlicher Weise kann man bei zahlreichen Texten bei den im englischen Sprachraum so beliebten *knock-knock-stories* anknüpfen, von denen hier ein paar Beispiele zusammen gestellt sind:

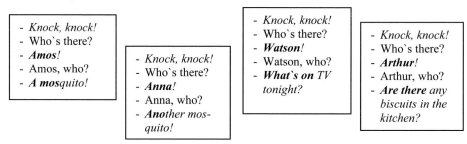

Auch diese Textsorte lebt von der Dialogführung und kommt somit der *performance*-Orientierung zugute.

Erheblicher dialogischer Aufwand wird oft bei den Einkaufsdialogen betrieben. Dabei sprechen wir beim Einkaufen heutzutage ja kaum noch, wenn wir im Supermarkt mit dem *Trolley* unterwegs sind, um ihn zu füllen und danach die Kassiererin am *Checkout* auf keinen Fall in ihrer Konzentration stören wollen. Das Sprechen, so meinten viele meiner Schülerinnen und Schüler, fände doch höchstens noch am Käse- oder Wurststand statt, oder eben, wenn man zusammen mit Freunden oder Partnern einkauft. Und so unterbreiteten sie mir als Gegenstück zu meinen herkömmlichen Einkaufsdialogen mit dem obligatorischen "*Good morning. What can I do for you?*" den folgenden '*shopping rap*' (Reisener 2003:77)[2]:

Take a trolley, push it round!	A big box of ice cream. And half a pound of rice.	And now a box of cornflakes. And don't forget the honey.
We need butter, half a pound.	And what about biscuits? They look very nice.	Let's go to the checkout … Have you got the money ? ? ?

Für diesen *shopping rap* hatten wir aus dem *drum-computer* einen Endlos-Rhythmus ausgewählt und den Sprechtext damit unterlegt, so dass nun in guter Vorbereitung durch jeweils zwei Einkaufspartner kleine Einkaufs-*performances* durchgeführt werden konnten, die weit stärker motivierten als die alten vom Lehrer inszenierten Einkaufsdialoge. Mögen *Rap*-Reime nun nicht jedermanns Sache sein, aber sie bieten eine gute Basis für Dialogisches und damit *performance*-orientiertes Arbeiten und Lernen.

3. Joint Effort

Joint Effort wäre dann nur noch der letzte kleine Schritt hin zu den gruppenbezogenen *performances*. Der folgende Text fordert sogar dazu auf, mit allen Schülerinnen und Schülern ins Freie zu gehen, allerdings erst, wenn alle ihn auswendig beherrschen. Das dort draußen zu spielende Spiel ist vielleicht noch als „Fischer, Fischer, wie tief ist das Wasser?" bekannt. Es dürfen bei Vers 1 nur jene dem *Mr. Alligator* entgegen laufen, die graue Sachen tragen, etc. Die vom Alligator gefangenen bzw.

---

2   Siehe dazu auch Reisener 2002 und Reisener 2005a.

angetippten Personen sind nun auch "*alligators*" (vgl. Reisener et. al. 1996:101). Die Verknüpfung mit den Farben und Kleidungsstücken erinnert ebenfalls an ein altes Spiel, nämlich „Wenn der Kaiser ins Land kommt ...".

Mr. Alligator

1. Mr. Alligator may we cross the water?
   We've come to see your daughter.
   Yes, you may, yes, you may,
   if you're wearing something grey.

   Mr. Alligator, …

2. I don't mind what you do if you're wearing something blue.
3. You may go and then come back if you're wearing something black.
4. You may come, I think he said if you're wearing something red.
5. Swim on down, swim on down if you're wearing something brown.
6. That's all right, that's all right if you're wearing something white.
7. It's quite ok, I think if you're wearing something pink.
8. Yes you may, my dear fellow if you're wearing something yellow.
9. Yes my friend, come and join the scene if you're wearing something green.

Performance ist und bleibt partner- und gruppenbezogenes sprachliches Handeln, verbunden mit Bewegung, teils auch mit Musik und stets mit viel Fantasie, was sich wiederum insgesamt in motivationaler Hinsicht auszahlt. Und so kommt es bei der *performance*-Orientierung ganz von selbst zu einer Sicht des *classroom as stage*.

4. *Classroom as Stage*

Damit können wir getrost an Shakespeares Statement in *As You Like It* anknüpfen: "*All the world's a stage, and all the men and women only players.*". Große *performance*-Erfolge lassen sich erzielen, wenn man den Kindern '*identity cards*' in die Hand gibt.

Sie können dann als Prominente aus *show-business*, *film-making* oder Politik (Michael Jackson, Britney Spears, George Bush, Prince Charles), auch als verstorbene Prominente (Charlie Chaplin, Marilyn Monroe), als Fantasie-Figuren (King Kong, Mr. Spock, Obelix) oder aber als Märchen- und Fabelfiguren (Rapunzel, Cinderella, *the witch, the devil, the magician*) agieren.

Weiteren Klassenmitgliedern wird die Regie-Assistenz angeboten. Sie entscheiden, welche zwei bis vier Figuren in der jeweiligen Szene aufeinander treffen, wer dann wieder abtritt und wer hinzukommt. Sie entscheiden auch über die Spielorte (*on board a spacecraft, near Loch Ness, on the edge of a cliff*), über die Tages- und Nachtzeit, die äußeren Gegebenheiten, das Wetter usw.

Treffen also die ersten drei Figuren in der Klassenmitte (*in a dark, dark wood, during a stormy night*) zusammen, etwa *Lady Di, the farmer and the devil*, so muss nun eine Begrüßung erfolgen, müssen sich Gespräche entwickeln, müssen spontane Szenen entstehen, die dann durch Abgang einzelner Figuren und Hinzutreten weiterer

Spieler weiter entwickelt werden müssen (*the classroom as stage* eben). Und es kann sich sehr wohl lohnen, die Video-Kamera bereit zu haben.

5. *Getting out*

Getting out soll unsere letzte Forderung sein, denn es gilt noch den folgenden Aspekt zu sehen: Eine Menge unserer Textbeispiele entstammt neueren Sammlungen und Anthologien nicht nur von Shel Silverstein, Michael Rosen und Roger McGough. Sie alle verbindet der Aufruf, wie ihn Michael Rosen und Quentin Blake als Titel einer gemeinsamen Sammlung formuliert haben: *Quick, let's get out of here.* (vgl. Rosen/Blake 1983). Das „Wo" des „Schnell-raus-hier" ist natürlich auch schnell beantwortet: Aus *A Child's Garden of Verse* soll es herausgehen, heraus und damit hinein ins Leben. Die *Snot and Bogey-Lot* mit Roger McGough, Tony Bradman, Michael Rosen, Ernest Henry u.v.a. will der *beautiful gardens-lot* nichts streitig machen, aber ihre Botschaft ist eindeutig: Seid nicht gar zu brav! Lebt und agiert, singt und tanzt, schimpft und schreit, wann immer euch danach zu Mute ist. Und bewegte und sprachliche Freude kann sich auch allemal einstellen, wenn man in Werke schaut wie das von Ernest Henry *Poems to shout out loud* (Henry 1996).

Wer nach weiterer Fundierung auf diesem Gebiet in der deutschen Fachdidaktik bzw. Englischdidaktik sucht, der oder die dürfte mit Karlheinz Hellwigs verdienstvollem Buch *Anfänge englischen Literaturunterrichts* gut ausgestattet sein (Hellwig 2000). Viele *performance*-Ansätze lassen sich auch nachvollziehen in meinem Buch *Poems in the Classroom* (Reisener 2005b).[3] Hier sind die Unterrichtsimpulse stets praktisch mitbedacht.

Aber wer die eigentlichen Anfänge studieren will, der oder die muss ein Buch in die Hand nehmen, das vor nunmehr fast einem halben Jahrhundert veröffentlicht wurde. Denn Gottfried Hausmann legte mit seinem 1959 erschienenen Werk *Didaktik als Dramaturgie des Unterrichts* (Hausmann 1959) den Grundstein für das, worüber wir heute verstärkt, allerdings mit größerer Aufmerksamkeit auch für die Lernenden, nachdenken, nämlich wie Bewegung ins Lernen und damit Lernen in Bewegung kommt. *But now: Quick, let's get out of here.* **PERFORMANCE**, das sind:

- **P**rozess und Produkt
- **E**insatz in vielerlei Hinsicht
- **R**epertoires, wie hier einige gezeigt
- **F**unktionsfreude allemal
- **O**ptionen in vielen Richtungen
- **R**ealität und Pseudo-Realität zugleich
- **M**ehrkanaligkeit des Lernens
- **A**uthentizität und *authentication*
- **N**eue Wege (die ja auch dadurch entstehen, dass man sie geht)
- **C**hancen für die Öffnung von Unterricht
- **E**nglish lessons our learners would like.

---

3 Vgl. hierzu auch Reisener 2003 und Reisener 2005a.

6. Literaturangaben

Ashford, S., N. O'Donovan und H. Reisener (1999) *Learning English – Swift*. Band 1. Stuttgart: Klett.
Bennett, J. (1989) *Singing in the Sun*. London: Puffin.
Hausmann, G. (1959) *Didaktik als Dramaturgie des Unterrichts*. Heidelberg: Quelle & Meyer.
Hellwig, K.-H. (2000) *Anfänge Englischen Literaturunterrichts*. Frankfurt/M.: Lang.
Henry, E. (1996) *Poems to shout out loud*. London: Bloomsbury.
Reisener, H. et. al. (1996) *Orange Line New.* Band 2. Stuttgart: Klett.
Reisener, H. (2002) *Englisch üben im 3. Schuljahr Grundschule*. Stuttgart: Manz.
Reisener, H. (2003) *Englisch üben im 4. Schuljahr Grundschule*. Stuttgart: Manz.
Reisener H. (2005a) *Englisch: Übertritt an weiterführende Schulen*. Stuttgart: Manz.
Reisener, H. (2005b) *Poems in the Classroom*. Velber: Kallmeyer.
Rosen, M. and Q. Blake (1983) *Quick, Let's Get Out Of Here*. London: Puffin.
Rosen, M. and H. Oxenbury (1989/1993) *We're going on a Bear Hunt*. London: Walker Books.
Silverstein, S. (1996) *Falling Up*. New York: Harper Collins.
Thelwell, N. (1964) *Top Dog*. London: Magnum Books (Methuen).

Lösung zum Gedicht *The Deadly Eye* (Silverstein 1996:37)

THE DEADLY EYE

It's the deadly eye
Of Poogley-Pie.
Look away, look away,
As you walk by.
'Cause whoever looks right at it
Surely will die.
It's a good thing you *didn't* ...
You did? ...
Good-bye.

Weitere Aspekte im frühen Fremdsprachenlernen

Rosemarie Beck
Fremdsprachenunterricht ab Jahrgangsstufe 1 – Möglichkeiten und
Grenzen curricularer Vorgaben — 162

Otfried Börner
KESS – Eine flächendeckende Untersuchung mündlicher Sprachleistungen im Englischunterricht der Hamburger Grundschulen — 169

Heiner Böttger
Aussprachechulung im Englischunterricht der Grundschule –
Aspekte eines didaktisch-methodischen Designs — 173

Markus Kötter
Überlegungen zur Erhebung und Auswertung von Unterrichtsdaten
zum frühen schulischen Fremdsprachenerwerb — 180

Andreas Marschollek
Der Stellenwert des Schülerinteresses im Fremdsprachenunterricht
der Grundschule – exemplarisch dargestellt an einem Konzept zur
Einführung der Lautschrift — 188

Jürgen Mertens
„Denn sie sollen wissen, was sie tun ..." – Berufsfeldorientierung als
Leitgedanke einer wissenschaftlichen Fremdsprachenlehrerausbildung — 196

Thorsten Piske
Zur Entwicklung der Englischkenntnisse bei deutschsprachigen
Immersionsschülerinnen und -schülern im Grundschulalter — 206

Rosemarie Beck

Fremdsprachenunterricht ab Jahrgangsstufe 1 – Möglichkeiten und Grenzen curricularer Vorgaben

Der Rahmenlehrplan Fremdsprachen Englisch, Französisch, Polnisch und Russisch wurde zusammen mit dreizehn anderen Rahmenlehrplänen für die Grundschule länderübergreifend entwickelt. So waren für Deutsch und Mathematik neben Brandenburg die Bundesländer Berlin, Bremen sowie Mecklenburg-Vorpommern beteiligt. Es gibt außerdem Pläne, die von drei oder zwei der genannten Bundesländer entwickelt wurden. Für die Fremdsprachen sind innerhalb des Projekts allerdings keine länderübergreifenden Pläne entstanden.

Den in diesem Projekt erarbeiteten Rahmenlehrplänen für die Grundschule liegt ein kompetenzorientierter Lernansatz zu Grunde. Für alle Pläne gibt es ein gemeinsames Kapitel 1 „Bildung und Erziehung in der Grundschule", in dessen Mittelpunkt Ausführungen zu grundlegender Bildung stehen. Die Pläne enthalten verbindliche Anforderungen, Inhalte für Doppeljahrgangsstufen und Standards, die erwartbare Leistungen am Ende der Jahrgangsstufe 6 beschreiben. Somit wird eine Vergleichbarkeit der Leistungen ermöglicht. Zudem werden Freiräume eröffnet, in denen Schulen aktuelle, regionale und schülerbezogene Inhalte bearbeiten können. Eine wesentliche Rolle kommt der schulinternen Planung zu.

Dem Kapitel 1 „Bildung und Erziehung in der Grundschule" schließen sich die fachbezogenen Kapitel und Abschnitte an. Für die Fremdsprachen sind das „Der Beitrag des Faches zur Bildung und Erziehung in der Grundschule" (Kapitel 2), „Standards" (Kapitel 3), „Gestaltung von Unterricht – fachdidaktische Ansprüche" (Kapitel 4), „Inhalte" (Kapitel 5) mit den beiden Abschnitten „Übersicht über Kompetenzbereiche" und „Themen" sowie „Sprachmittel", dann folgen „Leistungsermittlung, Leistungsbewertung und Dokumentation" (Kapitel 6) und zum Schluss ein Anhang.

Der Beitrag des Fremdsprachenunterrichts zur Grundbildung der Schülerinnen und Schüler wird im Rahmenlehrplan in folgender Weise beschrieben:

> Begegnungsunterricht (Jahrgangsstufen 1 und 2) und Fachunterricht (Jahrgangsstufen 3 bis 6) in der Fremdsprache erweitern die Weltsicht und den Blick auf die eigene Sprache und Kultur. Sie bereichern das Denken und Handeln in der Muttersprache. Neugierde auf sowie Freude und Interessen an anderen Sprachen und Kulturen werden geweckt, erhalten und zweckgerichtet entfaltet. (Ministerium für Bildung, Jugend und Sport des Landes Brandenburg 2004:17)

Dabei steht der Erwerb kommunikativer Kompetenz im Vordergrund. Kommunikative Kompetenz wird in den vier kommunikativen Fertigkeiten Hörverstehen, Mündliche Kommunikation/Sprechen, Leseverstehen und Schreiben entwickelt. In diesen kommunikativen Fertigkeiten erwerben, vervollkommnen und realisieren die Schülerinnen und Schüler Sachkompetenz, Methodenkompetenz, soziale und personale Kompetenz. Diese Kompetenzen existieren nicht isoliert, sondern sind Bestandteil der kommunikativen Fertigkeiten und der Standards im Besonderen.

1. Welches sind Standards für eine ergebnisorientierte Gestaltung des Unterrichts in der Grundschule?

Standards beschreiben die Kompetenzen, die Schülerinnen und Schüler im Fremdsprachenunterricht am Ende der Grundschulzeit erworben haben müssen, um ein erfolgreiches Weiterlernen zu sichern. Bezogen auf den *Gemeinsamen Europäischen Referenzrahmen für Sprachen* gelten im Land Brandenburg folgende Standards:

1.1 Hörverstehen
Schülerinnen und Schüler
- unterscheiden typische Laute, Lautfolgen und Wörter,
- verstehen alltägliche Äußerungen, die sich auf einfache und konkrete alltägliche Bedürfnisse beziehen, wenn auf alters- und schülergerechtem Niveau gesprochen wird,
- folgen einem Gespräch, wenn deutlich gesprochen wird,
- verstehen Fragen und Anweisungen und folgen einfachen Weisungen,
- verstehen landeskundliche Informationen aus Hörtexten und fertigen Notizen dazu an, füllen Tabellen aus oder vervollständigen Inhaltsangaben,
- verstehen Handlungsabläufe und den Inhalt von Geschichten.

1.2 Mündliche Kommunikation/Sprechen
Schülerinnen und Schüler
- sprechen über sich selbst, andere Personen, Orte, Ereignisse und Handlungsabläufe kurz zusammenhängend,
- drücken Vorlieben, Abneigungen, eigene Erfahrungen, Gefühle und Meinungen aus und machen Vorschläge,
- stellen und beantworten Fragen zum Alltagsgeschehen,
- führen Dialoge und Interviews zu einfachen Alltagssituationen,
- geben unter der Verwendung eigener Stichpunkte Informationen aus einem gehörten oder gelesenen Text wieder,
- reagieren in Alltagssituationen spontan,
- machen sich durch Gesten verständlich, falls ihnen das treffende Sprachmaterial nicht zur Verfügung steht.

1.3 Leseverstehen
Schülerinnen und Schüler
- erkennen Informationen auf Werbematerialien, Speisekarten und Fahrplänen und können deren Wortbedeutungen erschließen,
- finden in einfachen alltäglichen Texten spezifische Informationen, nach denen sie suchen,
- verstehen schriftliche Aufgabenstellungen, einfache Erläuterungen zu Lösungswegen, Arbeitsanweisungen, Spiel- und Bastelanleitungen sowie Rezepte und handeln dementsprechend,
- verstehen kurze persönliche Briefe, in denen die Verfasserin/der Verfasser Ereignisse, Gefühle oder Wünsche in einfacher Sprache beschreibt,
- erfassen den grundlegenden Inhalt von Prosatexten, wie Geschichten und Märchen,

- nutzen Wörterbücher und elementare Techniken zur Bedeutungserschließung von Wörtern,
- fertigen Notizen über das Gelesene an,
- bauen aus vorgegebenen Überschriften, Bildern und Textbausteinen eine Erwartungshaltung auf und stellen Vermutungen an.

1.4 Schreiben
Schülerinnen und Schüler
- schreiben einfache Mitteilungen und Sätze,
- beschreiben Orte, Gegenstände und Personen aus ihrem Erlebnisbereich,
- schreiben eine einfache Geschichte ggf. unter Nutzung von Stichpunkten oder Bildern,
- äußern sich zu bekannten Sachverhalten und Themen schriftlich,
- schreiben Post- und Glückwunschkarten, einfache Briefe und E-Mails,
- berichten über Ereignisse, Erlebnisse und Aktivitäten,
- schreiben über Vorlieben und Abneigungen,
- schreiben über ihre Familie und ihr Umfeld,
- nutzen beim Schreiben Hilfsmittel, wie Bildwörterbücher, Wortlisten, thematischen Wortschatz, Wörterbücher und den PC.

Die Standards wurden in Anlehnung an den Europäischen Referenzrahmen definiert und müssen von allen Kindern am Ende der Jahrgangsstufe 6 erreicht worden sein. Bei Standards geht es also nicht um Empfehlungen oder Wunschvorstellungen, sondern um Vorgaben, auf die sich die unterrichtenden Lehrkräfte stützen müssen.

Der Rahmenlehrplan selbst stellt allerdings nicht dar, wie ein einzelner Standard konkret erreicht werden kann. Solche Untersuchungen werden im Zuge der Teilnahme des Landes Brandenburg am BLK-Verbundprojekt[1] „Sprachen lehren und lernen als Kontinuum: Schulpraktische Strategien zur Überbrückung von Schnittstellen im Bildungssystem" vorgenommen.

Die nachfolgende Übersicht (Darstellung 1) zeigt als Ausschnitt ein Ergebnis aus den bisherigen mit den beteiligten Bundesländern Berlin und Hessen abgestimmten Arbeiten. Alle Standards aus dem Rahmenlehrplan wurden den Niveaustufen des Gemeinsamen Europäischen Referenzrahmens gegenüber gestellt. Dabei wurde festgestellt, dass Standards und Niveaustufen bzw. Deskriptoren in unterschiedlicher Art und Weise übereinstimmen. Anschließend wurden die jeweiligen Textstellen in den beiden Dokumenten markiert und dokumentiert. In einem weiteren Schritt wurden für die drei Doppeljahrgangsstufen 1/2, 3/4 und 5/6 Teilstandards bzw. Teilziele herausgefiltert, benannt und in Übersichten erfasst, z.B. wie in der nachfolgenden Übersicht für den zweiten Standard „Sprechen/mündliche Kommunikation".

Derzeit werden Beispielaufgaben ermittelt, gesammelt und aufbereitet, um die einzelnen Deskriptoren zu veranschaulichen. Es ist vorgesehen, dass die Beispiele in die Tabelle in Darstellung 1 eingearbeitet werden. Nach Fertigstellung sollen die Materialien u.a. im Internet veröffentlicht werden, um dem vorhandenen großen Interesse entsprechen zu können. Bereits jetzt werden die Deskriptoren durch das gezielte Engagement der Fachberaterinnen und Fachberater in vielen Regionen Brandenburgs diskutiert und ausprobiert.

---

1   BLK = Bund-Länder-Kommission

Darstellung 1: Deskriptoren des *Gemeinsamen Europäischen Referenzrahmens* für eine ergebnisorientierte Gestaltung des Unterrichts

Bildungsstandard Brandenburg	Gemeinsamer europäischer Referenzrahmen für Sprachen	Umsetzung in Grundschulen Brandenburgs
2. Die Schülerinnen und Schüler drücken Vorlieben, Abneigungen, eigene Erfahrungen, Gefühle und Meinungen aus und machen Vorschläge.	A2: Kann einfache Beschreibung von Menschen, Lebens- und Arbeitsbedingungen, Alltagroutinen, Vorlieben und Abneigungen geben und zwar in kurzen, listenhaften Abfolgen aus einfachen Wendungen und Sätzen. (S. 64)	Jahrgangsstufe 1/2: Die Schülerinnen und Schüler drücken Vorlieben und Abneigungen aus, auch mit Hilfe von Mimik und Gestik. Sie können einfache Gefühle ausdrücken.
	A2: Kann erklären, was er/sie mag oder nicht mag. (S. 65)	Zusätzlich in 3/4: Die Schülerinnen und Schüler benennen ihre Vorlieben und Abneigungen. Sie können ihre Gefühle differenzierter darstellen.
	B1: Kann detailliert über eigene Erfahrungen berichten und dabei die eigenen Gefühle und Reaktionen beschreiben. (S. 64)	Zusätzlich in 5/6: Die Schülerinnen und Schüler drücken Vorlieben und Abneigungen aus und begründen diese. Sie bringen eigene landeskundliche und Spracherfahrungen in den Unterricht ein. Sie beschreiben sowohl eigene als auch die Gefühle anderer. Sie schlagen Freunden und Mitschülern unter anderem Freizeitaktivitäten vor.

2. Welche Aufgaben und Probleme können nur in schulinterner Planung gelöst werden?

Ein wichtiges Instrument bei der Implementierung des neuen Rahmenlehrplans Fremdsprachen Grundschule stellen schulinterne Fachpläne dar. Sie sind für die Planung, Durchführung und Evaluation des Begegnungsunterrichts in den Jahrgangsstufen 1 und 2 sowie des Fachunterrichts in den Jahrgangsstufen 3 bis 6 unverzichtbar und setzen die Weiterentwicklung einer hohen Dialog- und Streitkultur in und zwischen den Fachkonferenzen voraus.

Der schulinterne Fachplan Fremdsprachen Grundschule gibt einen Überblick über die allgemeinen Ziele und die Fachziele einer Schule oder ggf. mehrerer Schulen. Er ist die Konkretisierung des Rahmenlehrplans Fremdsprachen Englisch, Französisch, Polnisch, Russisch unter Berücksichtigung vielfältiger Unterrichtsbedingungen, der Erfahrungen und der Standortgegebenheiten einer Schule oder ggf. mehrerer Schulen. Er spiegelt die Lernkultur der Schule wider, greift Aspekte des Schulleitbildes auf und trägt so zur Schulentwicklung bei.

Der schulinterne Fachplan Fremdsprachen Grundschule ist die elementare Grundlage für die Selbststeuerung in der fachlichen und kulturell-gesellschaftlichen Orientierung, hilft methodische Prinzipien zu verankern und so neue Motivation für die Kooperation zwischen den Fachlehrkräften zu erlangen. Damit stellt er die schulspezifische Konkretisierung des Rahmenlehrplans Fremdsprachen Englisch, Französisch, Polnisch, Russisch dar und bildet die Basis für die individuelle Planung des Begegnungs- und Fachunterrichts in der Fremdsprache durch die Fachlehrkräfte.

2.1 Wege zum schulinternen Fachplan Fremdsprachen Grundschule

Zur Erstellung des schulinternen Fachplans Fremdsprachen Grundschule ist es sinnvoll, zuerst die Stärken und Schwächen des Bestehenden zu analysieren, dann Entwicklungsziele zu formulieren, die Maßnahmen und ihre Umsetzung abzustimmen und über Verbindlichkeiten in der Durchführung überein zu kommen. Mit den Maßnahmen sollten auch die Instrumente der Evaluation von der Fachkonferenz festgelegt werden, um später den schulinternen Fachplan Fremdsprachen Grundschule fortschreiben zu können. In diesem schrittweisen Vorgehen entwickelt sich die gemeinsame Annäherung an eine bestmögliche Ausbildung und Förderung der Schülerinnen und Schüler.

Für die Bestandsaufnahme sowie Analyse der bestehenden schulinternen Fachpläne können unterschiedliche Fragestellungen verwendet werden, z.B.

- Wird die Entwicklung der Sach-, Methoden-, personalen und sozialen Kompetenz der Schülerinnen und Schüler genügend berücksichtigt?
- Findet eine gelungene Kooperation mit den anderen Unterrichtsfächern statt?
- Wird die Unterschiedlichkeit des Lernens der Schülerinnen und Schüler berücksichtigt?
- Werden alle Arbeits- und Sozialformen in der alltäglichen Unterrichtsarbeit ausreichend berücksichtigt?
- Werden die Schülerinnen und Schüler in ausreichendem Maße in die Planung mit einbezogen?
- Sind die gewählten Verfahren zur Leistungseinschätzung zeitgemäß oder müssen sie revidiert werden?
- Findet auch die Nutzung neuerer Medien (wie z.B. die Arbeit am Computer mit Lernprogrammen oder der Aufbau einer Schulpartnerschaft per E-Mail) im alltäglichen Unterricht statt?

Mit der Beantwortung der Fragen geht eine fachliche Diskussion der Defizite der bestehenden schulinternen Fachpläne und der Situation des Fremdsprachenunterrichts an der Schule einher. Es können Schlussfolgerungen für die weitere Arbeit in den einzelnen Jahrgangsstufen mit Hilfe des neuen Rahmenlehrplanes Grundschule Fremdsprachen abgeleitet und dementsprechende Maßnahmen festlegt werden.

Nach Abschluss der Planung ist eine Einigung über Konzepte und Strategien zum Umsetzen der Entscheidungen zu treffen. Es geht u.a. darum, Verbindlichkeiten (was? wer? wann?) herbeizuführen, eine zeitliche Abfolge festzulegen und darüber hinaus detailliert zu diskutieren, zu welcher Zeit und auf welche Art und Weise die Evaluation des schulinternen Fachplans Fremdsprachen Grundschule erfolgen soll. Sinnvoll ist auch hier ein Fragenkatalog, den die Fachkonferenz erstellt und der von den Fachlehrkräften als Selbsteinschätzungsinstrument verwendet wird. Er sollte Ausgangspunkt für Erörterungen der Qualitätsthematik sein. Gleichzeitig kann er zur

Transparenz des unterrichtlichen Tuns führen und wichtige Impulse für gemeinsame Diskussionen geben.

Die Entwicklung des schulinternen Fachplans Fremdsprachen Grundschule mit der Realisierung der Ansprüche an die Arbeit der Fachkonferenz ist eine Langzeitaufgabe, er darf weder ein verkürzter Rahmenlehrplan noch eine Stoffsammlung sein, die mit dem verwendeten Lehrbuch identisch ist. Wenig nützlich sind auch nicht auf die konkrete Situation zugeschnittene Vorgaben aus anderen Schulen, die einfach abgearbeitet werden. Die Fachkonferenz Fremdsprachen Grundschule kann und muss selbst die erforderlichen Entscheidungen treffen, die von der jeweiligen Schule bzw. ggf. von den jeweiligen Schulen verantwortet werden. Schulinterne Planung hat nur Sinn, wenn die jeweiligen Bedingungen vor Ort und die handelnden Fachlehrkräfte selbst berücksichtigt werden.

2.2 Inhaltliche Schwerpunkte des schulinternen Fachplans Fremdsprachen Grundschule

Die inhaltlichen Schwerpunkte leiten sich aus den obligatorischen Anforderungen des Rahmenlehrplans Fremdsprachen Englisch, Französisch, Polnisch, Russisch her und berücksichtigen die pädagogische Selbstverantwortung, die regionale Besonderheit sowie die Individualität der einzelnen Schule oder ggf. der einzelnen Schulen. Im Einzelnen sollten dazu gehören:

- abgestimmte pädagogische Anforderungen für die Arbeit in den einzelnen Klassen- bzw. Jahrgangsstufen des Begegnungs- und Fachunterrichts in der Fremdsprache, d.h. klar formulierte Anforderungen für die erforderliche Kompetenzentwicklung im Begegnungs- und Fachunterricht in der Fremdsprache, vorrangig unter Berücksichtigung der Standards und konkrete Planung ihrer Umsetzung;
- abgestimmte Planung möglicher Produkte, Projekte und anderweitiger Ergebnisse langfristigen Arbeitens unter weitgehender Zuordnung zu einzelnen Jahrgangsstufen, d.h abgestimmte zeitliche Rahmenbedingungen für die Durchführung des Begegnungs- und Fachunterrichts in der Fremdsprache und abgestimmte gemeinsame inhaltliche Schwerpunktsetzungen für die Koordination mit anderen Fachbereichen im Hinblick auf den Begegnungs- und Fachunterricht in der Fremdsprache;
- abgestimmter Umgang mit Standards und Leistungen in den einzelnen Klassen- bzw. Jahrgangsstufen des Begegnungs- und Fachunterrichts in der Fremdsprache, d.h. das Sprachenportfolio wird als Instrument der lernprozessbegleitenden Schülereinschätzung etabliert und findet somit einen festen Platz bei der Umsetzung der schulinternen Fachpläne. Des Weiteren beschließt die Fachkonferenz Wege zum Erreichen der fachlichen Standards am Ende der Grundschulzeit. Um möglichst objektive Vergleichsergebnisse zu erreichen, legt die Fachkonferenz Inhalte, Rahmenbedingungen und Bewertungskriterien für schriftliche Lernstandskontrollen fest.
- abgestimmte Differenzierungs- und Fördermaßnahmen in den einzelnen Klassen- bzw. Jahrgangsstufen des Begegnungs- und Fachunterrichts in der Fremdsprache, d.h. jede Schule muss die Gestaltung ihres Unterrichts so ausrichten, dass es jeder Schülerin und jedem Schüler ermöglicht wird, die Mindestanforderungen im Fremdsprachenunterricht zu erreichen. Eine gute Schule gewährleistet darüber hinaus die Förderung besonders begabter Kinder. Liegt das

Leistungsvermögen einiger Schülerinnen und Schüler über dem für alle verbindlichen Niveau, so sind im schulinternen Fachplan Fremdsprachen Grundschule weiterführende Ziele zu formulieren und für die Schule bzw. ggf. die Schulen als verbindlich anzusehen. Fördermaßnahmen müssen in die Planung der schulinternen Fachpläne integriert werden, z.B. als Binnendifferenzierung oder als Additum in Form eines Förderplanes.
- abgestimmter Einsatz unterschiedlicher Medien, d.h. Wahl des Lehrwerks bzw. anderer Lehr- und Lernmittel; Wahl von Ton- und Bildträgern; Einsatz des Computers;
- abgestimmte geeignete Evaluierungsmaßnahmen (wie z.B. Vergleichsarbeiten oder Hospitationen), um die eigene Unterrichtsarbeit kritisch zu analysieren sowie vorhandene Defizite durch geeignete Fortbildungsmaßnahmen zu überwinden.

Klar formulierte Ziele des Begegnungs- und Fachunterrichts im schulinternen Fachplan Fremdsprachen Grundschule und die Planung ihrer Umsetzung werden sowohl zur Stärkung der Handlungskompetenz der einzelnen Lehrkraft als auch zur Stärkung der Entscheidungskompetenz der Fachkonferenz Fremdsprachen in anderen schulischen Gremien führen. Somit wird die Voraussetzung für ein erfolgreiches schulisches Lernen und kooperatives Miteinander geschaffen. Für die Form und Struktur der schulinternen Fachpläne gibt es keine verpflichtenden Vorgaben. Sie sollen für das Planungshandeln der Lehrkräfte im Schulalltag gut zugänglich und praktisch handhabbar sein.

Die Kooperation innerhalb der Schule stellt eine notwendige Voraussetzung dafür dar, dass vereinbarte, d.h. verbindliche Vorgaben und notwendige individuelle Entscheidungen sinnvoll umgesetzt werden können. Ein wesentlicher Bereich der Lehrerkooperation ist die curriculare Kooperation, das heißt die Abstimmung in den Fächern und zwischen den Fachbereichen über Ziele, Inhalte und Wege des Unterrichts im Zusammenhang von Lernen und Leisten. Der Begegnungsunterricht und der Fachunterricht in der Fremdsprache sollen im erkennbaren Zusammenhang zu den verabredeten, gemeinsamen pädagogischen Zielen der Schule organisiert werden und vor allem der Qualitätssicherung des Unterrichts verpflichtet sein. Die dafür zuständigen Gremien sind die Fachkonferenzen, die Jahrgangskonferenzen und die Konferenz der Lehrkräfte.

3. Literaturangaben

Beck, R., S. Dopfer und R. Sidorowa (2004) *Fachbeispiele zum Leitfaden „Auf dem Weg zum schuleigenen Curriculum" – Beitrag des Unterrichtsfaches Fremdsprachen.* http://www.lisum.brandenburg.de/sixcms/media.php/3355/SIC_Fs.pdf [23.08.2005]

Ministerium für Bildung, Jugend und Sport des Landes Brandenburg (Hrsg.) (2004) *Rahmenlehrplan – Grundschule – zur Erprobung – Fremdsprachen: Englisch, Französisch, Polnisch, Russisch* / Erarb. vom Landesinstitut für Schule und Medien Brandenburg (LISUM Bbg.). Berlin: Wissenschaft und Technik Verlag.

Trim, J., B. North, und D. Coste in Zusammenarbeit mit J. Sheils, Übersetzung J. Quetz in Zusammenarbeit mit R. Schieß und U. Sköries, Übersetzung der Skalen G. Schneider (2001) *Gemeinsamer Europäischer Referenzrahmen für Sprachen: lernen, lehren, beurteilen.* Berlin, München, Wien, Zürich, New York: Langenscheidt.

Otfried Börner

KESS – Eine flächendeckende Untersuchung mündlicher Sprachleistungen im Englischunterricht der Hamburger Grundschulen

1. Die Hamburger Lernausgangsuntersuchungen (LAU)

Im September 1996 wurde in sämtlichen Hamburger Klassen des Jahrgangs 5 eine wissenschaftliche Untersuchung zu Aspekten der Lernausgangslage von Schülerinnen und Schülern durchgeführt. Untersucht wurden Kenntnisse, Fertigkeiten und Fähigkeiten in den Bereichen Sprachverständnis, Leseverständnis, Rechtschreibwissen, Informationsentnahme aus Karten / Tabellen / Diagrammen und Mathematik sowie die „Einstellung zu Schule und Unterricht unter Berücksichtigung der individuellen und sozialen Lage der Kinder" (Lehmann/Peek 1997:9). Die als LAU 5 bekannt gemachte Untersuchung wurde 1998 in der Klassenstufe 7 unter Einbeziehung der ersten Fremdsprache (Englisch beziehungsweise Latein), im Jahr 2000 in der Klassenstufe 9 und 2002 in der Klassenstufe 11 wiederholt (Lehmann u.a. 1999, 2002, 2004), sodass damit umfangreiches Datenmaterial über die Entwicklung von Lernleistungen und Einstellungen eines ganzen Schülerjahrgangs vorliegt. Zurzeit laufen die Vorbereitungen für die Auswertung von LAU 13.

2. Kompetenzen und Einstellungen von Schülerinnen und Schülern (KESS)

Im Juni 2003 wurden in sämtlichen Hamburger 4. Klassen (14.110 Schülerinnen und Schüler aus 638 Klassen an 263 Grundschulen) die Lernstände in den Bereichen Leseverstehen, Mathematik, naturbezogenes Lernen, Rechtschreiben, Verfassen von Texten und Englisch-Hörverstehen (Bos/Pietsch 2004:2-5) erfasst. Als Testformate wurden die bewährten Verfahren aus LAU 5, PLUS und IGLU eingesetzt. Allein zur Ermittlung von Kompetenzen im Hörverstehen der englischen Sprache wurde ein am Hamburger Landesinstitut für Lehrerbildung und Schulentwicklung entwickelter Test verwendet, dessen Format und Ergebnisse hier vorgestellt werden sollen.

Ergänzend wurden Schülerinnen und Schüler, aber auch Eltern, Lehrkräfte und Schulleitungen u.a. zu „unterrichtsrelevanten als auch individuellen Bedingungen schulischen Lernens und schulischer Leistungen" und zum „außerschulischen Lernmilieu" befragt (Bos/Pietsch 2004:3).

3. Anlage der Englischuntersuchung

Im ersten Teil der Untersuchung wurden den Schülerinnen und Schülern zunächst unter der Fragestellung ‚Verstehst du Englisch?' nacheinander 12 Fragen aus ihrer Lebenswelt je zweimal von einem Tonträger vorgespielt. Diese mussten auf einem *Multiple-Choice*-Fragebogen mit jeweils vier Distraktoren auf Deutsch richtig beantwortet werden, natürlich ohne dass die Frage den Schülern dabei schriftlich vorlag. Die Fragen wandten sich zum einen persönlich an die Kinder, wie zum Beispiel:

"What can you eat?"	"Have you got a pair of shoes?"	"What can you do with your pocket money?"
☐ Wasser	☐ ja	☐ einen Brief schreiben
☐ Brot	☐ nein	☐ Blumen pflücken
☐ Seife	☐ manchmal	☐ ein Eis kaufen
☐ Löffel	☐ niemals	☐ die Haustür abschließen

Oder die Fragen bezogen sich auf „Weltwissen", wie zum Beispiel:

"How many days has a week?"	"Where are cows and pigs and ducks?"	"What do cats like to drink?"
☐ 1	☐ Tiere	☐ Milch
☐ 5	☐ im Wald	☐ Tee
☐ 7	☐ auf einem Bauernhof	☐ Cola
☐ 9	☐ im Pferdestall	☐ Mäuse

Im zweiten Teil wurde den Schülern zweimal eine Geschichte (*The monkey and the crocodile*) vorgespielt, zu der ebenfalls im *Multiple-Choice*-Verfahren auf Deutsch 10 Fragen angekreuzt werden mussten. In zwei Fällen wurde eine ergänzende Begründung gefordert. Die bei dieser Aufgabe schriftlich vorgelegten Fragen lassen sich in vier Schwierigkeitsgrade aufteilen:

1. Explizite Informationen, wie zum Beispiel:

„Was wollte der Affe essen?"
    ☐ Kokosnüsse
    ☐ Bananen
    ☐ Fische
    ☐ Blätter

2. Einfache Schlussfolgerungen, wie zum Beispiel:

„Warum wollte das Krokodil den Affen fangen?"
    ☐ Der Affe hatte das Krokodil geärgert.
    ☐ Das Krokodil wollte mit dem Affen spielen.
    ☐ Das Krokodil wollte den Affen fressen.
    ☐ Das Krokodil sollte den Affen für seine Mutter fangen.

3. Komplexere Schlussfolgerungen, wie zum Beispiel:

„Welches der folgenden Tiere könnte an Stelle des <u>Krokodils</u> in der Geschichte vorkommen?"
    ☐ Raubkatze
    ☐ Stier
    ☐ Raubfisch
    ☐ Raubvogel

4. Bewertung aufgrund eigener Erfahrungen, wie zum Beispiel:

„Was würdest du als Affenmutter zu dem kleinen Affen sagen?"
    ☐ Schade, dass du das Krokodil nicht fangen konntest.
    ☐ Ein Glück, dass du so gut klettern kannst.
    ☐ Du solltest endlich schwimmen lernen.
    ☐ Du darfst aber nicht lügen.

Begründe deine Antwort:
_____

Wegen der Schwierigkeit einer ökonomischen Auswertung konnte ein durchaus wünschenswertes Aufgabenformat nicht in die KESS-Studie übernommen werden, bei dem die Schüler freie Antworten (auf Deutsch) zu Fragen wie folgt geben sollen:

- *How old are you?*
- *What's your hobby?*
- *Where do you live?*
- *Do you like English?*
- *Is there a computer in your classroom?*
- *Can you swim?*
- *How are you today?*

Ergänzend zu dem Schülerfragebogen gab es einen Fragebogen für die Englischlehrkräfte u.a. zum Englischunterricht, zur kollegialen Kooperation, zur Ausstattung und zur Ausbildung, der inzwischen ausgewertet worden ist (Bos u.a. 2005, May 2005).

4. Ergebnisse der Englischuntersuchung

Die bekannten und mehrfach nachgewiesenen Zusammenhänge zwischen Sozialschicht der Eltern und Schulleistung der Kinder haben sich auch im Englischteil wieder bestätigt (Bos u.a. 2005, May 2005).

Im Vergleich zu den Leistungen im Lesen, in Mathematik und Naturwissenschaft fällt auf, dass im Englischteil kein Unterschied zwischen Kindern aus Familien mit beiden in Deutschland geborenen Elternteilen und einem in Deutschland geborenen Elternteil besteht und dass der Unterschied zwischen diesen beiden Gruppen und der Gruppe mit keinem in Deutschland geborenen Elternteil deutlich geringer ist (letzteres ähnlich wie bei den Orthografie-Leistungen). Hier sollte einmal eine gründliche empirische Untersuchung durchgeführt werden, die untersucht, ob Kinder mit nichtdeutscher Muttersprache beim Erlernen einer Fremdsprache bevorzugt oder benachteiligt sind. Dabei sollte berücksichtigt werden, welchen Einfluss der durchweg niedrigere soziale Status dieser Gruppe hat.

Überraschend ist weiterhin die Tatsache, dass es im Fach Englisch keinen signifikanten Unterschied zwischen Jungen und Mädchen gibt. In der LAU-7-Untersuchung dagegen wurde ein deutlicher Vorsprung der Mädchen, insbesondere an Gesamtschulen, ermittelt. Auch hier ergibt sich ein wichtiger Forschungsbedarf, wie es zu einer solchen Entwicklung kommen kann (Lehmann u.a. 1999:126f.).

Die Schülerinnen und Schüler haben die Anforderungen insgesamt gut erfüllen können. Die Ergebnisse weisen die durchaus erwartete Streuung auf, wobei in dem Teil ‚Verstehst du Englisch?' mehrheitlich die Aufgaben richtig gelöst wurden, mit Ausnahme der Frage nach der Uhrzeit, bei der die Schüler offensichtlich Probleme mit der Abbildung von Zeigeruhren (statt der ihnen vertrauten digitalen Anzeigen) hatten. Wiesen die Aufgaben zur Geschichte bei LAU 7 noch einen sehr ausgeprägten Deckeneffekt auf, also die richtige Lösung bei fast drei Viertel der gesamten Schülerschaft und damit ein statistisch weniger aussagekräftiges Ergebnis (Lehmann u.a. 1999:59), so wurden die Fragen nach Fakten bei KESS 4 relativ gut, aber mit einer erwünschten Streuung beantwortet. Probleme gab es mehrheitlich bei den erwarteten Begründungen.

Ergänzend seien noch einige Befunde aus der Lehrerbefragung aufgeführt. Es haben sich 264 ausschließlich weibliche Lehrkräfte daran beteiligt.
- Ca. 70% der Befragten nutzen regelmäßig englische Bilderbücher, ca. 10% nie, ca. 20% machten keine Angaben.
- Knapp 50% der Befragten setzen mindestens einmal wöchentlich Tonträger ein, ca. 30% ein- bis zweimal monatlich, 20% machten keine Angaben.

- 30% der Lehrkräfte gaben an, dass eine Bücherei oder Leseecke mit englischsprachigen Büchern vorhanden sei.

Die Schulen erhalten eine ausführliche Rückmeldung zu den Ergebnissen ihrer Klassen und deren Einordnung im Hamburger Gesamtzusammenhang, sodass ein kollegialer Diskurs über möglicherweise notwendige Konsequenzen – beispielsweise die Teilnahme an schulischen Fortbildungsmaßnahmen – eingeleitet werden kann.

5. Schlussbemerkung

Mit der Hamburger KESS-Untersuchung ist ein erster Versuch gemacht worden, gezielt Hörverstehensleistungen der Schülerinnen und Schüler am Ende der 4. Klasse und damit an der Schnittstelle zwischen Grund- und Sekundarstufe zu ermitteln. Es ist wichtig, dass verlässliche Instrumente das sprachliche Können ermitteln, wie es in den Rahmenplänen der einzelnen Bundesländer zunehmend auf der Grundlage des Gemeinsamen europäischen Referenzrahmens für Sprachen beschrieben wird. Mit den Empfehlungen des von Prof. Hans-Eberhard Piepho begründeten BIG-Kreises liegt inzwischen auch ein Vorschlag für die Beschreibung von möglichen (Mindest-) Standards für diese Zielgruppe vor (BIG-Kreis 2005:8-11). Ergänzend für die Einschätzung von Schülerleistungen gerade in der Übergangssituation sei schließlich auch noch auf die Möglichkeit der Nutzung des in Hessen entwickelten Sprachenportfolios für die Grundschule hingewiesen (Legutke/Lortz 2002).

6. Literaturangaben

BIG-Kreis (2005) *Fremdsprachen in der Grundschule: Standards, Unterrichtsqualität, Lehrerbildung. Empfehlungen des BIG-Kreises.* München: Domino Verlag.

Bos, W. und M. Pietsch (2004) *Erste Ergebnisse aus KESS 4 – Kurzbericht.* http://www.erzwiss.uni-hamburg.de/kess/kurzbericht.pdf [02.12.2005].

Bos, W. u.a. (2005) Kompetenzen und Einstellungen von Schülerinnen und Schülern der Jahrgangsstufe 4. Münster: Waxmann.

Europarat (2001) *Gemeinsamer europäischer Referenzrahmen für Sprachen.* München: Langenscheidt.

Legutke, M. und W. Lortz (2002) *Mein Sprachenportfolio.* Frankfurt: Diesterweg.

Lehmann, R. und R. Peek (1997) *Aspekte der Lernausgangslage von Schülerinnen und Schülern der fünften Klassen an Hamburger Schulen.* Hamburg: Behörde für Schule, Jugend und Berufsbildung.

Lehmann, R., R. Gänsfuß und R. Peek (1999) *Aspekte der Lernausgangslage und der Lernentwicklung von Schülerinnen und Schülern an Hamburger Schulen – Klassenstufe 7.* Hamburg: Behörde für Schule, Jugend und Berufsbildung.

Lehmann, R., R. Peek, R. Gänsfuß und V. Husfeldt (2002) *Aspekte der Lernausgangslage und der Lernentwicklung – Klassenstufe 9.* Hamburg: Behörde für Bildung und Sport.

Lehmann, R., S. Hunger, S. Ivanov und R. Gänsfuß (2004) *Aspekte der Lernausgangslage und der Lernentwicklung – Klassenstufe 11.* Hamburg: Behörde für Bildung und Sport.

May, P. (2005) „Englisch Hörverstehen am Ende der Grundschulzeit." In: Bos, W. u.a. (2005), 194-214.

Heiner Böttger

Ausspracheschulung im Englischunterricht der Grundschule – Aspekte eines didaktisch-methodischen Designs

Die intensive Ausspracheschulung ist ein grundlegender und dennoch in der Praxis oft vernachlässigter Aspekt des Englischunterrichts an Grundschulen. Er reduziert sich zu oft auf das reine Imitieren im Chor, da es noch zu wenige didaktisch-methodischen Hinweise und Hilfen dazu gibt. Die Chance auf eine Annäherung an authentisches Englisch wird so schon früh weitgehend verspielt.

1. Bedeutung und Notwendigkeit der Aussprache

Gerade weil Grundschulkinder in der Regel schnell und genau imitieren, ist eine *native-like proficiency* der Grundschul-Englischlehrer als „Leitmedien" die Grundvoraussetzung für effizientes und richtiges Englischlehren (vgl. Grimm 2003:99). Dies impliziert ein intensives aussprache-theoretisches und -praktisches Training in der Lehreraus- und -fortbildung.

Der *fossilization*, einer nachhaltig falschen und später außerordentlich schwer umlernbaren, habituell fehlerhaften Einprägung und Internalisierung einer Wortaussprache, können nur sie effizient begegnen, denn die „in der Lernanfangsphase erfahrenen Sprachmodelle sind prägend, besonders für die Aussprache" (Bleyhl 1999:14).

Die Vervollkommnung der korrekten Aussprache bleibt auch über die Grundschulzeit hinaus ein nicht zu vernachlässigender Aspekt des Englischlernens (vgl. Tench 1981:21). Dies betrifft alle Teilbereiche der Aussprache: die Betonung, die Intonation, die Einzellaute sowie die Sprechflüssigkeit.

Die Bedeutung von *message before accuracy* wird in dieser frühen mündlichen Produktionsphase nicht wirksam, da sich Defizite in diesen Bereichen später zu echten Kommunikationshemmern ausweiten können. So ändert sich beispielsweise die Bedeutung eines Wortes dadurch, dass ein einziger Laut in ihm anders oder undeutlich ausgesprochen wird (z.B. *minimal pairs*: *mouth – mouse*).

Die Aufmerksamkeit des Kommunikationspartners kann bei undeutlicher Aussprache so stark gebunden werden, dass das Gesagte inhaltlich für ihn nicht oder nur durch Nachfragen verständlich wird. Er bekommt zudem – trotz guten Wortschatzes und richtiger Grammatik – einen subjektiv schlechten Eindruck vom Sprecher (vgl. Herbst 1991). Nicht zuletzt evozieren Mängel in der Aussprache möglicherweise Stereotypen.

2. Allgemeine Aussprachehilfen

Fokus der Ausspracheschulung in der Grundschule müssen zunächst automatisierte, imitative Artikulationsprozesse sein (vgl. Hirschfeld 2003:278). Die nötige Voraussetzung dazu bilden elementare Wahrnehmungsleistungen durch gezielte Hörverstehensübungen, da bestimmte Laute, Betonung und Melodie der englischen Sprache noch nicht bekannt oder vertraut sind. Die richtige eigene Aussprache hilft dabei, etwas auch richtig hören zu können.

2.1 Vergleich mit der Muttersprache

In Grundschulklassen mit Kindern nicht-deutscher Muttersprache wird deutlich, in welchem Maße verschiedene Nationalitäten unterschiedliche Probleme bei der korrekten Aussprache des Englischen haben. Ähnlichkeiten in der jeweiligen Muttersprache erleichtern das Erlernen der korrekten Aussprache. Der Ansatz für die Ausspracheschulung liegt generell immer dort, wo das englische Lautsystem sich vom muttersprachlichen unterscheidet (vgl. Mindt/Schlüter 2003:55). Dazu lassen sich interlinguale Unterschiede und typische Fehlerquellen mit den Grundschulkindern selbst thematisieren – ein früher kognitiver Ansatz, der aufgrund der besonderen Bedeutung der Ausspracheschulung seine Berechtigung hat.

2.2 Lautschrift
Die Lautschrift als System metasprachlicher Schriftzeichen mit lautlicher Bedeutung hat sich im Grundschul-Englischunterricht als nur bedingt nützlich erwiesen. Die stark kognitivierende Ausrichtung einer solchen visuellen, aber recht abstrakten Hilfestellung ist im Englischunterricht mit Anfängern nur für leistungsstärkere Schüler relevant. Ist bei Konsonanten(gruppen) zwischen stimmhaft und stimmlos zu unterscheiden, können die entsprechenden Zeichen der Lautschrift hilfreich sein, wenn sie quasi als „Geheimzeichen" ganz gezielt, kindgerecht und sparsam eingeführt bzw. aufgebaut werden.

3. Grundschulgerechte methodische Ausspracheschulung
Die Imitation bildet die grundsätzliche Methode der Ausspracheschulung. Ziel ist dabei die Annäherung an die authentische Aussprache (*approximation*). Als Mittel dazu dient die akustische sowie visuelle und taktile Demonstration (z.B. Mitklopfen betonter Silben). Das Sprechtempo darf dabei nicht zu langsam sein, sondern dem normalen Sprechtempo eines *native speaker* so weit angepasst wie irgend möglich.

Durch den zusätzlichen gezielten, methodisch reflektierten Einsatz geeigneter audiovisueller bzw. auch interaktiver Medien lernen die Grundschulkinder schon sehr früh verschiedene authentische Sprecher unterschiedlicher Stimmlagen, Sprechgeschwindigkeiten und Aussprachevarianten kennen, deren Aussagen durchaus auch ein wenig von Hintergrundgeräuschen beeinträchtigt sein können.

Ständiges Wiederholen ist ein weiterer Schlüsselbegriff der Ausspracheschulung. Es ist nicht ausreichend, ein Wort ein- bis zweimal im Chor nachsprechen zu lassen (abhängig vom Bekanntheitsgrad des Wortes – vgl. BayStMUK 2004:6ff.), um individuelle Ausspracheprobleme aus einer Klasse herausfiltern, analysieren und therapieren zu können. Vom ersten Hören möglichst zügig zur automatisierten richtigen Imitation des Gehörten zu gelangen, erfordert ein weiteres, mehrfaches Vor- und Nachsprechen.

In der Praxis bewährt hat sich ein Verfahren, bei dem die neuen Wörter oder Satzteile zuerst im Zusammenhang eines sinnvollen Beispielsatzes, dann isoliert vom Schüler nur gehört werden. Erst im Anschluss an dieses Hören und Verstehen werden sie zwei- bis dreimal im Chor, dann in Teams (z.B. alle Jungen bzw. Mädchen der Klasse, einzelne Gruppentische, einzelne Tischreihen der Klasse usw.), danach in Partnertrios und -duos sowie abschließend eventuell einzeln imitiert.

Bei der Imitation darf vom Lehrer keinesfalls mitgesprochen werden, um genau hinhören und Fehlerquellen entdecken und herausfiltern zu können. Über die wiederholte Imitation in immer kleineren Gruppen kann dann genau ausgemacht werden, welcher Schüler welche Schwierigkeiten hat.

Eine sensible Korrektur – nicht durch restriktives Rückmelden, sondern erneutes, deutliches Vorsprechen – ist in dieser Phase elementaren Sprechens also dringend notwendig. Eine falsch verstandene Fehlertoleranz ginge auch gegen den Willen der Kinder, „richtig englisch" auszusprechen.

Für das individuelle Training mit Kindern, die trotz intensiven Übens Schwierigkeiten haben, ist das konzentrierte Ablesen von den Lippen erfahrungsgemäß hilfreich (*lip reading*).

Kleine Trainingsgruppen im Tutorensystem, die schwierige Laute anhand von geeigneten Wörtern üben, können in der Regel problemlos um sehr gut artikulierende Schüler gebildet werden, die ihren Mitschülern helfen.

Methodisch geschickte Variationen des Chorsprechens, beispielsweise die „Echomethode" (vgl. Schmid-Schönbein 2001:120f.), unterstützen spielerisch die deutliche Imitation erster Wörter und kleiner Sätze bzw. Satzteile.

3.1 Betonung
Bezüglich der zweisilbigen englischen Wörter haben deutschsprachige Kinder in der Regel kaum Schwierigkeiten, da jeweils meist die Anfangssilbe betont wird (Ausnahme z.B. *Ja*pan im Deutschen – Ja*pan* im Englischen). Dreisilbige und längere Wörter sind im englischen Basiswortschatz für die Grundschule nur sehr selten von Bedeutung (etwa: *un*glücklich – un*ha*ppy oder *Nach*mittag – af*ternoon*).

Die Betonung in kurzen Sätzen hingegen wird geschult wie das Imitieren einzelner Wörter. Die Bedeutung des Satzes muss natürlich klar sein oder erklärt werden, so z.B. die verschiedenen Begrüßungsmöglichkeiten zu bestimmten Tageszeiten. Nach dem Imitieren werden die Sätze nach Möglichkeit angewendet: Bei Begrüßungsformeln wie *Good morning!* beispielsweise gehen Schüler und Lehrkraft in der Klasse herum, begrüßen sich gegenseitig und wenden so das Erlernte schauspielernd an.

Für viele Schüler ist es eine zusätzliche große Hilfe, wenn Betonung nicht nur hörbar, sondern auch sichtbar gemacht wird (vgl. Brown 1992:119f.). Verschieden große Kreise oder eindeutige Zeichen an der Tafel können die unterschiedlich stark betonten Silben von Wörtern oder Sätzen symbolisieren.

Die Betonung von *vegetable* kann so durch eine Zeichenfolge wie 0 o o oder durch + − − verdeutlicht werden. Bei einem Satz wie *Good morning!* können die Kreise zur besseren Veranschaulichung noch verbunden werden: o~O~o.

Eine weitere Hilfsmöglichkeit ist, die betonten Silben innerhalb eines Wortes durch Großbuchstaben, Fettdruck oder einen Akzent an der Tafel oder auf Folie sichtbar zu machen: *VEGEtable* / **vegetable** / '*vegetable*.

Die Betonung für die Schüler buchstäblich begreifbar zu machen, gewährleistet der Einsatz von Betonungsstäbchen aus Holz. Ein grünes Stäbchen (ca. 3 cm) kann dabei für eine unbetonte Silbe stehen, ein längeres rotes (ca. 5 cm) für eine betonte. Den Schülern kann die richtige Betonung des Wortes *vegetable* mit Hilfe dieser Stäbchen auf verschiedene optische Weisen, ähnlich den Morsezeichen, verdeutlicht werden: — - - oder | - - .

Betonung bzw. Nicht-Betonung kann zunächst an ganz kurzen Sätzen geübt werden. Dazu wird mit Stift oder Finger während des Sprechens auf die Strich-Punkt-Symbolisierung („Transkription") des Satzes getippt. Striche stehen dabei für betonte, Punkte für unbetonte Satzteile, z.B.:

Catch it.	*I'm nine.*	*Sing a song.*	*It's a book.*
⎯ .	. ⎯	⎯ . ⎯	. . ⎯

Schließlich hilft bei der betonten Aussprache auch ein methodisches Mittel, das verschiedene rezeptive Kanäle mit einbezieht: Die Schüler klatschen oder stampfen den Rhythmus des Wortes, Satzteils oder ganzen Satzes.

Das Sprechen eines Wortes oder Satzes durch ein vorgehaltenes (Papier-)Taschentuch übt ebenfalls die Betonung – an der betonten Stelle wird das Taschentuch durch den Luftdruck der Aussprache bewegt.

Jede der genannten Varianten hat individuelle, subjektive Vor- und Nachteile. Das Verfahren, das sich in der Praxis des eigenen Unterrichts bewährt, ist demnach auch das effizienteste. Dies sollte in der jeweiligen Klasse auch unbedingt beibehalten werden, da die Schüler sich an die „Hilfssprache" schnell gewöhnt haben und zu viele Alternativen Verwirrung schaffen können.

3.2 Intonation

Grundschüler haben im Allgemeinen keine besonderen Probleme beim Intonieren, da komplexere Sätze noch nicht produziert werden. Grundschüler imitieren jede Satzmelodie nahezu perfekt, auch wenn sie einen Satz *like a fine lady* oder *like a grizzlybear* sagen sollen.

Ungewohnt ist die fallende Intonation in Fragen mit einleitendem Fragepronomen wie z.B. *Where's the ball?* (↘) gegenüber der deutschen steigenden Intonation in „Wo ist der Ball?" (↗) sowie der ebenfalls steigenden Intonation in *yes/no*-Fragen: *Are you Sam?* (↗).

Beim Schulen der Intonation kann die Stimmlage mit Handzeichen (durch spiegelverkehrtes Dirigieren, da sich die Kinder in der Regel gegenüber sitzen) gekennzeichnet werden. Danach folgt ein ständiges Frage- und Antwort-Spiel. Zunächst beginnt man dazu mit Fragen, auf die die Schüler mit einem einfachen *Yes, I am* oder *No, I'm not* antworten: *Are you fine today?* Die dabei fallende Stimmhöhe wird an der Tafel durch einen Pfeil verdeutlicht. Nach mehreren Wiederholungen werden die Antworten immer weiter ausgebaut, z.B.: *What's your (neighbour's) name?*

Die Bewegung der Stimme kann ebenfalls durch die Intonationspfeile an der Tafel kenntlich gemacht werden; sie werden steiler oder flacher oder sie ändern die Richtung – je nach Intonation (Haycraft 1971:1):

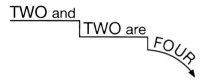

3.3 Laute

Der Lautschulung kann ein *warm-up* vorausgehen, ähnlich der Vorbereitung von professionellen Sprechern auf ihren Auftritt. Geeignet sind Bewegungsaufgaben für die Zunge im Mundraum sowie Übungen zur teilweisen oder völligen Blockade des Luftstroms in der Mundhöhle und im Rachenraum beim Ausatmen. Zunge und Lippen bilden dazu Hindernisse und „Tore", die plötzlich wieder geöffnet und geschlossen werden können (vgl. Kelly 2000:56).

Konsonanten

Große Probleme bereiten hier zunächst die Laute /θ/ und /ð/ wie in *thin* und *these*, da sie im Deutschen gar nicht vorkommen. Viele Schüler können sie nur mit Mühe richtig bilden und sprechen das *th* oftmals wie /s/ bzw. /z/ aus. Besonders bedeutsam wird ein solcher Aussprachefehler, wenn er zur Veränderung der Wortbedeutung und damit zu Verständnisschwierigkeiten (z.B. *think – sink* u.a.) oder zum Wechsel der grammatikalischen Kategorie führt: *teeth – teethe* u.a.

Zur genauen Bildung muss die Zunge bekanntlich zwischen die oberen und unteren Schneidezähne gelegt werden. Meistens genügt es, wenn die oberen Schneidezähne bei offenem Mund kurz mit der Zunge angetippt werden. Vor dem Spiegel (oder dem Spiegelbild im Klassenzimmerfenster) lässt sich das gut kontrollieren.

Dabei wird Luft aus dem Mundraum nach außen gepresst und ein zischender Laut, das /θ/, produziert. Um ein /ð/ zu erreichen, soll ein summender Laut hervorgebracht bzw. der stimmhafte Konsonant gesungen werden. Auch die Aufforderung zum „Lispeln" kann helfen. Der Unterschied zwischen stimmhaft und stimmlos wird auch durch ein Berühren des Kehlkopfs bzw. an den Vibrationen deutlich. Eine weitere Hilfestellung in dieser Beziehung kann das Sprechen der Laute bei zugehaltenen Ohren (Fingerspitzen in die Ohren stecken) sein, die Kinder hören buchstäblich ganz ohne störende Umgebungsgeräusche in sich hinein.

Ein weiterer Problemkonsonant ist das /w/ wie in *water*. Er existiert ebenfalls nicht in der deutschen Sprache und wird oft entweder wie das deutsche w (/v/) ausgesprochen oder gar wie /f/. Um den Laut /w/ korrekt auszusprechen, dessen häufig falsche Artikulation besonders nach der Grundschulzeit bei erweitertem Wortschatz zu Verständigungsproblemen führen kann (vgl. z.B. *wine – fine – vine* u.a.), sollen die Schüler in Gedanken das /w/ wie in *wink* oder *wave* durch ein /u/ ersetzen. Der Laut selbst kann mit einer für Schüler sehr lustigen Methode eingeübt werden. Der Lehrer lässt die Schüler den folgenden Beispielsatz so nachsprechen, wie ein Engländer oder Amerikaner klingen würde (*foreignizing*): „Wir Wiener Waschweiber wollen weiße Wäsche waschen, wenn wir wüssten, wo weiches Wasser wär'."

Bei den Konsonanten /b/, /d/, /g/ kommt das deutsche Phänomen der Auslautverhärtung zum Tragen (im Rheinland und in Franken z.B. auch im Anlaut). Stehen diese Konsonanten nämlich am Ende eines Wortes, so spricht ein deutsches Kind sie häufig wie /p/, /t/, /k/ aus, was zu Verwechslungen führen kann, da Wörter wie *back* und *bag* dann identisch klingen. Zur Bewusstmachung und Übung wird am besten einfach ein schwaches /ə/, wie in *the* an den Konsonanten angehängt und mitgesprochen. Dieser *weak sound* hat dann denselben Effekt wie im Deutschen, wo das Wort Bad mit /t/ endet, das d in Badezimmer dagegen auch wirklich /d/ ausgesprochen wird. Der Konsonant wird so ganz von selbst weich. Der überflüssige Vokal schleift sich später von allein wieder ab, wenn das Klangbild erst einmal klar geworden ist.

Ein letzter Problembereich dieser Gruppe ist der Laut /dʒ/ wie in *jet*. Dieser stimmhafte Laut existiert im Deutschen nicht, außer in Wörtern englischen Ursprungs (z.B. Jeans). Daher neigen viele deutsche Schüler dazu, ihn mit dem bekannten stimmlosen /tʃ/ wie in *choose* zu verwechseln. Oder aber das /dʒ/ wird wie /j/ ausgesprochen, in Anlehnung an die deutsche Aussprache des Buchstaben j. Die Aussprache von /dʒ/ kann deutschen Kindern erleichtert werden, indem sie es wie das bekannte /tʃ/ aussprechen und dabei summen sollen. Wieder kann der Unterschied zwischen stimmhaften und stimmlosen Lauten an den eigenen Stimmbändern gefühlt werden.

Das englische /r/ und /l/ richtig auszusprechen, ist ebenfalls wichtig, führt jedoch – im Gegensatz zu den bereits genannten Lauten – im Falle einer fehlerhaften Aussprache nicht zu einem Bedeutungsunterschied.

Vokale
Schwierigkeiten bereiten Grundschülern die Laute /æ/ (*bad*) und /e/ (*bed*), die häufig verwechselt werden, da so geringe lautliche Unterschiede in der deutschen Sprache kaum vorkommen.

Der Unterschied zwischen den beiden Vokalen /æ/ und /e/ wird am besten deutlich, indem die Schüler beispielsweise das /æ/ wie in *bag* oder *bad* übertrieben lang aussprechen und den Vokalklang selbst nachhaltiger erfahren.

Diphthonge, wie z.B. /eɪ/ in *say* und /əʊ/ in *so*, bereiten besondere Schwierigkeiten, da sie oft mit deutschem Lautbild und für englische Diphthonge zu kurz gesprochen werden. Zur Übung wird der Übergang zum Endvokal (hier /ɪ/ bzw. /ʊ/) überdeutlich artikuliert, bis dieser erreicht ist.

Lautverbindungen
Die Lautverbindung des Endkonsonanten eines englischen Wortes mit dem Anfangsvokal des nächsten Wortes (*slurring over*) wie in *fill in* kann Schwierigkeiten bereiten. Im Deutschen wird dort eine minimale Pause gemacht, der Vokal beginnt mit einer hörbaren Verschlusslösung (*glottal stop*). Auf das Englische übertragen, kann die Aussprache sehr abgehackt und verkrampft klingen. Neben der Übung hilft hier auch die Bewusstmachung der Problemstelle.

3.4 Sprechflüssigkeit

Indem Betonung, Intonation, die einzelnen Laute und Lautverbindungen, aber auch Grammatik und Wortschatz konsequent geschult werden, verbessert sich mit der Zeit ganz automatisch die Sprechflüssigkeit der Schüler.

Analytisches Zuhören kann ebenfalls die Sprechflüssigkeit fördern. Die Schüler erkennen, wie Muttersprachler mit der Sprache umgehen, wie sie sogar Buchstaben verschlucken, um Wörter zu verbinden. Nötig wird dies für Grundschüler dort, wo das Textverstehen beeinträchtigt wird. Hier hilft nur die bewusste Übersetzung der einzelnen Wörter, um die Wortgrenzen zu verdeutlichen.

Der Lehrer spielt dazu einen englischen Satz vor und fragt beispielsweise nach der Anzahl der gehörten Wörter. Sind alle Wörter identifiziert, stellt er die Langform dem natürlichen Satz gegenüber und kann die Schüler so auf Wortverschmelzungen, das Weglassen von Buchstaben oder auch auf sogenannte *weak forms* (Artikel, Präpositionen, Konjunktionen, Pronomina und Hilfsverben in unbetonter Stellung) aufmerksam machen.

Im sprachproduktiven Bereich kann *fluency* gut über Zungenbrecher (*tongue twisters*) zumindest angebahnt werden, schwierige Einzellaute werden dabei durch die große Dichte der Wiederholungen trainiert, deren Aussprache selbst Muttersprachlern schwer fällt:

> *A big bug bit the little beetle but the little beetle bit the big bug back.*

Methodisch sinnvoll ist es, zunächst sehr langsam und überdeutlich zu sprechen. Nach einigen Wiederholungen kann dann das Sprechtempo gesteigert, bei Misserfolgen jedoch sofort wieder reduziert werden.

4. Ausblick

In Anlehnung an Augsburger Untersuchungen zur englischen Schüleraussprache (Kucharek 1988) werden 2005/06 am Englischdidaktik-Lehrstuhl der Universität Erlangen-Nürnberg Studien zum elementaren Englischsprechen von Grundschülern durchgeführt. Sie sollen zum Ausbau und zur Sicherung des didaktisch-methodischen Aussprachedesigns beitragen.

5. Literaturangaben

BayStMUK (Bayerisches Staatsministerium für Unterricht und Kultus) (2004) *Konkretisierung des Lehrplans Fremdsprachen in der Grundschule – Englisch.* München: ISB (Staatsinstitut für Schulqualität und Bildungsforschung).

Bleyhl, W. (1999) „Fremdsprachen an Grundschulen. Eine Herausforderung für uns alle." In: *Bildung und Wissenschaft* 53, 14-17.

Böttger, H. (2005) *Englisch lernen in der Grundschule.* Bad Heilbrunn: Klinkhardt.

Brown, A. (Hrsg.) (1992) *Approaches to Pronunciation Teaching.* London: Macmillan.

Grimm, L. (2003) „Ausspracheschulung im Fremdsprachenunterricht der Grundschule?" In: *Neusprachliche Mitteilungen* 56, 97-102.

Haycraft, B. (1971) *The Teaching of Pronunciation.* London: Longman.

Herbst, T. (1991) „Pro-Nunciation: Zur Bedeutung einer guten Aussprache in der Fremdsprache." In: *Die Neueren Sprachen* 1, 2-18.

Hirschfeld, U. (2003) „Ausspracheübungen." In: Bausch, K.-R. et al. (Hrsg.) (2003) *Handbuch Fremdsprachenunterricht.* Tübingen: Francke, 277-280.

Kelly, G. (2000) *How to Teach Pronunciation.* Harlow: Longman.

Kucharek, R. (1988) *Untersuchungen zur englischen Schüleraussprache an Gymnasien in Oberbayern.* Dissertation. Augsburg: Augsburger I&I-Schriften 42.

Mindt, D. und N. Schlüter (2003) *Englisch in den Klassen 3 und 4.* Berlin: Cornelsen.

Schmid-Schönbein, G. (2001) *Didaktik: Grundschulenglisch.* Berlin: Cornelsen.

Tench, P. (1981) *Pronunciation skills.* London: Macmillan.

Markus Kötter

Überlegungen zur Erhebung und Auswertung von Unterrichtsdaten zum frühen schulischen Fremdsprachenerwerb

Ziel dieses Beitrages ist es, ein Forschungsgebiet näher in den Blick zu nehmen, das in der Diskussion über das frühe Fremdsprachenlernen (FFL) in Deutschland bislang noch kaum Beachtung gefunden hat, nämlich die Erforschung der Interdependenz zwischen individuellen Lernständen von Schülern und spezifischen Lehr- und Lerntechniken auf der Basis von transkribierten Audio- bzw. Videomitschnitten mehrerer Unterrichtsstunden oder Unterrichtssequenzen. Der Beitrag beginnt mit Anmerkungen dazu, warum dieses Gebiet in der Forschung bisher unterrepräsentiert ist und mit der Vorstellung eines Projektes, das sich aktuell dem Studium der soeben skizzierten Zusammenhänge widmet. Es wird dargelegt, welche prinzipiellen Möglichkeiten zur Erfassung und Analyse von Unterricht bestehen, bevor in weiteren Abschnitten zwei bestehende Ansätze zur Annotation von (Unterrichts-)Transkripten vorgestellt und auf ihre Nutzbarkeit für korpusbasierte Studien zum FFL analysiert werden. Der Beitrag endet mit einem Minimalkatalog an Kriterien, die eine adäquate Taxonomie zur Kodierung von FFL-Daten im Rahmen einer korpusbasierten Analyse erfüllen sollte.

1. Vorbemerkung

Es gibt viele Gründe, warum bei der Erforschung des frühen Fremdsprachenlernens in Deutschland bisher kaum mit transkribierten Stundenmitschnitten gearbeitet worden ist. Ein Grund ist, dass solche Studien sehr zeit- und personalaufwändig sind, und ein weiterer Aspekt ist, dass es besonders außerhalb eines Modellprojekts äußerst schwierig ist, (ausgebildete) Lehrkräfte zu finden, die sich über einen längeren Zeitraum „auf die Finger" schauen lassen. Es ist nicht leicht, zusätzlich von den übrigen Beteiligten die für ein solches Unterfangen nötigen Genehmigungen zu erhalten, und es kommt hinzu, dass bislang auch noch kaum diskutiert wurde, welche spezifischen Fragen überhaupt an ein solches Korpus zu stellen wären, d.h., welche Bedingungen ein Annotationssystem in jedem Fall erfüllen muss, um valide Aussagen zu ermöglichen.

Trotz dieser Schwierigkeiten darf aber auch nicht übersehen werden, dass es mehr als der Messung von Lernständen am Übergang von der Primar- in die Sekundarstufe durch Portfolios, Tests und der Befragung von Lernern zu ausgewählten Aspekten des von ihnen besuchten Unterrichts (de Leeuw 1997) bedarf, um das FFL langfristig auf eine solide empirische Basis zu stellen. Dies ist umso dringlicher, als die seit den frühen 90er Jahren erneut entbrannte Debatte um den besten globalen Ansatz (vgl. u.a. Brusch 1993a und 1993b; Doyé 1991; Pelz 1992) zwar viele Fragen aufgeworfen hat. Einer hinreichenden Beantwortung dieser Punkte ist die Fachwissenschaft aber weder durch diese Streitschriften noch durch im gleichen Zeitraum durchgeführte Schulversuche (Andreas 1998; Institut für schulische Fortbildung 1995; Kahl/Knebler 1996; Legutke/Lortz 2002) entscheidend näher gekommen, da diese Arbeiten je nur einen einzigen Ansatz in den Blick genommen haben. Was fehlt sind deshalb auch weiterhin „*repräsentativ angelegte, systematisch verschiedene Bedingungsfaktoren einbeziehende* Erhebungen, die die seit den sechziger Jahren [...] gewonnenen Daten aufgreifen, mit den Ergebnissen jüngerer Untersuchungen in

Beziehung setzen, daraus Hypothesen ableiten und diese testen." (Hermann-Brennecke 1999:9; meine Hervorhebung, M.K.)

2. Grundlagen und Ziele des „Münsteraner FFL-Korpus"

Ein Projekt, das einen weiteren Beitrag zum Schließen dieser Forschungslücke leisten soll, ist eine an der Westfälischen Wilhelms-Universität Münster beheimatete Studie im Rahmen derer gefragt wird, welche Erwerbsstufen junge Englischlerner in den ersten beiden Schuljahren (Klasse 3 und 4) durchlaufen und inwiefern sich ein Zusammenhang ermitteln lässt zwischen dem Einsatz spezifischer Unterrichts- bzw. Lerntechniken und potentiell unterschiedlichen Kompetenzniveaus einzelner Klassen bzw. Lernergruppen. Als empirische Basis dient dabei eine auf zwei Jahre angelegte, im Herbst 2003 begonnene Datenerhebung an zwei Schulen in Nordrhein-Westfalen (5 Klassen) und zwei weiteren Schulen in Niedersachsen (4 Klassen).

Alle Klassen werden kontinuierlich begleitet, d.h., es wird zum einen einmal im Monat (8 x in Klasse 3 und 7 x in Klasse 4) eine Stunde mit vier Grenzflächenmikrophonen mitgeschnitten, um sowohl das Klassengespräch als auch spontane Äußerungen, Nebengespräche und „private" Wiederholungen der Lerner mit berücksichtigen zu können; zusätzlich angefertigte Videomitschnitte sollen dabei helfen, diese Beiträge ebenfalls eindeutig einem Lerner zuzuordnen. Zum anderen werden die zentralen Merkmale *jeder* in den zwei Jahren erteilten Englischstunde (u.a. neu eingeführte bzw. wiederholte Vokabeln und Redemittel, genutzte Medien, besondere Vorkommnisse, etc.) noch einmal separat von den Lehrkräften in einem Protokollbogen vermerkt. Als weitere Datenquellen stehen zudem jeweils am Schuljahresende durchgeführte einstündige Einzel- und Gruppentests sowie eine kurze, an de Leeuw angelehnte schriftliche Befragung der Lerner zu ihren bisherigen Erfahrungen und ihrem persönlichen Lernverhalten zur Verfügung.

Dieses Projektdesign basiert u.a. auf folgenden Überlegungen: Erstens soll, anders als z.B. im Bayerischen Schulversuch, Unterricht kontinuierlich und nicht phasenweise am Beginn von Klasse 3 und dann noch einmal am Ende von Klasse 4 (vgl. Andreas 1998:128) erfasst werden.[1] Zweitens wird, wie bereits ausgeführt, ein stärkerer Akzent auf die möglichst lückenlose Erfassung sämtlicher Lerneräußerungen gelegt, da davon auszugehen ist, dass nicht nur „öffentliche" Beiträge, sondern auch der Lehrkraft verborgen bleibendes spontanes Üben, Wiederholen oder Analysieren von Sprachdaten wichtige Aufschlüsse über Lernwege und -prozesse ermöglichen können. Drittens wird, ebenfalls anders als in den erwähnten Arbeiten, *Regelunterricht* erfasst, d.h., die Klassen werden auf der Basis landesweit gleicher und als verbindlich geltender Grundlagen unterrichtet, woraus sich zumindest theoretisch eine höhere Übertragbarkeit der Ergebnisse der Studie auf andere Klassen ableiten lässt.[2]

---

[1] Im Hamburger Schulversuch wurden keine Unterrichtsmitschnitte angefertigt, vielmehr hospitierten die Untersuchenden dort im Verlauf der ersten 6 Monate je eine Woche lang in den untersuchten Klassen, um sie anschließend über einen nicht näher spezifizierten Zeitraum noch einmal vor dem Hintergrund „spezielle[r] Fragestellungen und Probleme" zu besuchen (vgl. Kahl/Knebler 1996:16); in den anderen beiden zitierten Publikationen finden sich keine Angaben, die auf eine ähnliche Begleitung von Unterricht schließen lassen.

[2] Es ist klar, dass eine 1:1-Übertragung von Forschungsergebnissen aus einem Klassenraum auf einen anderen sich von selbst verbietet. Trotzdem aber bietet Regelunterricht u.a. eine höhere Gewähr dafür, dass z.B. situationsbedingte Motivationseffekte zumin-

Trotzdem, und dies steht nur scheinbar im Widerspruch zum letztgenannten Aspekt, können die Lehrkräfte aber frei wählen, auf welchem globalen Ansatz ihr Unterricht fußen soll, d.h., ob sie eher „spielerisch" oder eher „systematisch" unterrichten wie auch, welcher spezifischen Techniken und Methoden sie sich wie oft bedienen (z.B. individuelles Nachsprechen vs. Chorsprechen, *Total Physical Response*, Gebrauch von *action rhymes* und *songs, story telling, storyline, peer-to peer talks*, Verwendung bewusstmachender Verfahren in Bezug auf Aussprache, Wortschatz und Syntax, Einsatz des Schriftbildes, etc.). Dies ist deshalb besonders wichtig, weil sich einerseits nur so dem zitierten Postulat Hermann-Brenneckes nachkommen lässt; zum anderen zeigen die bislang im Münsteraner Projekt erhobenen Daten bereits jetzt, dass in den besuchten Klassen ungeachtet der curricularen Vorgaben in der Tat durchaus unterschiedliche Techniken und Methoden eingesetzt werden. Dies liegt teilweise daran, dass die Lehrkräfte – *ohne* explizit dazu aufgefordert worden zu sein – bisweilen sogar in Parallelklassen mit verschiedenen Lehrwerken arbeiten. Überdies ist aber auch zu beobachten, dass sich die Lehrkräfte im vierten Schuljahr ohnehin mehr und mehr vom gewählten Lehrwerk lösen und zunehmend eklektisch bei der Wahl der Unterrichtsmaterialen und -techniken vorgehen.

Die zentralen Fragestellungen des Münsteraner Projekts lauten nun:
- Welche Erwerbssequenzen durchlaufen junge Lerner im FFL?
- Inwiefern decken bzw. unterscheiden sich diese Sequenzen von den Ergebnissen der sog. *Morpheme Studies* und anderer postulierter Abfolgen beim L2-Erwerb?
- Welche individuellen Unterschiede lassen sich aus den Daten ablesen, d.h., wie homogen oder inhomogen verlaufen die Erwerbsprozesse bei den einzelnen Lernern?
- Welchen messbaren Einfluss hat der Einsatz der o.a. Techniken und Methoden bzw. ein Verzicht auf diese auf die nach einem bzw. zwei Jahren beobachtbaren Lernstände der Schüler?
- Wie groß ist die Bandbreite fremdsprachlicher Kompetenzen am Ende von zwei Jahren schulischem FFL und wie realistisch sind somit die aktuellen Zielvorgaben der Rahmen-, Lehr- oder Bildungspläne in den einzelnen Bundesländern?

3. Möglichkeiten zur Erfassung und Analyse von Unterrichtsdiskurs

Unterricht kann prinzipiell auf zwei Arten erfasst und analysiert werden (vgl. z.B. Wragg 1994). Man kann, wie etwa in der Hamburger Studie, versuchen, das Geschehen im Klassenraum auf der Basis von Beobachtungen zu erfassen, wobei das Spektrum möglicher Herangehensweisen hier von holistischen Konzepten bis zum Einsatz ausdifferenzierter Checklisten reicht. Oder man kann versuchen, Unterricht zunächst möglichst „objektiv" zu dokumentieren, um ihn erst später im Hinblick auf spezielle Phänomene zu analysieren. Auch dies kann auf zwei Arten erfolgen, nämlich entweder auf der Basis eines – nach zuvor festgelegten Kriterien annotierten – Transkripts oder durch einen erst jetzt erfolgenden Rückgriff auf Checklisten.

Beide Verfahren haben ihre Vor- und Nachteile, wobei das größte Plus von Beobachtungsrastern sein dürfte, dass Forscher sich mit ihnen gut auf einen klar umrissenen Ausschnitt von Unterricht konzentrieren können. Problematisch an solchen Skalen ist jedoch, dass es, wenn sie während des Unterrichts selbst ausgefüllt werden

---

dest auf Seiten der Lerner und der Eltern besser kontrolliert werden können als dies in einem Schulversuch der Fall sein dürfte.

müssen, keine zweite Chance mehr gibt, Resultate noch einmal nachträglich zu verifizieren. Es kommt hinzu, dass Mängel in der Aufstellung der zu erfassenden Kriterien synchron ebenfalls kaum noch zu beheben sind und dass Checklisten die Komplexität des Geschehens zwangsläufig drastisch reduzieren.

Ein Anfertigen von Audio- und/oder Videoaufzeichnungen erlaubt es, zumindest diese Nachteile zu umgehen, da einmal angefertigte Aufnahmen später nahezu beliebig oft abgespielt und erneut studiert werden können. Sind derartige Daten erst einmal erhoben worden, dann sollte man jedoch auch in Betracht ziehen, ob es sich nicht lohnt, sie zu transkribieren und so für eine computergestützte Analyse verfügbar zu machen. Dies ist, wie schon oben erwähnt, zwar mit einem hohen zeitlichen und personellen Aufwand verbunden. Erst Transkripte aber erlauben eine detaillierte und, vor allem bei größeren Korpora, schnellere Analyse des beobachteten Geschehens, da mit ihrem Vorliegen u.a. zeitaufwändiges Vor- und Zurückspulen entfallen kann. Ein zusätzlicher Vorteil computergestützter Analysen ist zudem, dass etwa die *Concord*-Funktion der *WordSmith Tools* (Scott 1999) bereits in der Version 3.0 mehr als 10.000 Texte zugleich nach bestimmten Codes, Lexemen oder Syntagmen durchsuchen kann.

Hat man sich für computerlesbare Transkripte entschieden, so lautet schließlich die Frage, wie das Material am besten analysiert werden kann oder soll. Auch hier gibt es mehrere Optionen. Man kann entweder direkt mit den Rohdaten arbeiten und gezielt oder mit *Wildcards* Wortlisten abarbeiten, oder man versieht die Texte mit *Tags*, d.h., man codiert sie, indem vordefinierte Kürzel entweder direkt an einen Begriff oder Satz „angehängt" oder in einer zusätzlichen Zeile eingefügt werden (siehe Abschnitt 4.2). Im nächsten Kapitel werden zwei Möglichkeiten des Hinzufügens von *Tags* zu Texten vorgestellt und einer – aus Platzgründen allerdings stark verkürzten – Würdigung ihrer Tauglichkeit für die Analyse von FFL-Daten unterzogen.

4. Taxonomien zur Annotation von Unterrichtsdiskurs
4.1 Das Sprechaktkodierungsschema des *Schulprojekts 21*
Das erste Schema, das hier vorgestellt werden soll, findet sich in *Bericht 2* (Büeler et al. 2000) zum 1999 im Kanton Zürich begonnenen *Schulprojekt 21* (SP 21).[3] Das Raster ist eine um die Dimension *Lerneräußerungen* erweiterte überarbeitete Version der bereits in der Wiener Studie von Peltzer-Karpf und Zangl (1998:33) verwendeten Taxonomie zur Erfassung von Unterrichtsdiskurs und umfasst in der im Bericht zitierten Version 22 Kategorien für Lehreräußerungen und 19 *Tags* für Schülerbeiträge (vgl. Büeler et al. 2000:72).

Vierzehn Sprechakttypen sind für Lehrer- und Lernerbeiträge identisch (*Bewertung vornehmen, Erklärung geben, Beschreibung machen, Geschichte erzählen/zitieren, Aufforderung aussprechen, Korrektur vornehmen, Verstehen prüfen, Übersetzung, Worterklärung, Sprachstruktur üben, Bitte äußern, Vorschlag machen, Kommentar machen* und *Singen*). Unterschieden wird hingegen zwischen *bekannte Info einholen* vs. *bekannte Information auf Lehrerfrage geben, Information geben* vs. *Information einholen, unbekannte Info einholen* vs. *unbekannte Information geben, zur Wiederholung auffordern* vs. *Wiederholen auf Verlangen*. Nur lernerseitig berücksichtigt wird *spontanes Wiederholen*, während *Anleitung geben, Unterricht or-*

---
3 Im Abschlussbericht zum Projekt wird auf die Taxonomie zwar als „etabliertes Kategoriesystem" (Büeler et al. 2001:128) verwiesen; Details sind aber nur in Bericht 2 abgedruckt.

ganisieren, *Ermahnung aussprechen* und *Tonträger* (*abspielen*) nur lehrerseitig erfasst werden.

Die Erfassung und Annotation von Unterrichtsdiskurs auf Basis dieses Rasters eröffnet eine Fülle von Möglichkeiten zum genaueren Studium der erfassten Stunden bzw. Sequenzen. Sie ermöglicht die lehrer- oder lernerseitige Quantifizierung einzelner Sprechakttypen und Redeanteile sowie das Auffinden einzelner Sprechakte bzw. Sprechakttypen zur weiteren Analyse. Weiterhin kann ermittelt werden, welche Sequenzen typisch für den Unterricht waren, z.B. „bekannte Information einholen (*display question* der Lehrkraft) – bekannte Information geben (Schüler/in) – Bewertung geben (Lehrkraft)" (Büeler et al. 2000:137). Zudem lässt sich, da im SP 21 unterschieden wurde, ob Äußerungen in der L1, im Dialekt oder in der L2 formuliert wurden, ermitteln, welcher Sprechakttyp prozentual ausgedrückt wie oft in welchem Code realisiert wurde.

Die Genauigkeit bzw. Aussagekraft solcher Angaben wird, betrachtet man die Kategorien genauer, jedoch durch einige Unschärfen eingeschränkt. Nicht nur *Bitte äußern* und *Vorschlag machen* liegen nämlich so eng beieinander, dass es in der Praxis schwer fallen dürfte, Beiträge stets eindeutig einer der Alternativen zuzuordnen. Auch die Unterscheidung zwischen *Unterricht organisieren* und *Anleitung für Aufgabe geben* bzw. zwischen *Kommentar machen* und *Bewertung geben* ist ohne detaillierte Wort- oder Beispiellisten bzw. andere, im Bericht jedoch nicht genannte, kontextuelle Restriktionen kaum vorstellbar. Bedenkenswert ist zudem, dass zwar die *matrix language* einer Äußerung erfasst wird, dass aber der Rückgriff auf zwei (oder mehr) Sprachen innerhalb eines einzigen Beitrags offenbar ebenso keine Berücksichtigung gefunden hat wie die syntaktische Struktur, in welche die Lerner in diesen Fällen Begriffe der Erst- bzw. Fremdsprache eingebettet haben.

4.2 Die Werkzeuge der CHILDES Datenbank

Ein zweiter, ungleich ausdifferenzierterer Ansatz zur Erforschung von frühem (Fremd-)Sprachenlernen ist das federführend von MacWhinney betreute *Child Language Data Exchange System* (CHILDES). Dieses „System" besteht aus drei Komponenten: (1) Einem an Umfang und Komplexität stetig zunehmenden Handbuch mit "*Codes for the Human Analysis of Transcripts*" (CHAT), (2) dem Softwarepaket *CLAN* zur "*computerized language analysis*" sowie (3) aus einem ebenfalls kontinuierlich anwachsenden Korpus von entsprechend aufbereiteten Daten.[4] Das Ziel von CHILDES ist einerseits "*to increase the reliability of transcriptions, automate the process of data analysis, and facilitate the sharing of transcript data*" (Einleitung des CHAT-Handbuches). Daneben reklamieren die Forscher für das Projekt aber auch ein "*revolutionary potential*" nicht nur für das Studium von Erst- bzw. Zweitsprachenerwerb, sondern auch von "*adult conversational interactions, sociological content analyses, and language recovery in aphasia*" (ebd.).

Wer sich ausführlich mit CHAT und CLAN beschäftigt hat, kann bestätigen, dass die beiden Bände in der Tat einen beeindruckenden Fundus an Fragenkatalogen, Taxonomien und Analysevorschlägen enthalten, um insbesondere Daten zum frühkindlichen Spracherwerb unter nahezu jedem auf der Basis von Transkripten messbaren Aspekt zu studieren. Bei Lesern, die mit der Erstellung und Annotation von Transkripten noch nicht vertraut sind, besteht jedoch die Gefahr, dass sie von der

---

4   Das CHAT-Handbuch spricht in Abschnitt 1.9 von nahezu 100 Forschern, die mittlerweile eigene Daten in die CHILDES-Datenbank eingestellt haben.

Fülle der angebotenen Optionen schlichtweg „erschlagen" werden. Zwar werden, wie allgemein üblich, die Äußerungen zunächst einmal einfach als sog. *main tiers* transkribiert. Um die Daten mit der CLAN-Software bearbeiten zu können, muss man aber nicht nur bereits bei der Transkription eine Vielzahl an Konventionen beachten. Auch für das Hinzufügen von *Tags* gelten trotz des wiederholten Hinweises, dass Forscher das System jeweils für ihre Zwecke adaptieren sollen bzw. müssen, zahllose Vorschriften, wie die Codes auf die weiteren *dependent tiers* aufzuteilen sind, die pro Beitrag zur Erfassung u.a. des Adressaten einer Äußerung und von Fehlern, paralinguistischen Merkmalen oder Sprechaktkategorien hinzugefügt werden können.

Der im Hinblick auf das FFL wohl wichtigste Aspekt von CHAT ist allerdings, dass das System trotz mehr als zwei Dutzend Kategorisierungshilfen kein eigenes Set von *Tags* zur Annotation von Unterrichtsdiskurs aufweist. Es ist zwar unbestreitbar, dass viele der zur Verfügung stehenden Listen Codes enthalten, die zusammengenommen eine nützliche Taxonomie zur Annotation von FFL-Daten ergeben könnten. Trotzdem fehlen aber sowohl *Tags* zum Annotieren von Unterrichtsorganisation (etwa *Lerner ermahnen, Aufgabe erklären, Aufforderung zum Vollzug einer bestimmten sprachlichen Handlung* wie *Abschreiben*, etc.) als auch für typische Merkmale von schulischem FFL wie *Chorsprechen* oder didaktisch motiviertem Handeln wie dem *Einüben, Imitieren* und *Analysieren sprachlicher Strukturen*. Zusammenfassend muss deshalb bilanziert werden, dass CHAT in seiner momentanen Form zwar weitaus mehr Anregungen als die SP 21-Taxonomie zum Kodieren von FFL-Diskurs bietet, dass aber auch dieses System nicht ohne diverse Modifikationen zur Annotation der genannten Daten einsetzbar ist.

5. Schlussbemerkungen

Das Arbeiten mit transkribierten Unterrichtsdaten zum FFL steckt, das macht dieser Beitrag deutlich, noch in den Kinderschuhen. Trotzdem aber sollte, auch wenn vieles hier nur oberflächlich angerissen werden konnte, ebenfalls klar geworden sein, welches enorme Potential die computergestützte Analyse von Unterrichtsmitschnitten eröffnet, um die Erforschung des FFL auf eine solide(re) empirische Basis zu stellen. Am Schluss der Überlegungen sollen deshalb einige Merkmale zur Diskussion gestellt werden, die zusammengenommen als Minimalanforderungen für eine valide Kodierung von FFL-Daten im Rahmen einer korpusbasierten Analyse gelten können.

Grundsätzliche Merkmale
- Codes zur Kennzeichnung des Sprechers sind üblicherweise dreistellig, sollten bei Bedarf aber auf vier Stellen erweitert werden können.[5]
- *Tags* zur Erfassung von Diskursmerkmalen sind 4-stellig, wobei die 1. Stelle für den Produzenten einer Äußerung reserviert ist und die 4. Stelle für die *matrix language*, derer er sich bedient, z.B.: TES1 = *teacher explains a syntactical phenomenon in the L1*; LPN2 = *learner mispronounces a word in his or her L2*.

---

5   Die Begrenzung der Länge von Kürzeln zur Kennzeichnung eines Sprechers bei CHILDES auf drei Buchstaben ist zu strikt, da bei Daten aus mehreren Klassen oder in Fällen, wo die Zuordnung eines Beitrags zu einem Lerner nicht eindeutig möglich ist, wo aber trotzdem festgehalten werden soll, dass es sich z.B. wahrscheinlich um „Peter" handelt, eine Notation etwa der Form „PTR?" möglich sein sollte.

- *Tags* müssen eindeutig sein, um Überschneidungen wie in der SP 21-Taxonomie zu vermeiden und sind deshalb ggf. durch Wortlisten oder andere Restriktionen zu präzisieren.
- Jeder Beitrag muss mindestens im Hinblick auf die Dimensionen Sprechakt, Funktion und Korrektheit einer Äußerung kodiert werden können.
- Es muss, wenn die Entwicklung einer Lernersprache analysiert werden soll, sowohl *Tags* geben, mit denen Normabweichungen gekennzeichnet werden wie auch solche, mit denen zielsprachengerechte Beiträge erfasst werden können.
- Es wird stets zwischen initiierten und nicht-initiierten Beiträgen unterschieden.
- *Tags* erfassen den Bezugsrahmen eines Beitrags, d.h., Fragen wie die, ob sich der Produzent einer Äußerung auf einen vorausgegangenen eigenen Beitrag oder auf eine Äußerung von jemand anderem bezieht.
- Verweise auf Hilfsmittel (Schrift, Bilder, etc.) werden kenntlich gemacht, d.h., *Tags* erfassen die Frage, inwieweit eine Äußerung auf nicht eigens versprachlichte verfügbare Informationen rekurriert.

Über die SP 21-Taxonomie hinausgehende Dimensionen von Lehreräußerungen
- Paraphrasierung, Expansion oder Ergänzung von eigenem oder Lerneroutput;
- Hilfestellung geben durch Vorsagen, Bewusstmachung oder nonverbale Hilfe;
- Unterscheidung zwischen lehrerseitigem offenem bzw. geschlossenem Input;
- Ausdifferenzierung der Kategorie *Erklärung geben* nach semantischem, syntaktischem oder pragmatischem Fokus einer Erläuterung.

Über die SP 21-Taxonomie hinausgehende Dimensionen von Lerneräußerungen
- Erfassung von kreativem Sprachgebrauch und *risk-taking*;
- Codierung von Rückgriffen auf bzw. Analyse von Satzrahmen/*chunks*;
- Berücksichtigung des Kontexts einer Äußerung, d.h., ist sie Teil des Klassengesprächs oder wird sie „privat" gemacht, etwa als Teil eines Nebengesprächs oder als spontanes Wiederholen/Imitieren von Beiträgen anderer.

6. Literaturangaben

Andreas, R. (1998) *Fremdsprachen in der Grundschule. Ziele, Unterricht und Lernerfolge*. Donauwörth: Auer.

Büeler, X. et al. (2000) *Schulversuch „Schulprojekt 21". Wissenschaftliche Evaluation. Bericht 2*. Zürich: Pädagogisches Institut der Universität Zürich.

Büeler, X. et al. (2001) *Schulprojekt 21. Lernen für das 21. Jahrhundert? Externe wissenschaftliche Evaluation. Schlussbericht der Bildungsdirektion des Kantons Zürich*. Zürich: Pädagogisches Institut der Universität Zürich.

Brusch, W. (1993a) „Fremdsprachenunterricht in der Grundschule – nach welchem Konzept?" In: *Neusprachliche Mitteilungen* 45/2, 94-100.

Brusch, W. (1993b) „Fremdsprachen in der Grundschule – Das Hamburger Konzept ‚Englisch ab 3. Schuljahr' und das NRW-Konzept ‚Begegnung mit Sprache/n' im Vergleich". In: *Englisch* 28/2, 41-47.

CHAT Manual (o.J.) [= Handbuch zum CHAT Transkriptionssystem des CHILDES Projekts]. http://childes.psy.cmu.edu/manuals/CHAT.pdf [24.08.2005]

De Leeuw, H. (1997) *English as a foreign language in the German elementary school: What do the children have to say?* Tübingen: Narr.

Doyé, P. (1991) „Systematischer Fremdsprachenunterricht vs. Begegnung mit Fremdsprachen." In: *Neusprachliche Mitteilungen* 43/3, 145-146.

Hermann-Brennecke, G. (1999) „Desiderate frühen schulischen Fremdsprachenlernens." In: Dies. (Hrsg.) *Frühes schulisches Fremdsprachenlernen zwischen Empirie & Theorie*. Münster: LIT Verlag. 7-12.

Institut für schulische Fortbildung und schulpsychologische Beratung des Landes Rheinland-Pfalz (Hrsg.) (1995) *Modellversuch des Bundes und des Landes Rheinland-Pfalz (unter Beteiligung des Saarlandes). Abschlussbericht*. Speyer: Eigenverlag.

Kahl, P. W. und U. Knebler (1996) *Englisch in der Grundschule – und dann? Evaluation des Hamburger Schulversuchs Englisch ab Klasse 3*. Berlin: Cornelsen.

Legutke, M. und W. Lortz (Hrsg.) (2002) *Englisch ab Klasse 1: Das hessische Merry-Go-Round-Projekt. Analysen und Berichte*. Berlin: Cornelsen.

Pelz, M. (1992) „Zu Peter Doyé: Systematischer Fremdsprachenunterricht vs. Begegnung mit Fremdsprachen". In: *Neusprachliche Mitteilungen* 44/4, 167-168.

Scott, M. (1999) *WordSmith Tools. Version 3.0*. Oxford: OUP.

Wragg, E. C. (1994) *An introduction to classroom observation*. London and New York: Routledge.

Andreas Marschollek

Der Stellenwert des Schülerinteresses im Fremdsprachenunterricht der Grundschule – exemplarisch dargestellt an einem Konzept zur Einführung der Lautschrift

Das Interesse der Lernenden für fremde Menschen, Sprachen und Kulturen hat einen entscheidenden Einfluss darauf, inwieweit Grundschulkinder Fortschritte im frühen Fremdsprachenlernen machen. Auf der Grundlage von quantitativen und qualitativen Studien des Autors werden unterrichtliche Bedingungen für die Aufrechterhaltung, Intensivierung und Diversifizierung des Schülerinteresses identifiziert und anschließend anhand der Umsetzung eines vom Autor entwickelten Unterrichtskonzeptes zur Einführung der phonetischen Umschrift in der Grundschule veranschaulicht.

1. Das Schülerinteresse – ein essentieller Faktor beim Fremdsprachenlernen

Den Ausgangspunkt für die folgenden Überlegungen bildet die Grundhypothese, dass ein intensives und stabiles Interesse der Schülerinnen und Schüler am Fremdsprachenlernen die Chancen für das Erreichen der zentralen Ziele des Fremdsprachenunterrichts entscheidend verbessert. Der Begriff Interesse bezeichnet dabei den von den Lernenden entwickelten positiven Bezug zum Fremdsprachenlernen (Friedrich/ Mandl 1997:244). Das Schülerinteresse zu intensivieren, bedeutet somit, diesen Bezug durch die vielfältige Verankerung in der Erfahrung der Lernenden zu verstärken, zu diversifizieren und damit auch langfristig zu stabilisieren. Dies erhöht zum einen die Wahrscheinlichkeit dafür, dass die Lernenden hohe Niveaustufen in der Kompetenz in einer oder mehreren Fremdsprachen sowie in ihrem kulturellen Begleitwissen erreichen (Stichwort „Mehrsprachigkeit"). Es ist zum anderen unverzichtbar, wenn sich die Lernenden langfristig auch zu mehrsprachigen Persönlichkeiten entwickeln sollen, die ihre Fremdsprachenkompetenz(en) dazu einsetzen, fremden Menschen, ihren Kulturen und ihren Sprachen mit Offenheit und Toleranz zu begegnen und dadurch wiederum Vieles über sich selbst zu lernen.

2. Hypothesen über das Schülerinteresse unter der empirischen Lupe

Die hier angesprochene Förderung des Fremdverstehens und der Persönlichkeitsentwicklung nimmt zwar einen zentralen Platz in den Zielformulierungen in fast allen Fremdsprachenlehrplänen sowie im Gemeinsamen Europäischen Referenzrahmen ein (Council of Europe 2001:1 und 11f.), im Fremdsprachenunterricht wird ihr dagegen tendenziell nur geringe Aufmerksamkeit zuteil. Das mag zum Teil auf die weit verbreitete Annahme zurückzuführen sein, dass das Interesse an fremden Sprachen und Kulturen gerade in jungen Jahren sehr ausgeprägt ist und dass dieses im Fremdsprachenunterricht automatisch bewahrt und intensiviert wird. Dazu sei es lediglich erforderlich, den Kindern das Fremdsprachenlernen schon sehr früh – d.h. spätestens in der Grundschule – zu ermöglichen und dabei einem „kindgemäßen" Ansatz folgend vor allem Elemente wie Spiele, Lieder, Geschichten und Reime miteinander zu kombinieren.

Der erste Teil dieser Hypothese vermag in der Tat der empirischen Überprüfung standzuhalten. Das illustrieren die Ergebnisse einer von dem Autor durchgeführten Studie, in deren Rahmen 444 Grundschulkinder zu Beginn des dritten Schuljahres und – fast zwei Jahre später – noch einmal am Ende der vierten Klasse zu ihrem Interesse befragt wurden. Wie die Darstellung 1 illustriert, ist das allgemeine Schülerinteresse an fremden Sprachen und Ländern zu beiden Befragungszeitpunkten tatsächlich bemerkenswert groß. Dasselbe gilt für das spezifische Interesse am Fremdsprachenunterricht, das nur noch von dem am Sportunterricht übertroffen wird.[1] Von einer derart günstigen Positionierung des Fachbereichs „Fremde Sprachen" wird auch in weiteren Studien berichtet (Blondin et al. 1998:28ff.; Petillon 1994).

Darstellung 1: Schülerinteresse für ... (in Prozent)

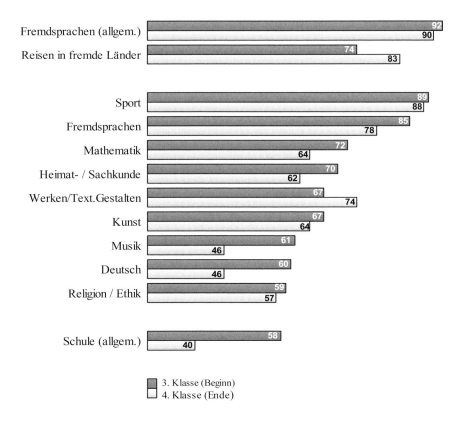

Weniger eindeutig sind die Ergebnisse im Hinblick auf den zweiten Teil der obigen Hypothese zu deuten – also im Hinblick auf die Frage, ob der Fremdsprachenunterricht im Falle der untersuchten Stichprobe das Schülerinteresse zu bewahren vermochte. Obschon Letzteres am Ende der vierten Klasse nach wie vor auf hohem Niveau rangiert, ist dennoch ein leichter Rückgang festzustellen. Dieser stellt aus statistischer Sicht keine signifikante, sondern nur eine tendenzielle Veränderung dar und könnte somit in der Stichprobe auch zufällig begründet sein. Hinzu kommt, dass die

---

1   Bei der Einschätzung des Faches Fremdsprachenunterricht sind nur die 243 Kinder berücksichtigt, die im Untersuchungszeitraum auch tatsächlich am Fremdsprachenunterricht teilnahmen.

Stichprobe nicht repräsentativ ist. Jedoch angesichts vergleichbarer Tendenzen in ähnlich gelagerten Studien (Sauer 1978 in Hellwig 1995:18; Doyé/Lüttge 1977:104) und insbesondere mit Blick auf das beunruhigende Befragungsergebnis im Fach Deutsch – weniger als die Hälfte aller Kinder in der Stichprobe haben Interesse an der schulischen Auseinandersetzung mit ihrer Muttersprache – scheint es allerdings dringend geboten, dass sich Fremdsprachenlehrer nicht darauf verlassen, dass ihr Unterricht das Schülerinteresse automatisch bewahrt oder gar intensiviert. Dies unterstreicht auch eine weitere Studie zum frühen Fremdsprachenlernen, die feststellt, dass einige Kinder nach ihren ersten Erfahrungen mit dem Fremdsprachenunterricht in der Grundschule dieses Fach so bald wie möglich wieder abwählen (Burstall et al. 1974:243).

3. Die Qualität des Schülerinteresses und die unterrichtlichen Voraussetzungen
Besondere Aufmerksamkeit muss der Frage gelten, wie das Schülerinteresse im Fremdsprachenunterricht zuverlässiger bewahrt und intensiviert werden kann. Zur Beantwortung sind die oben vorgestellten quantitativen Daten ungeeignet. Es ist vielmehr zu untersuchen, mit welchen konkreten Erwartungen die Lernenden im Einzelnen ihren Fremdsprachenunterricht beginnen und welche Aspekte dieses Unterrichts ihr Interesse in besonderer Weise beeinflussen. Um somit mehr über die Qualität des Schülerinteresses und seiner unterrichtlichen Voraussetzungen zu erfahren, müssen die Kinder in ihrem Fremdsprachenunterricht beobachtet und nach ihrer Perspektive befragt werden. Die gewonnenen Erkenntnisse sind für die Unterrichtsplanung zu berücksichtigen. Ein derartiges Vorgehen des Autors offenbart, dass das Anfangsinteresse für fremde Sprachen und Kulturen in seiner Qualität von Kind zu Kind stark variiert:

„Ich möchte Englisch lernen, weil mein Bruder es auch schon lernt."
„Meine Großmutter lebt in Amerika. Wir werden sie im Sommer besuchen."
„Alle Raumschiffe in der Fernsehserie ‚Raumschiff Enterprise' haben englische Namen. Was bedeutet eigentlich *bird of prey*?"
„Ich mag Französisch, weil es nicht leicht ist."
„Englischlernen ist *cool*."

So unterschiedlich diese Aussagen auch sind, eines ist ihnen gemeinsam: Das Interesse ist jeweils in der persönlichen Erfahrung verwurzelt. Die Schüler glauben, dass Englisch oder Französisch in der einen oder anderen Weise relevant für sie ist. Und weil das so ist, wollen sie die Sprache lernen. Gleichzeitig zeigt sich hier, dass viele dieser sehr individuellen Erwartungen wahrscheinlich weder geeignet noch ausreichend sind, um die Kinder über ihre gesamte Schullaufbahn mit all ihren Hindernissen und Rückschlägen hinweg zum Fremdsprachenlernen zu motivieren.

Damit stellt sich eine erste Bedingung an die Gestaltung des Fremdsprachenunterrichts: Die Schüler müssen in ihrer Erwartung bestätigt werden, dass das Erlernen fremder Sprachen und das Kennenlernen fremder Kulturen in der Tat relevant für sie ist. Sie sollten erkennen, dass das Lernen ein Abenteuer sein kann, das ihnen immer neue interessante Aspekte bietet – viel mehr noch als sie ursprünglich erwarteten. Mit anderen Worten: Was im Englischunterricht passiert, muss insbesondere Grundschulkinder affektiv involvieren. Schließlich können die Erfahrungen in diesem Alter die Weichen für künftige Einstellungen stellen.

Der Unterricht muss darüber hinaus die Schüler kognitiv herausfordern. In der Tat sind sie nicht daran interessiert, mehr oder weniger isolierte Bruchstücke einer fremden Sprache oder einer fremden Kultur zu lernen – zumindest nicht auf längere Sicht. Sie werden bald frustriert sein, wenn der Gebrauch der Fremdsprache hauptsächlich im Zählen gelber und roter Ballons besteht und wenn die Erfahrungen mit fremden Kulturen sich im Erlernen isolierter Fakten erschöpfen wie „Englische Kinder erhalten ihre Weihnachtsgeschenke erst am ersten Weihnachtstag – und sie werden in Socken geliefert". Die Kinder wollen vielmehr intensiv an für sie relevanten Themen arbeiten, um so zu beeindruckenden Ergebnissen in der Fremdsprache zu gelangen. Gerade Primarstufenkinder sind auf solche Herausforderungen angewiesen. Sie befinden sich schließlich in einer Lebensphase, in der sie – unter anderem mit Hilfe der Schule – ihre kognitiven Fähigkeiten ausbauen.

Der Unterricht sollte dabei so wenig wie nötig instruieren und so viel Lernerautonomie wie eben möglich einräumen. Schüler wollen ernst genommen und über die Lernziele informiert werden, aktiv an der Unterrichtsplanung teilnehmen und ausreichend Zeit eingeräumt bekommen, die Relevanz des Gelernten zu entdecken und zu diskutieren.

Schließlich – aber keineswegs zuletzt – sollte der Unterricht den Schülern Erfolgserlebnisse vermitteln, so dass sie etwa von sich sagen: „Ich kann Fremdsprachen erfolgreich lernen, wenn ich mich nur genügend anstrenge. Es ist alles andere als leicht, aber es ist die Anstrengung wert, weil Fremdsprachenlernen in so vielerlei Hinsicht interessant ist."

Ein Unterricht, der diesen Anforderungen gerecht wird, verspricht das Schülerinteresse vermutlich in der Tat auf vielfache Weise zu verankern, zu intensivieren und dadurch langfristig zu stabilisieren.

4. Ein Konzept zur Einführung der phonetischen Umschrift in der Primarstufe

Die Einführung der Lautschrift bereits im Fremdsprachenunterricht der Grundschule scheint zunächst vermessen zu klingen und wird vielfach als unrealistisch angesehen. Mit dem von dem Autor konzipierten und im Sommer 2004 im Rahmen eines studienbegleitenden fachdidaktischen Praktikums an der Europaschule Erfurt durchgeführten Projekt zur Einführung der phonetischen Umschrift (für einen ausführlichen Bericht vgl. Marschollek 2005) wird hier bewusst ein Beispiel vorgestellt, das in den Augen der beteiligten Studierenden und Lehrkräfte zumindest auf den ersten Blick kaum den oben genannten Bedingungen entsprach. Es erschien ihnen eher unwahrscheinlich, dass die Schüler durch das Erlernen der Lautschrift affektiv involviert würden. Vielmehr müsse man damit rechnen, dass die Kinder diesem „trockenen Thema" gelangweilt gegenüberstünden. Was die kognitive Herausforderung betrifft, so sei diese wahrscheinlich viel zu groß für Grundschulkinder. Im Hinblick auf die Lernerautonomie sei zudem nicht davon auszugehen, dass die Lernenden die phonetische Umschrift tatsächlich selbständig anwenden lernen. Das Projekt werde somit wohl kaum in ein Erfolgserlebnis münden, sondern viel eher in Frustration auf Seiten der Lehrenden und der Lernenden.

Aus didaktischer Sicht verspricht der Einsatz der Lautschrift im Grundschul-Fremdsprachenunterricht dagegen sehr günstige Auswirkungen auf Lernmotivation, Lernerautonomie, Lerneffektivität und Lernziele. Hinsichtlich der Lernmotivation ist festzustellen, dass den Kindern mit dem Erlernen der Lautschrift das Erfolgserlebnis ermöglicht wird, sich die Aussprache des Englischen auch selbst zu erschließen und damit auch eigenständig weiter arbeiten zu können – während und außerhalb des Unterrichts. Die Möglichkeiten der Lernerautonomie werden insbesondere dadurch erheblich erweitert, dass die Schülerinnen und Schüler unabhängiger von den wenigen sprachlichen Vorbildern werden, die ihnen häufig nur im Unterricht zur Verfügung stehen und die auch nicht in jedem Fall unfehlbar sind. Schließlich ist es auch bezüglich der Lerneffektivität bedenklich, wenn für die Kinder ohne Kenntnis der Lautschrift der einzige Weg des Ausspracheelernens darin besteht, die von der Lehrkraft vorgesprochenen Lautbilder immer im Gedächtnis zu speichern und dann von dort möglichst originalgetreu wieder abzurufen. Diese für das Fremdsprachenlernen wichtigen Prozesse können entscheidend erleichtert werden, wenn die Kinder durch die Lautschrift für die Aussprache des Englischen weiter sensibilisiert und zugleich beim Abspeichern und Erinnern der Lautbilder unterstützt werden. Damit verliert zugleich auch die Überlegung weiter an Überzeugungskraft, den Schülerinnen und Schülern gerade im Grundschulunterricht das Schriftbild als weitere mögliche Gedächtnisstütze gänzlich vorzuenthalten, um sie vor falsch erlesenen Lautbildern zu bewahren. Eine Berücksichtigung und konsequente Nutzung der sich in der Grundschulzeit schnell weiterentwickelnden Fähigkeit der Kinder, ihr Denken durch die Verwendung von Schrift und weiteren Symbolen zu verbessern, wirkt indessen nicht nur günstig auf deren Motivation zurück, sondern verbessert zugleich auch die Chancen auf eine Umsetzung der Lernziele des Fremdsprachenunterrichts in der Grundschule. Der Fremdsprachengebrauch gelangt damit inhaltlich auf ein Niveau, das den kognitiven Möglichkeiten, den Interessen und Bedürfnissen der Kinder sowie ihrer Erfahrung mit Fremdsprachen in ihrer Umwelt tatsächlich entspricht und sie insbesondere auch auf dem Weg der Mehrsprachigkeit einen entscheidenden Schritt voranbringt.

4.1 Die Umsetzung des Projektes
Inwieweit das Unterrichtsprojekt diese Zielvorstellungen tatsächlich rechtfertigt, soll seine Umsetzung in der Unterrichtspraxis illustrieren. Die wichtigsten Schritte sind in Darstellung 2 repräsentiert.

In einer Vorbereitungsstunde – einer Kunststunde – erhielt zunächst jeder Schüler ein T-Shirt, auf welchem jeweils ein phonetisches Symbol sowie ein Tier abgebildet waren, in dessen Namen der entsprechende Laut enthalten ist. Die Kinder durften die bereits vorgezeichneten Symbole und Tiere individuell ausmalen. Zu diesem Zeitpunkt erhielten sie allerdings noch keinerlei Information zur Bedeutung der Symbole.

In der zweiten Stunde dekodierten die Kinder dann bereits ihre ersten Wörter in phonetischer Umschrift mit Hilfe ihrer T-Shirts, die dabei als Schlüssel zum phonetischen Alphabet dienten. Darstellung 2 zeigt die Kinder unter anderem bei der Entschlüsselung des Wortes *giraffe* (2. Stunde). Noch in derselben Stunde wurden die Kinder auch in ein Gespräch über die Bedeutung und die Funktion der Symbole eingebunden.

In der dritten Stunde erlasen die Kinder bereits ganze Reime in phonetischer Umschrift.

In der vierten Stunde erhielt die Klasse dann den Refrain des englischen Titelsongs aus dem Film *Shrek*. Diesmal war der Text jedoch in lateinischer Schrift abgedruckt. Für die Kinder bestand die Aufgabe darin, die einzelnen Wörter in einem Wörterbuch nachzuschlagen und ihre phonetische Umschrift auf eine Folie zu kopieren. Dabei arbeiteten sie zu fünft arbeitsteilig in Gruppen, und jede Gruppe kodierte ein anderes Element des Refrains. Die Teile wurden schließlich auf dem Overheadprojektor zusammengefasst, so dass die Kinder den Text als Ganzes erlesen konnten. Zunächst erkannten sie noch nicht, dass sie soeben den ihnen gut bekannten Song transkribiert hatten. Das änderte sich sofort, als die Musik von einer CD gespielt wurde und die Kinder gleich mitsangen.

Darstellung 2: Verlaufsskizze des Projektes „Phonetische Umschrift"

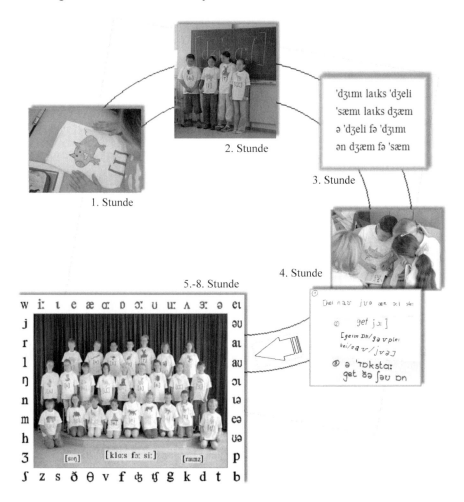

Alle Ergebnisse des Projektes (die T-Shirts mit der Aussprache der Symbole und Tiernamen, die Reime und der Song) wurden schließlich mit einer digitalen Videokamera aufgenommen und in ein Lernprogramm zur phonetischen Umschrift integriert. Dieses erhielten alle Kinder auf CD zum eigenständigen Weiterlernen für ihr Sprachenportfolio. Zudem wurde das Programm auf der Homepage der Schule im Internet veröffentlicht (http://fte.uni-erfurt.de).

4.2 Die Bewertung des Projektes im Hinblick auf die Bedingungsfaktoren

Von den 47 Kindern, die in zwei Parallelklassen an dem Projektunterricht teilgenommen hatten, bewerteten 39 das Lautschriftprojekt insgesamt als „sehr gut", sechs als „gut" und eines als „durchschnittlich". Somit hat das Projekt die Kinder in der Tat affektiv involviert.

Wie die Auswertung der abschließenden schriftlichen Befragung zeigt, sind sich die Kinder des gehobenen Anspruchsniveaus durchaus bewusst. So bezeichnen 41 von den 47 Kindern den Schwierigkeitsgrad insgesamt als „mittel". In diesem Zusammenhang ist die Feststellung wichtig, dass das Schülerinteresse insbesondere von anspruchsvollen Schüleraktivitäten angesprochen wurde. Zur Illustration hier einige Schüleraussagen:

> „Schwer war es, wenn wir die Lautschrift erlesen mussten. Aber so schwer war das auch nicht."
>
> „Ich fand die Lautschrift erst schwer, aber dann konnte ich sie schon ein bisschen."

Was den Aspekt der Lernerautonomie betrifft, so steht den Kindern mit der phonetischen Umschrift nun ein Werkzeug zur Verfügung, welches sie unabhängiger macht von den sprachlichen Vorbildern ihrer Lehrer. Damit haben die Kinder in der Tat einen bemerkenswerten und entscheidenden Fortschritt hinsichtlich ihrer Lernerautonomie vollzogen.

Auf die beachtlichen Projektergebnisse, die im Lautschriftlernprogramm zusammengefasst sind, die sie alle zum selbständigen Weiterlernen auf CD für das Portfolio erhalten haben und die auf der Homepage der Schule veröffentlicht werden, können sie zu Recht stolz sein.

5. Fazit

Schüler sind sehr daran interessiert und ganz offensichtlich auch in der Lage, zu beachtlichen Fortschritten im frühen Fremdsprachenunterricht zu gelangen. Daher sollten ihnen diese Fortschritte nicht nur ermöglicht, sondern auch bewusst gemacht werden. Eine Leistungsbewertung etwa, welche die Fortschritte der Kinder in möglichst vielen ihrer Facetten honoriert, kann dazu einen wichtigen Beitrag leisten.

Vor allem sollten die Kinder ausreichend Gelegenheit erhalten, gerade auch über ihren eigenen Lernprozess zu reflektieren. Denn dann sind sie im Stande, ihre Fortschritte im Erlernen fremder Sprachen zugleich als ihre ersten Schritte auf dem Weg zur Mehrsprachigkeit zu begreifen. Das illustriert abschließend die exemplarische Auswahl einiger Schülerantworten auf die Frage, ob die Lautschrift wichtig sei:

> „Ja. Ich finde die Lautschrift wichtig, weil sie sehr wichtig für die ist, die eine andere Sprache lernen, um sie besser aussprechen und lernen zu können."
>
> „Ja, weil man sonst, falls man nach England fährt und einen falsch anspricht, dann noch blöd angeschaut wird."
>
> „Ein wenig. Aber ich weiß, wozu sie da ist. Deshalb mache ich ja mit."
>
> „Wenn wir nicht die Lautschrift hätten, dann würden wir Deutschen alles falsch aussprechen auf Englisch."
>
> „Ja, die kann man ja für die 5. Klasse brauchen."
>
> „Ja ich finde sie wichtig, weil man ohne sie nur schwer die Sprachen lernen könnte."

„Ja, weil es die Lautschrift in mehreren Sprachen gibt."

„Ich finde die Lautschrift ziemlich wichtig, weil man damit ganz viele Sprachen richtig sprechen kann."

Aufgrund dieser Aussagen ist es wohl unumstritten, dass Projekte wie dieses Grundschulkinder zu beachtlichen Fortschritten in der Sprachkompetenz führen und das Interesse am Fremdsprachenunterricht und am Fremdsprachenlernen wach halten.

6. Literaturangaben

Blondin, Ch. et al. (1998) *Fremdsprachen für die Kinder Europas: Ergebnisse und Empfehlungen für die Forschung.* Berlin: Cornelsen.

Burstall, C. et al. (1974) *Primary French in the Balance.* Slough: NFER.

Council of Europe (2001) *The Common European Framework of Reference for Languages: Learning, Teaching, Assessment.* Cambridge CUP. URL: http://www.culture2.coe.int/portfolio/documents_intro/common_framework.html [Stand: 22.01.2005].

Doyé, P. und D. Lüttge (1977) *Untersuchungen zum Englischunterricht in der Grundschule – Bericht über das Braunschweiger Forschungsprojekt „Frühbeginn des Englischunterrichts".* Braunschweig: Westermann.

Friedrich, H. F. und H. Mandl (1997) „Analyse und Förderung selbstgesteuerten Lernens." In: Weinert, F. E. und H. Mandl (Hrsg.) (1997) *Psychologie der Erwachsenenbildung.* Göttingen: Hogrefe, 237-293.

Hellwig, K. (1995) *Fremdsprachen an Grundschulen als Spielen und Lernen: Dargestellt am Beispiel Englisch.* Ismaning: Hueber.

Marschollek, A. (2005) „Phonetische Umschrift – schon in der Grundschule?" *Grundschulmagazin Englisch – Primary English* 2, 13-16.

Petillon, H. (1994) „*Integrierte Fremdsprachenarbeit in der Grundschule aus der Perspektive der beteiligten Kinder – Eine Pilotstudie.*" URL: http://www.grundschule.bildung-rp.de/gs/Fremdsprachen/Petillon-Antworten.html [Stand: 03.01.2005].

Jürgen Mertens

„Denn sie sollen wissen, was sie tun …" – Berufsfeldorientierung als Leitgedanke einer wissenschaftlichen Fremdsprachenlehrerausbildung

1. Zur Situation

Frühes Fremdsprachenlernen wird – obwohl es seit Jahrzehnten erprobt, erforscht und als effektiv eingestuft wird – vielfach noch unterschätzt, und zwar nicht nur in Bezug auf das, was in der Grundschule an sprachlichen Kompetenzen erreicht wird, sondern vor allem in Bezug auf das Anspruchsniveau, das an die Professionalität der Grundschullehrkräfte gestellt wird. Konrad Schröder sprach vor ein paar Jahren von der „Fehlhaltung mancher Schulverwaltungen, die meinen, fremdsprachlicher Anfangsunterricht sei sprachpraktisch einfach und könne gewissermaßen auf der Basis von Abiturkenntnissen erteilt werden" (2001:11). Dass dem nicht so ist und dass die Kritik von Schröder mehr als zutrifft, werden alle die bestätigen, die in diesem Feld schon selbst gearbeitet haben. So ist es nur folgerichtig, dass von Fachleuten übereinstimmend die Komplexität des Kompetenzprofils einer Fremdsprachenlehrperson in der Grundschule hervorgehoben und eine adäquate Ausbildung gefordert wird (vgl. Rück 1998; Zydatiß 1998, 2000; Mertens 2000; Schmid-Schönbein 2001 und Schocker-von Ditfurth 2003).

1.1 Die Fremdsprachenlehrerausbildung in der Krise
Ausbildungsstudien belegen, dass die gängige Lehrerausbildung oftmals einer (Weiter-)Entwicklung von Lehrkompetenzen im Wege steht. Denken wir nur an einen in vielerlei Hinsicht fragwürdigen Kanon an Studieninhalten, dessen Relevanz für die spätere Berufsausübung erhebliche Zweifel aufwirft.

Wirft man einen Blick auf die gängigen Ausbildungsmodelle (siehe Darstellung 1, in Anlehnung an Müller-Hartmann/Schocker-von Ditfurth 2004:12ff.), seien es die Modelle für die Erstausbildung oder die Modelle für die vielfältigen Weiterqualifizierungsmaßnahmen, so vermögen diese nur wenig zu überzeugen:

- weder das *'Craft-Model'* / „Meister-Modell", bei dem der Novize dem pädagogisch Erfahrenen nachzueifern und ihn im Extremfall in seinem pädagogischen Handeln zu kopieren hat,
- noch das *'Applied Science Model'* / „Transmissionsmodell", bei dem von außen Handlungsdirektiven, Theorien, Expertenmeinungen an das pädagogische Feld herangetragen werden und dort umgesetzt werden sollen, haben sich als geeignet erwiesen. Viele Lehrer(fort-)bildungsmodelle spiegeln dieses Grundmuster wider.

Was die Erstausbildung angeht, so ist zu erkennen, dass diese meist einer philologisch ausgerichteten Vorstellung von Fremdsprachenlehrerausbildung folgt – ein Blick in das eine oder andere Vorlesungsverzeichnis verschafft darüber schnell Klarheit. Dieses philologisch geprägte Ausbildungsmodell ist jedoch seit einigen Jahren zunehmend in die Kritik geraten und muss sich mehr denn je der provokativ gestellten Frage „Fremdsprachenlehrerausbildung – Reform oder Konkurs?" (Zydatiß 1998a:12) stellen (vgl. auch Spiewak 2004).

Ein Alternativmodell zu den gängigen Lehrerausbildungskonzeptionen wird im Rahmen des Fern-/Kontaktstudiengangs E-LINGO *Didaktik des frühen Fremdsprachenlernens*, einem Projekt der Landesstiftung Baden-Württemberg gGmbH, erprobt (vgl. Mertens/Schocker-von Ditfurth 2004, erscheint).

Darstellung 1: Traditionelle Ausbildungsmodelle

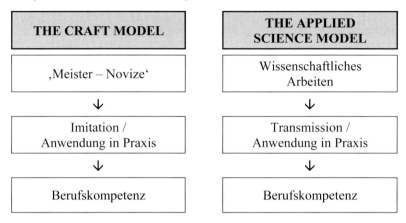

1.2 E-LINGO – ein Alternativmodell der Lehrerbildung

Im Gegensatz zu den genannten Ausbildungsmodellen ist das dem Fern-/Kontaktstudiengang E-LINGO zugrunde liegende Modell, man könnte es das *Reflective Model* nennen, einem berufsfeldorientierten Ansatz verpflichtet. Hierbei kommt zugleich dem forschendem Lernen eine tragende Rolle zu (vgl. Schocker-von Ditfurth 2001, Bertschy 2004:405ff.). Angesichts der Vielfalt unterschiedlichster Lehr- und Lernbedingungen an den Schulen sowie sich teilweise widersprechender und sich ständig entwickelnder Sprachlernansätze wird versucht, ein Lehrerbildungsverständnis zu entwickeln, das die Komplexität des Unterrichtsgeschehens als Ausgangspunkt für eine berufsfeldorientierte Kompetenzentwicklung nimmt.

Darstellung 2: Ein alternatives Ausbildungsmodell (Müller-Hartmann/Schocker-von Ditfurth 2004:14)

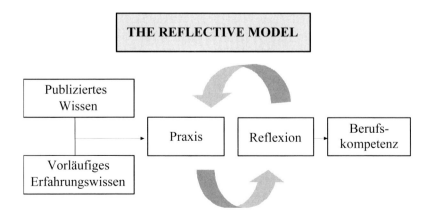

2. Berufsfeldorientierung im Fern-/Kontaktstudiengang E-LINGO
2.1 Anmerkungen zum Ausbildungskonzept

Neben anderen Merkmalen[1] unterscheidet sich der Fern-/Kontaktstudiengang E-LINGO von bestehenden Qualifizierungsmaßnahmen (z.B. einem Studium an einer Pädagogischen Hochschule) durch die besondere Berücksichtung des Theorie-Praxis-Bezugs bei der Ausbildung der Lehrkompetenzen. Dies bedeutet nun nicht die Ausgabe von Anwendungsdirektiven oder die Vermittlung rezeptologischer Handlungsanweisungen. Es gilt vielmehr, bei den Studierenden eine berufsfeldbezogene Wissenschaftlichkeit ihrem pädagogischen Handeln gegenüber zu fördern.

Unser Anliegen ist es, den Studiengang an den Anforderungen auszurichten, die das Lehren und Lernen fremder Sprachen auf der Primarstufe an die angehenden Lehrer/innen stellt. Ein solcher Anspruch an einen Berufsfeldbezug bedeutete zunächst, die Auswahl der Inhalte nicht an der Systematik der traditionellen philologischen Bezugswissenschaften festzumachen. Curriculare Entscheidungen in Bezug auf die traditionellerweise genannten Bereiche Sprachpraxis, Fachdidaktik, Fachwissenschaft (d.h. Literatur-/Textwissenschaft, Sprachwissenschaft, Landes- und Kulturkunde) beruhen nicht auf der Fachsystematik der Grundlagenwissenschaften. Auch leitet sich der Bezug zum beruflichen Kontext nicht von einem vorgefassten traditionellen Lehrprogramm ab. Stattdessen wurde zunächst analysiert, was Fremdsprachenlehrer/innen auf der Primarstufe an Wissen und Kompetenzen benötigen, um ihre Tätigkeit fachkundig ausführen zu können.

Diese Überlegungen sind im Zusammenhang mit konzeptuellen Vorschlägen und programmatischen Entwürfen für eine Reform der Lehrerbildung zu sehen, die seit Anfang der 80er Jahre im anglo-amerikanischen Raum diskutiert, erarbeitet und umgesetzt werden (vgl. Schön 1983, Woods 1996). Inhalte *und* Verfahren leiten sich, diesen Konzepten zufolge, von einer Analyse des berufsfeldbezogenen Wissens und der entsprechenden Kompetenzen ab. Dazu ist es erforderlich herauszufinden,
a) wodurch sich qualitätsvolles Handeln in komplexen pädagogischen Feldern im Allgemeinen und im Fremdsprachenklassenzimmer im Besonderen auszeichnet,
b) und wie sich hierfür notwendige Inhalte, Einstellungen und Handlungskompetenzen entwickeln lassen.

Wir wissen mittlerweile um die Einflüsse selbsterlebter Lehrroutinen, der eigenen Sprachlernbiographie und des Alltagswissen über Fremdsprachenunterricht auf das Lehrerhandeln, und wir erleben häufig, wie diese Erfahrungen fremdsprachendidaktisch angemessenen Vorstellungen einer Weiterentwicklung der Lehrkompetenz entgegenstehen: „Die eigenen Lernerfahrungen prägen das berufliche Selbstverständnis der Studierenden nachhaltig." (Schocker-von Ditfurth 2001:256ff.). Erfolg versprechen deshalb vor allem Ansätze, bei denen eigene biographische Erfahrungen und Einstellungen thematisiert und aufgearbeitet werden und die Teilnehmer/innen durch eigenständige Forschung die Entwicklung eines kontextbezogenen Kompetenzprofils vorantreiben (vgl. Schocker-von Ditfurth 2001). Wissenschaftliche Lehrerbildung, wenn sie berufsfeldbezogen verstanden wird, ist also neu zu definieren. Unter einer *berufsfeldbezogenen Wissenschaftlichkeit* soll die Befähigung der Studierenden verstanden werden, die jeweiligen Bedingungen, unter denen Fremdsprachenlernen

---

1 Zur Struktur und zu den „Alleinstellungsmerkmalen" des Fern-/Kontaktstudiengangs E-LINGO *Didaktik des frühen Fremdsprachenlernens* – einem Projekt der Landesstiftung Baden-Württemberg gGmbH – vgl. Mertens/Schocker-von Ditfurth 2004.

stattfindet, zu analysieren, zu verstehen und theoriegeleitet weiterzuentwickeln. Wissenschaftliches Denken geht also zunächst nicht von der extensiven Lektüre der Literatur aus, sondern beginnt bei der Befähigung zur Analyse der Lehr-/Lernbedingungen eines Praxisfeldes, das dann später – u.a. durch Einbezug von Fachpublikationen – weiter entwickelt wird. Die Vorgehensweise wird sozusagen vom Kopf auf die Füße gestellt: relevante Tätigkeitsfelder der Fremdsprachenlehrperson bilden den Ausgangspunkt für sprachlich-didaktisch-methodische Fragestellungen; im Anschluss daran werden Maßnahmen zur Kompetenzentwicklung getroffen. Ein wesentliches Merkmal dieses Ansatzes ist die Tatsache, dass eine auf die Primarstufe bezogene Fremdsprachendidaktik relevante Wissensbestände aus den Bezugswissenschaften für die angestrebte Kompetenzentwicklung integriert. Diese Anleihen werden aber nur punktuell auf die jeweilige Fragestellung vorgenommen, sofern sie für diese von Relevanz sind. Auf eine Systematisierung der Studieninhalte im Sinne der einzelnen Bezugswissenschaft wird verzichtet.

2.2 Ebenen der Berufsfeldorientierung
Die Berufsfeldorientierung bezieht sich auf die Ebene der Inhalte wie auch auf die der Vermittlungskompetenzen.

Inhaltsebene
Die diesem Studiengang zugrunde gelegte Wissensbasis mit der inhaltlichen Zielebene „Fachdidaktisches Wissen" hat Eingang in zwölf Studienmodule gefunden. Sie ist das Ergebnis eines doppelperspektivischen Reflexionsprozesses zweier Arbeitsgruppen, die die Perspektive der schulischen Anforderungen einerseits und die der Fremdsprachendidaktik andererseits einbrachten, so dass berufsfeldspezifisch und fremdsprachendidaktisch angemessene Inhaltsfelder und Kompetenzbereiche formuliert werden konnten. Ausgehend von dieser Doppelperspektive ‚Theorie – Praxis' wurden Themenbereiche formuliert, z.B.: *Wie lernen Kinder Sprachen?*, *Geschichten erzählen*, *Medien beim frühen Fremdsprachenlernen*, etc. (genauer in Mertens/ Schocker-von Ditfurth 2004). Die fachdidaktische Wissensbasis ist nun aber nicht auf die theoretische Fachliteratur beschränkt, sondern wird durch externes Expertenwissen in Form von Interviews mit Lehrpersonen und Schülern, Videomitschnitten und Transkriptionen konkreter Sprachlernsituationen ergänzt.

In E-LINGO werden sämtliche Studieninhalte in der jeweiligen Zielsprache angeboten (Englisch/Französisch), weil es gerade in fremdsprachlichen Vermittlungskontexten überzeugender sprachlicher Vorbilder bedarf und so in der knappen zur Verfügung stehenden Zeit möglichst effektiv Sprachwachstum angeregt werden kann. Um sprachliche Routinen zu entwickeln, ist also in allen Phasen des Studiums für Studierende wie Lehrende die Zielsprache auch die Arbeitssprache. Der Erwerb dieser zweiten inhaltlichen Wissensbasis (inhaltliche Zielebene: berufsfeldbezogene Sprachkompetenz) erfolgt weitgehend integrativ, d.h. in Auseinandersetzung mit den jeweiligen Themenbereichen.

Handlungsebene / Vermittlungskompetenzen
Zur Anbahnung der berufsfeldbezogenen Vermittlungskompetenzen sind folgende Elemente vorgesehen:
- mittelbare Forschung: in den Themenmodulen sind Aufgabenteile enthalten, die die Auseinandersetzung mit Unterrichtsmitschnitten zur Grundlage haben. Die Studierenden erhalten Hintergrundinformationen zur Klassensituation, etc., wo-

durch ihnen ein verstehender Zugang zu dem jeweiligen Lehrkontext ermöglicht wird. Auf der Basis solcher Kontextanalysen wird beispielsweise die Fähigkeit zur Aussprachediagnostik (Erkennen von Aussprachefehlern, Notieren in phonetischer Umschrift, etc.) oder zur Strukturierung von Unterrichtsphasen geschult (Kennenlernen typischer Phasen bei Erzählsituationen, Erkennen von Sozialformen, Beurteilen von Schüler-Lehrer-Interaktion, etc.). Sie erleben in der konkreten Situation Beispiele für authentische, didaktische und metasprachliche Kommunikation und sehen, inwiefern durch Lehrhandeln Sprachlernprozesse gefördert oder gehemmt werden können.

- unmittelbare Forschung in Form von *projets de recherche-action* (engl. *action research project*; dt. Klassenforschungsprojekt): die Studierenden entwickeln im Team (als Tandem/Tridem) gemeinsame Unterrichtsprojekte, führen sie durch und werten sie nach einer bestimmten Fragestellung aus. Die Ergebnisse präsentieren sie in den Präsenzphasen, die ihnen Gelegenheit zu einer weiteren Vertiefung bieten.[2]

3. Berufsfeldbezogenes Lernen am Beispiel

3.1 Aufgabengeleitetes Lernen

Die Themenmodule[3] sind so aufgebaut, dass sich die Studierenden die Inhalte aufgabengeleitet (je nach Aufgabe einzeln oder im Tandem/Tridem) erarbeiten.[4] Wir verstehen *task* im Sinne von Prabhu (1987:17) als "*an activity which requires learners to arrive at an outcome from given information through some process of thought, and which allows teachers to control and regulate that process.*" Die verschiedenen Kategorien von Aufgaben (engl. *task*, frz. *tâche*) umfassen Tätigkeiten wie Listen zu erstellen, zu ordnen und zu sortieren, Vergleiche anzustellen, Probleme zu lösen, persönliche Erfahrungen auszutauschen und kreativ zu arbeiten.

Nachfolgend soll gezeigt werden, wie die Strukturierung des Lernprozesses konkret erfolgt. Das Beispiel ist dem Modul *Approche Intégrative I* (Mertens 2004) entnommen und beschäftigt sich mit der Frage, wie Hörversehen bei jüngeren Französischlernern entwickelt und didaktisch-methodisch unterstützt werden kann.

3.2 Die Strukturierung des Lernprozesses am konkreten Beispiel

Der Ausgangspunkt dieses Lernschrittes ist ein authentischer Hörtext (Auszug Transkription in Darstellung 3) aus einer Hörfunksendung der *Radio Suisse Romande*. Auf der Basis dieses authentischen Radiomitschnittes durchlaufen die Studierenden den Lernprozess von der aktiven Zuhörsituation bis zur Entwicklung altersadäquater Hörverstehensaufgaben. Im Einzelnen gestaltet sich der Lernprozess wie folgt:

---

2 Die Studien- und Prüfungsordnung sieht zudem einen verbindlichen Auslandsaufenthalt vor, bei dem die Studierenden an Vor- und Grundschulen hospitieren und eigene Unterrichtserfahrungen machen sollen.

3 Die Themenmodule werden den Studierenden *online* auf einer speziell für den Studiengang entwickelten Lernplattform zur Verfügung gestellt.

4 Die folgenden Beispiele sind zur Unterscheidung vom normalen Text in kursiver Schrift formuliert.

Auseinandersetzung mit dem eigenen Erfahrungswissen

Darstellung 3: Transkription eines Radiomitschnitts (I: Interviewer, G: Anrufer)

No.		Transcription:
1	I	Salut, Grégoire-Etienne. Puisque c'est ton prénom. Et surtout permets-moi ou permets-nous de te souhaiter un joyeux anniversaire .... puisque je crois que tu fêtes ton anniversaire aujourd'hui, hein?
2	G	Ouais.
3	I	... Grégoire-Etoine, ah ..Etienne, pardon. Quel âge as-tu?
4	G	Onze ans.
5	I	Alors, bon anniversaire.
6	G	Merci.
7	I	Et c'est bien Grégoire-Etienne? C'est juste, hein?
8	G	Ouais.
9	I	... ton prénom? Tu habites où, Grégoire-Etienne?
10	G	Hein ?
11	I	Ah, c'est ton nom de famille, Etienne?
12	G	Oui.
13	I	Ah d'accord. J'appelle Grégoire (sic!). Excuse-moi Grégoire. -? Je croyais que c'est un double prénom. T'es comme moi. T'as trois prénoms. [En] fin. Moi, j'en ai trois. Jean-Marc et Richard. Tu vois, ça fait trois.
14	G	(rire)
15	I	Bon, donne-nous la réponse. Alors, j'ai quatre pieds, je ne marche pas, j'ai une tête mais je parle pas, c'est -
16	G	Un lit.
17	I	Un lit. Bonne réponse. Super. Vous pouvez l'applaudir. Grégoire Etienne. Grégoire tout court. Comme ça. Tu habites où, Grégoire?
18	G	A C ?? dans le Jura.
19	I	Eh bien, on te souhaite une très bonne journée, Grégoire.
20	G	Merci.
21	I	... Et bon anniversaire. Bravo, bravo, bravo. Onze ans. Merveilleux. Tu es encore du signe de la vierge ou bien c'est déjà la balance?
22	G	Ouais, c'est déjà la balance.
23	I	T'es déjà de la balance. C'est pas mal non plus. A bientôt. Salut, Grégoire. Merci de nous avoir téléphoné.
24	G	Merci. Je peux saluer quelqu'un?
25	I	Oui, vas-y vite. Pas de problème.
26	G	Hein, c'est ma petite copine. [...]

Die Studierenden werden in dieser Phase in eine Situation zurückversetzt, in der sich auch ihre Schüler bei Hörverstehenssequenzen in der einen oder anderen Form befinden: (wiederholtes) Anhören des Textes (Schritt 1), Memorierhilfen verwenden (hier: Notizen machen, Schritt 2), Inhalt wiedergeben (hier: schriftliche Zusammenfassung formulieren, Schritt 3). Diese Phase dient der Reaktivierung vorhandenen Erfahrungswissens sowie der Selbstreflexion. Diese Vorgehensweise erlaubt zugleich die Annäherung an den eigentlichen Vermittlungskontext (hier: das frühe Fremdsprachenlernen) durch den Kontrast mit dem (meist gymnasialen) Lernhintergrund der Studierenden und der spezifischen Lernsituation der Schüler.

Selbst erleben und nachempfinden
1. Ecoutez le clip sonore « Grégoire-Etienne » (trois fois tout au plus).
2. Prenez des notes après chaque écoute pour finalement résumer le contenu de ce dialogue de radio en quelques phrases.

Erfahrungen reaktivieren und artikulieren
3. Etablissez deux listes et notez
   a) les facteurs qui vous ont facilité la compréhension de la conversation ;
   b) les facteurs qui ont posé des problèmes de compréhension.

In Schritt 3 reflektieren die Studierenden die Erfahrungen, die sie selbst mit dieser Aufgabe (gemäß dem *Task-Based-Approach*, Candlin 1987) gemacht haben. Sie könnten beispielsweise artikulieren, was zu Verständnisproblemen geführt hat, z.B. die teilweise schlechte Verständlichkeit der Textvorlage, häufige Wiederholungen, Überlappungen oder unbekannte Wörter. Positiv könnte hingegen angeführt werden, dass im Text zentrale Begriffe häufig wiederholt werden, dass Anrufsendungen im Radio und deren typische Dialogmuster bekannt sind sowie dass die Sprechgeschwindigkeit (da es sich um eine Sprachvarietät des Französischen aus der *Suisse Romande* handelt) eher langsam ist.

Auseinandersetzung mit publizierten Wissensbeständen
Diese Beobachtungen und Selbsterfahrungen werden in den ersten zwei Lernschritten „ontologisch", also dem Wesen nach beschrieben. In der anschließenden Lektürephase wird die Konzeptbildung bei den Studierenden unterstützt und ihnen das für die Analyse notwendige Publikationswissen vermittelt:

4. Ensuite, nous vous proposons la lecture de [...].

Die Studierenden erhalten einen Überblick über
- linguistische Fachtermini (Themenbereich: *code oral – code écrit*),
- die Bedeutung von Vorwissen für Verstehensprozesse (Schematheorie, Kontextwissen, Sprach- und Kulturwissen) sowie
- didaktisch-methodische Anregungen für die Schulung von Hörverstehen mit jüngeren Sprachenlernern.

Auseinandersetzung mit dem Erfahrungs- und Praxiswissen von Lehrer/innen und publizierten Lehr-/Lernmaterialien
5. Sur la base de vos lectures, vous disposez maintenant d'outils pour dégager les caractéristiques de la langue parlée du texte « Grégoire-Etienne ». Pour terminer cette étape, vous l'analyserez à l'aide de la « transcription – Grégoire-Etienne » et de l'enregistrement « Grégoire-Etienne ». A partir de ces éléments et de vos propres expériences décrites en 1), faites un commentaire de texte portant sur des aspects linguistique (le code parlé) et didactique (écouter / comprendre). Dégagez-en tous les procédés figurant dans « Grégoire-Etienne » qui sont typiques du code oral. Dans quelle mesure la langue parlée pose-t-elle un problème ou facilite-t-elle la compréhension des apprenants ?

In diesem Aufgabenteil setzen sich die Studierenden mit den verschiedenen Wissensbasen auseinander. Ihr linguistisches Fachwissen erlaubt ihnen, die Merkmale gesprochener Sprache zu bestimmen. Sie verfügen über Konzeptwissen, um die

Sprachphänomene zu bestimmen, und über terminologisches Wissen, um diese kompetent zu benennen. Das fachdidaktisch-methodische Wissen Anderer wird nun, verbunden mit den diversen Vorerfahrungen als Schüler, als Lehrer, als Tourist, aber auch als Studierender, quasi meta-reflexiv zur Deutung dieser Hörverstehensaufgabe im Selbstversuch eingesetzt und in der Fremdsprache berufsfeldbezogen versprachlicht. Die Analyse des Hörtextes erfährt eine didaktische Ausweitung und soll das Verstehen eines potentiellen Lehrszenarios fördern, indem z.B. gefragt wird: „Warum haben Schüler Probleme beim Hörverstehen, und wie kann Lehrerhandeln sie bei ihrem Lernprozess unterstützen?"

Vermittlungswissen und Handlungsvollzug
Die Anwendung und der Transfer des Erlernten ist Gegenstand der nächsten Lernschritte (Schritte 6a, 6b und 7).

6. a) *Lisez « La compréhension orale I » et « La compréhension orale II » [...]*

Wiederum wird induktiv vorgegangen, indem Beispiele für konkrete, auf Hörverstehen bezogene Aktivitäten vorgestellt werden (siehe Darstellung 4).

Darstellung 4: Textauszug Modul *Approche Intégrative* (*La compréhension orale* II)

> *Voici une liste non-exhaustive d'activités en vue de perfectionner l'écoute des jeunes enfants de primaire.*
> *1. écouter et repérer*
>   *a) Jeu : Pigeon vole (variante simplifiée) : Les enfants doivent lever l'index s'ils repèrent un son dans une liste de mots lus à haute voix par l'enseignant (« Levez le doigt à chaque fois que vous entendrez le son du serpent [s] / le son de la mouche [z], le son du train [ʃ], etc.».*
>   *b) Dictée-dessin : On demande aux enfants d'identifier dans une liste de mots tous ceux qui contiennent le son « cochon » [õ]. Quand les élèves repèrent cette nasale, ils lui dessinent une bouche souriante, sinon le cochon doit bouder.*
> *2. écouter et comprendre*
> *a) montrer / identifier quelque chose*
>   - *p.ex. : « Montrez-moi le / la XXX. »*
>   - *p.ex. Leur donner une description d'un objet. (« Mon animal habite en Afrique, est gris et marche comme ça. » → Les enfants montrent leur carte. → L'enseignant leur assure: « Oui, vous avez raison. C'est un éléphant. »). Pour faciliter la compréhension, on peut utiliser des internationalismes ou des mots transparents. [...]* (Mertens 2004)

Im Anschluss daran sind folgende Aufgabenschritte zu bearbeiten:

6. b) *[...] et trouvez d'autres possibilités pour travailler les compétences orales des apprenants (au moins trois possibilités). [...]*
7. *Faites d'abord une description des démarches méthodiques par écrit. Expliquez en détail la façon dont l'enseignant doit procéder pour réaliser ce que vous proposez en 6. [...]*

Die Studierenden erweitern und vertiefen ihr didaktisch-methodisches Repertoire, indem sie exakt planen und formulieren, auf welche Weise sie in einer konkreten Situation im Kontext Vorschule oder Primarstufe didaktisch-methodisch handeln würden.

4. Ausblick

Ein Studienmodell zur Professionalisierung von Sprach- und Kulturmittlern, wie es exemplarisch durch E-LINGO realisiert werden soll, umfasst drei wesentliche Aspekte:
- die eminente Rolle der Fachdidaktik als zentraler Vermittlungsinstanz mit der Konsequenz, dass die Auswahl der Wissensbasis, die Kanonfrage, nicht mehr allein aus der Logik der Fachdisziplinen abgeleitet werden kann,
- den Berufsfeldbezug und
- die Wissenschaftlichkeit.

Diese Schwerpunktsetzung ist Kern des Studienmodells E-LINGO und durch die knappe Ausbildungszeit und die Erfahrung begründet, dass traditionellerweise die Kanonfrage einer relativen Beliebigkeit – oftmals in Abhängigkeit von den Lieblingsthemen der Dozenten – unterliegt. Ähnlich argumentiert Bertschy (2004:445), wenn er fordert:

> „Die Fachdidaktik hat eine Vermittlungsaufgabe, durch Wissenschafts- und Berufsfeldorientierung relevantes und verwendbares pädagogisches Wissen […] auszuwählen und für die Lehrer/innenbildung bereitzustellen […]. Dadurch soll in Anbetracht der knappen Ausbildungszeit auf einen immer komplexer werdenden Beruf zugleich wissenschaftsorientiert und praxisnah (auf das Berufsfeld der Primarschule) vorbereitet werden und der Beliebigkeit der Inhalte Einhalt geboten werden."

Erfahrenen Lehrkräften, aber auch Neulingen im Beruf, ist nur zu sehr bewusst, dass pädagogisches Handeln vielfach gefährdet, in der Krise und vom Scheitern bedroht ist. Nicht immer funktioniert die Maßnahme, die man für gut, erfolgreich und erprobt hielt. Für diese Momente des Scheiterns gewappnet zu sein, dem gilt das besondere Bemühen eines berufsfeldorientierten Lehrerbildungsansatzes. Eine multifaktorielle Wissensbasis soll der Analyse des pädagogischen Geschehens dienen und damit den Blick für Handlungsalternativen freihalten. In der Hoffnung darauf, dass die Lehrkräfte dann wissen, was sie tun.

5. Literaturangaben

Bertschy, B. (2004) *Fachdidaktische Konzeption einer berufsfeldorientierten Pädagogik für die Lehrer/-innenbildung*. Bern u.a.: Lang.

Candlin, C. (1987) "Towards task-based language learning." In: Candlin, C. and D. Murphy (Eds.) (1987) *Language Learning Tasks*. Englewood Cliffs, N.J.: Prentice Hall, 5-21.

Mertens, J. (2000) „Kompetente Lehrkräfte durch Kooperation? Zur Professionalisierung von Grundschullehrkräften im Fremdsprachenbereich." In: *französisch heute* 31, 450-467.

Mertens, J. (2004) *L'approche intégrative I*. Themenmodul 2 im Fernstudiengang E-LINGO Didaktik des frühen Fremdsprachenlernens (PH Freiburg). [Die Themenmodule sind Teil des Studiengangs E-LINGO und nicht allgemein zugänglich.]

Mertens, J. und M. Schocker-von Ditfurth (2004) Lehrerbildung für den Fremdsprachenfrühbeginn – Neue Wege. In: Kierepka, A., R. Krüger, J. Mertens, und M. Reinfried (Hrsg.) (2004) *Frühes Fremdsprachenlernen im Blickpunkt. Status Quo und Perspektiven*. Tübingen: Narr, 35-47.

Mertens, J. und M. Schocker-von Ditfurth (erscheint) „E-LINGO – Erwerb von Lehrkompetenzen im Dialog." In: Geiger-Jaillet, A. (Hrsg.) (erscheint) *Lehren und Lernen in einer Grenzregion (Enseigner/apprendre dans une région frontalière)*. Hohengehren: Schneider.

Müller-Hartmann, A. und M. Schocker-von Ditfurth (2004) *Introduction to English Language Teaching*. Stuttgart: Klett.

Prabhu, N. (1987) *Second Language Pedagogy*. Oxford: Oxford University Press.

Rück, H. (1998) „Französisch in der Grundschule: Die Chance nutzen!" In: *Grundschulunterricht* (Beiheft Fremdsprachen) 45/1, 40-45.

Schmid-Schönbein, G. (2001) *Didaktik: Grundschulenglisch*. Berlin: Cornelsen.

Schocker-von Ditfurth, M. (2001) *Forschendes Lernen in der fremdsprachlichen Lehrerbildung: Grundlagen, Erfahrungen, Perspektiven*. Tübingen.

Schocker-von Ditfurth, M. (2003) „Fremdsprachenlehrerausbildung für die Primarstufe: Erfahrungen mit praxisbezogenen und teilnehmerorientierten Didaktikseminaren." In: Hermes, L. und F. Klippel (Hrsg.) (2003) *Früher oder später? Englisch in der Grundschule und Bilingualer Sachfachunterricht*. München: Langenscheidt, 87-100.

Schön, D. A. (1983) *The Reflective Practitioner: How Professionals Think in Action*. New York.

Schröder, K. (2001) „Fremdsprachen in der Grundschule. Pädagogische Antwort auf ein kultur- und bildungspolitisches Erfordernis." In: *Grundschulmagazin* 3/4, 8-11.

Spiewak, M. (2004) „Autodidakten vor der Klasse." In: *Die Zeit*, Nr. 27, 24.06.2004, 28.

Woods, D. (1996) *Teacher Cognition in Language Teaching: Beliefs, Decision-Making & Classroom Practice*. Cambridge: Cambridge University Press.

Zydatiß, W. (Hrsg.) (1998) *Fremdsprachenlehrerausbildung – Reform oder Konkurs?* Berlin: Langenscheidt.

Zydatiß, W. (2000) *Bilingualer Unterricht in der Grundschule. Entwurf eines Spracherwerbskonzepts für zweisprachige Immersionsprogramme*. Ismaning: Hueber.

Thorsten Piske

Zur Entwicklung der Englischkenntnisse bei deutschsprachigen Immersionsschülerinnen und -schülern im Grundschulalter

1. Einleitung

In den letzten Jahren ist in allen 16 deutschen Bundesländern Fremdsprachenunterricht an Grundschulen eingeführt worden. Dabei wird die erste Fremdsprache zumeist ab der 3. Klasse, teilweise aber auch schon ab der 1. Klasse auf vorwiegend spielerische Art und Weise in höchstens zwei bis drei Unterrichtsstunden pro Woche vermittelt. Der Fremdsprachenunterricht setzt damit heute zwar in allen Bundesländern früher ein als es noch bis vor kurzem der Fall war; die Zeit, die zur Vermittlung der Fremdsprache zur Verfügung gestellt wird, ist mit ca. zwei Unterrichtsstunden pro Woche allerdings immer noch relativ gering. Ganz anders ist dies im frühen Immersionsunterricht, wie er bereits seit 1999 von der Claus-Rixen-Schule in Altenholz bei Kiel und seit dem Schuljahr 2004/05 auch von vier weiteren Schulen in Norddeutschland angeboten wird. Wie es für das Verfahren der frühen Immersion typisch ist, wird an diesen Schulen anstelle der Erst- bzw. Muttersprache die erste Fremdsprache zur Vermittlung von Sachfachwissen eingesetzt. Dabei erhalten die Immersionskinder ihren Unterricht in Fächern wie Mathematik, Kunst oder Sachkunde von der 1. Klasse an ausschließlich in der Fremdsprache Englisch. Drei Voraussetzungen, die nach den Erkenntnissen der Zweitspracherwerbsforschung einen besonders großen Einfluss auf den Lernerfolg von Fremdsprachenlernern haben, sind damit in frühen Immersionsprogrammen in einem hohen Maße erfüllt (z.B. Piske, im Druck). Die Schüler/innen erlernen ihre erste Fremdsprache sehr früh, sie haben über einen längeren Zeitraum intensiven Kontakt zu dieser Fremdsprache und es wird ihnen ermöglicht, die Fremdsprache ständig in vielen unterschiedlichen Kontexten zu gebrauchen.

Wesche (2002:362) beschreibt das Verfahren der frühen Immersion als *"the most effective means of school second language instruction yet developed for majority language children"*. Wesches Aussage über die Leistungsfähigkeit des frühen Immersionsunterrichts beruht auf Forschungsergebnissen, die seit den 1960er Jahren in einer großen Zahl von Studien in Ländern wie Kanada, den USA oder Wales erzielt worden sind. In der deutschen Literatur zur Fremdsprachendidaktik werden diese im Ausland erzielten Forschungsergebnisse leider nur selten näher erörtert. Eine Ausnahme stellen dabei vor allem einige Arbeiten Wodes (besonders Wode 1995, vgl. aber auch Zydatiß 2000) dar, in denen die internationale Forschung zum Immersionsansatz eingehender gewürdigt wird. Wode hat auch die Einrichtung des Altenholzer Immersionsprojekts mit angeregt, das in den folgenden Abschnitten im Mittelpunkt steht. Zuerst wird dabei beschrieben, wie das Verfahren der frühen Immersion in Altenholz umgesetzt wird. Danach wird gezeigt, welche Tendenzen sich bei der Entwicklung der Englischkenntnisse der Altenholzer Immersionskinder erkennen lassen und abschließend wird kurz auf die Entwicklung von Deutsch- und Sachfachkenntnissen im Immersionsunterricht eingegangen.

2. Das Altenholzer Immersionsprojekt

Das übergeordnete Ziel des Altenholzer Immersionsprojekts besteht darin, es Kindern zu ermöglichen, während ihrer Schulzeit in mindestens zwei Fremdsprachen eine sehr hohe Kompetenz zu erlangen, ohne dass es dabei längerfristig zu Defiziten in der Entwicklung der Erstsprache oder der Sachfachkenntnisse kommt (z.B. Wode et al. 2002). Um diese Ziele erreichen zu können, sieht das so genannte Altenholzer Modell vor, dass der erste intensive Kontakt zu einer Fremdsprache schon während der Kindergarten- bzw. Vorschulzeit hergestellt wird. In Altenholz gibt es daher seit 1996 eine deutsch-englisch bilinguale Kindertagesstätte, in der neben Muttersprachler/innen des Deutschen auch Muttersprachler/innen des Englischen tätig sind, so dass deutschsprachige Kinder im Alter von drei bis sechs Jahren hier schon sehr früh erste Englischkenntnisse erwerben können.

An der Grundschule wird der intensive Kontakt zum Englischen dann dadurch aufrechterhalten, dass vom ersten Schultag an Immersionsunterricht stattfindet. Das bedeutet, dass die Fremdsprache Englisch von Anfang an in allen Fächern, bis auf das Fach Deutsch, als Unterrichtssprache verwendet wird. Die Altenholzer Immersionskinder erhalten ihren Unterricht somit zu etwa 70% in der Fremdsprache Englisch und zu nur etwa 30% in ihrer Erstsprache Deutsch. Das Lesen und Schreiben wird allerdings zuerst auf Deutsch vermittelt. Englische Texte zu lesen und zu schreiben, lernen die Schüler/innen erst ab dem Ende der 2. Klasse. Wichtig ist dabei, dass Englisch selbst anfangs kein Unterrichtsfach ist. Die Immersionskinder lernen Englisch also nicht dadurch, dass ihnen ihre erste Fremdsprache in speziellen Englischstunden oder -phasen vermittelt wird, sondern dadurch, dass die Inhalte von Fächern wie Kunst, Mathematik oder Sachkunde ausschließlich in englischer Sprache erarbeitet werden, wobei dies stets in sehr anschaulichen Kontexten geschieht und die Kinder ständig in Aktivitäten eingebunden werden, die sie dazu motivieren, das Englische so oft wie möglich zu gebrauchen. Immersionsunterricht baut also stark auf Prinzipien wie Anschaulichkeit und Handlungsorientierung auf und damit auf Prinzipien, denen man heute in der Regel auch dann folgt, wenn eine Fremdsprache als Fach unterrichtet wird.

Seit 1999 ist an der Claus-Rixen-Schule in jedem Schuljahr jeweils eine neue Immersionsklasse eingerichtet worden. In den Parallelklassen der Immersionsklassen wird der Unterricht, wie allgemein üblich, auf Deutsch erteilt. Immersionsunterricht ist an der Claus-Rixen-Schule also nur ein Zusatzangebot und nicht die Regel. Dabei muss erwähnt werden, dass die Aufnahme in eine Immersionsklasse nicht vom vorherigen Besuch der bilingualen Kindertagesstätte abhängig ist. Der Besuch dieser Kindertagesstätte wird zwar empfohlen, Kinder werden aber auch dann in die Immersionsklassen aufgenommen, wenn sie vor ihrer Grundschulzeit noch keinen intensiveren Kontakt zur englischen Sprache hatten.

Für die Sekundarstufe sieht das Altenholzer Modell schließlich vor, dass zu Beginn der Sekundarstufe I die zweite Fremdsprache eingeführt und ebenfalls nach dem Immersionsverfahren unterrichtet werden soll. Auch die erste Fremdsprache sollte weiterhin durch Immersion gefördert werden – allerdings nur in zwei oder drei Fächern, um so Zeit für die Förderung der zweiten Fremdsprache zu gewinnen.

3. Zur Entwicklung der Englischkenntnisse im Immersionsunterricht

Seitdem die erste Immersionsklasse 1999 in Altenholz eingerichtet worden ist, werden im Rahmen einer wissenschaftlichen Begleitung unterschiedliche Fragestellungen zur Entwicklung der Sprachkenntnisse und der Sachfachkompetenz der Immersionskinder untersucht. In diesem Zusammenhang werden u.a. Bildergeschichten aufgenommen, die die Schüler/innen jeweils am Ende eines Schuljahres auf Englisch erzählen. Das dazu verwendete Bilderbuch besteht aus insgesamt 24 Bildern und trägt den Titel *Frog, where are you?* (Mayer 1969). Von den Immersionskindern wird diese Geschichte in jedem Testdurchgang stets zweimal erzählt. Zuerst erzählen sie sie in einem so genannten „A-Test" einer Person, die nicht nur Englisch, sondern auch Deutsch spricht und die daher Hilfestellungen geben kann, wenn die Kinder z.B. Fragen nach bestimmten Vokabeln haben. Gleich anschließend erzählen die Schüler/innen die Geschichte in einem „B-Test" ein zweites Mal, dieses Mal aber einer Person, die nur Englisch spricht und die Fragen des Typs „Wie sagt man das noch mal auf Englisch?" deshalb nicht beantworten kann.

Am Beispiel der Bildergeschichten lässt sich besonders gut erkennen, wie sich die Englischkenntnisse von Immersionskindern mit Erstsprache Deutsch im Laufe der Zeit entwickeln können. Im Folgenden werden daher Ausschnitte aus Bildergeschichten präsentiert, die eine 1999 eingeschulte Schülerin, hier als Schülerin 8 bezeichnet, am Ende der 1., 2. und 3. Klasse jeweils im Rahmen des so genannten B-Tests erzählt hat. Die Geschichten dieser Schülerin sind durch einige Entwicklungen gekennzeichnet, die für sehr viele der am Immersionsprogramm teilnehmenden Kinder typisch sind, wobei zu erwähnen ist, dass Schülerin 8 die bilinguale Kindertagesstätte in Altenholz nicht besucht hatte und somit ohne Englisch-Vorkenntnisse eingeschult worden war. Vorgestellt werden hier jeweils nur die Anfänge der von Schülerin 8 erzählten Bildergeschichten und in diesem Zusammenhang wird besonderes Augenmerk darauf gerichtet, wie englische Vollverbformen gebraucht werden. Am Gebrauch der Verbformen lässt sich nämlich sehr gut erkennen, wie es bei den Altenholzer Immersionskindern zum Aufbau grammatischer Kenntnisse kommt, ohne dass sie expliziten Grammatikunterricht erhalten.

Wie Schülerin 8 die ersten drei Bilder der *frog story* (vgl. Darstellung 1) am Ende der 1. Klasse beschrieben hat, zeigt Transkript 1. Obwohl dieses Transkript nur den Anfang einer Bildergeschichte enthält, zeigt es deutlich, dass es für die Altenholzer Immersionskinder kein größeres Problem ist, nach nur etwa zehn Monaten Kontakt zum Englischen eine Geschichte in vollständigen Sätzen auf Englisch zu erzählen. Natürlich weisen die meisten Äußerungen der Kinder dabei noch „Fehler" auf. Der Fehlertyp, der sich am Ende der 1. Klasse bei 16 von 18 der 1999 eingeschulten Immersionskinder am häufigsten beobachten ließ, bestand darin, dass das *–ing-*Partizip sehr oft ohne Auxiliar verwendet wurde (vgl. Äußerungen wie *the dog looking oder *the moon shining). Dabei war die *–ing-*Form auch insgesamt die am Ende der 1. Klasse mit Abstand am häufigsten verwendete Verbform.

Transkript 1: Anfang einer von Schülerin 8 am Ende der 1. Klasse erzählten Bildergeschichte.
8   There is a dog and a boy, and the d/ dog ***looking*** in a glass, and in the glass ***sitting*** a frog, and the moon ***shining***.
IE   Hm, mhm!
8   And then the boy are ***sleeping***, and the dog ***sleeping***. And then the boy ***looking*** in the glass, and the frog is/ is not there.

IE: Englisch sprechende Interviewerin; /: Selbstkorrektur; Vollverben fett/kursiv gedruckt

Darstellung 1: Die ersten drei Bilder der Geschichte *Frog, where are you?*
(Mayer 1969:o.S.)

Wie Transkript 2 zeigt, war die Dominanz von *–ing*-Verbformen am Ende der 2. Klasse nicht mehr erkennbar. Erheblich häufiger gebrauchten die 1999 eingeschulten Kinder dagegen jetzt regelmäßige und unregelmäßige *past tense* Formen, die *s*-Form und vor allem auch unflektierte Verbformen. Der am häufigsten gemachte Fehler bestand nun auch darin, dass die Immersionskinder in Kontexten, in denen eine flektierte Verbform wie *sleeps* oder *looks* erforderlich ist, eine unflektierte Verbform verwendeten (vgl. Äußerungen wie **he look at the frog* oder **the dog sleep*). Trotz der weiterhin vorkommenden Fehler zeigt die Vielfalt der am Ende der 2. Klasse verwendeten Verbformen, dass das Wissen der Kinder darüber, welche Formen englische Vollverben überhaupt haben, deutlich zugenommen hatte.

Transkript 2: Anfang einer von Schülerin 8 am Ende der 2. Klasse erzählten Bildergeschichte.
8   There was a boy, and he has a frog in a gr/ glass, and he ***look*** at the frog, he ***loved*** the frog, and the dog ***look*** at the frog. # And then the boy # ***goes*** into bed and ***sleep***, and the frog ***goes*** out, out of the glass and ***go*** in his home, and # the dog ***sleep*** by the # boy # and # the f/ next morning the frog is away, and the boy ***look*** at the/ at the glass, and the boy is aw/ and the frog is away. The dog ***look*** at the f/ ***look*** at the glass but the frog is not there.

/: Selbstkorrektur; #: Pause; Vollverben fett/kursiv gedruckt

Zu einem besonders großen Entwicklungsschub kam es bei Schülerin 8 im Verlauf des 3. Schuljahres. Wie Transkript 3 zeigt, war sie nach drei Jahren Kontakt zum Englischen ohne größere Schwierigkeiten dazu in der Lage, die Geschichte *Frog, where are you?* sehr detailliert auf Englisch zu erzählen. Dies lassen z.B. auch wieder die von ihr gebrauchten Verben erkennen. Am Ende der 1. und 2. Klasse hatte sie vor allem Verben wie *go*, *sleep* und *look* verwendet, um die ersten drei Bilder der Geschichte zu beschreiben. Am Ende der 3. Klasse benutzte sie dazu nun auch Verben wie *take*, *bring*, *think*, *stand* oder *wake up*. Dabei war der Gebrauch der Formen dieser Verben immer noch nicht fehlerfrei. Insgesamt hatte die Zahl der Fehler, die die Kinder der 1. Altenholzer Immersionsklasse beim Gebrauch von Verben machten, zwischen dem Ende der 1. und dem Ende der 3. Klasse aber deutlich abgenommen, wie eine detaillierte quantitative Analyse ihrer Bildergeschichten ergab. Die Zahl der bei der Verwendung von Verben gemachten Fehler war nämlich von durchschnittlich 17 pro Bildergeschichte am Ende der 1. Klasse auf durchschnittlich 10 pro Geschichte am Ende der 3. Klasse gefallen. Dies ist besonders bemerkenswert, wenn man bedenkt, dass die sehr ausführlichen, am Ende der 3. Klasse erzählten Geschichten doppelt so viele Verbformen (durchschnittlich 50 pro Geschichte) enthielten wie die Geschichten, die die Kinder am Ende der 1. Klasse erzählt hatten (durchschnittlich 25). Solche Beobachtungen zeigen, dass bei den Kindern mit der Entwicklung der produktiven Fähigkeiten besonders auch das Wissen über grammatische Aspekte des Englischen zugenommen hatte.

Transkript 3: Anfang einer von Schülerin 8 am Ende der 3. Klasse erzählten Bildergeschichte.
8   Ehm one night a little boy # ehm has ***catched*** a little frog and ***puts*** him in a glass, and # ehm # then he ***took*** the glass and ***bring*** it in his bedroom, and then he ***looks*** at the little frog, and the frog ***thinks*** when the little boy ***sleeps***: "I ***go*** out in the forest to my family" and ehm # the light is on, and the little # dog ehm ***looks*** in the glass exactly on the frog.
IE   Mhm.
8   And when the frog # ehm ***go*** out of the glass in the night, the little dog and the little boy are ***sleeping***, and ehm # the # moon is ***shining*** in the window, and # ehm all is ***standing*** around and is dark. And when the day ***comes*** and the ehm # sun ***shines*** on the glass and the little boy ehm ***wakes up*** and the dog a/ as well ehm # the # glass was empty because the frog ehm in the night ***go*** ehm to his family again # in the forest.

IE: Englisch sprechende Interviewerin; /: Selbstkorrektur; #: Pause; Vollverben fett/ kursiv gedruckt

4. Zur Entwicklung der Erstsprachen- und Sachfachkenntnisse

Viele Eltern und Lehrer befürchten, dass Kinder überfordert sind und dass es zu Defiziten bei der Entwicklung der Erstsprachen- und Sachfachkenntnisse kommt, wenn der Grundschulunterricht hauptsächlich in einer Fremdsprache stattfindet. Die bisher in Altenholz gemachten Erfahrungen deuten allerdings darauf hin, dass die Entwicklung der Erstsprachen- und Sachfachkenntnisse durch Immersionsunterricht eher gefördert als beeinträchtigt wird. So verglich z.B. Bachem (2004) mit Hilfe des Hamburger Lesetests (Lehmann et al. 1997) die Lesefähigkeiten einer 4. Altenholzer Immersionsklasse mit den Lesefähigkeiten von Kindern aus zwei 4. Klassen, die ausschließlich auf Deutsch unterrichtet worden waren. Bei einer dieser beiden Klassen handelte es sich um eine Parallelklasse aus Altenholz, bei der anderen um eine Klasse einer Schule mit einem ähnlichen sozialen Umfeld wie dem der Claus-Rixen-Schule. In Bachems Studie zeigte sich, dass die Lesefähigkeiten der Immersionskinder im Deutschen nicht nur nicht schlechter waren als die der einsprachig Deutsch unterrichteten Kinder, sondern tendenziell sogar besser. Dieses Ergebnis bestätigt die Ergebnisse von Studien aus Ländern wie Kanada, die gezeigt haben, dass es zumindest bei Immersionskindern, deren Erstsprache die Sprache der Mehrheit der Bevölkerung eines Landes ist, längerfristig gewöhnlich nicht zu Defiziten in der muttersprachlichen Entwicklung kommt (z.B. Wesche 2002).

Wie sich die Sachfachkenntnisse bei den Altenholzer Immersionskindern entwickeln, ist bisher noch nicht im Detail untersucht worden. Nach Angaben der Altenholzer Lehrer/innen sind die Leistungen der Immersionsklassen in Fächern wie Mathematik oder Sachkunde aber mindestens genauso gut wie die von Kindern, die in diesen Fächern auf Deutsch unterrichtet werden. Dass es den Immersionsschüler/innen keine Schwierigkeiten bereitet, sich die Unterrichtsinhalte von Sachfächern in der Fremdsprache Englisch zu erarbeiten, zeigt auch Transkript 4. Es enthält einen Ausschnitt aus einer Heimat- und Sachkundestunde, in der sich Schülerin 8 mit ihrer Lehrerin über ein Wikinger-Museum namens Haithabu ausgetauscht hat.

Transkript 4: Ausschnitt aus einer Heimat- und Sachkundestunde am Ende der 4. Klasse.
L   And why would you like to go to the Viking museum?
8   Ehm, I would go to the Vi/ Viking museum because ehm you can see many things about them and you ehm/ There ehm they show you how they lived and everything about Haithabu, and
L   Yes. Now, what was Haithabu?
8   Haithabu was the city ehm where the Vikings lived.
L   Yeah.
8   They built up many ehm trading places, and Haithabu/ Haithabu was one of the trading places.

L: Lehrerin; /: Selbstkorrektur

5. Schlussfolgerungen

Die bisher mit dem Altenholzer Immersionsprogramm gemachten Erfahrungen zeigen, dass das Verfahren der frühen Immersion auch an deutschen Grundschulen erfolgreich angewendet werden kann. Die seit 1999 erzielten Untersuchungsergebnisse bestätigen weitgehend die Ergebnisse vieler außerhalb Deutschlands durchgeführter Studien, nach denen Immersionsschüler/innen in der Regel eine beeindruckende Kompetenz in der Fremdsprache entwickeln, ohne dabei längerfristig Defizite in der Entwicklung ihrer Erstsprache oder ihrer Sachfachkenntnisse zu zeigen. Die in Altenholz erhobenen Sprachdaten machen insbesondere deutlich, welch hohe fremdsprachliche Kompetenz auch deutsche Grundschulkinder erlangen können, wenn ihnen nicht nur ermöglicht wird, ihre erste Fremdsprache schon früh zu erlernen, sondern wenn man ihnen vor allem auch die Gelegenheit bietet, die Fremdsprache so häufig wie möglich in so vielen unterschiedlichen Kontexten wie möglich zu gebrauchen.

Die Beobachtung, dass auch deutsche Kinder schon während ihrer Grundschulzeit die Fähigkeit entwickeln können, relativ flüssig in einer Fremdsprache über unterschiedlichste Themen zu sprechen, ist natürlich auch für die Entwicklung von Lehrmaterialien von Bedeutung. Betrachtet man einige der Lehrwerke, die in Deutschland für den Fremdsprachenunterricht an der Grundschule entwickelt worden sind, kann man leicht den Eindruck gewinnen, dass von deutschen Grundschulkindern im Fremdsprachenunterricht nicht mehr erwartet werden kann, als Lieder zu singen, Reime nachzusprechen und einfachste Geschichten und Arbeitsanweisungen zu verstehen. Die Erfahrungen aus Altenholz zeigen jedoch, welche Fortschritte auch bei der freien Produktion der ersten Fremdsprache schon während der Grundschulzeit möglich sind, wenn anregende Lernumgebungen geschaffen werden, in denen die Schüler/innen in mehr als nur zwei Unterrichtsstunden pro Woche anschaulichen fremdsprachlichen Input über ohnehin relevante Unterrichtsinhalte erhalten und in denen sie darüber hinaus dazu motiviert werden, die Fremdsprache auch tatsächlich kontinuierlich zu gebrauchen.

6. Literaturangaben

Bachem, J. (2004) *Lesefähigkeiten deutscher Kinder im frühen englischen Immersionsunterricht.* Unveröffentlichte Magisterarbeit. Universität Kiel.

Lehmann, R. H., R. Peek und J. Poerschke (1997) *HAMLET 3 - 4. Hamburger Lesetest für 3. und 4. Klassen. Beiheft mit Anleitung.* Weinheim: Beltz.

Mayer, M. (1969) *Frog, where are you?* New York: Pied Piper.

Piske, T. (im Druck) "Implications of James E. Flege's research for the foreign language classroom." In: Munro, M. J. and O.-S. Bohn (Eds.) (im Druck) *Second language speech learning: The role of language experience in speech perception and production.* Amsterdam: John Benjamins.

Wesche, M. B. (2002) "Early French immersion: How has the original Canadian model stood the test of time?" In: Burmeister, P., T. Piske und A. Rohde (Eds.) (2002) *An integrated view of language development: Papers in honor of Henning Wode.* Trier: Wissenschaftlicher Verlag Trier, 357-379.

Wode, H. (1995) *Lernen in der Fremdsprache: Grundzüge von Immersion und bilingualem Unterricht.* Ismaning: Hueber.

Wode, H., S. Devich-Henningsen, U. Fischer, V. Franzen und R. Pasternak (2002) „Englisch durch bilinguale Kitas und Immersionsunterricht in der Grundschule: Erfahrungen aus der Praxis und Forschungsergebnisse." In: Voss, B. und E. Stahlheber (Hrsg.) (2002) *Fremdsprachen auf dem Prüfstand: Innovation – Qualität – Evaluation.* Berlin: Pädagogischer Zeitschriftenverlag, 139-149.

Zydatiß, W. (2000) *Bilingualer Unterricht in der Grundschule – Entwurf eines Spracherwerbskonzeptes für zweisprachige Immersionsprogramme.* Ismaning: Hueber.

Frühbeginnender Französischunterricht

Gudrun Ziegler und Judith Dauster

Eine Fremdsprache früh *lehren*! – Eine Fremdsprache früh *lernen*?
Anmerkungen zu ganz alltäglichen Situationen im Frühunterricht   214

Isabelle Mordellet-Roggenbuck

Vorschläge für eine Didaktik der Ausspracheschulung in der Grundschule   223

Joachim Utech

Bilinguale deutsch-französische Klassen an Grundschulen in Rheinland-Pfalz   231

Gudrun Ziegler und Judith Dauster

Eine Fremdsprache früh *lehren*! – Eine Fremdsprache früh *lernen*? Anmerkungen zu ganz alltäglichen Situationen im Frühunterricht

Grundsätzlich sind sich alle einig – so scheint es zumindest: Politiker, Bildungsforscher, Ökonome fordern im heutigen Europa mehr denn je Maßnahmen zur Förderung von Fremdsprachenkenntnissen – und das so früh wie möglich. Eltern, Lehrkräfte und private Initiativen fordern und fördern die Begegnung mit der Fremdsprache, um den Kindern von heute gute Ausgangspositionen für das Europa von morgen gerade auch in sprachlicher Hinsicht zu bieten. Einerseits wird dabei auf die für die phonologische Entwicklung besonders wichtige Phase bereits vor Beginn der Grundschulzeit hingewiesen; andererseits zeigen die (begrenzten) Erfahrungen, dass die äußeren Bedingungen für einen kontinuierlichen Kontakt im Sinne einer Fortführung und Intensivierung der Begegnung mit den Fremdsprachen (in Kindergarten, Grundschule und weiterführenden Schulen) gegeben sein sollten (vgl. Dauster/Ziegler 2004).

Denn gerade die Kleinen in Kindergarten, Kindertagesstätte und Grundschule sind in der Regel sehr interessiert an den fremden Lauten, neuen Wörtern und pragmatischen Ritualen: auch und gerade schwächere Schüler/innen begrüßen sich begeistert in der unterrichteten Fremdsprache und lernen Reime wie von Zauberhand auswendig.

Bei all dieser Begeisterung, Motivation und dem gerade auch politisch manifesten Willen für eine Verbesserung des frühen Fremdsprachenlernens gerät immer wieder die unterrichtliche Praxis und damit nicht zuletzt auch die Frage der Qualifizierung der Lehrkräfte ins Zentrum der Aufmerksamkeit.[1] Auf den nachfolgenden Seiten können wir dieser Frage zwar nicht gerecht werden, doch wollen wir ausgehend von Beispielen aus der Unterrichtsinteraktion einige Problemfelder des frühen Französischunterrichts aufzeigen und im Hinblick auf die Unterrichtsgestaltung und den möglichen Erwerb der Fremdsprache kommentieren (2., 3.). Zunächst soll dazu der Rahmen geschildert werden, der den Hintergrund für die von uns herangezogenen Daten und Überlegungen bildet (1.).

1. Den Frühunterricht im Visier: Perspektiven der wissenschaftlichen Begleitung des Modellversuchs „Frühfranzösisch ab Klassenstufe 1"

Die sprach- und/oder geopolitischen Grenzregionen innerhalb Europas, wie etwa das Saarland, haben in vielerlei Hinsicht Präzedenzcharakter, geht man von der Realität der Kontakt- oder Nachbarsprache im beruflichen und wirtschaftlichen Alltag aus. Die Frage nach zwei- und mehrsprachigen Arbeitskräften ist ungebrochen hoch. Wohnen, Arbeiten oder Einkaufen diesseits und jenseits der Grenze sind ebenso ein Normalfall wie die gesondert behandelte Besteuerung der „Grenzgänger". Sprachpolitisch gesehen verwundert es daher nicht, dass der Frühunterricht der Nachbarspra-

---

1 Auch in einem Zeitungsinterview mit Erika Werlen (Wissenschaftliche Begleitung der Einführung von Fremdsprachen an Grundschulen in Baden-Württemberg) wird deutlich, dass es sich hierbei um eine der zentralen Fragen in diesem Bereich handelt: „Brauchen wir also eine andere Lehrerausbildung (...) für den Sprachunterricht an der Grundschule?" In: Die Zeit (24.02.2005) 9, 87. Siehe hierzu auch den Beitrag von Jürgen Mertens (S. 196-205) in diesem Band.

che Französisch – in der Regel durch die Klassenlehrerinnen und -lehrer – hier bereits seit 1992/93 ab Klasse 3 verbindlich ist. Mit Beginn des Schuljahres 2000/01 wurde der Modellversuch „Frühfranzösisch ab Klassenstufe 1" an zunächst neun – von mittlerweile 54 Schulen – eingerichtet, der von französischen Muttersprachlern (Grundschulpädagogen im Austausch und andere pädagogisch ausgebildete Lehrkräfte) getragen wird (Stand: Schuljahr 2004/05).

Diese besonderen Ausgangsvoraussetzungen des Frühunterrichts wurden im Rahmen der wissenschaftlichen Begleitung unter der Leitung von Prof. Rita Franceschini untersucht (2000-2003)[2], wobei drei Analyseperspektiven leitend sind:

Darstellung 1: Übersicht der Analyseperspektiven

1. Perspektive: **Klärung institutioneller Faktoren**	2. Perspektive: **Klärung des Fortbildungsbedarfs**	3. Perspektive: **Linguistische Analyse**
zum Beispiel: Lage der Schulen, „Profil" der Lehrkräfte, Dauer und Anordnung der Unterrichtseinheiten	und Mitwirkung an Fortbildungen	zum Beispiel: Aufbau der Leneräußerungen und der Unterrichtskommunikation
↓		
Wissenschaftliche Begleitung des Modellversuchs „Frühfranzösisch" (Saarland)		

Wesentlich für die genannten Analyseperspektiven ist dabei immer die *konkrete Unterrichtsinteraktion* in verschiedenen Klassen und bei verschiedenen Lehrkräften, die kontinuierlich und in regelmäßigen Abständen (4 bis 8 Wochen) per Audio und Video aufgezeichnet wurde.[3]

Die Unterrichtskommunikation in dieser Weise direkt ins Visier zu nehmen und das kommunikative Miteinander von Lernern und Lehrkräften zur Grundlage unserer Überlegungen zur Verbesserung des Frühunterrichts zu machen, stößt mancherorts immer noch auf Erstaunen: Natürlich sind Transkriptionen, also Verschriftungen der Unterrichtskommunikation immer auch Reduktionen der komplexen erlebten Realität; natürlich handelt es sich bei den von uns beobachteten und untersuchten Mikrosequenzen des Frühunterrichts um Momentaufnahmen, an die sich die Teilnehmer, Lehrkräfte und Schüler kaum erinnern; natürlich können nur bedingt Aussagen über den potentiell erfolgten Erwerb der Fremdsprache auf der Grundlage der beobachteten Interaktion gemacht werden. Jedoch zeigt sich, dass diese Perspektivierung des Unterrichtsgeschehens einen wesentlichen Beitrag zur Sensibilisierung der Lehrkräfte und zu einem besseren Verständnis der Erwerbsprozesse auf Seiten der Lerner

---

2   Informationen zur wissenschaftlichen Begleitung finden sich unter http://www.phil.uni-sb.de/fr/romanistik/linguistik/lf sowie seit Oktober 2004 unter http://www.languagestudies.unibz.it.
3   Die Ergebnisse insbesondere zur Verbesserung der institutionellen Verankerung des Frühunterrichts in der Grundschule und zu möglichen Verbesserungen des Fortbildungsangebots finden sich in den Zwischen- und Abschlussberichten, die unter http://www.languagestudies.unibz.it zugänglich sind.

leisten kann. Was zunächst deskriptiv und wenig handlungsleitend erscheinen mag, kann Wege weisen für einen reflektierten Umgang mit der Fremdsprache im Frühunterricht.

2. Lehrkräfte und Fremdsprachenlerner kommunizieren im Unterricht – Problemfelder und Handlungsoptionen

Die folgenden Ausschnitte in Form von Transkripten dokumentieren den Verlauf der Unterrichtskommunikation beim frühen Fremdsprachenlernen. An ihnen wird deutlich, wie viel mehr als bloße Verständigung in der unterrichteten Fremdsprache beim Kommunizieren zwischen Lehrkräften und Schülern passiert. Sicher, die Vermittlungsintention des Experten, also der Lehrkraft, ist in der Regel klar: Einzelne Elemente der fremdsprachlichen Lexik sollen wiederholt (Beispiel 1), Regeln der Genusangleichung gefestigt werden (Beispiel 2, Beispiel 3) und Satzbau oder pragmatische Zusammenhänge vermittelt und eingeübt werden (Beispiel 4, Beispiel 5, Beispiel 6). Ganz im Sinne dieser didaktisierten und kleinschrittig aufgebauten Vermittlungsperspektive, die Überlegungen der sinnhaften und nachvollziehbaren Präsentation für die jungen Lerner Rechnung trägt, werden den Lernern bestimmte Fragen oder Aufgaben gestellt, Wörter eingeführt oder gezielt Inhalte vorgestellt, die auf sie abgestimmt sind. Meist – und aus diesem Blickwinkel betrachtet man in der Regel auch den frühen Fremdsprachenunterricht – gelingt dies: Die jungen Lerner reagieren mehr oder weniger spontan und äußern die erwartete Antwort, deuten auf das angesprochene Objekt oder reagieren entsprechend der Aufforderung. Doch was bedeutet es, wenn die Kommunikation zwischen Lehrkraft und Lernern nicht so reibungslos funktioniert? Welche Hinweise auf Erwerbsprozesse und gerade auch mögliche Einflussbereiche der Lehr-Lern-Interaktion auf die Lerner lassen sich an vermeintlich problematischen Sequenzen erkennen?

2.1 Lerner und Lehrkraft – oder wie sich zwischen Form und Inhalt verständigen?

Wie auch die folgenden Beispiele zeigen, hat die Lehrkraft in der Regel das Ziel, bestimmte Aspekte auf der *Formebene* der Fremdsprache zu bearbeiten und zu vertiefen: Sowohl die Arbeitsaufträge und Fragen, die an die Lerner gestellt werden, als auch die direkten und indirekten Korrekturen und Hinweise, die die Lehrkräfte an die Lerner richten, beziehen sich auf die Aussprache (phonetische und phonologische Ebene), die Bedeutung der Wörter (Lexik), die verwendeten Formen (Morphologie), den Satzbau (Syntax) oder die Verwendung von Formulierungen in der Kommunikation (Pragmatik). Zwar lässt sich in der Tat feststellen, dass die solchermaßen erwartungsgemäß *formzentrierte* Interaktion im Unterricht, die Lerner für entsprechende Äußerungen sensibilisiert, ja entsprechende Reaktionen vorhersagbar macht (vgl. Beispiel 6), doch sind Sequenzen, in denen die häufig nicht unproblematische Aushandlung von Form- und Inhaltsbezug zwischen Lehrkraft und Lernern erfolgt, Kernpunkte für die erwerbs- und lehrtheoretische Analyse des frühen Fremdsprachenunterrichts (vgl. Franceschini 2004). Denn gerade hier zeigt sich, welche lernerseitigen Prozesse – bezogen auf die Aufmerksamkeit, die Regelfindung und die Kategorienbildung – bei der Aneignung und dem Umgang mit der Fremdsprache in der Kommunikation im Frühunterricht zu beobachten sind.

Unser erstes Beispiel[4] lässt erkennen, wie die Französischlehrkraft (F) vorgeht, um auf die Standardaussprache bzw. das intendierte, „richtige" lexikalische Element hinzuweisen. Zwar sind die Lerner (S1, S2, Sv(en), Ni(ls), etc.) hier ganz bei der Sache, wie ihre Reaktionen, Initiativen und Vorschläge zeigen (Zeile 04, 06, 08, 10, 12), doch sind sie angesichts der gestellten Aufgabe ganz offensichtlich mit dem nächsten Schritt auf der Inhaltsebene beschäftigt, den sie in der Erstsprache bearbeiten bzw. in das Unterrichtsgespräch einbringen (Zeile 04, 08, 10).

Beispiel 1: *je pars en vacances*[5] (4. Lernjahr, 11. Monat)
```
   01  F:   einer muss hier kommen und sagen je pars en
>  02       vacances was heißt je pars je pars en vacances
   03       (1.0) sven
>  04  Sv:  ich nehme
   05  F:   ah no :n je pArs en vacances
   06  Sn:  ((melden sich))
   07  F:   äh (.) nils
>  08  Ni:  (was nehme) ich mit
   09  F:   non <<silbe für silbe> je pars en vacances>
   10  S1:  ich nehme
   11  F:   non non non (1.0) äh daniela
   12  Da:  ich fahre in die ferien
   13  F:   ich fahre ok je pars en vacances
```

Während die Initiative der Lehrkraft auf die Klärung bzw. Vorabsicherung der Bedeutung des fremdsprachlichen Ausdrucks zielt (*was heißt je pars je pars en vacances* (Zeile 02)), beziehen sich die Lerner auf eine weitere Aktivität aus dem durch die eingeführte Äußerung angezeigten inhaltlichen Rahmen: *ich nehme* (Zeile 04) bzw. *(was nehme) ich mit* (Zeile 08). Die Nennung der Entsprechung im Deutschen (*ich fahre in die ferien*) (Zeile 12) steht deutlich nicht im Zentrum der Aufmerksamkeit der Lerner, vielmehr muss die Lehrkraft erhebliche Energie zur Bewältigung dieser Situation aufwenden. Die Vorschläge der Lerner werden direkt abgelehnt, die inhaltliche Fixierung der Lerner auf die erwartungsgemäß nachfolgende Handlung (*(was nehme) ich mit* (Zeile 08)) ist ganz offensichtlich, wird aber auf Grund des angestrebten formalen, hier lexikalischen Bezugs nicht aufgegriffen. Ähnlich verhält es sich gerade im frühen Französischunterricht mit Genusangleichungen sowohl von Adjektiven als auch von bestimmtem und unbestimmtem Artikel.

Beispiel 2: *une orange* (1. Lernjahr, 10. Monat)
```
   01  F:   qu'est-ce que c'est? (2.0) qu'est-ce que c'est?
   02  S1:  un citr[o
   03  Sn:         [o
   04  F:   ah non c'est
>  05  S1:  äh (.) un orange
   06  Sn:  un orange
   07  S2:  un
   08  S3:  o(-)range
```

---

4   Die Beispiele stammen aus verschiedenen Schuljahren verschiedener Klassen, die am Modellversuch teilnahmen. Das angegebene Lernjahr entspricht dabei immer auch dem Schuljahr.
5   Die Transkriptionskonvention richtet sich nach Selting et al. (1998). Mit S1, S2 sind einzelne, nicht näher benannte Schüler gemeint, Sn bezeichnet mehrere Schüler, S steht für alle Schüler gemeinsam.

```
>  09  F:       c'est UNE [orange
   10  S1:                [orange
   11  F:       toute la classe
   12  S:       c'est une orange
```

Die anfänglich nicht entsprechend bezeichnete Frucht (*un citr[o*) (Zeile 02) wird in einem zweiten Zug inhaltlich korrekt identifiziert und in der Fremdsprache benannt, womit die gestellte Aufgabe erfüllt zu sein scheint (*äh (.) un orange*) (Zeile 05): mehrere Schüler wiederholen, auch abgewandelt und mit entsprechender Beteiligung die Antwort (Zeile 06-08). Anders als in Zeile 04 (*ah non c'est*) bezieht sich die Lehrkraft bei der Korrektur der gewählten Form des Artikels (*c'est UNE [orange*) (Zeile 09) auf einen formalen Aspekt der gemeinsam erarbeiteten Bezeichnung der Frucht (*un orange*), der jedoch angesichts der Aufgabenstellung (*qu'est-ce que c'est*) (Zeile 01) nicht im Vordergrund steht, sondern von der Lehrkraft hier durch einen Wechsel vom Inhaltsbezug zum Formbezug eingeführt wird. Dem Problem, das durch den Wechsel von Inhaltsbezug zu fremdsprachlichem Formbezug im Klassengespräch entsteht, wird durch die Aufforderung zu einer kollektiven Antwort (*toute la classe*) (Zeile 11) begegnet.

Auch die nicht standardgemäße Verwendung der Formen des bestimmten Artikels führt immer wieder zu Konflikten in der Unterrichtskommunikation (vgl. Beispiel 3), wobei drauf hingewiesen sei, dass sich die angemessene Verwendung von Artikelformen erst lange nach der mehr oder weniger systematischen Besetzung bzw. Nicht-Besetzung der Artikelposition einstellt – dann aber eben häufig mit einer nicht standardgemäßen Form (vgl. Mutz/Ziegler 2003).

Beispiel 3: *il aime la melon* (4. Lernjahr, 8. Monat)
```
   01     F:    à toi daniel qu'est-ce qu'il aime
   02     Da:   il aime la pomme
   03     F:    oui
>  04     Da:   il aime la melon
>  05     F:    le melon
   06     Da:   le melon (.) il aime la orange
   07     F:    l'orange très bien et qu'est (.) catherine (.)
   08           qu'est-ce qu'il n'aime pas'
>  09     Da:   il n'aime pas le (.) banane
>  10     F:    la banane
```

Um auf die hier feststellbare, noch recht freie Verwendung des Formeninventars des bestimmten Artikels im Französischen zu reagieren, greift die Lehrkraft im Verlauf dieser Sequenz im Wesentlichen auf ein Verfahren zurück. Die zweite Antwort von Daniel (*il aime la melon*) (Zeile 04), die die (hier jedoch unangemessene) weibliche Artikelform aus der ersten Antwort übernimmt (*il aime la pomme*) (Zeile 02), wird von der Lehrkraft dadurch korrigiert, dass sie die Nominalgruppe *korrigiert wiederholt* (*le melon*) (Zeile 05). Daniel wiederholt die korrigierte Antwort zwar unaufgefordert, doch setzt er direkt fort, in dem er die zu Anfang gestellte Frage (*qu'est-ce qu'il aime*) (Zeile 01) mit einer anderen Nominalgruppe beantwortet (*le melon (.) il aime la orange*) (Zeile 06). Die Lehrkraft nimmt diese Äußerung erneut zur wiederholenden Verbesserung auf (*l'orange très bien*) (Zeile 07), doch auch in der nächsten Äußerung gleicht Daniel die Artikelform nicht an (*il n'aime pas le (.) banane*) (Zeile 09), sondern schließt einen unmittelbaren inhaltlichen Wechsel von *aimer* hin zu *ne pas aimer* an. Ohne hier im Einzelnen auf die Problematik der Agglutinierung der

Formen des bestimmten Artikels oder die hier womöglich vorliegende Interferenz aus dem Deutschen (*la melon*; *la orange*, aber *le banane*) eingehen zu können, wird an dem Ausschnitt deutlich, dass die Lerner hier ganz eindeutig auf der Inhaltsebene handeln, indem sie versuchen die *inhaltlich korrekte Antwort* zu geben. Die Lehrkraft hingegen fordert immer wieder die *formal korrekte Antwort* ein, indem sie fast systematisch die von den Schülern zwar nicht standardgemäß, aber immerhin gesetzten (!) Artikelformen ersetzt. Die Aufmerksamkeit der Lerner liegt jedoch nachweislich auf dem verhandelten Inhalt.

2.2 Lehrkraft und Lerner – oder wer bestimmt den nächsten Schritt?

Ähnlich wie in Beispiel 1 handelt es sich im folgenden Beispiel um einen Ausschnitt aus einem in der Fremdsprache durchgeführten Ratespiel. Ein Schüler hat sich eine Karte ausgesucht, auf der eine Zahl von Null bis Fünf in einer der Farben Rot, Grün, Gelb oder Blau steht. Die entsprechende Kombination von Zahl und Farbe soll nun erraten werden, wobei die vorgegebene Frageformel *est-ce que c'est + le + Zahlwort + Farbadjektiv* ist.

Beispiel 4: *le zéro* (3. Lernjahr, 2. Monat)
```
    01  Sa:   euh:: (1.0) zéro
    02  F:    est-ce-que c'est
>   03  Sa:   est-ce-que c'est (1.0) zé=
>   04  F:    =le zéro
>   05  Sa:   le zéro (-) vert
    06  La:   non (1.0) nils
    07  Ni:   est-ce-que c'est zéro=
    08  F:    =le [zéro
    09  Ni:       [bleu
>   10  S1:   est-ce-que c'est (3.0) cinq
>   11  F:    le cinq=
    12  S1:   =vert
    13  F:    est-ce-que c'est le cinq vert
```

Die Lehrkraft versucht in diesem Ausschnitt immer wieder, die Lerner zum Einhalten der formalen bzw. pragmatischen Vorgabe zu bewegen. So weist sie auf die Verwendung der Frageformel *est-ce que c'est* (Zeile 02) hin und nimmt diese vollständig und wiederholend am Ende des Ausschnitts wieder auf (*est-ce que c'est le cinq vert*) (Zeile 13). Ebenso korrigiert sie die fehlenden Artikel jeweils vor dem Zahlwort (Zeile 04, Zeile 08, Zeile 11). Während sich die Schülerin Sandra noch aufnahmefähig für die Formkorrektur des Lehrers zeigt (*le zéro (-) vert*) (Zeile 05), ignorieren die nachfolgenden Schüler das Einschreiten des Lehrers (Zeile 09; Zeile 12). Trotz wiederholter Korrektur des gleichen Phänomens (Zeile 04; Zeile 08; Ziele 11) liegt die Aufmerksamkeit der Lerner ganz offensichtlich nicht auf der Einhaltung der formalen Vorgabe, wenngleich das pragmatische Prinzip in Form eines Ratespiels (*Aufrufen – Raten – Bestätigen/Verneinen*) von den Lernern sehr wohl aufrecht erhalten und beachtet wird. In diesem Sinne zählt für die Kinder an dieser Stelle nicht die Form, sondern das Inhaltliche ihrer Aussage – mit dem Bestreben, die inhaltlich richtige Aussage zu treffen und somit das Spiel fortführen bzw. selbst die Aufgabe stellen zu dürfen. Während hier also die pragmatische Vorgabe zur Bestimmung des Rederechts in Form eines Ratespiels von den Lernern angemessen übernommen und ausgeführt wird, zeigt der folgende Ausschnitt (Beispiel 5), dass es angesichts der vorgegebenen Redewechsel im Unterricht (unter anderem auch in der Form von Spielen) oder der häufig erfolgenden *unmittelbaren Korrektur auf der formalen Ebene* durchaus auch zu problematischen Situationen im Frühunterricht kommt. Die Lehrkraft stellt hier den Schülern Fragen zu ihren Hobbys, wobei es meist um sportliche Aktivitäten geht.

Beispiel 5: faire de la gymnastique (3. Lernjahr, 3. Monat)
```
   01    Ma:   tu aimes
   02    F:    quoi' tu aimes' (8.0)
   03    Ma:   jouer au foot
   04    S1:   non (1.0)
   05    F:    non (1.0) qu'est-ce que tu aimes qu'est-ce que tu
   06          aimes hm'
>  07    S1:   non je
   08    F:    j'aime
   09    S1:   j'aime jouer au foot
>  10    F:    ah non non il t'a demandé tu aimes jouer au foot
   11          tu as dit non alors j'aime
   12    S1:   non je n'aime pas
   13    F:    je n'aime pas oui qu'est-ce que tu aimes qu'est-ce
   14          que tu aimes
>  15    S1:   c'est
   16    F:    j:
   17    S1:   j'aime faire de la gymnastique
```

Wie der Ausschnitt zeigt, hat der Schüler die Spezifik des Unterrichtsdiskurses im Fremdsprachenunterricht („wenn ich korrigiert werde, dann muss ich die Form ändern"), wie wir sie in den vorangehenden Beispielen ja anschaulich dokumentiert sehen, derart verinnerlicht, dass er sich darauf versteift, seine *Äußerung auf der Formebene* zu ändern. Ganz offensichtlich geht er davon aus, dass der Lehrer ihn auffordert, die Antwort in einem vollständigen, also auf der Formebene angemessenen Satz zu wiederholen: *non je* (Zeile 07) sowie *non je n'aime pas* (Zeile 12). Hier will die Lehrkraft ganz offensichtlich im inhaltlichen Geschehen weitergehen und fragt nach, was bzw. welche sportliche Aktivität der Schüler gerne mag (im Gegensatz zum vorherigen inhaltlichen Bezug „was er nicht mag"). So unterstützt die Lehrkraft auch die Äußerung eines anderen Schülers (*j'aime*) (Zeile 08), die in diese inhaltlich veränderte Richtung geht.

Auch unser abschließendes Beispiel zeigt, dass der häufig in Routinen ablaufende Unterricht Konsequenzen hat, da diese problematische Phasen im Frühunterricht bedingen können.

Beispiel 6: *das ist die frage* (4. Lernjahr, 3. Monat)
```
   01    S4:   voilà c'est tout' (1.0)
   02    Le:   oui c'est tout ça fait combien
   03    F:    ça fait combien
>  04    S4:   ça fait combien'
>  05    F:    ça fait combien ist die frage
   06    S4:   ach so
   07    F:    ça fait combien'
   08    S4:   ça fait combien'
   09    F:    das ist immer noch die frage
>  10    S4:   (was soll ich dann sagen)
>  11    F:    ça fait combien was heißt ça fait combien
   12          (2.0) hein (3.0)
   13    S1:   (            )
   14    F:    ja du sagst
```

```
     15   S2:    ich ich ich
     16   S4:    toi
     17   F:     ça fait
>    18   S4:    ça fait trois <<deutsche aussprache> euro>
     19   F:     [trois
>    20   S4:    [trois <<deutsche aussprache> euro>=
     21   F:     =trois=euros
     22   S4:    trois=euros
     23   Le:    voilà trois=euros
```

Ganz offensichtlich sind die Schüler hier darauf eingestellt, eine Äußerung in der Fremdsprache zu wiederholen (Zeile 04, Zeile 08, Zeile 10), so dass die eigentliche pragmatische Organisation (Fragen: *ça fait combien* – Antworten: *ça fait trois euros*) hinter das für den Unterricht übliche Verfahren zurücktritt und von den Schülern auch erst nach mehreren erklärenden Kommentaren durch die Lehrkraft bzw. andere Lerner erkannt und gelöst wird.

Lehrkraft und Lerner sind hier (Beispiel 5, Beispiel 6) mit etablierten Verfahren des Initiierens und Reagierens konfrontiert, die einerseits zwar hilfreich und notwendig sind, um gerade im Frühunterricht Verständigung zu gewährleisten und Einsicht in den Ablauf des fremdsprachlichen Geschehens ermöglichen. Andererseits ist Achtsamkeit gerade auf Lehrerseite geboten, wenn Schüler in der Interaktion im Sinne einer Routine reagieren, die ihnen nicht nur den Blick für das tatsächlich in der jeweiligen Situation verhandelte Phänomen (sei es nun auf der inhaltlichen und/oder formalen Ebene) verstellt, sondern auch weit entfernt ist von den authentischen pragmatischen Praktiken in der Fremdsprache.

3. Perspektiven für einen veränderten Alltag im Frühunterricht

Zugegeben, die ausgewählten Beispiele zeigen „problematische" Situationen, die im frühen Fremdsprachenunterricht nicht die Regel darstellen. Natürlich überwiegen im quantitativen Sinne Unterrichtsphasen, die ohne signifikante Verzögerungen, Missverständnisse oder Rückfragen verlaufen. Gerade ein solcher reibungsloser, eingespielter Verlauf macht es jedoch besonders schwierig zu beurteilen, auf welcher Ebene nun die Schüler im Umgang mit der Fremdsprache vertraut sind. Handelt es sich um gut eingespielte Routinen, die keine echten Aushandlungen von Inhalten oder Formen in und mit der Fremdsprache zulassen? Oder handelt es sich um tatsächliche Reaktionen in der Fremdsprache, die den individuellen und kreativen Umgang mit dem Gelernten dokumentieren? Die Äußerungen und Reaktionen der Schüler liefern hier Indizien von unschätzbarem Wert – gerade in Situationen, die vermeintlich problematisch sind und einiger Arbeit bedürfen, um das Klassengespräch wieder auf gewohnte Bahnen zurückzulenken. Sensibilisierte Lehrkräfte können hier ein Übermaß an Routinisierung des Unterrichtsverlaufs ebenso erkennen, wie Erwerbsphasen, die der Lerner durchschreitet, wenn er vormals standardgemäß geäußerte Formulierungen (wie beispielsweise die Artikelangleichung) ab einem gewissen Moment abweichend äußert (vgl. Mutz/Ziegler 2003). Diese Phasen des kreativen (und standardgemäß „falschen") Umgangs mit der Fremdsprache sind sinnvoll und notwendig. Sie zeigen in ähnlicher Weise wie die durchaus vorhandenen pragmatischen Erfolge der Lerner (wenn sie Fragen identifizieren, Antworten geben oder Elemente der Fremdsprache kommentieren!), dass die Aneignung der Fremdsprache fortschreitet. Dieser Fortschritt, der zugegebenermaßen gerade für die unterrichtende Lehrkraft unbequem sein kann, sollte ernst genommen werden und soweit dies im Unterrichtsgeschehen möglich ist, unterstützt werden. So sind Korrekturen auf der Formebene sicherlich berechtigt, doch viel spricht auch dafür, die Lerner in ihren Assoziationen und inhaltlichen Anhaltspunkten zu unterstützen und deren Impulse aufzunehmen. Anstelle der formal korrekten Wiederholung einer fremdsprachlichen Formulierung, die kaum die Aufmerksamkeit der Schüler erreicht, kann deren Interesse gefolgt werden – denn haben wir nicht auch ganz unmittelbar sehr viele Fragen und Dinge zu klären, wenn wir in die Ferien fahren (vgl. Beispiel 1), auch im frühen Fremdsprachenunterricht?

4. Literaturangaben

Dauster, J. und G. Ziegler (2004) „,Auf Französisch sollst du's sagen ... c'est un nez' – Einblicke in den Frühunterricht Französisch ab Klassenstufe 1 im saarländischen Modellversuch." In: *Grenzgänge: Beiträge zu einer modernen Romanistik* 11/21, 6-30.

Franceschini, R. (2004) „,Mami, pettinare ist auf italienisch, kämmen ist in deutsch': Das Pendel 'function-to-form' und 'form-to-function' im gelenkten Fremdsprachenfrüherwerb (GeFFE). Erfahrungsberichte und Analysen anhand des Frühbeginns im Saarland." In: Altmayer, C. et al. (Hrsg.) (2004) *Deutsch als Fremdsprache: Arbeitsfelder und Perspektiven. Festschrift für Lutz Götze zum 60. Geburtstag.* Frankfurt/Main: Lang, 63-83.

Mutz, K. und G. Ziegler (2003) „c'est canard – c'est un vert. Zum Artikelgebrauch im frühen gesteuerten Französischerwerb." In: *Zeitschrift für Literaturwissenschaft und Linguistik* 131, 76-105.

Selting, M. et al. (1998) „Gesprächsanalytisches Transkriptionssystem." In: *Linguistische Berichte* 173, 91-122.

Isabelle Mordellet-Roggenbuck

Vorschläge für eine Didaktik der Ausspracheschulung in der Grundschule

Der vorliegende Beitrag enthält Vorschläge für eine Didaktik der Ausspracheschulung, die ein alters- und schulformgemäßes Lehren und Lernen der fremdsprachlichen Aussprache im frühen Fremdsprachenunterricht ermöglichen soll. Die von mir entwickelte didaktische Konzeption ist fremdsprachenunabhängig, wenngleich die angegebenen Beispiele hauptsächlich aus dem Französischen kommen. Sie beinhaltet darüber hinaus auch ein sehr differenziertes Verständnis der Ausspracheschulung. Außerdem steht die phonetische Seite der Sprache in ihrer kommunikativen Funktion im Mittelpunkt meiner Reflexion.

1. Theoretischer Hintergrund: Grundlegende Ausgangsparameter

Praxisbeobachtungen und Unterrichtsanalysen haben gezeigt, dass in vielen Fällen die Lehrkräfte intuitiv an das Problemfeld „Aussprache" herangehen.[1] Dabei wird meistens im Unterricht auf die eigene Aussprache geachtet und deutlich und adäquat artikuliert. Die Schüler, die über eine bessere Aussprache verfügen, werden zuerst aufgerufen und werden dadurch Modelle für ihre Mitschüler. Mit der Korrektur der Aussprache halten sich die Lehrkräfte erfahrungsgemäß eher zurück, einerseits, weil die Methoden einer adäquaten Korrektur ihnen nicht bekannt sind, andererseits, weil eine Korrektur im Bereich Aussprache sich im Arbeitsklima negativ bemerkbar machen könnte. Das Dilemma ist bekannt: Wird ein Lerner beim Sprechen zwecks Korrektur seiner Aussprache unterbrochen, so wird die abgebrochene Kommunikation nur mühsam wieder aufgebaut. Außerdem gerät das Problemfeld der Ausspracheschulung nach den ersten Unterrichtsstunden oft in den Hintergrund des didaktischen Alltags.[2] Umso erstaunlicher ist die Tatsache, dass der Kompetenzbereich „Aussprache" sowohl von den Lehrenden als auch von den Lernenden als sehr wichtig eingeschätzt wird. Im Rahmen des Wiener Schulversuchs „Englisch auf der Grundstufe I" stuften Grundschullehrerinnen und -lehrer den Kompetenzbereich „Aussprache" an dritter Stelle einer Prioritätenliste der wünschenswerten fremdsprachlichen Kompetenzen einer Lehrkraft ein (vgl. Seebauer 1996:81f.).

Mein Vorschlag zur Entwicklung eines didaktischen Modells für das Lehren/Lernen der fremdsprachlichen Aussprache im frühen Fremdsprachenunterricht stützt sich auf mehrere Parameter, die ich im Folgenden der Übersicht wegen getrennt behandele, die sich aber teilweise überschneiden. Eine ausführliche wissenschaftliche Auseinandersetzung mit den genannten Bezugswissenschaften findet in Mordellet-Roggenbuck (2002, Kap. 2, 3 und 5) statt. In diesem Beitrag werden aus Platzgründen die Hauptargumente zusammengefasst präsentiert, die m.E. zur Herausbildung des vorgestellten Modells von grundlegender Wichtigkeit sind.

---

1 Vgl. Mordellet-Roggenbuck 2002.
2 Piepho (2003:21) kommt zu einer ähnlichen Einschätzung: „In der schulischen Alltagsroutine wird häufig die geduldige, aber konsequente Erhaltung einer benutzten Artikulation und Aussprache vernachlässigt."

1.1 Spracherwerbstheoretische und entwicklungsspezifische Parameter

Ausgehend von der Feststellung, dass Hörverstehen und Aussprache der intrinsischen Funktion der Sprache als Kommunikationsmittel dienen und dass deren Muster (Hör- und Sprechmuster) sich im sozialen und emotionalen Kontext bilden, sollte die Ausspracheschulung Folgendes berücksichtigen:

- Das Hörverstehen sollte vor der Artikulation geübt werden, wobei die fremdsprachliche Prosodie sowohl in der Rezeption als auch in der Produktion Vorrang vor den Lauten haben sollte.
- Die Sprachmodelle sollten so vielfältig wie möglich sein, um die Herausbildung von Prototypen zu ermöglichen. Sie sollten in verschiedenen emotionalen Kontexten in der Fremdsprache präsentiert und geübt werden.
- Die Grundschüler verfügen außerdem über ein gewisses Sprachbewusstsein, das sie kontinuierlich im Laufe des Erstspracherwerbs aufgebaut haben. Es ist davon auszugehen, dass sich die Herausbildung eines metalinguistischen Sprachbewusstseins vorteilhaft auf das Erlernen von weiteren Sprachen auswirkt.[3] Im Fremdsprachenunterricht gilt es durch bewusste Vergleiche mit anderen Sprachen dieses Potential aufzugreifen und auszubauen. Lautliche Eigenschaften der Fremdsprache werden mit denen der Umgebungssprache, aber auch mit den in der Klasse vertretenen anderen Sprachen verglichen. Die Beziehungen zwischen gesprochener und geschriebener Sprache werden ebenso festgestellt und erläutert.

Im frühen Fremdsprachenunterricht stehen Interesse und Motivation der Kinder ganz besonders im Vordergrund. Die Vermittlung der Hör- und Artikulationsbasis muss also in kindgerechter Weise, hauptsächlich in Form von Spielen und Rollenspielen, erfolgen. Dabei ist die Benutzung möglichst vieler unserer aktuellen kulturellen Medien, die im Alltag der Schüler präsent sind, zu befürworten, wie z.B. unterschiedliche authentische Materialien (Bilder, Audioaufnahmen, Video, Filme, Internetressourcen).

1.2 Kommunikationstheoretische Parameter

Die Ausspracheschulung sollte als Schulung der grundlegenden sprachlichen Teilfertigkeiten, die die Kommunikationsfähigkeit in der Fremdsprache ermöglichen und unterstützen, verstanden werden. Es geht also um die Schulung des Hörverstehens, der Intonation und der Sprachproduktion und nicht nur um die Schulung bloßer einzelner Laute. Dies bedeutet konkret, dass möglichst in rhythmischen Gruppen geübt wird, was nicht ausschließt, dass je nach Lehr-Lernziel die einzelnen Laute geübt werden. Der Bezug zu realen Sprechsituationen sollte in den Übungen ebenfalls hergestellt werden. Außerdem können die Ziele für die Entwicklung von Fertigkeiten im rezeptiven Bereich (Hören) höher als für den produktiven Bereich (Sprechen) angesetzt werden.

---

[3] Zahlreiche Untersuchungen haben gezeigt, dass mehrsprachige Menschen über ein ausgeprägtes metalinguistisches Bewusstsein verfügen (vgl. Jessner 2004: 18ff.). Für Hermann-Brenecke (1994:49) ist plausibel und sinnvoll u.a. mit Grundschülern „eine bewusste Auseinandersetzung mit lautlichen Eigenheiten, Abweichungen zwischen Lautung und Verschriftung" über verschiedene Sprachen anzustreben.

1.3 Grundschulspezifische Parameter

Hierbei geht es um den allgemeinen Kontext der deutschen Grundschule mit ihren eventuell regional unterschiedlichen Bedingungen, in deren Rahmen die frühe Fremdsprachenarbeit stattfindet. Je nachdem wie viel Zeit für den Fremdsprachenunterricht pro Woche zur Verfügung steht und nach welchen Prinzipien unterrichtet wird, werden Auswahl und Umfang der Unterrichtsphasen, die explizit der Ausspracheschulung gewidmet sind, unterschiedlich ausfallen. Als Grundprinzip gilt dennoch, dass sich die Ausspracheschulung als Teilbereich des Fremdsprachenunterrichts inhaltlich und methodisch an das Alter der Grundschüler anzupassen hat. Es bedeutet konkret, dass die Übungen einen ganzheitlichen Ansatz verfolgen, d.h., dass sie das Kind als gesamte Person ansprechen sollten und dass sie die Entwicklung sowohl affektiver wie kognitiver Fähigkeiten beim Grundschulkind unterstützen. Kurze, aber dafür häufige Übungssequenzen sind angebracht (vgl. Hirschfeld 1998:333). Nicht zu vergessen ist auch, dass Deutsch zwar die Umgebungssprache, nicht aber zwangsläufig die Erstsprache aller Schüler ist. Diese Tatsache kann einen Einfluss auf die Schwierigkeiten oder Vorteile haben, die ein Schüler im Kontakt mit der Fremdsprache haben kann (vgl. dazu auch Slembek 1995).

1.4 Fachspezifische Parameter

In diesem letzten Teilbereich werden die phonetischen Charakteristika der jeweiligen unterrichteten Fremdsprache berücksichtigt. Im Rahmen der didaktisch-methodischen Vorbereitung für ihren Unterricht sollte die Lehrkraft eine thematische Auswahl treffen. Dies geschieht auf der Grundlage einer allgemeinen kontrastiven Analyse der beiden Sprachen, aber auch der regionalen Gegebenheiten. Von einem Bundesland zum anderen können spezifische Phänomene die Aneignung der fremdsprachlichen Aussprache unterschiedlich beeinflussen. Was die französische Sprache betrifft, zeigen meine eigenen Erfahrungen mit Romanistikstudenten wie mit Grundschülern in Rheinland-Pfalz, dass es von großer Wichtigkeit ist, den Unterschied zwischen stimmhaften und stimmlosen Lauten hörend und sprechend zu schulen (vgl. Unterschied zwischen [z] und [s], Beispiel: *ils ont/ils sont* oder zwischen [v] und [f], Beispiel: *vive/vif*), da die Lerner in der gesprochenen deutschen Sprache diesen Unterschied in bestimmten Positionen nicht machen und nicht wahrnehmen. Bei der engeren Auswahl für Unterrichtszwecke sollte weiterhin berücksichtigt werden, dass der frühe Fremdsprachenunterricht im ersten Jahr weitgehend, zumindest am Anfang, mündlich erfolgt. Problembereiche, die sich aus der Konfrontation der gesprochenen mit der geschriebenen Sprache ergeben, werden erst einmal nicht vorrangig behandelt. Dies bedeutet, dass die Lehrkraft überprüfen sollte, ob sie auf Grund ihrer Ausbildung und Lehrtätigkeit die Aussprache nicht zu sehr aus der Perspektive der geschriebenen Sprache betrachtet. So werden die zahlreichen Schreibvarianten des Lautes [o] als *o, ô, ot, au, aux, eau, eaux*[4] etc. im Anfangsunterricht wohl kein Ausspracheproblem für die Lerner bedeuten.

Als letzten Punkt möchte ich den Einsatz methodischer Hilfsmittel erwähnen, die die wissenschaftliche Phonetik zur Verfügung stellt und die m.E. die Lehrkräfte viel zu wenig anwenden. Die zweckmäßige Benutzung der Lautschrift (API) und

---

4 Wie z.B. in *moteur, hôtel, pot, au, aux, eau, eaux*.

kindgerechte artikulatorische Erläuterungen sollten von jeder Lehrkraft sowohl qualitativ wie quantitativ in Erwägung gezogen werden.[5]

2. Vorschläge für Ziele und Inhalte der phonetischen Arbeit

Da eine adäquate Aussprache wesentlich zu einer erfolgreichen Kommunikation in der Fremdsprache beiträgt, ist es unerlässlich ein Lehr-Lernziel ‚Ausspracheschulung' zu planen, das die phonetische Arbeit als ein Teillernziel der kommunikativen Kompetenz vorsieht.

2.1 Die phonetische Arbeit im frühen Fremdsprachenunterricht

Ich schlage eine phonetische Arbeit vor, die sich in vier sich ergänzende Kategorien unterteilen lässt (vgl. Darstellung 1). Jede Kategorie wird durch Lehr-Lernsequenzen charakterisiert, die ich einführende, vorbeugende, unterstützende und korrektive Sequenzen nenne. Die einführenden Sequenzen sollen bei den Schülern ein Sprachbewusstsein bzw. eine Sensibilisierung für die Problematik ‚Sprache' im Allgemeinen und ‚Aussprache' im Besonderen entwickeln. Da eine kontinuierliche metasprachliche Arbeit im Laufe des ganzen Schuljahres wünschenswert ist, können die einführenden Sequenzen im Laufe des ganzen Schuljahres eingesetzt werden. Vorstellbar wäre aber auch, diese Sequenzen vor dem Beginn der eigentlichen Fremdsprachenarbeit als Vorbereitung einzusetzen. Die vorbeugenden Sequenzen sollen von vornherein eine adäquate Artikulation fördern und sollten daher von Anfang an berücksichtigt werden. Da trotz aller Bemühungen der Lehrkraft Artikulationsprobleme bei den Schülern nicht auszuschließen sind, sollten korrektive Sequenzen ebenfalls geplant werden. Eine stabile Artikulation im Rahmen des Fremdsprachenunterrichts ist nur durch kontinuierliches Üben zu erreichen. Daher sollten unterstützende Sequenzen zur konsequenten Ausspracheschulung eingesetzt werden. Die Lehrkräfte können diese Sequenzen bei ihrer Unterrichtsplanung flexibel einsetzen.

Darstellung 1: Die phonetische Arbeit im frühen Fremdsprachenunterricht

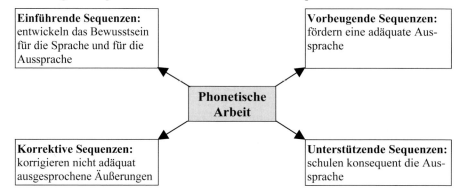

---

[5] Eine Voraussetzung dafür ist, dass die Lehrkräfte über ein entsprechendes Wissen verfügen. Eine Einführung in die Phonetik des Französischen für Studierende der Romanistik und für Lehrkräfte aller Schulstufen ist als Sonderheft 8 der *bzf* (Mordellet-Roggenbuck 2005) erschienen.

2.2 Die einführenden Sequenzen
Die einführenden Sequenzen können als Verbindungselemente zwischen Fremdsprachen- und Deutschunterricht fungieren. Auch der Zusammenhang zwischen den unterschiedlichen verbalen, paraverbalen und extraverbalen Elementen der mündlichen Kommunikation sollte im Zentrum einiger didaktischer Aktivitäten stehen.

Als Einstieg kann die Lehrkraft das Thema ‚Sprache' auswählen und sich an den nachfolgenden Fragestellungen orientieren:
a)   Was ist Sprache? Wozu dient eine Sprache? Können alle Menschen hören und sprechen?
b)   Sprechen alle Leute auf der Welt dieselbe Sprache? Sprechen andere Lebewesen auf der Welt eine Sprache?
c)   Sprechen wir alle in unserer Klasse nur Deutsch? Wenn nicht, welche anderen Sprachen sind repräsentiert?
d)   Schreibt man wie man spricht?

Beispiele für Aufgaben in der Klasse:
- Ihr seid zu dritt. Stellt euch vor, einer von euch spricht kein Deutsch. Was macht ihr, um in Kontakt mit ihr/ihm zu treten? Ihr wollt sie/ihn fragen, ob sie/er mit euch spielen will, ob sie/er Hunger, Durst... hat. Jede Gruppe berichtet anschließend vor der Klasse über ihre Ergebnisse.
- Die Lehrkraft spielt eine Kassette vor, auf der z. B. englische, französische, italienische oder türkische Sprecher eine kurze einfache Geschichte auf Deutsch erzählen. Die Schüler sollen raten, welche Erstsprache die Sprecher haben. Die Übung kann Anlass dazu sein, den Stellenwert des fremdsprachlichen Akzents und der fremdsprachlichen Artikulation zu thematisieren.

Als Abschluss dieser Sequenz und zur Vorbereitung der ersten Phase im Fremdsprachenunterricht schlage ich vor, die Schüler ihr eigenes Namensschild basteln zu lassen. Dabei sollten die Schüler die Möglichkeit bekommen, entweder ihren eigenen Vornamen in ihrer Sprache (nicht jeder Schüler hat Deutsch als Erstsprache) oder in der Fremdsprache zu schreiben. Eine dritte Alternative ist, dass die Schüler einen fremdsprachigen Vornamen auswählen. Wichtig ist dabei, dass die Lehrkraft und gegebenenfalls die Schüler die jeweilige Aussprache erläutern. Schon diese Aktivität wird relevante Eigenschaften der Aussprache in der Fremdsprache im Vergleich zum Deutschen und zu den anderen Sprachen zu Tage bringen. Beispiele für das Vergleichspaar Deutsch-Französisch: Sophie ['zofi] / *Sophie* [so'fi].

2.3 Vorbeugende Sequenzen
Schulung rezeptiver Fähigkeiten und Fertigkeiten
Eine Progression in Zielen und Schwierigkeitsgrad im Bereich Hörverstehen lässt sich dadurch erzielen, dass zuerst die Hörwahrnehmung und dann das Erkennen von prosodischen Parametern geübt wird. Als Vorstufe zum Hörverstehen sollten dann auch noch Übungen zur Hördiskriminierung und -identifikation von fremdsprachlichen Lauten und Lautfolgen trainiert werden. Ziel des Trainierens von verschiedenen Hörformen ist bei dem Lerner eine größere Hörflexibilität zu erreichen, die ihm erlaubt, von einem schnellen und globalen Hören zu einem aufmerksameren und detaillierten Hören wechseln zu können.[6] Damit die Kinder den Sinn der Übungen verste-

---
6   Vgl. Lhote (1995: 69f.).

hen, sollte die Lehrkraft auf Deutsch durch einige einführende Worte die Wichtigkeit des Hörens beim Erlernen einer neuen Sprache erläutern.[7] Wenn möglich sollte öfter der Einsatz von Audiomedien erfolgen, um den Schülern die Gelegenheit zu geben, mit anderen Stimmen und dementsprechend mit anderen Sprechweisen in der Fremdsprache konfrontiert zu werden. Als Beispiele für Aktivitäten aus diesem ersten Bereich schlage ich folgende Übungen vor:

a) Zur Hörwahrnehmung
    - Das gelenkte Hören von Schallereignissen üben: im Klassenraum mit geschlossenen Augen Geräuschen aufmerksam zuhören, die man sonst nicht wahrnimmt.
    - Die Lehrkraft spielt den Schülern eine Kassette mit Tiergeräuschen vor, mit der Aufgabe, die jeweiligen Geräusche den entsprechenden Tieren, die auf Bildern repräsentiert sind, zuzuordnen.
    - Das gelenkte Hören von gesprochener Sprache in der Erstsprache, im Dialekt, in der Fremdsprache üben: jemanden durch seine Stimme erkennen; den Gemütszustand einer Person, z.B. fragend, ärgerlich, befehlend..., durch vokale Eigenschaften erkennen; einen regionalen oder nationalen Akzent bei einem deutschsprachigen Sprecher erkennen.

b) Zum Erkennen von prosodischen Parametern
    - Die Schüler prägen sich den Rhythmus und die Intonation einer Äußerung durch mehrmaliges Zuhören ein. Sie geben den Rhythmus und die Intonation durch Summen, Klatschen oder Stampfen wieder. Wichtig ist hier, den Schülern den Unterschied zwischen Wortakzent im Deutschen und *groupe rythmique* im Französischen zu vermitteln.
    - Die Schüler hören die französische Aussprache der Schülervornamen und erkennen sie im Vergleich zu der deutschen Aussprache (oder zu einer anderen Sprache): *Florian, Alexandre, Sophie, Caroline, ...* .
    - Die Schüler lernen die Intonationsmuster (z. B. *ça va?* ↑, *ça va* ↓) und deren Relevanz für die verbale Kommunikation.
    - Ein kurzer Satz wie z. B. *bonjour les enfants* wird von der Lehrerin laut vorgetragen. Dabei bewegt sie sich in der Klasse und macht kleine Schritte bei unbetonten Silben und große Schritte bei betonten Silben. Zum Vergleich könnte man ähnlich mit dem Satz ‚Guten Tag, Kinder' verfahren. Die Schüler sollen in einer zweiten Phase die Lehrkraft imitieren.

c) Zur Hördiskrimination und -identifikation
    Die dank der kontrastiven Analyse eingegrenzten Schwierigkeiten sollten für Diskriminationsübungen genutzt werden.
    - Den Rhythmus des Deutschen im Kontrast wahrnehmen; den französischen und den deutschen Rhythmus diskriminieren.
    - Zwei unterschiedliche Intonationsmuster vergleichen und zuordnen.
    - Zuerst einsilbige, dann mehrsilbige Wörter zuordnen, die sich nur durch einen Vokal unterscheiden: *bon – beau; pan – pont; château – chaton*.

---

[7] Die Fähigkeit zuzuhören und sich dabei zu konzentrieren dient allen Lernprozessen. Die Schüler sind stets mit einer Reizüberflutung durch die Medien konfrontiert. Insofern können sich solche Aktivitäten, wie hier vorschlagen, für alle Fächer als nützlich erweisen.

- Hördiskriminierung von stimmhaften und stimmlosen Konsonanten im Anlaut: *brune – prune; dort – tort; va – fa* und im Auslaut: *vive – vif.*

Alle Übungen können methodisch in Form von Spielen ausgeführt werden. Das Spiel *Lala* eignet sich hervorragend dafür: „Ein Gegenstand wird versteckt. Ein Teilnehmer muss ihn mit verbundenen Augen suchen. Er wird dabei durch zwei Wörter, die sich in einem Phonem unterscheiden, geleitet. Befindet sich der Gegenstand in der Nähe des Suchenden, so ruft ein anderer Teilnehmer das eine Wort, z.B. ‚heiß‘, ist er weiter entfernt, so ruft er ‚Eis‘." (Stoye 1995:204). Für unsere Zielsetzung adaptiert könnten z.B. die Wortpaare *bon – beau* oder *vive – vif* eingesetzt werden. In dieser Phase sollte die Lehrerin die Rolle des Sprechenden übernehmen.

Schulung produktiver Fähigkeiten und Fertigkeiten
- Das musikalische Sprachgedächtnis trainieren: Schüler imitieren ein Familienmitglied, eine Lehrerin, einen berühmten Sänger, einen Franzosen, einen Engländer, der Deutsch spricht.
- Die Stimme entdecken und mit der Stimme spielen, Sprech- und Atmungsorgane entdecken, indem man z. B. etwas flüstert, schreit, schnell, langsam spricht.
- Das französische Tempo üben. Erst mit einer Folge wie *ta, ta ta, ta ta ta, ta ta ta, ta ta ta ta ta*, dann mit Wörtern oder mit einer Wörterreihe üben. Dabei wird mit den Händen geklatscht.
- Die Akzentuierung und die Intonation richtig einsetzen. Mit einfachen Wörtern einen Dialog mit unterschiedlichen Gefühlen wie z.B. ängstlich, wütend, traurig, lustig… unter Einsatz der Mimik und der Gestik spielen: „*Bonjour, bonjour; ça va?, ça va/ça va pas; Tu joues? Oui./Non.*".

2.4 Unterstützende Sequenzen
Spiele mit dem Lernziel Aussprache können immer wieder zwischendurch angeboten werden. Dabei hat die Auswahl des lautlichen Materials durch die Lehrkraft immer nach phonetisch-phonologischen Kriterien zu erfolgen. Das phonematische Hören wird kontrastiv angelegt, um Formen wie *le/les, un/une, grand/grande* … zu erkennen. Auch alle phonetischen Formen eines Wortes, die sich durch *élision, enchaînement* und *liaison* ergeben, bieten den Stoff für derartige Spiele: *c'est l'ami; c'est un ami; c'est deux amis; c'est mon ami; c'est les amis*.

Schulung rezeptiver Fähigkeiten und Fertigkeiten
„Stille Post" mit nur einem Laut, einem Wort oder kurzen Sätzen spielen. „Die Reise nach Jerusalem" spielen. Wenn eine bestimmte Lautkombination vorkommt, sollen sich die Teilnehmer setzen.

Schulung produktiver Fähigkeiten und Fertigkeiten
Übungen, die schon bei den einführenden Sequenzen praktiziert werden, können mit einem höheren Schwierigkeitsgrad wieder aufgenommen werden. Eine längere Äußerung wie z. B. *La soupe est chaude* mit unterschiedlichen Gefühlen besetzen: ängstlich, wütend, traurig, lustig …

2.5 Korrektive Sequenzen
a) Beobachtungen der artikulatorischen Vorgänge: Abfühlen der Bewegungsabläufe, Beobachtung der Bewegungsabläufe anhand eines Spiegels.

b) Kontrolle der artikulatorischen Vorgänge durch Beobachtung physikalischer Wirkungen.
c) API-Karten bei Bedarf vorzeigen.
d) Adäquate Wiederholung durch die Lehrkraft.
e) Eine Übung oder ein Spiel aus den vorbeugenden oder unterstützenden Sequenzen gezielt bei Bedarf einsetzen.
f) Die Laute, die Schwierigkeiten bereiten, durch Mimik, Gestik und Körperbewegungen veranschaulichen. Die Oppositionen zwischen stimmhaften und stimmlosen Konsonanten werden wahrnehmbarer gemacht: [z] ist eine fliegende Biene, [s] eine pfeifende Schlange. Entsprechende Assoziationen können auch mit den Kindern gefunden werden.

3. Literaturangaben

Hermann-Brenecke, G. (1994) „Affektive und kognitive Flexibilität durch Fremdsprachenvielfalt auf der Primarstufe." In: *Zeitschrift für Fremdsprachenforschung* 5 (2) / 1994, 1-21.

Hirschfeld, U. (1998) „Aller Anfang ist schwer? Phonetik mit französischen Deutschlernern." In: Letzelter, M. und F.-J. Meißner (Hrsg.) (1998) *L'enseignement de deux langues partenaires*. Tübingen: Narr, 327-339.

Jessner, U. (2004) „Zur Rolle des metalinguistischen Bewusstseins in der Mehrsprachigkeitsforschung." In: Hufeisen, B. und N. Marx (Hrsg.) (2004) *Beim Schwedischlernen sind Englisch und Deutsch ganz hilfsvoll. Untersuchungen zum multiplen Sprachenlernen*. Frankfurt am Main: Lang, 17-32.

Lhote, E. (1995) *Enseigner l'oral en interaction*. Paris: Hachette.

Mordellet-Roggenbuck, I. (2002) *Artikulation des Französischen bei 8- bis 10-jährigen deutschsprachigen Grundschülern am Beispiel einer dritten Klasse*. Aachen: Shaker.

Mordellet-Roggenbuck, I. (2005) « Phonétique du français langue étrangère. » In: *Beiträge zur Fremdsprachenvermittlung*, Sonderheft 8/2005.

Piepho, H.-E. (2003) *Leneraktivierung im Fremdsprachenunterricht. „Szenarien" in Theorie und Praxis*. Hannover: Schroedel.

Seebauer, R. (1996) „Fremdsprachliche Kompetenzen und Handlungskompetenzen von Grundschülern." In: *Praxis des neusprachlichen Unterrichts* 1, 81-89.

Slembek, E. (1995) *Lehrbuch der Fehleranalyse und Fehlertherapie. Deutsch hören, sprechen und schreiben. Für Lernende mit griechischer, italienischer, polnischer, russischer oder türkischer Muttersprache*. Heinsberg: Agentur Dieck.

Stoye, F. (1995) „Sprachlernspiele zur Aussprachschulung." In: *Zielsprache Deutsch* 26 (4), 203-208.

Joachim Utech

Bilinguale deutsch-französische Klassen an Grundschulen in Rheinland-Pfalz

Mit Beginn des Schuljahres 1999/2000 begann in Landau in der Pfalz ein Projekt mit einer Grundschulklasse, bei dem Französisch schon ab dem ersten Schuljahr angeboten wird mit dem Ziel eines möglichst hälftigen Unterrichtsangebots in und auf Deutsch und Französisch. Diese ca. hälftige Immersion (Eintauchen in das Sprachbad der zu lernenden Sprache) wird durch entsprechende organisatorische, didaktische und personelle Strukturen erreicht, die im Folgenden erläutert und in ihren Ergebnissen beschrieben werden. Derzeit ist das Projekt auf fünf Schulen mit 10 Klassen ausgeweitet.

1. Vorgeschichte

In der Stadt Landau gibt es eine lange Tradition der deutsch-französischen Begegnung. An der Grundschule Wollmesheimer Höhe wird Frühfranzösisch seit 1970 angeboten. Die Schule gehört zu den Einrichtungen im Land Rheinland-Pfalz, die integrierte Fremdsprachenarbeit in Französisch ab dem ersten Schuljahr unterrichtet. Aus den Vorschulversuchen in Rheinland-Pfalz entstand auf Grund der in Landau bestehenden französischen Garnison 1972 eine deutsch-französische Begegnungsgruppe für Kinder. Nach der Auflösung der französischen Garnison begann an dieser Schule im Schuljahr 1999/2000 ein Folgeprojekt mit zweisprachigem Unterricht in einer Klasse mit der Absicht, jährlich eine weitere Klasse aufzunehmen, um letztendlich an dieser Schule einen zweisprachigen deutsch-französischen Zug eingerichtet zu haben.

2. Grundgedanken des Projekts

- Die zweisprachigen Klassen sind Angebotsklassen für Kinder, die im Stadtgebiet von Landau wohnen. Es findet keine Auswahl nach bestimmten Kriterien statt. Eine „Eliteklasse" ist nicht gewollt. Die Anmeldung ist offen für alle Leistungsstärken.
- Die Klassen sind Bestandteil des zweisprachigen Zugs der Grundschule Wollmesheimer Höhe. Sie sind somit auch eingebettet in den Kontext dieser Schule und keine eigenständige Schule.
- Das Lehren und Lernen findet in den beiden Sprachen Deutsch und Französisch statt. Somit ist Französisch nicht nur Fremdsprache, sondern auch Unterrichtssprache.
- Deutsche und französische kulturelle Besonderheiten sollen einen angemessenen Platz in der Unterrichtsarbeit einnehmen.
- Die sprachlich-kommunikative Ausbildung der Schülerinnen und Schüler ist als ein wichtiger Beitrag zur Entstehung einer europäischen Identität anzusehen und daraufhin auszurichten.

3. Spracherwerbskonzept

Das Konzept der integrativen Fremdsprachenarbeit in Rheinland-Pfalz liegt diesem Projekt zu Grunde. Die Fremdsprache wird in die Lernbereiche und in die grundschulspezifischen Arbeitsformen sowie in das gesamte Schulleben integriert.

Ein Schwerpunkt liegt auf dem Spracherwerb durch Immersion im Sachfach. Somit steht Französisch nicht als Unterrichtsgegenstand im Mittelpunkt, sondern wird in Handlungen und Situationen des Sachfachs als Unterrichtssprache benutzt. Den Kindern soll auf diese Weise der zu erlernende Sachverhalt in Französisch vermittelt werden. Ein schrittweise aufzubauender Klassenwortschatz (Klassensprache) unterstützt dieses Gestaltungsprinzip des zweisprachigen Unterrichts. Der Sachunterricht in der Muttersprache hilft mit, die Sachverhalte angemessen zu verstehen und sprachlich korrekt darzubieten.

Im Rahmen einer Stunde soll auch Raum für die Zielsprache an sich bleiben, um Klassenwortschatz und Sprachstrukturen deutlicher in den Blick nehmen zu können. Die Sprache wird vorwiegend mündlich erworben. Verstehen und Anwenden einfacher Äußerungen werden teilweise strukturiert eingeübt unter Beachtung eines kommunikations- und handlungsorientierten Vorgehens.

Die französische Schriftsprache wird am Anfang nicht in Form eines Lese- und Schreiblehrgangs eingeführt. Die Kinder entdecken die Schrift in einer globalen Art und Weise und sind schrittweise in der Lage, das Erkennen von bekannten Wörtern als Gedächtnishilfe zu benutzen. Die Alphabetisierung in Französisch soll zum Ende des vierten Lernjahres zumindest ansatzweise vorhanden sein.

4. Curricularer Rahmen

Für die zweisprachige Klasse gelten die Lehr- und Rahmenpläne der Vollen Halbtagsschule in Rheinland-Pfalz. Des Weiteren bilden die Redemittellisten (Rück 2004) der integrativen Fremdsprachenarbeit die Grundlage, auf der das sachfachorientierte Lernen der Zielsprache aufbaut. Für die einzelnen Themenbereiche wurden Listen der auf den einzelnen Klassenstufen verwendeten Wörter und Strukturen erstellt.

Landeskundliche Gegebenheiten werden insbesondere durch das Kalenderjahr thematisiert. Dabei werden auch authentische Materialien eingesetzt: Lieder, Reime, Kassetten, Videos, Spiele, Bilder, reale Gegenstände, etc. aus Frankreich, besonders Kinderliteratur. Sie bieten eine originale Begegnung mit der anderen Kultur, geben einen Einblick in das alltägliche Leben des anderen Landes und bieten Sprechanlässe.

Die für den Oberrheinraum entwickelten zweisprachigen Unterrichtsmaterialien finden Verwendung ab der 3. Klassenstufe.

5. Unterrichtsalltag

In der Klasse unterrichten je eine deutsche und eine französische Lehrperson. Nach dem Prinzip: „Eine Person – eine Sprache" spricht jede Lehrerin in ihrer Muttersprache. Diese Interaktion wird als wichtiger Bestandteil des Sprachenlernens gesehen. So entsteht eine Mischung aus Klassen- und Fachlehrersystem, das durch kooperative Planung und teilweise gemeinsame Durchführung von Unterricht und Projekten koordiniert wird. Die Zeitansätze für den Unterricht in und auf Französisch sind wie folgt verteilt:

1. Klasse: 7 Stunden (von 19 Std.) Französisch: 2 Std. BK, 2 Std. Sport, 1 Std. Französisch, 2 Std. D/F/SU-Tandemarbeit
2. Klasse: 8 Stunden (von 19 Std.) Französisch: 2 Std. BK, 2 Std. Sport, 1 Std. Französisch, 1 Std. Sachunterricht, 2 Std. D/F/SU-Tandemarbeit

3./ 4. Klasse: 11-12 Stunden (von 24 Std.) Französisch: 3 Std. Sport, 3 Std. BTW, 1 Std. Musik, 1 Std. Französisch, 3 Std. Sachunterricht (2 Std. Tandemarbeit), gelegentlich 1 Std. Mathematik.

Die Tandemstunden ermöglichen die Arbeit in Vorhaben, die Differenzierung oder die individuelle Förderarbeit. Die Lehrpersonen haben im Stundenplan eine festgelegte Absprache- und Vorbereitungsstunde. Feste und Feiern im Jahreslauf erhalten einen besonderen Stellenwert. Die Klassen sind in das gesamte Schulleben der Grundschule integriert. Eine Partnerschaft mit der zweisprachigen Schule im Elsass mit Korrespondenzen und gegenseitigen Besuchen sowie eine rege Elternmitarbeit fördern die Arbeit.

6.   Praktische und wissenschaftliche Begleitung

Da zunächst das Konzept im Praxisvollzug entwickelt werden soll und keine wissenschaftliche Begleitung vorgesehen ist, wird den Lehrer/innen der zweisprachigen Klasse und der Schule beratend eine Arbeitsgruppe für die Unterrichts- und Konzeptarbeit zur Seite gestellt. Sie begleitet die Arbeit in den Klassen, diskutiert und reflektiert das Konzept. Ihr gehören neben den Lehrpersonen der Schule eine Vertreterin des Studienseminars, ein Vertreter des Instituts Romanistik der Universität in Landau sowie Vertreter aus der Lehrerfortbildung, des Schulträgers und der Schulaufsicht an. Die Gruppe erhält jeweils ausführliche Berichte über die Arbeit in den Klassen und in den Teams. Sie hat sich verschiedene Beobachtungspunkte aufgestellt, wie sie auch beim Modellversuch zum integrierten Sprachenlernen in Rheinland-Pfalz angeführt sind, zu denen die jeweiligen Ergebnisse und Entwicklungen zusammengetragen werden.

Die Gruppe stützt sich in ihrer Arbeit auf die vielfältig publizierten wissenschaftlichen Untersuchungen zu zweisprachigen Projekten im Grundschulbereich, die alle den Immersionsansatz stützen und das frühe Sprachenlernen für Kinder als sinnvoll und ertragreich empfehlen. U.a. sei hingewiesen auf die Veröffentlichungen von Brohy (1996), Petit (2001), Sarter (1997), Werlen (2001) und Wode (1995). Das Modell „13 – 13" aus der Nachbarregion Elsass nimmt eine Patenrolle ein.

Das Projekt ist in seinen Grundzügen auf dem 19. Fremdsprachendidaktischen Kongress in Dresden (2001) vorgestellt worden. Es ist veröffentlicht im Register des Informationszentrums für Fremdsprachenforschung der Universität Marburg.

So kann davon ausgegangen werden, dass es auf einem breiten didaktischen Konsens basiert und in seiner inhaltlichen und methodischen Ausgestaltung als grundschulgerecht eingestuft werden kann.

7.   Kriterienorientierte Beobachtung des Projekts und erste Ergebnisse

Nachstehend folgen die Beobachtungsfragen und die bisherigen Feststellungen zum Verlauf, der Entwicklung und den erreichten Ergebnissen der zweisprachigen Klassen.

Unter welchen Bedingungen kann die französische Sprache in den Unterricht und die Lernbereiche der Schule integriert werden?
Weder ein besonderes Vorwissen noch eine Zweisprachigkeit sind als Voraussetzung für die Aufnahme in eine zweisprachige Klasse erforderlich. Alle Kinder eines Jahrgangs werden aufgenommen. Jedoch wird in einer umfangreichen Vorinformation darauf hingewiesen, dass eine Unterstützung durch das Elternhaus, nicht in sprachli-

cher Hinsicht, wünschenswert und bei einigen Kindern in hohem Maße erforderlich ist. Bewährt hat sich, dass eine Lehrperson in deutscher und eine in französischer Sprache unterrichtet. Entscheidend aber ist die zustimmende Grundhaltung der Lehrpersonen, dass Kinder nicht die Sprache in allen Aspekten beherrschen müssen, sondern der funktionale Spracherwerb (Wozu brauche ich die Sprache?) im Vordergrund steht, der gebunden ist an das Erleben der Situation, das Erkennen ihrer Bedeutung und das Verstehen. Das Musische, das Emotionale und Soziale spielen eine wichtige Rolle bei diesem Lernen.

Kann das Lesen und Schreiben der französischen Sprache bis zum Ende des 4. Schuljahres eingeführt werden?
In den Vorüberlegungen ist zunächst davon ausgegangen worden, dass eine Alphabetisierung in Französisch bis zum Ende des 2. Schuljahres erfolgen kann. Die Beobachtungen und Ergebnisse zeigen aber, dass diese erst bis zum Ende des vierten Schuljahres zumindest ansatzweise vorhanden ist.

Welchen Umfang kann der schriftliche Bereich in Französisch einnehmen?
Schreiben und Lesen haben unterstützende Funktion. Das Schreiben beschränkt sich auf Abschreiben. Aus dem Mündlichen ergeben sich kleine Sätze, die an der Tafel fixiert werden. Die Kinder haben keine Schwierigkeiten beim Lesen, weil sie den Text lesen, wie sie ihn vorher gehört haben. Sie erlesen nicht den Text, sie erkennen ihn wieder, erinnern sich daran. Der Vorgang bleibt auf der Wort-, weniger auf der Sinnebene. Das Heft hat eine Dokumentations- und Sicherungsfunktion. Die mündliche Kommunikation ist jedoch das Hauptziel, nicht die schriftliche.

Kann der Zeitanteil des Französischen etwa hälftig sein?
Im 1. und 2. Schuljahr wurden mit 7 bzw. 8 Wochenstunden sehr gute Erfahrungen gemacht. Ohne den Religionsunterricht ist im 3. Schuljahr der Zeitanteil für Deutsch und Französisch hälftig. Die Kinder stellen sich sehr schnell auf den Wechsel in der Unterrichtssprache um, der sich schon mit dem Eintritt der anderen Lehrperson ankündigt.

Welche didaktischen Vorgaben sind in den einzelnen Schuljahren für die Integration geeignet und in welchen Fachunterrichtssequenzen kann Französisch Unterrichtssprache werden?
Das Konzept der Integrierten Fremdsprachenarbeit eignet sich gut für die immersive Erweiterung und Vertiefung der Zweitsprache. Der höhere Zeit- und Sprachanteil erweist sich als positiv, weil die Intensität dadurch größer ist. Eine nahezu hälftige Immersion ist auch nach den Forschungsergebnissen mindestens anzustreben, wenn Kinder lernen sollen, ihre eigene Welt durch zwei Sprachen zu erschließen. Die musisch-kreativen und sportlichen Fachbereiche können günstig in französischer Sprache vermittelt werden. Jede Woche werden 1-2 Geschichten in der Zielsprache erzählt, auch Bücher vorgestellt und erzählt. Es muss dabei beachtet werden, dass auch die muttersprachlich zu erarbeitenden Begriffe ihren Platz finden. Für den Sachunterricht bleibt das Problem, die adäquate Reduktion zu finden. Die thematische Orientierung am Lehrplan erweist sich dabei als zutreffend.

Sind besondere Methoden anzuwenden und/oder können die didaktischen und methodischen Erkenntnisse des Modellversuchs auch auf einen zweisprachigen Unterrichtsansatz übertragen werden?
Erforderlich ist eine intensive Zusammenarbeit der beiden Lehrpersonen bei den gemeinsamen Vorbereitungen, um insbesondere im musischen Bereich und im Sachunterricht (Projektarbeit) beide Sprachen als Unterrichtssprache einsetzen zu können. Wichtig ist, dass die französische Sprache in Situationen und Handlungen eingebunden ist, die die Kinder kennen und nachvollziehen können, damit sie die sprachlichen Äußerungen für sich erschließen können. Es geht dabei um implizites Lernen, jedoch werden in den einzelnen reinen Sprachstunden durchaus auch explizit sprachliche und grammatische Besonderheiten herausgearbeitet.

Was kann die Sekundarstufe I von einer Schülerin/einem Schüler erwarten, die/der vier Jahre in einer zweisprachigen Klasse unterrichtet wurde?
Es kann nicht erwartet werden, dass die Kinder nun fließend Französisch sprechen. Aber sie verfügen über vielfältige kommunikative Redemittel, haben einen kleinen Grundwortschatz, ein sehr großes Hörverständnis, keine Sprachbarrieren, große Sprechfreude, Offenheit und Aufgeschlossenheit gegenüber der fremden Sprache und eine sehr positive Einstellung zur Fremdsprache. Jedes Kind führt sein eigenes Sprachenportfolio. Diese Form der Dokumentation gibt Aufschluss über den individuellen Lernstand. Nach dem europäischen Referenzrahmen für das Sprachenlernen kann man davon ausgehen, dass die Kinder am Ende der 4. Klasse in den Bereichen: „hören, lesen, an Gesprächen teilnehmen, zusammenhängend sprechen, schreiben" die Kompetenzstufen A 2 erreicht haben, einige Kinder im Bereich „hören" sogar Teilbereiche aus B 1.

Wie werden Lernrückstände bei einzelnen Kindern aufgearbeitet?
Die Übungszeit für Deutsch ist kurz im Vergleich mit den Parallelklassen. Inhaltlich wird auf der Stufe abgestimmt gearbeitet, so dass alle Kinder ein gemeinsames Angebot haben. Schwierigkeiten, die auf das Französische zurückzuführen wären, wurden nicht beobachtet. Zwei bis drei Kinder fallen bisher durch Konzentrationsprobleme und mangelndes Interesse an Französisch auf. Sie können aber den Anschluss halten und wechseln nicht in andere Klassen. Das Problem des Aufarbeitens von Lernrückständen stellt sich also höchstens partiell.

Ein wichtiges Prüfungsinstrument sind die Vergleichsarbeiten mit den beiden Parallelklassen. Sie machen deutlich, dass die zweisprachigen Klassen in Deutsch und Mathematik nicht aus dem Rahmen fallen. Es kann davon ausgegangen werden, dass Kinder in der zweisprachigen Klasse hinsichtlich des traditionellen Grundschullernens keine Nachteile haben.

Finden deutsche und französische kulturelle Besonderheiten einen angemessenen Platz?
Feste im Jahreslauf, Bräuche, Lieder zu besonderen Anlässen, französische Geschichten und Bilderbücher finden guten Einzug in den Unterrichtsalltag. Das Oberrheinische Schulbuch gibt regional wichtige Anregungen.

Können Erwartungen und Bedürfnisse der Kinder Beachtung und Bestand finden?
Bei vielen Kindern wird beobachtet, dass sie hohe Erwartungen an sich selbst haben. Sie äußern Angst, nicht alles zu verstehen und noch mehr können zu müssen. Die Erwartungshaltung der Eltern ist oft zu anspruchsvoll. Hier müssen die Lehrpersonen ausgleichend wirken und die positiven Haltungen unterstützen. Es ist jedoch insgesamt zu beobachten, dass die Sprachfreude und das Bewusstsein, zur zweisprachigen Klasse zu gehören, dominieren.

Worin besteht die Progression des Lernfortschritts?
Die Fertigkeitsbereiche Hören und Verstehen werden zunehmend erweitert. Lesen und Schreiben unterstützen diesen Vorgang. Hörverstehen, Fragen stellen, erste Versuche, selbst kleine Sätze zu bilden und ein kreativer Umgang mit der Sprache fördern die Fähigkeit, nach in Französisch gegebenen Arbeitsanweisungen projektorientiert zu arbeiten. Lernzuwächse können also an der zunehmenden Sicherheit und Schnelligkeit der sprachlichen und sonstigen Reaktionen der Kinder abgelesen werden. Im Wesentlichen scheint hier eine kommunikative Progression zu entstehen.

8. Zu erwartende Ergebnisse am Ende der Grundschulzeit

Nach den Beobachtungen der Lehrpersonen und Mitgliedern der Arbeitsgruppe entstand die nachstehende Zusammenstellung. Dabei wurde noch auf eine Zuordnung in die Vorgaben des europäischen Referenzrahmens verzichtet, um konkretere Aussagen zu vermitteln. Am Ende der vierten Klasse ist demnach bei den Kindern zu erwarten:

- akzentfreies Nachsprechen von Wörtern, Sätzen, kleinen Gedichten, etc.
- keine Scheu zu sprechen, sie sind sehr offen für andere Sprachen
- sie können sich präsentieren, ein Bild von sich geben
- sie können mit französischen Kindern gemeinsam Lieder singen
- sie kennen einige kulturelle Eigenheiten des Nachbarlandes
- sie können in der Zielsprache telefonieren
- sie können in den Unterrichtsinhalten kommunizieren
- sie begreifen schnell, um was es geht
- die Unterrichtssprache Französisch ist präsent
- sie können in kurzen Sätzen antworten, kleine Kommentare zu Aufgaben geben
- sie können bekannte Begriffe lesen, unbekannte entziffern
- sie können abschreiben, Wörter suchen im Wörterbuch
- sie haben ein großes Repertoire an Liedern und Gedichten
- sie können einfache Spielregeln erklären
- sie können Vorgänge beschreiben, z.B. das Herstellen einer Speise nach Rezept
- sie können ihr Befinden äußern
- sie können ihre Familie vorstellen
- sie verfügen über ein kleines Repertoire an Redemitteln aus allen Kommunikationsbereichen

9. Organisatorisches

Jährlich im Februar beginnen die öffentlichen Informationen über die zweisprachigen Klassen durch Pressehinweise und einen ausführlichen Info-Abend für interessierte Eltern. Dabei werden sehr ausführlich das Konzept und die zu erwartenden Anforderungen an die Kinder im Hinblick auf das vermehrte Angebot in Französisch erläutert und Einblick in die Arbeit der Klassen gegeben. Die Unterschiede zum Regelangebot der Schule mit ca. 50 Minuten pro Woche in Französisch werden dabei deutlich.

10. Weiterentwicklung

Nach vierjähriger Bewährungszeit ist das Modell in Rheinland-Pfalz nun auf der Basis der bisherigen Organisationsregelungen und inhaltlichen Festlegungen vom Bildungsministerium genehmigt. Derzeit nehmen 10 Klassen an fünf Standorten daran teil. Eine Ausweitung, auch in den englischsprachigen Bereich, ist vorgesehen.

11. Literaturangaben

Brohy, C. (1996) *Zweisprachige Modelle und Projekte an Schweizer Schulen.* APEPS.
Petit, J. (2001) *L'immersion, une révolution.* Colmar: Bentzinger.
Rück, H. (2004) *Fremdsprachen in der Grundschule.* Landau: Knecht.
Sarter, H. (1997) *Fremdsprachenarbeit in der Grundschule.* Darmstadt: Wiss. Buchgesellschaft.
Werlen, E. (2001) „Kohäsive Sprachendidaktik – Rahmen für die didaktischen Grundlagen des Lehrplans Fremdsprache in der Grundschule." In: *Lehren und Lernen. Zeitschrift des Landesinstituts für Erziehung und Unterricht,* 7/8, 3-9.
Wode, H. (1995) *Lernen in der Fremdsprache: Grundzüge von Immersion und bilingualem Unterricht.* Ismaning: Hueber.

Adressen der Autor/innen

Dr. Rosemarie Beck
Landesinstitut für Schule und Medien
Brandenburg
14974 Ludwigsfelde-Struveshof

Janice Bland B.A.
Uni Duisburg-Essen
Anglistik Campus Essen
45117 Essen

Prof. Dr. Werner Bleyhl
Hohenackerstr. 34/1
73733 Esslingen

Otfried Börner
Studiendirektor a. D.
Fahrenkrön 5e
22179 Hamburg

Dr. Heiner Böttger
EWF der Universität Erlangen-Nürnberg
Lehrstuhl Englischdidaktik
Regensburger Str. 160
90478 Nürnberg

Judith Dauster
Universität des Saarlandes
Fach Französisch
Postfach 1049
66774 Siersburg

Prof. Dr. Bärbel Diehr
PH Heidelberg
Abteilung Englisch
Postfach 104240
69032 Heidelberg

Karin Drese
Justus-Liebig-Universität Gießen
Institut für Anglistik (Didaktik)
Otto-Behaghel-Str. 10
35394 Gießen

Jelena Dudek
Schäßburger Weg 10
12279 Berlin

Jörg-Ulrich Keßler
Universität Paderborn
Institut für Anglistik und Amerikanistik
Warburger Str. 100
33098 Paderborn

Dr. Markus Kötter
WWU Münster
Englisches Seminar
Johannisstr. 12-20
48143 Münster

Annika Kolb
Uhlbergstraße 20
70188 Stuttgart

Dr. Tatjana Kuhn
Freie Universität Berlin
Didaktik der englischen Sprache
und Literatur
Habelschwerdter Allee 45
14195 Berlin

Dr. Andreas Marschollek
Universität Erfurt
Philosophische Fakultät
99089 Erfurt

Akad. Rat Dr. Jürgen Mertens
PH Weingarten
Fak. II – FB Französisch
Kirchplatz 2
88250 Weingarten

Prof. Dr. Dieter Mindt
Freie Universität Berlin
Institut für englische Philologie
Habelschwerdter Allee 45
14195 Berlin

Sonja Möglich
Krokusstr. 65
12357 Berlin

Dr. Isabelle Mordellet-Roggenbuck
Universität Koblenz-Landau
Institut für Anglistik und Romanistik
Abteilung Romanistik
56070 Koblenz

Prof. Dr. Thorsten Piske
PH Schwäbisch Gmünd
Institut für Sprache und Literatur
Abteilung Englisch
73525 Schwäbisch Gmünd

OStR. Prof. Mag. Anton Prochazka
Pädagogisches Institut des Bundes in
Wien / IFU
Grenzackerstr. 18
A-1100 Wien

Dr. Uta v. Reinersdorff
Universität Bielefeld
Fakultät für Linguistik und
Literaturwissenschaft: Anglistik
33501 Bielefeld

Dr Helmut Reisener, Dipl.Päd.
Fach Englisch
Kolberger Str. 10
21339 Lüneburg

Jana Roos
Fichtestr. 25
10967 Berlin

Kristine Teubner
Fronhoferstraße 6
12165 Berlin

Dr. Joachim Utech
ADD-Schulaufsicht Neustadt
Friedrich-Ebert-Straße 14
67433 Neustadt/Weinstraße

Prof. Dr. Karin Vogt
PH Karlsruhe
Abteilung Englisch
76133 Karlsruhe

Prof.'in Dr. Erika Werlen
Zürcher Hochschule Winterthur
Departement Angewandte Linguistik
und Kulturwissenschaften
Theaterstrasse 15c
CH-8401 Winterthur

Dr. Gudrun Ziegler
Université de Neuchâtel
Centre de Linguistique Appliquée
CH-2000 Neuchâtel